外国法学精品译丛

主 编 李 昊

# 德国保险合同法

## （第6版）

［德］彼得·施米科斯基（Peter Schimikowski） 著

吴奕锋 许 藤 译

*Versicherungsvertragsrecht*

*(6. Auflage)*

中国人民大学出版社

·北京·

# 主编简介 ◀

　　**李昊**，北京大学法学学士、民商法学硕士，清华大学民商法学博士，中国社会科学院法学研究所博士后。现任中南财经政法大学法学院教授、博士研究生导师、数字法治研究院执行院长。曾任北京航空航天大学人文社会科学高等研究院副院长、北京航空航天大学法学院教授（院聘）、博士研究生导师。德国慕尼黑大学、明斯特大学，奥地利科学院欧洲损害赔偿法研究所等国外高校和研究机构访问学者。兼任德国奥格斯堡大学法学院客座教授、中国法学会网络与信息法学研究会理事、北京市法学会物权法学研究会副会长、北京中周法律应用研究院理事兼秘书长、北京法律谈判研究会常务理事、北京市金融服务法学研究会理事、北京市海淀区法学会理事、湖北省法学会民法学研究会理事，《燕大法学教室》（简体版为《法学教室》）主编、《月旦法学杂志》副主编、《中德私法研究》和《法治研究》编委委员。著有《纯经济上损失赔偿制度研究》、《交易安全义务论——德国侵权行为结构变迁的一种解读》、《危险责任的动态体系论》、《不动产登记程序的制度建构》（合著）、《中国民法典侵权行为编规则》（合著）等多部书稿。在《法学研究》《清华法学》《法学》《比较法研究》《环球法律评论》等期刊或集刊发表论文五十余篇。主持"侵权法与保险法译丛""侵权法人文译丛""外国法学精品译丛""法律人进阶译丛""欧洲法与比较法前沿译丛"等多部法学译丛。

# 代译序 ◀

## 什么是理想的法学教科书

### 李　昊

2009 年上半年，我曾受《法治周末》之约，撰写过一篇小文《德国法学教科书漫谈》，择拾如下：

每一个初入德国法学之门者，必读之书定为德国教授所著教科书。笔者读硕士之时，梅迪库斯教授所著《德国民法总论》方由邵建东教授译成中文引入国内，一时洛阳纸贵。然当时习德文的法学者颇少，德文法学教科书更为罕见。及笔者 2004 年负笈德国，方得于慕尼黑大学图书馆大快朵颐，每日图书馆阅读疲倦之暇，便至图书馆楼下的小书店，翻阅新近出版的德国法学著作，耳濡目染，逐渐得窥德国法学教科书之堂奥。

德国的法学教科书通常可分为两类，即小型教科书（Kurzlehrbuch）与大型教科书（Großlehrbuch）。

Brox（布洛克斯）教授所著《民法总论》《债法总论/各论》，梅迪库斯教授所著《民法》《债法总论/各论》即属前者。该类教科书以篇幅简短、内容扼要著称（当然，我们看到梅迪库斯教授所著的《债法总论/各论》译成中文时已成大部头著作），多集中于对德国民法基本概念和制度的介绍和阐述。小型教科书最大的优势就是时效强、更新快。由于近年来德国民法修订频繁，民法教科书往往未过一两年即出新版，以 2002 年德国债法以及损害赔偿法修订前后为甚。另外，小型教科书价格也非常便宜，新书多为 20 欧元左右（不要换算成人民币，否则仍显昂贵）。而且这些教科书多是一两年便修订一次，每年在图书馆淘汰旧书时购买，往往仅需 0.5 至 1 欧元，这也让囊中羞涩的中国留学生得以保有一些原版的德文法学教科书。

后者中经典的如德国贝克出版社所出的绿皮书系列，包括拉伦茨教授所著的《德国民法通论》《债法总论/各论》，鲍尔/施蒂尔纳教授所著的《物权法》，以及德国 Springer 出版社出版的"法学与政治学百科全书"中属于法学部分的著作，如弗卢梅教授（已于 2009 年 1 月 28 日仙逝）所著的民法总论三部曲、拉伦茨教授所著的《法学方法论》等等。大型教科书多奠基于作者自己的理论体系，借以对相关领域阐幽发微，因而部头颇为庞大。以译成中文的鲍尔/施蒂尔纳教授所著的《物权法》为例，竟然煌煌两大巨册。这种以理论体系建构为特色的教科书不讲求时效性，这也导致它的修订过程比较漫长。以拉伦茨教授的《债法总论》为例，至今使用的仍是1987年出版的第14版。

如果仔细翻阅德国法学教科书，无论是大型的还是小型的，均具有如下特点。

1. 由名家撰写

德国法学教科书多由各大学成名的法学教授撰写，偶尔可以见到由律师撰写的教科书。这与德国的法学教育体制有关，在各大学法学院，大课通常只能由教授讲授，因而，与之配套的教科书也多由教授基于其讲义撰写而成。而且德国大多数法学教科书都是教授独著而成的，不像国内的教科书多采主编制。

如果在翻阅德国民法教科书后，我们还会发现，德国教授撰写的民法教科书中以民法总论最为常见，似乎没有写过民法总论就不能称其写过民法教科书，可见德国法学抽象思维已经深入德国法学家的骨子里了。

2. 通常附有缩略语表和参考文献

如果翻阅德国法学教科书会发现大多数教科书在目录后都会有一个缩略语表，各教科书所附缩略语表内容则略有不同，其中部分为各种法学期刊或者经典教科书的缩略语，如德国常见的法学杂志 NJW、JuS、JZ 等，部分为德国法学专有名词的缩略语，如无因管理即可略为 GoA。这可谓德国法学教科书的一个特色。同时，多数教科书在每章或重要的节次前会提供一个主要参考文献的目录，这可以引导学生在从事研究时有针对性地去查找阅读资料。对于中国留学生而言，查找资料最方便的途径莫过于此。

3. 多援引判例并常常通过小的案例来阐释具体的问题

德国法学教科书最大的特点就是与实务结合紧密。各种教科书中必然会援引重要的法院判例，并加以归类。而小型教科书在阐述具体问题时，也会结合判例设计小的案型帮助初学者来理解复杂的法律制度。这是由于德国法科学生最终的目标是通过国家考试，而国家考试的主要内容即是案例分析，在日常的教科书中结合判例加以阐述，有助于学生掌握判例的基本观点，并加以运用。与此相配套，德国还出版有大量的案例练习书和判例汇编书，而评注书也多是对法院判例的分析整理，目的都在于帮助学生掌握案例分析的基本工具。

4. 师承修订

德国的法学教科书虽然种类繁多，但生命力最长的是那些被奉为经典的教科书。在最初的作者去世后，这些经典教科书便多由其后人或学生修订。如鲍尔（Fritz Baur）教授所著的《物权法》其后便由教授之子 Jürgen Fritz 和学生 Rolf Stürner 教授（弗里茨·鲍尔和罗尔夫·施蒂尔纳教授）续订，韦斯特曼（Harry Westermann）教授所著的《德国民法的基本概念》和《物权法》也由其子 Harm Peter Westermann 教授续订。当然，也存在一些经典教科书并非由原作者的后人或学生修订的情况，如拉伦茨教授的《德国民法通论》后来便由与其并无师承关系的 Manfred Wolf 教授（曼弗雷德·沃尔夫教授，其《物权法》已由吴越和李大雪教授译成中文）续订。续订后，教科书的书名页便会写明本教科书由谁奠基，由谁修订，作者一栏也随着时间越变越长。

反观国内的法学教科书，是否也有很多可以向德国学习之处呢？

历时十年，该文反映的德国法学教科书的外在特征仍不过时，缺憾的是，没有进一步揭示出德国法学教科书与其法教义学及法典化的关系。就民法而言，可以说，作为19世纪民法法典化典范的《德国民法典》的五编制体系即奠基于该世纪萨维尼、普赫塔和温德沙伊德等法学大家基于对古罗马《学说汇纂》进行研究而形成的潘德克顿教科书及由此演化出的近代民法的概念体系之上。法典化之后的法学教科书则要进一步关注法典的解释和适用，促进法教义学的形成和发展。在此，小型/基础教科书和大型教科书/体系书发挥着不同的作用。德国小型/基础法学教科书最重要的作用就是以通说为基础，借助最精炼准确的语言来表达最为复杂的概念，并借助案例的导入和判例的引入，让抽象概念具象化，奠定学生的基础法学知识体系。而大型教科书/体系书则是在小型/基础教科书的体系之上凝聚作者的学术睿见和思想体系，通过对关键问题的深入分析促进法教义学的发展，进而开拓学生的思维和视野，使其形成更广博的知识结构。

早在 2001 年，谢怀栻先生就在其讲座《民法学习当中的方法问题》中提到了在专与博的基础上来学习民法。[①] 2019 年 8 月 15 日，在谢怀栻先生诞辰 100 周年纪念日之际，该讲座稿又以《谢怀栻先生谈民法的学习与研究》为题在微信朋友圈广泛传播，今日读来仍振聋发聩：

我看到有一些民法书，总觉得他们介绍民事权利，不是整体地从体系上介绍，而是零零碎碎地遇到一点介绍一点。我觉得这样不好。我认为学习民法要首先了解民法的全貌，然后对于民法的基础知识要有一个大概的认识：民法讲权利，什么是权利；民法讲义务，什么是义务；民法讲法律关系，什么是法律关系。当然这些东西你要彻底地搞清楚，不是一开始就行的。但是大体上是可以知道的。比如说我们民法学界直到最近还存在这种情况：讨论这样的问题，讨论民法讲的权利关系。特别是最近制定物权法，所以引起争论：物权法讲的是人与人的关系，还是人与物的关系？**这样的问题在西方国家一百年以前就透透彻彻地解决了，现在我们中国还有人又提出来。**现在还有很有名的法学家提出这个问题：物权究竟是人与人的关系还是人与物的关系？法律关系都是人与人的关系，怎么会有人与物的关系呢？所以这就说明开始学民法就应该把基础概念给学生讲清楚。法律就是解决人的关系，哪里有解决人与物的关系的呢？至于说法律牵涉到物，这是必然的，它是涉及到物，但是它主要的目的不是解决人与物的关系。……所以我就觉得很奇怪的是，有人现在还提物权是人与物的关系。这就是最初学民法时没有把民法学清楚。

那么最初应该怎么样弄清楚这些基本的知识呢？从学生学习方面来说，开始学的时候绝对不能把学习面搞得太广了，**应该抓住一两本书认真地读**（介绍书是导师的责任了）。先不要看外面有这么多民法书，本本都买来看，这样用不着。有的书里面甚至有错误的东西，你学了错误的东西将来就很麻烦了。开始抓住比较好的书，好好地研究透，脑子里有了民法的全貌、基本理论、基本知识，然后再去看别的书都可以。

这就是说看书应该越多越好还是少而精好？学的范围应该多好还是少好？这就是一个博与专的关系，我们做学问都会遇到这样的问题。我很赞成胡适讲的一句话："为学要如金字塔。"做学问要像建金字塔一样，基础要广，而且要高。高和广是一对辩证关系，基础越广才能越高，基础小而要建一个高建筑那是不可能的。但是高与广又不是我们一下子就能决定的，我们为了广，什么书都拿来读，那也是不可能的。我一定要把所有的书都读完，再来建高，那也不可能。**高与广是相互循环的，先高一下，就感觉我的基础不行了，**

① 谢怀栻：《民法学习当中的方法问题》，载王利明主编：《民商法前沿论坛》（第 1 辑），北京，人民法院出版社 2004 年版，第 39—41 页。

**就扩大基础，然后再高一下，如此循环。**所以，读书不要一开始就把所有的书都拿来读，先还是少一点、精一点，等到基础需要的时候，再扩大一下基础。

从谢老的文字中也可以看出，一本经典的法学教科书对于法科学生的基础概念的正确养成具有多么重要的地位，而且谢老提出的质疑也让人反思，作为法律继受国，法学教科书究竟应该怎么写。

德国作为近现代民法理论的滥觞国，其法教义学的理论架构已臻完善，理论和实践互动产生的通说已然形成，民法教科书的撰写和修订则可按部就班进行。反观中国近现代，作为民法继受国，清末民律继受自日本，民国民法则主要继受自德国，并参酌瑞士民法、日本民法、法国民法和苏联民法等。民法理论的继受则与民法典的继受相辅相成。教科书也有着内容和形式上的渐进转型过程，从早先的单纯照搬外国理论，进行简要的法条释义，到逐步有意识地由日入德，建构自己的体系。作为这一时期转型的代表性民法教科书可举例有三：一则为梅仲协先生之《民法要义》。作为概要性的民法教科书，梅先生有意识地追溯到民国民法的源头——德瑞民法进行理论阐述，不局限于民国民法体例，而以体系性为标称。该书亦借鉴德国法学教科书的体例，采用段码体系并提供了法条索引。梅先生还借助执掌台大法律系之便严限学生修习德文，实现了民法理论由日转德。[②] 二则为民国民法五立委之一的史尚宽先生所著之六卷本的民法全书。其特点为取材广泛，涉猎德日法英诸国法律，注重探本溯源，并结合参与立法之便，阐幽发微，该全书可谓有民法体系书之实。三则为王泽鉴先生所著之八册民法教科书，堪称华文世界民法教科书之典范。该系列教材奠基于先生一贯所倡的民法学说与判例的互动研究以及比较民法的研究，教材内容以德国法为根基，并广泛征引日本法和英美法，同时注重示例的导入和判例的引入，致力于台湾地区民法通说的形成，颇具德国基础法学教科书之神，而又不像德国教科书那样囿于一国。三位先生均具有留学欧陆背景，梅仲协先生留学法国，史尚宽先生遍历日德法，王泽鉴先生则留学德国，三者均精通德日英三国语言，其所撰教科书之厚重和旁征博引自有由来。

中华人民共和国成立后，我国曾经历了数十年的法律空窗期。自 1986 年《民法通则》颁布以来，我国民商事法律体系重现生机，日趋完善，2020 年《民法典》正式颁行。伴随着法律的发展，我国的民商事审判实践也日渐丰富，网络与大数据技术也进一步推动着民事司法和案例研究的转型。虽然此间我们的民商法教科书在借鉴我国台湾地区，以及日本、德国甚或英美私法理论的基础上层出不穷，也不乏偶见的精品，但与德国、日本乃至我国台湾地区的民商法教科书相比，我们所缺乏的仍是能够为广大法科生奠定准确的概念体系，并与审判实践互动，致力于形成通说的法学教科书。既有的民商法教科书或者局限于对法条的罗列和简要阐述，或者作者基于不同的学术背景和留学经历而阐发自己独特的学术观点，在基础概念的分析和外国法例的介绍上也存在诸多错讹，抑或人云亦云，对审判案例的关注也远未达到理想状态，学生并不能有效地借助阅读教科书形成准确的概念体系，并将之加以妥当运用，这也直接造成各地司法实践的差异化。究其成因，除我国现行立法粗疏，缺乏体系考量，并且立法理由无法有效呈现外，现有民法理论和清末民国时期的民法传统出现割裂，学术界对国外尤其是继受母国的基础民法理论不够熟稔及与现今民

---

② 参见谢怀栻先生为梅先生的《民法要义》所撰序言。

法学说发展无法有效接续也是重要原因，诸如法律行为的普适性和适法性之争、债与责任的关系之争以及物权行为与债权形式主义之争等等皆因此而来，而民法理论、民事立法和民事司法实践之间的疏离感及相互角力，也造成了我国现有法学教科书无法有效承载法教义学的重任。

正是基于自己对德国和中国民法教科书的阅读体验，我希冀能够回到中国民法理论的源头去探寻民法概念体系的原貌，梳其枝蔓、现其筋骨，促进中国民商法教科书的转型。2009 年，甫入教职的我就在人大社启动了"外国民商法教科书译丛"的翻译计划，第一批曾设想择取德国、日本、法国和意大利诸国的经典民法教材，邀请国外留学的民法才俊译介引入。当时留学海外的民法人才尚不如今日之繁盛，最后仅推出德国民法教科书 4 本和日本民法教科书 1 本。自 2012 年始，陆续出版了布洛克斯和瓦尔克的《德国民法总论》（第 33 版）、韦斯特曼的《德国民法基本概念》（第 16 版）（增订版）、吉村良一的《日本侵权行为法》（第 4 版）、罗歇尔德斯的《德国债法总论》（第 7 版）以及多伊奇和阿伦斯的《德国侵权法》（第 5 版）。参与的译者中除 2018 年年初不幸罹难的大军外，其他诸位今日已成为各自领域的翘楚。

第一批译著的推出恰逢其时。鉴于德国债法在 2002 年进行了大幅修订，国内尚无最新的德国民法教科书译作跟进，本译丛中的多部译著受到广泛欢迎，尤其是《德国民法总论》多次加印，部分译作甚至因为断货而在旧书市场上被炒作到数百元不等。译丛的装帧设计也从最初的大 32 开变为 16 开本。

市场对译丛的积极反响也催生了本译丛第二批书目的诞生。第二批遴选的书目中除第一批未及纳入的传统合同法、亲属法和继承法教材外，侧重选择了国内尚不熟悉的德国商法教材。译丛的译者也更新为 20 世纪 80 年代中后期甚至 90 年代出生的新一批中国留德法科生。该批译著最早问世的为 2016 年出版的慕斯拉克与豪的《德国民法概论》（第 14 版），2019 年又推出了莱特的《德国著作权法》（第 2 版）。而第一批书目也将根据最新版次修订后陆续推出，2019 年即更新了布洛克斯和瓦尔克的《德国民法总论》（第 41 版）。借 2019 年改版之机，本译丛采用了更为精致的封面设计和更为精良的纸品。现负笈德国波恩大学的焕然君在网络媒体——微信公众号上对本译丛也进行了图文并茂的推送③，使其为更多的学子所知悉。

由于本译丛所选书目以德国基础民商法教科书为主，读者阅读时自当手边备有《德国民法典》④ 和《德国商法典》等法律的条文参照阅读，对于中国法无规定或有不同规定者，自当斟酌差异及其理由，对于相似规定，则可比较有无细微差异，甚或是否为形似而实非，更重要的是要体悟民商法的重要基础概念之内涵及其体系以及司法之运用，以便形成个人体悟之架构。而欲深入学习者，尚可借助译著所附之参考文献，按图索骥，进行深入的专题阅读。对德国民法脉络的掌握也有助于对其历史渊源罗马法的学习，并可以以其为参照促进对属于德国法系的奥地利、瑞士、希腊乃至受到德国民法或多或少影响的日本、韩国、意大利、法国和俄罗斯诸法域民法的理解。

这套译丛是我所主持的数部外国法译丛的"头生子"，虽然自策划起算来已逾十年，

---

③ 即"杰然不瞳"于 2017 年 5 月 30 日发布的《德国民法教科书中译本：书目概览》。

④ 北大出版社的台译本采中德对照方式，有德语基础者可参照双语阅读。

拖延久许，但作为我初入法学出版领域的敲门砖，有着别样的意义！译丛得以推出要真诚地感谢人大社法律分社的杜宇峰女士，无论是选题的报送还是版权的联系，她都不辞辛劳！感谢施洋等诸位编辑的辛勤耕作，为译丛的及时出版和质量完善提供了有效的保障！感谢诸位年轻译者一直以来的支持，能够忍受我的催稿督促！

借助两批书目的译介，本译丛将基本完成德国民商法基础教科书的体系化引入。我期待能够通过对国外尤其是德国和日本最新的经典基础民商法教科书的引介，回到我国民法体系的理论源头去探寻准确的民法概念体系，为学生学习民商法和学者进一步深入研究提供更为准确的参照，同时为我们形成自己的民商法教科书体系迈出第一步。如有所成，当幸甚焉！

# 第6版前言 ◀

　　"新"《保险合同法》已经生效近十年，很多在2008年1月1日时确立的新规则，例如，在合同订立前的保险人提供信息和建议义务、"全有或全无"原则在不真正义务法和重大过失招致保险事故情形的废除、违反先合同告知义务的法律后果的重新安排、故意违反不真正义务的情形因果关系原则的引入、不真正义务法和保险费规则中的保险人劝告义务，在实践中得到了适用，当中的一些争议问题也通过司法判决得到了澄清。尽管如此，在相当多的争议问题上，法律规则仍然没有完全确定下来。

　　本书的这一版本新增了自上一版出版以来的相关司法判决和新文献，并在必要处对这些新增材料进行了批判性评述。如果在有争议的法律问题上产生了"通说"，则本书会介绍"通说"，因为"通说"对保险实践而言非常重要。但如果"通说"只具有表面合理性，则本书也不避讳对它的批判性质疑。除了按照主题进行体系性介绍，对法院判决和文献观点的批判性讨论也是本书的核心关注点。本书旨在促进对争议问题的讨论，因此，对一些争议问题，例如，关于保险人在合同期内的建议义务范围、关于投保人在合同订立之前的自发告知义务、关于保险事故发生后的自发信息提供义务、关于在追溯保险的情况下投保人是否必须报告已发生的保险事故、关于"隐藏的"不真正义务的处理、关于经纪人询问表的处理、关于一般保险条款订入失败时的合同补充性解释等议题，本书同样表明了作者的观点与论证。此外，本书还讨论了通过互联网订立合同这一重要议题。作者感谢大家对本书的评论和批评，并对就第三方材料的误读和其他错误的指正深表谢忱。

　　我还要感谢我的研究助理马库斯·居利希（Markus Gülich）先生，感谢他为本书新版所做的认真负责的宝贵工作。

彼得·施米科斯基

2017年夏季学期于科隆

# 第1版前言（节选） ◀

　　法律问题的处理需要专业知识，这一点对保险合同法而言尤其明显：除了为人熟知的《民法典》，保险合同的相关法律主要是通过《保险合同法》以及多样化的判例规则形成的。本教科书有两方面的任务：一方面，明确《保险合同法》的基本结构并且进行体系化的说明；另一方面，兼顾说明对于保险实践而言重要的判例……

　　本书主要面向大学学生、高等专科学校学生、学术群体和保险行业中的培训机构人员。作为一本法学专业书籍，本书（不得不）以私法的基础知识的掌握为基本前提。当然，非法学人士也可以使用本书。保险公司的专业人员、保险经纪人、律师，还有法官，可以将本书作为指南和指引手册使用。

彼得·施米科斯基
1999 年夏于科隆

# 缩略词表 ◀

| | | |
|---|---|---|
| aA | anderer Ansicht | 另一观点 |
| aaO | am angegebenen Ort | 同前注 |
| ABCM | Allgemeine Bedingungen für die Computermiss-brauchs-Versicherung | 计算机滥用保险一般条款 |
| abl | ablehnend | 反对的 |
| AcP | Archiv für die civilistische Praxis | 《民事实务档案》（杂志） |
| ADB | Allgemeine Deutsche Binnen-Transportversicherungsbedingungen | 国内运输保险一般条款 |
| ADS | Allgemeine Deutsche Seeversicherungsbedingungen | 海上保险一般条款 |
| aE | am Ende | 最后部分 |
| AERB | Allgemeine Bedingungen für die Einbruchdiebstahl- und Raubversicherung | 盗抢保险一般条款 |
| aF | alte Fassung | 旧版本 |
| AFB | Allgemeine Bedingungen für die Feuerversicherung | 火灾保险一般条款 |
| AG | Amtsgericht | 地方法院 |
| AGB | Allgemeine Geschäftsbedingungen | 一般交易条款 |
| AGBG | Gesetz zur Regelung des Rechts der Allgemeinen Geschäftsbedingungen | 《一般交易条款规制法》 |
| AHagB | Allgemeine Hagelversicherungs-Bedingungen | 冰雹保险一般条款 |
| AHB | Allgemeine Bedingungen für die Haftpflichtversicherung | 责任保险一般条款 |
| AKB | Allgemeine Bedingungen für die Kraftfahrtversicherung | 机动车保险一般条款 |
| AktG | Aktiengesetz | 《股份公司法》 |
| ALB | Musterbedingungen für die Großlebensversicherung | 大型寿险示范性条款 |
| Alt | Alternative | 并列情形 |

| AMG | Arzneimittelgesetz | 《药品法》 |
|---|---|---|
| Anh | Anhang | 附件 |
| Anm | Anmerkung | 注释 |
| AnwBl | Anwaltsblatt | 《律师报》（杂志） |
| ARB | Allgemeine Bedingungen für die Rechtsschutzver- sicherung | 法律保护保险一般条款 |
| Art | Artikel | 条 |
| AUB | Allgemeine Unfallversicherungsbedingungen | 意外保险一般条款 |
| Aufl | Auflage | 版本 |
| AVAD | Auskunftsstelle über Versicherungs-/Bausparkassen- außendienst und Versicherungsmakler in Deutschland e. V. | 德国保险/建筑协会对外服务及保险经纪人咨询处 |
| AVB | Allgemeine Versicherungsbedingungen | 一般保险条款 |
| AVBR | Allgemeine Bedingungen für die Versicherung von Reisegepäck | 行李运输保险一般条款 |
| BaFin | Bundesanstalt für Finanzdienstleistungsaufsicht | 联邦金融监管局 |
| BAK | Blutalkoholkonzentration | 血液酒精浓度 |
| BAV | Bundesaufsichtsamt für das Versicherungswesen | 联邦保险监管局 |
| BB | Betriebsberater | 企业顾问 |
| BBR | BesondereBedingungen und Risikobeschreibungen | 特别条款与风险界定条款 |
| Bd | Band | 卷 |
| BeckOK BGB | Beck'scher Online-Kommentar BGB | 《贝克在线德国民法典评注》 |
| Begr | Begründung | 理由 |
| betr | betrifft | 涉及 |
| BGB | Bürgerliches Gesetzbuch | 《民法典》 |
| BGBl | Bundesgesetzblatt | 《联邦法律公报》 |
| BGH | Bundesgerichtshof | 联邦最高法院 |
| BGHZ | Amtliche Sammlung der Entscheidungen des Bun- desgerichtshofs in Zivilsachen | 《联邦最高法院民事判决官方汇编》 |
| BNotO | Bundesnotarordnung | 《联邦公证人条例》 |
| BRRG | Beamtenrechtsrahmengesetz | 《公务员法框架法》 |
| Bsp | Beispiel | 例子 |
| BT-Drs | Bundestags-Drucksache | 联邦参议院文件 |
| BUZ-Vers | Berufsunfähigkeits-Zusatzversicherung | 职业残疾保险附加险 |
| BVerfG | Bundesverfassungsgericht | 联邦宪法法院 |
| BVerwG | Bundesverwaltungsgericht | 联邦行政法院 |
| bzgl | bezüglich | 关于 |

| bzw | beziehungsweise | 或者，更确切地说 |
|---|---|---|
| cic | culpa in contrahendo | 缔约过失 |
| DAR | Deutsches Autorecht | 《德国汽车法》 |
| ders | derselbe | 相同的 |
| dh | das heißt | 也就是说 |
| Diss | Dissertation | 博士学位论文 |
| ECU | European Currency Unit (Europäische Währungseinheit) | 欧洲货币单位（欧元） |
| ED | Einbruch-Diebstahl | 入室盗窃 |
| EDV | Elektronische Datenverarbeitung | 电子数据处理 |
| EG | Europäische Gemeinschaft | 欧洲共同体 |
| EGBGB | Einführungsgesetz zum Bürgerlichen Gesetzbuch | 《民法典施行法》 |
| EGVVG | Einführungsgesetz zu dem Gesetz über den Versicherungsvertrag | 《保险合同法施行法》 |
| entspr | entsprechend | 相应的 |
| ERCL | European Review of Contract Law | 《欧洲合同法评论》 |
| Erg | Ergebnis | 结果 |
| EU | Europäische Union | 欧盟 |
| EuGH | Europäischer Gerichtshof | 欧洲法院 |
| e. V | eingetragener Verein | 注册协会 |
| EVÜ | EWG-Übereinkommen über das auf vertragliche Schuldverhältnisse anzuwendende Recht v. 19. 6. 1980 | 《欧洲经济共同体关于合同债务关系的适用法律的公约》（1980 年 6 月 19 日） |
| EWG | Europäische Wirtschaftsgemeinschaft | 欧洲经济共同体 |
| EWiR | Entscheidungen zum Wirtschaftsrecht | 《经济法判决集》 |
| EWR | Europäischer Wirtschaftsraum | 欧洲经济区 |
| f | folgende | 以下一条 |
| ff | fortfolgende | 以下数条 |
| FS | Festschrift | 生日纪念文集 |
| FZV | Fahrzeug-Zulassungsverordnung | 《机动车登记条例》 |
| GDV | Gesamtverband der deutschen Versicherungswirtschaft e. V. | 德国保险业协会 |
| gem | gemäß | 根据 |
| GG | Grundgesetz | 《基本法》 |
| ggf | gegebenenfalls | 必要时 |
| grds | grundsätzlich | 原则上 |
| GRUR | Gewerblicher Rechtsschutz und Urheberrecht (Zeitschrift) | 《商业法律保护与版权》（杂志） |

| GS | Gedächtnisschrift | 纪念文集 |
|---|---|---|
| Hs | Halbsatz | 半句 |
| HausTWG | Gesetz über den Widerruf von Haustürgeschäften und ähnlichen Geschäften | 《关于撤销上门交易及类似交易的法律》 |
| HEK | Halm/Engelbrecht/Krahe（Hrsg.），Handbuch des Fachanwalts Versicherungsrecht | 哈姆/恩格布雷希特/克拉赫（主编）：《保险法律师手册》 |
| HGB | Handelsgesetzbuch | 《商法典》 |
| HK-VVG | Rüffer/Halbach/Schimikowski（Hrsg.），Handkommentar VVG | 吕费尔/哈尔巴赫/施米科斯基（主编）：《保险合同法便携式民法典评注》 |
| hL | herrschende Lehre | 主流学说 |
| hM | herrschende Meinung | 通说 |
| HPflG | Haftpflichtgesetz | 《责任法》 |
| Hrsg | Herausgeber | 编辑 |
| IDD | Insurance Distribution Directive（Richtlinie（EU）2016/97 v. 20. 1. 2016） | 《保险销售指令》 |
| idR | in der Regel | 通常 |
| iErg | im Ergebnis | 结果 |
| iHv | in Höhe von | 高达 |
| insbes | insbesondere | 特别是 |
| IPrax | Praxis des Internationalen Privat-und Verfahrensrechts | 《国际私法和诉讼法实务》（杂志） |
| iSd | im Sinne des/der | 根据……的意思 |
| iSv | im Sinne von | 在……的意义上 |
| iVm | in Verbindung mit | 结合 |
| JA | Juristische Arbeitsblätter | 《法学工作报》（杂志） |
| jew | jeweils | 各个 |
| JURA | Juristische Ausbildung | 《法学教育》（杂志） |
| jurisPR-VersR | Juris Praxisreport Versicherungsrecht | 《保险法法律实务报告》（杂志） |
| JuS | Juristische Schulung | 《法律培训》（杂志） |
| JZ | Juristenzeitung | 《法律人报》（杂志） |
| Kfz | Kraftfahrzeug | 机动车 |
| KfzPflVV | Kraftfahrzeug-Pflichtversicherungsverordnung | 《机动车强制责任保险条例》 |
| KG | Kammergericht | 柏林高等法院 |
| KH | Kraftfahrzeug-Haftpflicht | 机动车强制责任 |
| krit | kritisch | 批评性的 |
| LG | Landgericht | 地区法院 |

| | | |
|---|---|---|
| lit | litera (Buchstabe) | 字母 |
| Lit | Literatur | 文学 |
| lt | laut | 根据 |
| LuftVG | Luftverkehrsgesetz | 《航空法》 |
| mAnm | mit Anmerkung | 及其注释 |
| MAH | Terbille/Höra（Hrsg.），Münchener Anwalts-handbuch | 特比尔/赫拉（主编），慕尼黑律师手册 |
| MB/KK | Allgemeine Versicherungsbedingungen für die Krankheitskosten-und Krankenhaustagegeldversicherung | 《医疗费用及每日住院津贴保险一般条款》 |
| mE | meines Erachtens | 我认为 |
| MüKoVVG | Langheid/Wandt（Hrsg.），Münchener Kommentar zum VVG | 朗海德/万特（主编），《慕尼黑保险合同法评注》 |
| MMR | Multimedia und Recht | 多媒体与法律 |
| MPG | Medizinproduktegesetz | 《医疗产品法》 |
| mwN | mit weiteren Nachweisen | 附带更多参考文献 |
| Nachw | Nachweis | 证明，证据 |
| nF | neue Fassung | 新版本 |
| NJW | Neue Juristische Wochenschrift | 《新法律周刊》（杂志） |
| NJW-RR | Neue Juristische Wochenschrift-Rechtsprechungsreport | 《新法律周刊——司法判例报告》（杂志） |
| Nr | Nummer | 第……号 |
| NVersZ | Neue Zeitschrift für Versicherung und Recht | 《新保险与法律期刊》（杂志） |
| OGH Wien | Oberster Gerichtshof Wien | 维也纳最高法院 |
| OLG | Oberlandesgericht | 高等法院 |
| PflVG | Gesetz über die Pflichtversicherung für Kraftfahrzeughalter | 《机动车车主强制责任保险法》 |
| PHV | Private Haftpflichtversicherung | 私人责任保险 |
| PK-VersR | Schwintowski/Brömmelmeyer（Hrsg.），Praxiskommentar zum Versicherungsvertragsrecht | 施温托夫斯基/布勒梅尔迈尔（主编），《保险合同法实务评注》 |
| probl | problematisch | 有问题的 |
| pVV | positive Vertragsverletzung | 积极侵害债权 |
| r+s | Recht und Schaden | 《权利与损害》（杂志） |
| RabelsZ | Rabels Zeitschrift für ausländisches und internationales Privatrecht | 《拉贝尔比较与国际私法杂志》 |
| Rn | Randnummer | 边码 |
| RegE | Regierungsentwurf | 政府草案 |
| RGZ | Amtliche Sammlung der Entscheidungen des Reichsgerichts in Zivilsachen | 《帝国法院民事裁判文书官方汇编》 |

| | | |
|---|---|---|
| RIW | Recht der Internationalen Wirtschaft | 《国际经济法》（杂志） |
| Rspr | Rechtsprechung | 司法判决 |
| s | siehe | 见…… |
| S | Seite/Satz | 页/句 |
| s. auch | siehe auch | 也可参见…… |
| SGB | Sozialgesetzbuch | 《社会法典》 |
| sog | sogenannt | 所谓的 |
| SP | Schadenpraxis | 理赔实务 |
| stRspr | ständige Rechtsprechung | 稳定性判决 |
| StGB | Strafgesetzbuch | 《刑法典》 |
| str | strittig | 有争议的 |
| StVG | Straßenverkehrsgesetz | 《道路交通法》 |
| StVZO | Straßenverkehrszulassungsordnung | 《道路交通许可条例》 |
| ua | unter anderem | 此外，另外 |
| UKlaG | Gesetz über Unterlassungsklagen bei Verbraucherrechts- und anderen Verstößen | 《侵害消费者权益以及其他不法行为的不作为诉讼的法律》 |
| UmweltHG | Umwelthaftungsgesetz | 《环境责任法》 |
| UmwHB | Besondere Bedingungen und Risikobeschreibungen für die Umwelthaftpflichtversicherung | 环境责任险的特殊条件和风险描述 |
| usw | und so weiter | 等等 |
| uU | unter Umständen | 可能，也许 |
| UWG | Gesetz gegen den unlauteren Wettbewerb | 《反不正当竞争法》 |
| VAG | Gesetz über die Beaufsichtigung von Versicherungsunternehmen | 《保险公司监管法》 |
| VerBAV | Veröffentlichungen des Bundesaufsichtsamtes für das Versicherungswesen | 联邦保险监督局的出版物 |
| VersR | Versicherungsrecht | 《保险法》（杂志） |
| VersRdsch | Versicherungsrundschau (Österreich) | 《保险博览》（奥地利）（杂志） |
| VersVerm | Versicherungsvermittlung | 保险中介 |
| VGB | Allgemeine Wohngebäude-Versicherungsbedingungen | 《住房保险一般条款》 |
| vgl | vergleiche | 参见 |
| VHB | Allgemeine Hausratversicherungsbedingungen | 《家庭财产保险一般条款》 |
| VK | Versicherungskaufmann | 保险推销员 |
| VN | Versicherungsnehmer | 投保人 |
| Voraufl | Vorauflage | 先前版本 |
| Vorbem | Vorbemerkung | 初步说明 |

| VP | Versicherungspraxis | 保险实务 |
| VR | Versicherer | 保险人 |
| VuR | Verbraucher und Recht | 《消费者与法律》（杂志） |
| VVaG | Versicherungsverein auf Gegenseitigkeit | 相互保险组织 |
| VVG | Gesetz über den Versicherungsvertrag (Versicherungs-vertragsgesetz) | 《保险合同法》 |
| VW | Versicherungswirtschaft | 《保险行业》（杂志） |
| WHG | Wasserhaushaltsgesetz | 《水资源法》 |
| zahlr | zahlreich | 大量的 |
| zB | zum Beispiel | 比如 |
| zT | zum Teil | 部分 |
| ZEuP | Zeitschrift für Europäisches Privatrecht | 《欧洲私法杂志》 |
| ZfS | Zeitschrift für Schadensrecht | 《损害法杂志》 |
| ZfV | Zeitschrift für Versicherungswesen | 《保险行业杂志》 |
| ZIP | Zeitschrift für Wirtschaftsrecht und Insolvenzpraxis | 《商法与破产实务杂志》 |
| ZPO | Zivilprozessordnung | 《民事诉讼法》 |
| zust | zuständig | 主管的，负责的 |
| ZVersWiss | Zeitschrift für die gesamte Versicherungswissen-schaft | 《保险学综合杂志》 |

# 参考书目 ◀

（另见文中参考文献）

| | |
|---|---|
| Armbrüster PrivVersR | Armbrüster, Privatversicherungsrecht，Handbuch，2013 |
| Beckmann/Matusche-Beckmann VersR-HdB/Bearbeiter | Beckmann/Matusche-Beckmann（Hrsg.），Versicherungsrechts-Handbuch，3. Aufl. 2015 |
| BeckOK BGB/Bearbeiter | Beck'scher Online-Kommentar BGB，42. Edition 2017 |
| BK/Bearbeiter | Honsell（Hrsg.），Berliner Kommentar zum Versicherungs-vertragsgesetz，1999 |
| Bruck/Möller/Bearbeiter | Bruck/Möller, VVG Großkommentar zum Versicherungs-vertragsgesetz， hrsg. v. Baumann/Beckmann/Johannsen/Johannsen，Bd. 1 – 3，9. Aufl. 2008ff. |
| Bruns PrivVersR | Bruns, Privatversicherungsrecht，Lehrbuch，2015 |
| Deutsch/Iversen VersVertrR | Deutsch/Iversen, Versicherungsvertragsrecht，Taschenbuch，7. Aufl. 2015 |
| FAKomm-VersR/Bearbeiter | Staudinger/Halm/Wendt（Hrsg.），Fachanwaltskommentar Versicherungsrecht，2013 |
| HEK/Bearbeiter | Halm/Engelbrecht/Krahe（Hrsg.），Handbuch des Fachanwalts Versicherungsrecht，5. Aufl. 2015 |
| HK-VVG/Bearbeiter | Rüffer/Halbach/Schimikowski（Hrsg.），Versicherungsver-tragsgesetz - Handkommentar，3. Aufl. 2015 |
| Hofmann PrivVersR | Hofmann, Privatversicherungsrecht，4. Aufl. 1998 |
| Holzhauser VersVertrR | Holzhauser, Versicherungsvertragsrecht，1999 |
| Langheid/Rixecker/Bearbeiter | Langheid/Rixecker, Versicherungsvertragsgesetz，mit VVG-Informationspflichtenverordnung，Kommentar，5. Aufl. 2016 |
| Looschelders/Pohlmann/Bearbeiter | Looschelders/Pohlmann, VVG-Kommentar，3. Aufl. 2016 |

MAH VersR/Bearbeiter

Terbille/Höra（Hrsg.），Münchener Anwaltshandbuch Versicherungsrecht，3. Aufl. 2013

Marlow/Spuhl VVG kompakt/Bearbeiter

Marlow/Spuhl，Das neue VVG kompakt：Ein Handbuch für die Rechtspraxis，4. Aufl. 2010

Martin SachVersR

Martin，Sachversicherungsrecht，3. Aufl. 1992

Meixner/Steinbeck VersVertrR

Meixner/Steinbeck，Allgemeines Versicherungsvertragsrecht，2. Aufl. 2011

MüKoVVG/Bearbeiter

Langheid/Wandt（Hrsg.），Münchener Kommentar zum VVG，Bd. 1，2010

MüKoVVG/Bearbeiter

Langheid/Wandt（Hrsg.），Münchener Kommentar zum VVG，Bd. 1，2. Aufl. 2016；Bd. 3，2. Aufl. 2017

Niederleithinger Das neue VVG

Niederleithinger，Das neue VVG. Erläuterungen，Texte，Synopse，2007

PK-VersR/Bearbeiter

Schwintowski/Brömmelmeyer（Hrsg.），Praxiskommentar zum Versicherungsvertragsrecht，3. Aufl. 2017

Prölss/Martin/Bearbeiter

Prölss/Martin，Versicherungsvertragsgesetz，Kommentar zum VVG und EGVVG sowie Kommentierung wichtiger Versicherungsbedingungen unter Berücksichtigung des ÖVVG und österreichischer Rechtsprechung，29. Aufl. 2015

Schimikowski/Höra Das neue VVG 2008

Schimikowski/Höra，Das neue Versicherungsvertragsgesetz，2008

Sieg VersVertrR

Sieg，Allgemeines Versicherungsvertragsrecht，3. Aufl. 1994

Wandt VersR

Wandt，Versicherungsrecht，6. Aufl. 2016

Werber/Winter Grundzüge VersVertrR

Werber/Winter，Grundzüge des Versicherungsvertragsrechts，1986

# 简 目

# 目 录
*Contents*

# 第一章 ◄
# 保险合同法基础

## 第一节 引　言

**参考文献：** Armbrüster PrivVersR Rn. 9ff.；Deutsch/Iversen VersVertrR Rn. 18ff.；BK/Dörner VVG Einl. Rn. 15ff.；Hofmann PrivVersR §1 Rn. 1ff.；Werber/Winter Grundzüge VersVertrR S. 1ff.；Wandt VersR Rn. 1ff.

保险合同法是<u>私法</u>[①]的一部分，其最重要的法定规则是《保险合同法》（VVG），最重要的意定规则之一则是一般保险条款（AVB）。保险合同法中具有很多特色鲜明的保险特殊规则和法律制度。1908 年施行的旧《保险合同法》通过司法判例在方方面面都得到进一步的发展。其中的部分发展，即便对 2008 年之后的新《保险合同法》而言，依然具有重要的意义。

**例如：** 司法判决发展出了在保险代理人向客户提供的建议错误时的保险人<u>履行责任</u>（Erfüllungshaftung）（关联边码 133 和 134）。根据这一点，投保人原则上可以信赖保险代理人所作出的合同订立关键意思表示与事实相符合。如果这与事实不符，保险人则需要按照错误的合同订立意思表示向投保人负责（对此批评见 Kollhosser r＋s 2001，89ff.）。在新《保险合同法》生效之后，这一法律制度是否还有适用余地，存有疑问，因为新法明确规定了保险人与保险中介人的建议义务（《保险合同法》第 6 条，第 61 条）。基于此，部分学者认为已经没有履行责任的适用空间（关联边码 134）。——另一个例子是司法判决发展出来的<u>保险代表人</u>（Repräsentanten）

1

---

① 原书中用斜体表示，译者在译文中加下划线替代，原因是斜体在中文中不明显，而且容易凌乱。——译者注

（关联边码 276 及其以下边码）。无论是《民法典》还是《保险合同法》都没有这个法律概念，它的目的是使第三人——此种第三人尽管在形式上没有参与保险合同，但是在对保险标的物的关系上处于替代保险人的位置①——的过错得以纳入考量，从而使保险人能够拒绝或者减少保险给付。在新法中，有关代表人的判例法毫无疑问仍然具有重要性。因为新《保险合同法》中仍然没有解决这种类型的第三人过错的归属问题。因此，判例法发展出来的原则在未来仍将适用。——第三个重要的例子是司法判例确立的相关性要件（关联边码 232）：在司法判决中，当时的法院偏离了旧《保险合同法》第 6 条第 3 款的清楚文义，在投保人故意违反不真正义务的要件之外，增加了投保人的行为需要通常足以切实危害保险人利益的要件要求。只有前述要件都得到满足，法院才会支持保险人拒绝赔付。这一判例法在今天已不再必要，因为《保险合同法》在不真正义务法中全面引入了因果关系要件要求：即便在故意的情形，保险人也只有在不真正义务违反对保险事故的发生、保险事故的确定、给付义务的确定或范围产生影响的时候，才能因不真正义务违反而拒绝赔付。既然制定法已经要求"相关性"，先前的判例法即不再必要。

2　　　　保险合同法规范着（个别）保险人与投保人或被保险人之间的法律关系。它以私法自治为特征，包含所有适用于保险公司与投保人或被保险人之间的法律关系的私法规则。

　　　　**社会保险法**不属于保险合同法：社会保险法中的保险关系不通过合同订立而成立，而是直接根据法律的规定而成立。这就是人们把《社会法典》规定的保险称为法定医疗保险、法定意外保险和法定养老金保险的原因（关于社会保险与私人保险的异同，参见 Heinze ZVersWiss 2000，243ff.）。

　　　　**强制保险**（obligatorische Versicherungen）不是法定保险。虽然法律强制投保，但它的保险关系仍然是通过双方订立合同而不是法律的规定而成立。

　　　　这类强制保险最主要的类型是机动车强制责任保险［主要适用《机动车车主强制责任保险法》（PflVG）和《机动车强制责任保险条例》（KfzPflVV）］。此外还有超过一百种的强制责任保险，例如，为猎人、为保险中介人、为法律或经济或税务咨询等职业群体提供的保险。强制责任保险的法律规定在《保险合同法》第 113 条及其以下各条。还有其他规范也规定了具体情形的（强制）投保义务，例如医疗保险（《保险合同法》第 193 条第 3 款），医药产品或医疗器材的人体临床试验情形［《药品法》（AMG）第 40 条第 3 款第 8 项第 3 句，《医疗产品法》（MPG）第 20 条第 1 款第 9 项第 3 句］。

3　　　　**保险监管法**（Versicherungsaufsichtsrecht）则是规范联邦金融监管局（BaFin）［前身是联邦保险监管局（BAV）］对私人保险业实施的国家监管行为的法律规则，

---

　　① 例如边码 278 所举例子：出于节约保险费的原因，父母通常会作为其子女汽车的投保人。如果父母不实际使用汽车，（成年）子女自己独立负责汽车，那么父母实际上就是保险法上的"稻草人"，而子女则应当被视为保险代表人。——译者注

是一个不属于保险合同法的独立领域。联邦金融监管局最主要的任务是，通过影响保险公司的商业政策来确保投保人的权利能够得到保障。保险监管的法律规范规定在《保险监管法》（VAG）中，属于公法的一部分。

随着欧洲统一市场的建立和发展，保险监管法发生了深刻的变化（参见 Hohlfel, Was bleibt von der materiellen Versicherungsaufsicht nach Vollendung des Binnenmarktes?, 1992；Müller, Versicherungsbinnenmarkt, 1995. 也可参见 Korinek, Rechtaufsicht über Versicherungsunternehmen, 2000；Fricke NVersZ 2001, 97ff.；Präve VersR 2001, 133ff.——关于监管法的发展参见 Wandt VersR Rn. 61ff.；Looschelders/Pohlmann/Schröder VVG Einl. D Rn. 13ff.；Armbrüster r＋s 2015, 425ff.）。

最后，规定保险人组织运营规则的法律（**保险组织法**）同样不属于保险合同法。相关规则可以在例如《股份公司法》（AktG）或者《保险监管法》第 171 条及其以下各条〔其适用于相互保险组织（VVaG）〕中找到。

# 第二节　《保险合同法》

**参考文献**：Armbrüster PrivVersR Rn. 441ff.，512ff.；Bruns PrivVersR § 4 Rn. 1ff.；Deutsch/Iversen VersVertrR Rn. 30ff.；BK/Dörner VVG Einl. Rn. 21ff.；Hofmann PrivVersR S. 13ff.；Bruck/Möller/Niederleithinger VVG Einf. E；Prölss/Martin/Armbrüster VVG Einl. Rn. 2ff.；Sieg VersVertrR S. 32ff.；Werber/Winter Grundzüge VersVertrR S. 7ff.；Wandt VersR Rn. 132ff.

《保险合同法》颁布于 20 世纪初（1908 年），它是国家对当时已经长期使用的一般保险条款的实践情况所作出的反应。出于明确法律和保护投保人的考虑，《保险合同法》对当时的保险业实践作出了补充和限制。在近一百年后，这部法律在 2008 年得到根本性的修订，尤其是在消费者保护方面。

4

## 1. 法律结构

《保险合同法》分为以下几个部分：

— 适用于所有领域的一般规定（《保险合同法》第 1 条至第 73 条）

— 损失填补保险（Schadenversicherung）的一般规定（《保险合同法》第 74 条至第 87 条）

— 财产保险（Sachversicherung）的特别规定（《保险合同法》第 88 条至第 99 条）

— 其他损失填补保险（责任保险、法律保护保险、运输保险和建筑物火灾险）

5

的特别规定（《保险合同法》第 100 条—第 149 条）

——人寿保险（Lebensversicherung）的特别规定（《保险合同法》第 150 条至第 171 条）

——职业残疾保险（Berufsunfähigkeitsversicherung）的特别规定（《保险合同法》第 172 条至第 177 条）

——意外保险（Unfallversicherung）的特别规定（《保险合同法》第 178 条至第 191 条）

——医疗保险（Krankenversicherung）的特别规定（《保险合同法》第 192 条至第 208 条）

——附则（《保险合同法》第 209 条至第 215 条）

本书主要涉及保险合同法的总则部分的规则，基本上限于《保险合同法》第 1 条至第 87 条，即对各个保险分支均有重要意义的"公因式"规则。当然，在论述总则时会不可避免地涉及《保险合同法》和一般保险条款当中关于个别险种的一些规则。

### 2. 《保险合同法》中的强制性规则和任意性规则

6　　《保险合同法》中的大部分条款是任意性规则，即可以被合同双方通过约定变更的规则。这种制定法特征是私法自治原则的体现，也是我们整个债法的特征：除非是在具有例如需要特别保护合同某一方当事人这类理由的必要情形，法律才会规定非任意性（强制性）规则；否则，就是当事人自由构建法律关系的广阔空间。因此，当事人可以通过合同的个别约定或者一般保险条款来利用这一自由空间，只要《保险合同法》中的相关条款不是被设计为强制性或者半强制性规则。因此，保险合同法为合同自由提供了广阔的发展空间，但其同时划定了一些界限。这些界限主要是出于保护投保人的必要，因为投保人通常是经济上弱势的一方。除了表现为《保险合同法》规定的强制性和半强制性规则之外，一般交易条款法（AGB-Recht）也在限制合同自由方面起着重要的作用（关联边码 396 及其以下边码）。

《保险合同法》中规定强制性和半强制性规则的地方都是对合同自由的限制。由于事实上只有在大众交易情形（Massengeschäft）才有此等必要，因此，《保险合同法》第 210 条规定，对合同自由的限制不适用于大型风险情形（Großrisiken）（关联边码 10）。这一规定既考虑到了消费者保护问题，也考虑到了合同自由原则。根据这一规定，在大型风险情形，允许保险人对《保险合同法》的半强制性条款作不利于投保人的偏离（在一般交易条款法所允许的范围内，关联边码 21 和边码 369 及其以下边码）。本书的内容限定于大众交易情形。《保险合同法》保护的是《民法典》第 13 条意义上的消费者，但同时包括"小"商人和自由职业者。

#### a) 强制性条款

7　　强制性条款是指在任何情形都不得作偏离约定（无论是对投保人不利还是有

利）的条款。若合同对其偏离，则偏离约定<u>不生效力</u>。

例如，《保险合同法》规定，保险人在（投保人）违反约定不真正义务时有权解除合同的合同约定（《保险合同法》第28条第5款），保险人免于支付迟延利息的合同约定（《保险合同法》第14条第3款；关联边码374），以及禁止在责任保险中进行债务承认与清偿的合同约定（参见《保险合同法》第105条），均属无效。

这些《保险合同法》强制性规定的目的在于保护投保人，使其免受不合理的保险条款的伤害。它们设定了保险人合同建构自由的限制框架，是立法者基于法政策考量认为特别重要的规则。例如，立法者认为，应当允许投保人将其对责任保险人的责任赔偿请求权转移给受害人。因为无论出于什么原因，如果投保人不想和他的保险人打交道，都应当允许他授权受害人行使他对责任保险人的请求权。因此，法律规定，合同不得禁止投保人向第三人让与请求权（《保险合同法》第108条第2款）。

**b) 半强制性条款**

半强制性条款是指当事人不得作不利于投保人偏离约定的条款。如果合同中作了不利偏离条款，该不利偏离条款的法律后果既不是无效，也不是不生效力，而是保险人不得援引偏离约定，作不利于被保护者的主张。[①]

不得在合同中作不利于投保人偏离约定的规定的例子：

— 保险人提供意思表示副本的义务（《保险合同法》第3条第4款结合《保险合同法》第18条；关联边码55）

— 保险单内容与投保内容不一致时的处理程序（《保险合同法》第5条第1款至第3款结合《保险合同法》第18条；关联边码48及其以下边码）

— 保险人在投保人违反不真正义务时免于给付的要件（《保险合同法》第28条结合《保险合同法》第32条）

— 投保人的撤回权（《保险合同法》第8条结合《保险合同法》第18条）

— 关于投保人在合同订立前和风险升高时的告知义务，以及违反这些不真正义务的法律后果的规定（《保险合同法》第19条及其以下各条结合《保险合同法》第32条）

— 未及时支付保险费的法律后果（《保险合同法》第37条及其以下各条结合《保险合同法》第42条）

例如，在《责任保险一般条款》（AHB）[②]第3.1条第2项中可以找到因为对投保人有利而被<u>法律允许</u>的合同偏离约定。该条规定，被保风险升高的部分原则上也属于保险范围，对此投保人只有特定的告知义务〔参见《责任保险一

8

9

①　这一法律后果仅仅于保险人方面无法援引使用（相对无效），因此，如果投保人方面有需要，他自然可以援引不利偏离条款。——译者注

②　德国保险协会会公布各种险种的示范条款，比如此处为责任保险的示范条款，保险公司的具体保险合同与之不一定相同，但其具有重要的参考意义。——译者注

般条款》（AHB）第 13.1 条]。即使投保人不履行告知义务，保险人也不能终止合同或者拒绝给付［只有在因新颁布的责任法规范导致风险升高的时候，保险人才能根据《责任保险一般条款》（AHB）第 21 条终止合同]。这里的约定偏离了《保险合同法》第 23 条及其以下各条的规定，即，在风险升高的情形，满足特定要件的保险人可以终止合同或者拒绝给付［注意：《责任保险一般条款》（AHB）第 13.1 条第 4 句规定，投保人违反告知义务，保险人可以请求违约金。这不构成对《保险合同法》第 23 条及其以下各条的不利偏离，因为其以保险人无权拒绝给付为逻辑前提，见 Schimikowski r＋s 2012，436f.]。—— 不被法律允许的偏离的例子可以在旅游医疗保险中找到，其包含这样的条款："此外，保险保障范围不包括被保险人在保险开始前的 12 个月内已有的健康问题……"这是不被允许的合同偏离，因为法律规定的是，仅在合同订立时因过错而没有告知的风险重要事实的情形，保险人才可能有解除权或者才可能有权拒绝给付。因为这一条款对投保人不利，因此保险人不得援引（"旧"《保险合同法》参见 BGH VersR 1996，486）。—— 如果保险人没有根据 2008 年《保险合同法》调整其一般保险条款（关于这一主题关联边码 64），仍然在合同中约定，在投保人重大过失违反不真正义务时保险人有权完全拒绝给付，则构成对《保险合同法》第 28 条第 2 款第 2 项的不利偏离，为《保险合同法》第 32 条所禁止（参见 BGH r＋s 2012，9）。

### 3. 再保险、海上保险和大型风险的特殊规则

10
    a）再保险（Rückversicherung）和海上保险（Seeversicherung）这两个重要领域不适用《保险合同法》［《保险合同法》第 209 条；相关规则在《商法典》第 778 条至第 900 条、第 905 条以及《海上保险一般条款》（ADS）]。这里不需要法律预先规定，当事人应当如何进行合同安排；消费者保护在此类保险合同中没有必要。

    b）限制合同自由的规定不适用于所谓的大型风险（Großrisiken）情形（《保险合同法》第 210 条第 1 款）。立法者之所以作出这样的保留规定，是因为对于大型风险而言，《保险合同法》中的消费者保护条款没有必要。是否构成大型风险依《保险合同法》第 210 条第 2 款规则确定。

    根据法律规定，某些保险总是被归类为大型风险，例如，运输保险、信用保险和保证保险。而在某些特定的财产和责任保险情形，则取决于特定标准是否得到满足。例如，如果投保人总资产超过 620 万欧元，并且在每个经营年度内投保人的企业平均雇用了至少 250 名员工，即满足大型风险的标准（参见《保险合同法》第 210 条第 2 款第 3 项）。

通过对合同自由进行限制，法律实现了禁止通过合同更改《保险合同法》中某

些保护性条款的目标。这意味着，如果保险人与经营者订立的是那些被评价为大型风险的合同，法律允许其一般保险条款偏离《保险合同法》的半强制性条款。大型风险情形的合同约定能否同样偏离《保险合同法》的强制性条款（例如《保险合同法》第 28 条第 5 项），则有争议。但考虑到《保险合同法》第 210 条的条文表述，答案是肯定的（相同观点参见 Römer/Langheid/Rixecker §210 Rn. 3）。只有制裁投保人背俗行为并规定合同因此无效的规则才是不可偏离的（参见《保险合同法》第 78 条第 4 款关于欺诈性重复保险的规定；参见 HK-VVG/Muschner §210 Rn. 9）。

例如：从《保险合同法》第 28 条可以看出，投保人只有在<u>过失</u>（重大过失或者故意）违反合同约定不真正义务的时候，才会部分或者全部地丧失保险给付请求权。现在，《保险合同法》第 32 条原则上禁止保险人在一般保险条款中约定，在投保人无过失违反不真正义务时（例如，在非投保人过错而延迟通知保险事故的情形），保险人也免于给付。就此而言，保险人被剥夺了一定的合同安排自由。但是，如果是大型风险情形，依《保险合同法》第 210 条第 1 款规定，合同自由不受限制。因此，在大型风险情形，《保险合同法》不禁止保险人在一般保险条款中约定，在投保人无过错违反保险事故发生前应履行的不真正义务时，保险人也免于给付。然而，应该注意的是，这样的约定仍然可能根据《民法典》第 307 条而不生效力（参见 BGH NJW 1993，590：一个信用保险中迟报结余的案例。关于《民法典》第 307 条关联边码 398 及其以下边码）。

### 4. 2008 年《保险合同法》的核心内容

旧《保险合同法》需要一次变革，当中的部分条文通过司法判决得到了进一步发展，因此，有必要将这些过往判决确立的规则纳入《保险合同法》之中。此外，消费者保护在今日具有重大的法政策意义，而"旧"《保险合同法》未充分考虑到这一点。具体而言： 11

——"旧"《保险合同法》存在需要填补的<u>规范漏洞</u>。例如合同订立相关的问题以及其他实践重要内容，比如临时保险单（vorläufige Deckungszusage）。

——"旧"《保险合同法》中的有些规则被司法判例以部分背离文义的方式作出了解释。正如 Römer 所言，这些判例所确立的规则<u>应当纳入法律</u>（参见 Römer VersR 2000，661）。例如，联邦最高法院判例所确立的保险代理人作为保险人的"<u>耳与目</u>"的规则。

—— 消费者保护应当得到更多体现。向消费者提供的关于合同要点的建议和信息的相关规则需要改进。

—— 就理赔而言，旧法的"全有或全无"规则适用于违反不真正义务以及重大过失招致保险事故情形，有时不尽公平。出于这个理由，现今的保险人不再能够完全拒绝给付，只能够按照过错程度相应地减少给付。

——最后，宪法法院判例在人寿保险领域确定的规则应当被转化为法律规定（BVerfG NJW 2005，2376）。这里指的是分红规则（Überschussbeteiligung）。此外，立法者还认为有必要在其他领域增加保障消费者权利的规则。

——"旧"《保险合同法》生效于 1908 年，今日的经济与社会状况已经发生了巨大变化。仅举一例：服务于农业经济的冰雹险作为大众产品的特殊意义已经成为过去时，如今德国仅有大约 2% 的人口仍然在从事农业生产工作。与之相比，职业残疾保险则发展成为满足数百万人口需求的大众产品。结果是：新《保险合同法》不再专门规定冰雹险，但对职业残疾保险作了特别的规定。

**最重要的变化：**

——将保险人与保险中介人的建议和信息义务法律化（《保险合同法》第 6 条，第 61 条）。

——废弃了保险单模式（Policen-Modell），并且重新调整了合同订立程序（《保险合同法》第 7 条）。

——将合同不被终止的最长时间限制为 3 年（《保险合同法》第 11 条第 4 款）。

——削弱了保险费规则中的赎单原则，在投保人方面增加了过错要件，在保险人方面增加了劝告要件（《保险合同法》第 37 条第 1 款、第 2 款第 2 句）。

——在先合同告知义务和风险升高规则中加入了合同调整权（《保险合同法》第 19 条第 4 款、第 25 条第 2 款）。

——在不真正义务规则中，在故意违反不真正义务的情形也引入了因果关系要件，在重大过失违反不真正义务的情形废弃了"全有或全无"规则（特别参见《保险合同法》第 28 条第 2 款第 2 句、第 3 款第 1 句）。

——在财产保险中，在重大过失招致保险事故的情形废弃了"全有或全无"规则（《保险合同法》第 81 条第 2 款）。

——在财产保险中，引入扩大的减损费用偿还请求权（《保险合同法》第 90 条）。

——在责任保险中，废弃了禁止承认、清偿和让与规则（《保险合同法》第 105 条、第 108 条第 2 款）。

——引入了强制责任保险的受害人在特定条件下的直接请求权（《保险合同法》第 115 条）。

——规定了人寿保险中的分红与现金价值规则（《保险合同法》第 153 条、第 169 条）。

对本国的保险合同法进行修改不会是最后一步，最终目标仍然是建立一个统一的欧洲合同法体系，尽管其轮廓至今模糊［参见 Basedow（Hrsg.），Europäische Vertragsrechtsvereinheitlichung und deutsches Recht，2000］。欧洲层面当前正在商讨的是《欧洲保险法原则》（PEICL）。这是一份关于保险合同法一般规则的学术草案（概述和具体论述见 Adelmann，Die Grenzen der Inhaltskontrolle Allgemeiner Versicherungsbedingungen，2008，S. 26ff.；Armbrüster ZEuP 2008，775ff.）。其中包含所有保险的"总则"（第1～7章）以及损失填补保险的一般规则和定额保险的一般规则（分别对应着第8～12章和第13章）。《欧洲保险法原则》在合同双方选用时得以适用（"选择加入模式"；进一步参见 Armbrüster EuZW 2013，686）。关于《欧洲保险法原则（2015）》，参见 Looschelders/Pohlmann/Loacker/Perner VVG Einl. C Rn. 81。

# 第三节　民法典与商法典中的补充性规则

**参考文献**：Armbrüster PrivVersR Rn. 444ff.；Bruck/Möller/Beckmann VVG Einf. A Rn. 147ff.；BK/Dörner VVG Einl. Rn. 24ff.；Prölss/Martin/Armbrüster VVG Einl. Rn. 13ff.；Sieg VersVertrR S. 29；Werber/Winter Grundzüge VersVertrR S. 9.

法律的基本原则是，特别法优先于一般法适用。只要具体的保险合同或者一般保险条款中的规则的效力没有被法律否定（尤其是其经受住了一般交易条款控制规则的检验，即《民法典》第305条及其以下各条，关联边码17和边码396及其以下边码），那么它们就可以优先于《保险合同法》适用。同样地，与私法的其他法律规则相比，《保险合同法》又是特别法。只有在《保险合同法》中不存在终局规定的时候，《民法典》和《商法典》的明确规定才能适用于保险法的法律问题。 12

**概述：**

a）即便保险客户在投保人寿保险的时候隐瞒了自己患有的严重疾病，《民法典》第119条第2款关于性质错误的规则也不能适用，因为《保险合同法》第19条及其以下各条对此有了终局规定：在这种情况下，保险人只能根据《保险合同法》第19条第2、3、4款行使解除权、终止权或者合同调整权，而不能根据《民法典》第119条第2款行使撤销权。—— 在投保人不履行合同主给付义务，也即不支付保险费的情形，《保险合同法》第37条和第38条同样包含了优先于《民法典》的特别法。 13

b）原则上可以适用于保险合同的条款有：《民法典》第145条及其以下各条关于合同订立的规则（关联边码31及其以下边码），以及关于欺诈撤销合同的规则（《民法典》第123条）。同样，《民法典》第280条也适用于以下情形：例如，保险经纪人向保险人转交理赔申请过迟，致使投保人蒙受经济损失（关 14

联边码 135 及其以下边码）。

15　　c)《民法典》也包括一些特别的保险法规则：

—— 对于 2008 年之前签订的人寿保险合同，旧《民法典》第 330 条规定了推定规则：如果保险人按合同约定有义务向受益人支付保险金，则推定该合同为真正的利他合同。—— 这在实践中具有重大意义，它使受益人对保险人的债权不会落入被保险人的遗产（BGHZ 32，46ff.）。

——《民法典》规定，作为物的维护义务的一部分（《民法典》第 1041 条），用益物权人有为物投保火灾和其他事故保险的义务（《民法典》第 1045 条）。这是为他人利益的保险合同（《保险合同法》第 43 条及其以下各条；关联边码 77 及其以下边码）。—— 如果违反这一义务，用益物权人应补偿所有权人自己投保产生的保险费用，必要时，还应承担损害赔偿责任。—— 在发生保险事故的情形，用益物权人的用益权延伸至所有权人对保险人的保险金债权（《民法典》第 1046 条第 1 款；物上代位，参见 Sieg ZVersWiss 1991，175（184））。

—— 抵押责任同样通过物上代位延伸至保险金债权（《民法典》第 1127 条）。因此，抵押权人在所有权人对保险人的债权上成立权利质权。这同样适用于土地债务（《民法典》第 1192 条）、定期土地债务（《民法典》第 1200 条）和物上负担（《民法典》第 1107 条）的情形。所有权人只能根据《民法典》第 1128 条及其以下各条规定处分保险债权。值得注意的是，保险人只有在抵押权人未对付款的通知提出异议的情况下，才能向投保人支付保险金（《民法典》第 1128 条第 1 款）。民法中的抵押权人保护规则还得到了旧《保险合同法》第 102 条第 1 款的进一步补充，按照该条规定，即使建筑物保险的保险人没有义务向投保人支付保险金（例如保险事故是因为投保人故意或重大过失造成的），他仍然需要向抵押权人支付保险金。但保险合同法改革立法者认为，在法政策上没有必要对债权人提供如此周全的保护，因而没有保留这一条规定。

16　　d) 在保险人和投保人均为商人而且双方的保险合同行为构成商事行为的情形，《商法典》第 343 条及其以下各条也适用。对于保险中介人，则适用《商法典》第 84 条及其以下各条和第 93 条及其以下各条的规定（关联边码 113 及其以下边码）。

# 第四节　一般保险条款

## 1. 概念与功能

**参考文献：** Armbrüster PrivVersR Rn. 466ff.；Bruck/Möller/Beckmann VVG

Einf. C；Deutsch/Iversen VersVertrR Rn. 41ff.；Hofmann PrivVersR S. 15ff.；Langheid/Rixecker/Rixecker VVG §1 Rn. 16ff.；Prölss/Martin/Armbrüster VVG Einf. Rn. 19ff.；Sieg VersVertrR S. 34ff.；Wandt VersR Rn. 176ff.

a）一般保险条款（AVB）是指，保险人在合同订立时提供给合同相对方的预　17
先拟定好的合同条款。这些条款是为多次重复使用而非为当前个案而特别拟定的合同条款。但即便是针对个别客户的非重复使用条款，如果满足《民法典》第 310 条第 3 款第 2 项规定，也可以构成一般交易条款（AGB）。一般保险条款属于《民法典》第 305 条第 1 款意义上的一般交易条款（一般交易条款法，关联边码 396）。

> 重要的一般保险条款有《机动车保险一般条款》（AKB）、《责任保险一般条款》（AHB）、《火灾保险一般条款》（AFB）、《盗抢保险一般条款》（AERB）、《人寿保险一般条款》（ALB）、《家庭财产保险一般条款》（VHB）。即便是合同当中的特约条款，例如，个人责任保险或者环境责任保险中的特约条款与风险描述条款，也是一般交易条款。投保单预印的部分也是如此〔BGHZ 84，268（277）〕。

b）如果某个合同特约条款（Sonderbedingung）是一个为了个别交易而且经过具　18
体磋商达成的合同约定，则不属于一般交易条款。这种条款总是优先于一般保险条款适用（《民法典》第 305b 条）。

> **注意**：所谓的"用于汽车交易与行业的责任保险与机动车险的特约条款"不是真正的特约条款，而是和其他一般保险条款一样的一般交易条款。因为它是预先拟定的、未经磋商且适用于多个保险关系的保险条款。在这方面，"特约条款"这个词具有误导性。

《民法典》第 305b 条意义上的个别磋商存在于，比如投保人与（经保险人授权的）保险代理人达成合意，不再考虑一般保险条款中的书面或文本要求的情形。

> **例如**：投保人提出临时保险申请，保险代理人进行了口头承诺。而该临时保险的一般保险条款规定，其订立必须通过书面或文本形式完成。在这里，保险中介人与投保人通过个别磋商，废弃了一般交易条款当中的书面或文本条款。

c）在保险业，一般保险条款具有的意义要比在其他行业远为重要。它们是数十年　19
来保险市场得以运转的不可或缺的要素，因为只有通过它们，保险人才可能成功地汇聚同类型的个别风险。它们使保险人能够作出统一合同安排，尤其是在大众交易当中"保险这种无形商品"不可或缺的"产品要素"（Farny 言）。"保险"产品的内容和范围通过一般保险条款得到划定。

> 大规模的标准化合同设计既符合投保人的利益，也符合保险公司的利益。为了保护被保险人的利益，直到 1994 年，《保险监管法》都包含着一项标准化合同设计的法律强制规定：除非有特殊原因，保险人使用的条款不得偏离（经审批

的）一般保险条款（参见旧《保险监管法》第10条第3款）。对于<u>不利于</u>投保人的偏离，保险人必须在订立合同之前以书面方式<u>提示</u>投保人，并且投保人必须以书面方式同意偏离。而<u>有利于</u>投保人的偏离，则违反禁止偏袒的规定（参见旧《保险监管法》第81条第2款第3句和第4句）。但违反这一规定不产生民事法律后果，因为旧《保险监管法》第10条第3款仅仅是一项监管规则。在转化《财产与人寿保险第三指令》的过程中，监管机构（以前：联邦保险监管局；现在：联邦金融监管局）取消了一般保险条款的事先审批要求，保险市场在统一性与透明度方面遭受损失，但得到了更多的产品和价格竞争的益处。

在工业保险中使用的所谓的**经纪人措辞**（Maklerwordings）不属于保险人的一般保险条款。它们通常是磋商的结果，因此不受一般交易条款法的管控［见 Schimikowski r＋s 2012，577（579ff.）附带更多参考文献］，也即，不受《民法典》第305条及其以下各条约束（BGH r＋s 2010，100）。如果在具体情境中，双方没有就整套条款进行磋商，而是将保险人带来的一般交易条款和经纪人带来的条款拼凑出整套条款，则合同可能会被认定为由保险人和投保人的一般交易条款共同构成。[①] 至于具体的规定是保险人还是投保人的一般交易条款，则取决于是哪一方提供了这一条他不愿更改的条款。如果一方只是列出<u>这些</u>条款，供双方自由商定，则不构成《民法典》第305条第1款第1句规定的"一般交易条款的提供"。相反，如果经纪人完全接纳保险人的一般交易条款，则构成保险人提供一般交易条款（参见 Looschelders/Pohlmann/Pohlmann VVG Einl. B Rn. 17ff.，尤其是 Rn. 22；也参见 Hösker VersR 2011，29ff.；Thiel r＋s 2011，1ff.）。

<u>经营计划声明</u>（geschäftsplanmäßige Erklärung）也不属于一般保险条款。（以前）这种声明是由保险人向监管机构作出的。它们通常包括保险人关于他的一般保险条款的使用说明。保险人据此负有特定的行为义务。根据联邦最高法院的判例，这些公法性质的义务可以对私法上的保险关系产生影响。至于个别的投保人在多大程度上能够基于经营计划声明获得权利，则应当按照《民法典》第328条第2款（"利益第三人的合同"）的标准进行评估（BGH r＋s 1988，284）。在一般保险条款审批制度被废除之后，经营计划声明也没有了适用空间（参见 Langheid/Rixecker/Rixecker VVG Einf. § 1 Rn. 22；不同意见参见 Bruck/Möller/Beckmann VVG Einf. A Rn. 192 附带更多参考文献）。

## 2. 对一般保险条款的控制

**参考文献**：Armbrüster PrivVersR Rn. 460f.，535ff.；Golz, Ausgewählte Fragen

---

① 因为保险经纪人是投保人的代理人，因此如果是保险经纪人提供的一般交易条款，则属于投保人的一般交易条款。——译者注

der Umsetzung der dritten Versicherungsrichtlinien，1993，S. 11ff.；Heukamp，Das neue Versicherungsaufsichtsrecht nach Solvency Ⅱ，2016，§ 40 Rn. 70；Hohlfeld，Was bleibt von der materiellen Versicherungsaufsicht nach Vollendung des Binnenmarktes?，1992，5，12ff.；Müller，Versicherungsbinnenmarkt，1995，Rn. 488ff.；Wandt VersR Rn.61ff.

与以前的法律规定（旧《保险监管法》第 5 条第 3 款第 2 项）不同，保险人预先拟定的一般保险条款不再需要监管机构的审批。一般保险条款的修订同样不再需要审批（与旧《保险监管法》第 5 条第 3 款第 2 项的规定不同）。　20

　　只有养老金和死亡金保险在申请营业许可时才必须将一般保险条款作为经营计划的一部分提交（对死亡金保险的要求见《保险监管法》第 219 条第 3 款第 1 项，对养老金保险的要求见《保险监管法》第 234 条第 3 款第 1 项）。

　　替代性医疗保险[①]和强制责任保险的一般保险条款也必须事先提交监管机构（例如机动车强制责任保险；《药品法》（AMG）第 40 条第 1 款第 8 项要求的医疗实验人员险等；参见《保险监管法》第 9 条第 4 款第 4 项，第 5 项字母 B）。

作为持续监管的一部分，联邦金融监管局可以根据《保险监管法》第 294 条采取措施。该规定授予联邦金融监管局监管保险人营业活动的权力，尤其是监管是否遵守法律规定和经营计划。为此，联邦金融监管局可以发布适当的命令，以保障被保险人利益和维护规范保险经营的法律规定（见《保险监管法》第 298 条第 1 款，其中包含一项与旧《保险监管法》第 82 条第 2 款基本一致的规定）。对保险人一般保险条款作出干预，同样属于联邦金融监管局依照《保险监管法》第 298 条可以采取的监管措施之一。

　　**例如：**在根据旧《保险监管法》第 81 条进行监管时，监管机构曾经禁止过保险人援引合同中的以下条款："中介人在订立合同时向您提供建议。中介人未获得保险人受领口头意思表示的授权。所有的意思表示必须以书面形式作出。"联邦保险监管局认为，保险人不得通过这类条款限制保险代理人的受领权限，因为按照联邦最高法院的判例，保险代理人构成保险人的"耳与目"（关于此参见 BVerwG r＋s 1998，447＝NVersZ 1998，24；Beckmann NVersZ 1998，19ff.；关联边码 124 和边码 405）。

现如今，主要通过法院实现对一般保险条款的控制。在关于理赔争议的个人诉讼以及在针对一般保险条款的团体诉讼中，法院可以审查诉争条款是否以令人惊讶、不清楚、不透明的方式不适当地不利于投保人（参见《民法典》第 305c 条第 1 款、第 2 款，第 307 条，第 308 条，第 309 条）。关于一般交易条款法在一般保险条款情形的适用，目前已经有大量判例。在讨论完《保险合同法》中最重要的总则条款之后，本书　21

---

① 替代性医疗保险（substitutive Krankenversicherung）是指可以替代法定医疗保险的商业医疗保险。如果商业医疗保险不能完全涵盖法律要求的保险范围，则不能替代法定医疗保险。——译者注

将在后面章节对此进行讨论（关联边码 396 及其以下边码）。

### 3. 一般保险条款的合同安排

**参考文献**：Fahr/Kaulbach，VAG，3. Aufl. 2002，§ 11；Neuhaus，Konsolidierte Fassung des VAG，des VVG，des EGVVG und des PflVG，1994，31；Schimikowski，r＋s 1996，1；ders，r＋s 1998，353（354f.）；Osing，Informationspflichten des Versicherers und Abschluss des Versicherungsvertrags，1996.

22　　　根据旧《保险监管法》第 10 条第 1 款的规定，一般保险条款必须包括以下完整内容：

　　—— 保险事故和风险排除

　　—— 保险人给付的方式、范围和到期日

　　—— 保险费的支付期限和未按时支付的后果

　　—— 投保人和保险人的形成权以及投保人的不真正义务

　　—— 期间错过之后的失权

　　—— 国内的管辖地

　　—— 分红的原则和标准

　　这一规定不适用于<u>再保险合同</u>（Rückversicherungsverträge）和大型风险合同（参见《保险合同法》第 210 条第 2 款）（旧《保险监管法》第 10 条第 3 款）。

23　　　旧《保险监管法》第 10 条被设计为保险合同<u>必备条款</u>的指南。其目标在于，使作为<u>成熟消费者</u>的保险客户能够根据这些必备条款，考察保险人提供的保险产品。如今法律删除了这一规定且不提供替代规则。监管法不再对一般保险条款的合同设计预设指标。尽管旧《保险监管法》第 10 条列出的指标看起来合情合理，但现今的法律不（再）将其规定为保险人的法定义务。这使民事规范，尤其是一般交易条款法，变得越来越重要。

　　　　在民事层面，如果一般保险条款不完整导致合同内容不清楚，个案当中的投保人可以获得一般交易条款法的保护（《民法典》第 305c 条第 2 款，关联边码 400 和边码 401）。在某些情况下，保险人的竞争者或者消费者保护机构还可以激活竞争法层面的法律机制，比如提起请求停止侵害以及损害赔偿诉讼，如果保险人的一般保险条款没有满足法定要求［参见《反不正当竞争法》（UWG）第 3 条、第 8 条，《不作为诉讼法》（UKlaG）第 2 条］。这可以运用在，比如，因为保险人在一般保险条款当中未能充分地告知投保人他的合同形成权，所以投保人未能行使终止权的情形。当然，在投保人因为一般保险条款不完整未行使权利而遭受损失的情形，还可能成立《民法典》第 280 条和第 311 条第 2 款第 1 项的损害赔偿请求权。

　　**例如**：因为一般保险条款缺乏相关信息，客户错过了终止权行使期间：在这种情形，客户对保险人可能成立《民法典》第 280 条损害赔偿请求权。但如果客户委托了保险经纪人，则应认为，客户本应当（通过经纪人）知道他的权利。客户需要承担因为经纪人的过错导致他的请求权减少的后果（《民法典》第 166 条、第 254 条）。在这种因为一般保险条款的不完整导致损害的情形，保险经纪人应当为其违反对客户的合同义务而承担责任。

此外，还有观点认为，如果一般保险条款内容不完整，则构成《保险合同法》第 7 条信息义务（关联边码 38 及其以下边码）的违反。这意味着《保险合同法》第 8 条第 2 款规定的撤回权期间不会开始起算。因此，投保人可以借助《保险合同法》第 8 条第 1 款之规定撤回其缔约意思表示，即便他是在合同订立后很长一段时间后才发现一般保险条款不完整。但是，这一观点不值得赞同，因为根据《保险合同法》第 7 条第 1 款第 1 句的规定，保险人负担的是"将……包含一般保险条款在内的合同条款……通知"投保人的义务，类似的表述还可见于《保险合同法》第 8 条第 2 款第 1 句第 1 项。由此可见，上述观点与法条文义矛盾。因为即使一般保险条款内容不完整，保险人仍然已经履行了"将其合同条款通知"投保人的义务。

### 4. 一般保险条款的解释

**参考文献**：Armbrüster PrivVersR Rn. 487ff. ；Bruns PrivVersR § 10 Rn. 5；Bruck/Möller/Beckmann VVG Einf. C Rn. 166ff. ；Dreher AcP 1989，342ff. ；HK-VVG/Brömmelmeyer VVG Einl. Rn. 66ff. ；Koch VersR 2015，133ff. ；Langheid/Rixecker/Rixecker VVG § 1 Rn. 37ff. ；Looschelders/Pohlmann/Pohlmann VVG Einl. B Rn. 42ff. ；Prölss/Martin/Armbrüster VVG Einl. C；Wandt VersR Rn. 191ff. ；Winter r＋s 1991，397ff.

法律解释的关键要素有：

—— 文义（语言 —— 语法解释）

—— 和上下文的关联（体系解释）

—— 立法史（历史解释）

—— 规范的目的（目的解释）

24

由此可以得出，倘若一个"平均水平的"投保人并不能从一般保险条款的措辞中得出这样的结论，保险人不得主张一般保险条款当中的某个规则具有某种特别的含义。在拟定一般保险条款的时候，保险人自己清楚该条款的含义是不足够的，即便他已经在专业杂志中发表过条款的意义和目的。保险人所追求的规则目的只有在能够通过所使用的措辞识别出来时，才对一般条款的解释有意义（BGH r＋s 2012，503；1999，192；OLG Hamm r＋s 1990，60）。

25

**例如**：根据旧《责任保险一般条款》（AHB）第 1 条第 1 项，"损害事件"（Schadensereignis）必须发生在保险合同存续期间。保险人在《责任保险一般条款》

（AHB）中使用这一概念，以明确保险事故需要损害结果的发生，而不能仅仅有损害原因的发生。这一点在很多专业文献中都有表述，并且得到了监管机构的认可。但是，我们不能期待投保人去读专业期刊，理解保险人所使用的"损害事件"的意思。而能否从《责任保险一般条款》（AHB）的措辞中得出保险人意图的理解，令人怀疑。例如，如果某种有毒物质从投保人经营的厂房泄漏，渗入土壤，造成相邻土地或者地下水的污染危险，难道投保人不能从一般的用语习惯出发，将这种情况理解为"损害事件"吗？因此，对于一个平均水平的投保人而言，这里保险人所追求的目的是否已充分反映在《责任保险一般条款》（AHB）的措辞中，是值得怀疑的［这个问题引起了激烈的争议；一方面参见 Prölss/Martin/Voit（27. Aufl.）VVG § 149 Rn. 15，另一方面参见 OLG Oldenburg r＋s 1997，57 sowie OLG Karlsruhe r＋s 2004，104；关联边码 400 和边码 401］。德国保险协会在自 2004 年起的新版《责任保险一般条款》中按照结果事件理论（Folgeereignistheorie）对"损害事件"作了更详细的定义，在《责任保险一般条款》（AHB）第 1.1 条第 2 句明确说明，损害原因的发生时间点不重要（参见 BGH r＋s 2014，228）。

26　　　　对**法律概念**的解释构成上述一般保险条款的解释原则的例外：如果一般保险条款中所使用的表达是法律中既定的概念，则在有疑义时，应当认为一般保险条款是在法律概念原本的意义上使用该概念——即使投保人自己无法理解，必须求助于比如历史解释来获得对概念的理解。既定的法律概念有："使用租赁、借用、用益租赁、融资租赁、保管合同、法律禁止的自力救济等"［参见《责任保险一般条款》（AHB）第 7.6 条］。在法律保护保险中常见的排除："构成犯罪的故意和过失行为"［《法律保护保险一般条款》（ARB 2000）第 2i 条］，也是有明确定义的法律语言。这里起决定作用的不是一个平均水平的投保人的理解，而是"专业的法律从业者"的理解（BGH r＋s 2017，187）。不过，在例外情形，一般保险条款中的法律概念也需要在偏离法律语言的意义上进行解释，例如，合同的上下文语境指向不同的理解，或者该术语具有特殊功能，如果按法律语言解释，就不能实现这种特殊功能［对此参见 BGH VersR 1992，606；OLG Köln r＋s 1992，289（316）；关于"建筑物组成部分"见 OLG Saarbrücken r＋s 1996，414；Winter r＋s 1991，397ff.；Langheid/Rixecker/Rixecker VVG § 1 Rn. 54］。

　　　　最后需要着重强调的是，必须对**风险排除条款**（Risikoausschlussklauseln）进行狭义解释；应考虑其可识别的经济目的和所选措辞，不得对其进行超出其含义的广义解释［BGH r＋s 2007，102；2000，449（450）；1995，45］。

　　　　**例如：a）法律保护保险中的建筑风险排除条款**（Baurisikoausschluss）：《法律保护保险一般条款》（ARB 94）第 3 条第 1 款第 d 项第 bb 目规定，法律保护的对象不包括对与建筑物的规划或施工有因果关系的法律利益的维护。假设一案中的投保人购买的是已经建成的建筑物，现在他就房屋购买时遭受的恶意欺诈请求法律保护，则上述条款不应得到适用。这是因为就条款的措辞而言，平均水平的投保人只能读出，与建筑物的规划和建造有关的时间和物件方面的争议被合同排除在外的意思。即便是 1995 版《法律保护保险一般条款》（ARB 95），从其措辞中也读不出来保险人希望扩大从 75 版（ARB 75）沿用下来的建筑风险排除条款的意图，因此不应在解释中发挥作用［参见 OLG Köln r＋s 1997，507；另见 OLG Oldenburg r＋s 1998，115f. 关于《法律保护保险一般条款》（ARB 75）的判决］。在最新版本的《法律保护保险一般条款》中，保险人（从此）明确地将与土地和建筑物买卖相关的争议排除在保险范围之外［参见《法律保护保险一般条款》（ARB 2008）第 3 条第 1 款第 d 项第 aa 目］。

**b）责任保险中运营使用物的损害风险排除条款**（Bearbeitungsschadenausschluss）：旧《责任保险一般条款》（AHB）第 4 条第 1 款第 6b 项规定，投保人在职业或商业活动中所使用的物的损害不在保险范围之内。在保险实践中，部分文献认为，间接损失（Folgeschäden）因此（更加应当）被排除在外。例如，叉车司机工作时造成叉车损害，根据学说观点，保险条款既然排除了维修费用，那么更加应该排除租用替代设备费用。但是，风险排除的文义解读不出这一层意思。因此，联邦最高法院认为，间接损失（诸如使用利益丧失）不在活动损害的风险排除范围内（BGH r＋s 1999，192 有进一步论述）。保险人随后更改了一般保险条款，今日的保险条款明确地将间接损失的赔偿予以一并排除。[①]

总而言之，一般保险条款应当能够使平均水平的投保人可以从其**措辞**（Wortlaut）中读出规则内容及其所要实现的目的。条款起草人在起草文本时的想法并无决定性。投保人通常无从知晓的条款**起草史**在解释中也不需要考虑（稳定性判决见 BGH r＋s 2013，282；2003，16；OLG Karlsruhe r＋s 2014，410）。保险人在起草一般保险条款时所考虑的保险法或者保险经济学因素，只有在对理智的投保人而言能够从条文措辞中直接读出的时候，才会被考虑在内［BGH r＋s 1992，82；1997，169（170）］。这一解释原则对保险人的条款设计提出了特别的要求。换言之，判例法迫使保险人以易于理解的方式拟定一般保险条款，只要保险人不想在法院那里"翻船"，他就必须这样子做。

根据联邦最高法院的判决（VersR 2000，1090 及其注释 Lorenz），探究风险排除条款目的的时候，并不考虑那些投保人无法从条款本身读出的起草史，即使对它的考虑将会导向对投保人更为**有利**的结果。这一点值得商榷。因为在解释一般保险条款的时候，我们之所以拒绝采用类似解释法律时的解释规则，

---

① 间接损失（后果性损失/后续损失）和直接损失之间的区别在美国侵权法中是常见的，但德国侵权法主要是通过相当因果关系来控制损失的范围，而不是通过区分损失是直接的还是间接的。因此，保险人需要在条款中明确地排除间接损失赔偿，才能实现他的目的。——译者注

目的是保护消费者。因此，联邦最高法院的立场无法令人信服（另参见 Prölss NVersZ 1998，17 ff.；Armbrüster PrivVersR Rn. 495；整体内容见 Wandt Versicherungsrecht Rn. 186 ff.）。

### 5. 一般保险条款的订入

**参考文献**：Armbrüster PrivVersR Rn. 475ff.；Bruck/Möller/Beckmann VVG Einf. C Rn. 55ff.；Bruns PrivVersR § 10 Rn. 8ff.；Langheid/Rixecker/Rixecker VVG § 1 Rn. 28ff.；Leverenz, Vertragsschluss nach der VVG-Reform, 2008, Rn. 3, 86f.；Schimikowski r+s 2007, 309ff.；Wandt VersR Rn. 186ff.

27　　　法律在《民法典》第 305 条第 2 款规定了一般交易条款的订入要件：保险人提示客户一般交易条款的使用、客户对一般交易条款的内容有合理的知悉可能，以及客户同意保险人使用一般交易条款。这些要件要求不适用于与**经营者客户**（Unternehmer）订立合同的情形（参见《民法典》第 310 条）。而在与**个人客户**（Privatkunde）订立合同的情形，客户必须在合同订立时被告知一般交易条款的使用，并且能够合理地知悉其内容。这里的关键在于客户作出愿意受约束的缔约意思表示的时点。因为如果客户是要约方（**要约模式**，关联边码 32），那么保险人必须在客户的要约意思表示作出之前，向他提供一般保险条款。如果保险人是要约方，投保人是承诺方（**要约邀请模式**，关联边码 33），保险人通常会把一般保险条款和保险单放到一起，一并送达投保人，换言之，保险人在发出要约时同时提供了一般保险条款。这也符合《民法典》第 305 条第 2 款的要求。此外，客户必须至少默示同意使用一般保险条款。这三个要件必须同时满足。**提示**（《民法典》第 305 条第 2 款第 1 项）必须明确无误，必须清楚地说明合同包括哪些一般保险条款。如果没有具体说明哪些条款属于本合同，仅仅分发包含着包括与个人客户签订合同在内的各种一般保险条款的小册子、U 盘或 CD，则不能满足法律要求。保险人必须向客户准确说明，哪些一般条款将构成其所要签订合同的基础。客户必须有以合理的方式对一般保险条款内容的**知悉可能**（《民法典》第 305 条第 2 款第 2 项）。前述的宣传资料、U 盘或者 CD 光盘就不能满足《民法典》第 305 条第 2 款第 2 项的要求，因为那里存储的是各种保险产品的一般保险条款，投保人不得不自己挑拣可以适用的条款。在这种情况下，可以认为一般保险条款并未成为合同的一部分。在**通过互联网订立合同**的情形，如果投保人能够通过订单页面上清晰可见的链接调用并打印出一般保险条款，则满足了法律要求的知悉可能（BGH NJW 2006，2976；BeckOK BGB/Roth BGB § 305 Rn. 48 各自附带更多参考文献）。— 如果保险人在合同签订后才向投保人提供保险条款，则成立的合同不包含这些保险条款内容。

　　如果**没能满足《民法典》第 305 条第 2 款的要件**，则合同成立但一般保险条款订入失败，比如保险人嗣后才提供一般保险条款，那么成立的保险合同就不包括一般保险条款的内容。此时，需要按照法律规定确定合同内容（《民法典》第 306 条第 2 款）。如果法律没有相应的规定，则在个案中必须对合同进行**补充性解释**。法官应当考虑合同目的和双方当事人利益，根据合同的上下文关联将缺失的合同规则补充出来（参见 MüKoBGB/Basedow，Münchener Kommentar zum BGB，7. Aufl. 2016，BGB § 306 Rn. 22ff.）。

这就意味着：无论出于何种原因，如果建筑保险的一般保险条款没有被订入合同，那么在投保人索赔的时候，保险人就不能援引一般保险条款上的规则，主张投保人违反了在每年较冷季节为房屋供暖的义务。但是，如果投保人冬季较长时间不在家，既没有给房屋供暖，也没有排空水管，导致水管结冰破裂，致使房屋漏水，产生损害的，保险人仍然可以寻求《保险合同法》第 81 条（重大过失招致保险事故）的保护。此时，法律上的规则恰好填补了合同上的漏洞。因此（在此种情形下），不需要对合同进行补充解释。这是适用《民法典》第 306 条第 2 款的情形。但是，举例来说，如果是《责任保险一般条款》（AHB）和《责任保险特别条款》（BB PHV）没有有效地订入个人责任保险，而投保人损坏了他从朋友那里借来的汽车，就会出现以下情况：保险人既不能援引一般条款中的借用物品损坏风险排除条款［《责任保险一般条款》（AHB）第 7.6 条］，也不能援引责任保险特别条款中的"汽油条款"（Benzinklausel，这类条款将因为使用汽车造成的损害排除出责任保险的保障范围）。这是因为这两个风险排除条款都没有订入合同，法律又缺少相应的规定。这时就需要对合同进行补充解释。考虑到合同目的和合同双方的利益——双方都希望成立一个"正常的"个人责任保险关系——就必须假定，他们无论如何都会把汽油条款作为合同的一部分，因为这是一个标准化的风险排除条款，在市场上找不到一不包括类似规定的《个人责任保险一般条款》。这一论证不能适用于借用物品损坏风险排除条款。因为虽然保险行业协会的示范性条款包含这一风险排除条款［《老年和遗属保险》（AHV）第 7.6 条］，但一些保险人会在它们的《个人责任保险一般条款》中（部分）放弃这一条款。

结论：本书的观点是，保险人可以援引市场中通行的风险限制与排除条款，但不能援引其他条款。这是新的 2008 年《保险合同法》带来的法律不确定性。这里出现的问题的解决几乎没有任何先前经验可供借鉴。在"旧"《保险合同法》时期，通说认为，在一年的异议期经过之后，不仅投保人的形成权消灭，而且一般保险条款能够适用（Römer/Langheid/Römer VVG，2. Aufl. 2003，§ 5a Rn. 46）。但旧《保险合同法》第 5a 条第 2 款第 4 句的"治愈规定"已不复存在，因此新法中出现了上述问题。通过对合同的补充解释，法官只能考虑投保人在任何情况下都必须考虑的条款，例如在当前市场上具有可比性的所有其他保险产品一致包含的风险限制与排除条款（完整论述见 Schimikowski r＋s 2012，577（579）；Prölss/Martin/Rudy VVG § 7 Rn. 57；对一般保险条款未成功订入后的合同补充解释的批评观点见 LG Saarbrücken r ＋ s 2013，275）。然而，其他不真正义务条款并不能通过合同的补充解释进入合同，即使它们是市场上的保险人惯常使用的条款，因为法律规定（《保险合同法》第 28 条第 2 款第 1 句）以"合同有约定"为构成要件（Langheid/ Rixecker/Rixecker VVG §1 Rn. 31）。有观点认为，可以通过类推适用《保险合同法》第 49 条第 2 款，使保险公司可以援引合同订立时原本计划使用的一般保险条款［如 Armbrüster r＋s 2017，57（62）］。这一观点走得太远了。《保险合同法》第 49 条是对临时保险的特殊规则。没有理由认为，因为这里存在计划外的法律漏洞，《保险合同法》第 49 条就能够脱离《保险合同法》第 49 条至第 52 条的规范群单独适用。

28  如果保险人嗣后要将一般保险条款订入合同，原则上必须双方达成**变更合意**，也即，投保人必须明示同意保险人对一般保险条款的使用。除了变更合意，我们不能通过**追认规则**（《保险合同法》第 5 条；关联边码 48 及其以下边码）程序来补足保险人没能在投保人发出要约之前提供一般保险条款的缺憾（和本书先前版本观点不同）。在解释上，可以基于投保单（通常）会提及一般保险条款，因此偏离保险单不能成立，因此《保险合同法》第 5 条不能适用（MüKoVVG/Armbrüster VVG §7 Rn. 50 附带更多参考文献）。

# 第二章

## 保险关系的成立与开始

## 第一节　保险合同

### 1. 法律性质

**参考文献**：Armbrüster PrivVersR Rn. 618ff.；Bruns PrivVersR §9 Rn. 1ff.，§14 Rn. 3ff.；Deutsch/Iversen VersVertrR Rn. 6ff.；BK/Dörner/Schwintowski VVG Einl. Rn. 48ff.，§1 Rn. 24ff.；Dreher，Die Versicherung als Rechtsprodukt，1991；Hartwig/Möhrle VersR 2001，35ff.；Hesberg/Karten NVersZ 1999，1ff.；Langheid/Rixecker/Rixecker VVG §1 Rn. 4；Karten/Werber/Winter（Hrsg.），Lebensversicherung und Geschäftsbesorgung. Kolloquium in memoriam Karl Sieg，1998；MüKoVVG/Looschelders VVG §1 Rn. 4ff.；Prölss/Martin/Armbrüster VVG §1 Rn. 118ff.；Schmidt-Salzer FS Lorenz，1994，587ff.；Schünemann JZ 1995，430ff.；Schwintowski，Der private Versicherungsvertrag zwischen Recht und Markt，1987；MAH VersR/Terno §2 Rn. 1ff.；Wandt VersR Rn. 240ff.

a）保险合同是双务合同：合同双方当事人互负义务，互为交换关系。投保人的 29给付义务是支付保险费，保险人的给付义务则存在争议：一种观点认为，保险人承担的是在保险事故发生时的金钱给付义务（**金钱给付理论**）；另一种观点则认为，保险人在整个保险期间一直承担着保险保障的义务，其给付在于对风险的承担（**风险承担理论**）。此外，还有修正的风险承担理论和综合理论（关于此，见 Looschelders/Pohlmann/Pohlmann VVG §1 Rn. 14ff.）。这些理论争议对实践的影响微乎其微（关联边码 286）。

金钱给付理论在合同法的视角下不尽合理，但在实践运用中却能通过它得出简单明了的结论。例如，保险人和未成年人签订的合同因为没有获得法定代理人追认而不生效力，根据金钱给付理论，投保人可以根据《民法典》第 812 条第 1 款请求返还保险费。但如果遵从风险承担理论，则保险人有可能作出他已经提供了保险保障的抗辩。对此的反驳略显复杂：因为这一合同无一刻有效，保险人自始至终未"承担风险"（对此参见 LG Hamburg NJW 1988，215；OLG Karlsruhe NJW-RR 1988，151）。

还有一种学说认为，保险合同应当被理解为**事务处理合同**（Geschäftsbesorgungsvertrag）（比如 Schünemann JZ 1995，430 ff.）。根据这种观点，保险人主要是提供把风险共同体（Gefahrengemeinschaft）组织起来的劳务给付，为此，他从保险费中收取劳务报酬。此时，保险费被看作风险共同体信托给保险人的财产。在具体发生保险事故时，保险人对投保人支付保险金也（仅仅）应当被视为，保险人作为受托人对从风险共同体那里得到的保险费所进行的再分配。但这一学说与当前法律状况（参见《保险合同法》第 1 条）不符（关联边码 289，更多内容见 Prölss/Martin/Armbrüster VVG § 1 Rn. 124ff.）。

在《保险合同法》改革之后，其第 1 条规定，保险人通过保险合同，负有保障投保人或第三人免于特定风险的义务，即在约定的保险事故发生时提供约定的给付的义务。在这一表述里面，不仅可以找到金钱给付说，也可以找到危险转移说。当然，立法者并没有排除其他理论的意图（参见 Looschelders/Pohlmann/Pohlmann VVG § 1 Rn. 7）。同样，修订后的《保险合同法》第 1 条对实践也没有太大的影响。

联邦最高法院没有对理论争议发表意见。但是，在人寿和养老保险合同的案件中，保险客户因为保险人没有劝告或者劝告不充分而根据旧《保险合同法》第 5a 条提出异议撤销合同的时候，法院在《民法典》第 812 条第 1 款的清算返还关系那里做了有利于保险人的认定，即认定投保人已经享受了保险人提供的直到合同关系结束时点的保险保障（BGH r＋s 2014，340；分析见 Jacob jurisPR-VersR 8/2014 注释 2）。这与金钱给付理论是否兼容，存有争议（赞成观点见 Armbrüster NJW 2015，3065，反对观点见 Looschelders/Pohlmann/Pohlmann VVG § 1 Rn. 20 最后部分）。

30　　　　b）在保险合同法中，**合同自由**往往受到**限制**。最主要体现为，法律是否基于保护投保人、顾客、其他道路使用人、潜在的责任赔偿请求权人的目的，规定当事人必须订立保险合同。这是所谓的强制保险。

**例如**：法律为某些与特殊风险相关的活动情形规定了强制保险，例如，为机动车所有者［责任保险，《机动车车主强制责任保险法》（PflVG）第 1 条］、为航空器所有者［《航空法》（LuftVG）第 43 条］、为航空器运营［乘客意外保险，《航空法》(LuftVG) 第 50 条]、为人体临床药物试验的开展 [试验保险,《药品法》(AMG) 第 40 条]、为公证人的职业活动 [责任保险,《联邦公证人条例》(BnotO) 第 19a 条]。

与机动车持有人的投保义务相对应,**《机动车车主强制责任保险法》**(PflVG) 同时规定了保险人的**强制承保义务**。法律借此防止保险人滥用潜在投保人的(弱势)地位,因为投保人(的活动开展)有赖于这一保险的订立。

只有在以下情形,保险人才可以拒绝投保人订立机动车强制责任保险的要约:

— 如果缔约将会与保险人的经营计划当中的标的物限制或地域限制发生冲突 [《机动车车主强制责任保险法》(PflVG) 第 5 条第 4 款第 1 句];

— 或者要约人曾经在该保险公司就此获保,

但该保险公司:

— 因投保人胁迫或者恶意欺诈撤销了合同 [《机动车车主强制责任保险法》(PflVG) 第 5 条第 4 款第 1 项],或者

— 因投保人违反先合同告知义务或者不支付第一期保险费解除了合同 [《机动车车主强制责任保险法》(PflVG) 第 5 条第 4 款第 2 项],或者

— 因迟延支付保险费或者发生保险事故终止了合同 [《机动车车主强制责任保险法》(PflVG) 第 5 条第 4 款第 3 项]。

如果法律规范中仅仅规定了投保规划义务 (Deckungsversorgepflicht) [参见《环境责任法》(UmweltHG) 第 19 条],则不构成强制投保义务。

强制保险合同仍然是双方意思自治的领域,尽管双方的合同自由受到了部分限制,也即投保人必须缔结合同或者保险人必须接受对方的合同要约,但是,合同依然是通过双方意思表示合致而生,而不是像社会保险那样通过法律而生。

## 2. 保险合同的订立

如前所述,是否订立合同这一问题,法律只对一小部分情形进行了规定。接下来要讨论的是,如何订立合同的问题。对此,只有少量的《保险合同法》特别规则,大部分情形下还是要回到合同法的一般规则与原则。 31

### a) 合同要约

**参考文献**:Armbrüster PrivVersR Rn. 850ff.;Bruns PrivVersR §9 Rn. 2ff.;Looschelders/Pohlmann/Pohlmann VVG §1 Rn. 45ff.;Prölss/Martin/Armbrüster VVG §1 Rn. 31ff.;MAH VersR/Steinbeck/Terno §2 Rn. 49ff.;Wandt VersR Rn. 249ff.

和其他债权合同一样,保险合同也是通过意思表示的合致成立的:有一个旨在订立保险合同的要约,和一个接受要约的承诺。要约是一项单方作出的需受领的意思表示,在到达相对方时发生效力(《民法典》第 130 条)。订立保险合同的要约通 32

常由（未来的）投保人作出。此处所论乃**要约模式**（Antragsmodell）。

保险代理人接触潜在的客户，或者向客户散发保险人的广告的行为，不是要约，只是向客户作出的要约邀请。

客户作出的要约到达保险人时发生效力（《民法典》第 130 条）。客户向保险代理人递交即为到达，因为后者具有法定的受领代理权（《保险合同法》第 69 条第 1 款第 1 项）。

33　　由保险客户作出要约是传统做法，并且时至今日仍是实践中的主流做法。法律并不强制当事人采取这一缔约模式（参见从比较法的视角展开的文章，Haeberlin, Der aktuelle Stand des Versicherungsnehmerschutzes im englischen und deutschen Versicherungsvertragsrecht, 1998, S. 99ff.）。除要约模式之外，德国实践中常见的合同订立模式还有所谓的**要约邀请模式**（Invitatiomodell）：保险人或者保险代理人只记录客户的保险需求，在风险评估通过之后，保险人才会签发保险单。保险人签发的保险单才构成要约（对此参见 Schimikowski r＋s 1997, 89ff.; Honsell, Papierarme Agenturführung, 1996）。在这种缔约模式下，合同要约由保险人作出（关于要约邀请模式的更多内容参见 Schimikowski VW 2007, 715ff.; 关联边码 38）。

"数字化"越来越重要，而保险销售也可以通过**互联网**开展。从保险人或者保险中介人的角度来看，通过互联网提供保险产品的意图更多是将它作为**要约邀请**。在构成上仍然是先由投保人作出要约，然后保险人签发保险单作为承诺。在这种销售方式中，《保险合同法》第 7 条的信息义务（关联边码 38 及其以下边码）的履行不成问题；客户掌握合同文件是能够实现的。通过互联网和电脑屏幕让投保人能够以合理期待的方式知悉一般保险条款，在技术层面可以实现。《民法典》第 305 条第 2 款规定的一般交易条款订入（关联边码 27）通过电子方式同样能够实现。这种销售方式需要注意的一点是，如果保险人的撤回劝告只是被放置在投保人可访问的普通网页之上，是不足够的（参见 BGH VersR 2014, 838 及其注释 Reiff; 关联边码 36）。

客户必须在合同订立之前（以及合同订立之后，见《保险合同法》第 6 条第 4 款，关联边码 47 最后部分）获得**建议**。根据法律规定，一旦存在**相关缘由**（Anlass），保险人就有提供建议的义务（对此参见 Werber VersR 2008, 285ff.; Weidner, FS Wälder, 2009, S. 83ff. 附带更多参考文献）。在建议之前，保险人有义务询问客户的愿望和需求。询问、建议以及给出建议的理由都必须记录在案（参见《保险合同法》第 6 条第 1 款）。在大部分情形，导向或者意图导向合同订立的建议已经由保险代理人提供，保险人自然不必重复建议。在这些情形，保险代理人构成保险人的**履行辅助人**（《民法典》第 278 条）。也因此，关于建议义务的具体问题，本书在保险中介规则部分再作处理（关联边码 123）。如果合同是投保人通过保险经纪人订立的，或者合同是通过远程销售订立的，即通过邮件或者互联网直接与保险人订立的，则保险人负有提供建议的义务的规则不适用（参见《保险合同法》第 6 条第 6 款）。目前，法政策正在讨论是否应取消对远程销售情形的例外规定。

关于合同订立前和订立后的建议范围，关联边码 47。这一规范在责任法方面具有实际意义：保险人与保险代理人作为向客户提供建议的连带债务人，承担《保险合同法》第 6 条和第 63 条规定的责任。此外，根据《保险合同法》第 6 条第 6 款规定，《保险合同法》第 1 款和第 2 款规定的保险人义务不适用于大型风险情形（关联边码 10）。

#### b) 撤回权

**参考文献**：Armbrüster PrivVersR Rn. 875ff.；ders. r＋s 2008，493ff.；ders. VersR 2012，513ff.；Bruns PrivVersR § 9 Rn. 25ff.；Leverenz，Vertragsschluss nach der VVG-Reform，2008，Rn. 3/80ff.；Neuhaus ZAP 2008，335ff.；Niederleithinger Das neue VVG A Rn. 70ll.；Wandt/Ganster VersR 2008，425ff.；Wendt，Zum Widerruf im Versicherungsvertragsrecht，2013.

原则上，订立合同的要约不得单方撤回（《民法典》第 145 条）。但是可以通过约定（比如在投保单中）为客户作出的要约设置约束力期间。如果约定了**约束力期间**，则合同的成立完全取决于保险人。如果保险人逾期回应，则投保人的要约根据《民法典》第 146 条、第 148 条自动失效。保险人**迟到的承诺**构成**新的要约**（《民法典》第 150 条第 1 款；关联边码 47）。但与上述一般规则不同，《保险合同法》规定，投保人享有一项普遍的、对于所有销售方式均可适用的撤回权（《保险合同法》第 8 条）。这项撤回权<u>总是</u>被赋予投保人，而不依赖任何先决条件。它的目的在于给投保人一段考虑时间，使其在有需要的时候能够单方退出合同。

原则上所有的自然人和法人均享有撤回权，既包括《民法典》第 13 条意义上的消费者，也包括"小"商人和自由职业者，除非构成《保险合同法》第 210 条规定的大型风险情形。投保人可以在 14 天之内以文本形式撤回其缔约意思表示，无须说明理由（《保险合同法》第 8 条第 1 款第 2 句第 1 分句）。人寿保险的撤回期间为 30 天（《保险合同法》第 152 条第 1 款）。在期间内及时发出即可满足期限要求（《保险合同法》第 8 条第 1 款第 2 句第 2 分句）。除了《保险合同法》第 8 条第 3 款所列举的情形，撤回权始终存在，不需要满足任何其他条件。投保人在后悔缔约时应当有权摆脱合同，因此，他不仅有权在保险人违反信息义务的情况下撤回意思表示，而且始终有权撤回意思表示。投保人总是有权退出合同，无论出于何种原因。

根据《保险合同法》第 8 条第 2 款的规定，**撤回期间**从投保人以文本形式获得下列材料（也即信息）时起算：

—— 该合同的保险单，适用的一般保险条款以及《保险合同法》第 7 条第 1 款和第 2 款规定的进一步信息（《保险合同法》第 8 条第 2 款第 1 句第 1 项）。

34

35

36

— 关于撤回权以及撤回法律后果的清晰劝告（Belehrung）。根据《保险合同法》第 8 条第 2 款第 1 句第 2 项的规定，对撤回权的劝告必须"采取与其所使用通讯方式相符的必要方式"使投保人清楚他的权利，并且应当包括他行使撤回权的相对方的名称和地址，以及提示投保人撤回期间的起算时间和法律在《保险合同法》第 1 款第 2 句的规定，即，使投保人清楚，撤回不需要说明理由，并且在期间内及时作出撤回意思表示即可满足期限要求。根据《保险合同法》第 8 条第 5 款第 1 句的规定，如果保险人使用《保险合同法》附录中的劝告范本（印制在 §216 条的法律文本中），即满足劝告要求。如果保险人使用了劝告范本，则不需要（再）考察保险人是否满足《保险合同法》第 8 条第 2 款第 2 项的要求，而是视为已经履行。这种拟制考虑了保险业务在实践中的需求（对此见 Prölss/Martin/Armbrüster VVG §8 Rn. 31）。

如果合同是按照要约邀请模式订立的（关联边码 33），则客户作出的（明示或者默示的）承诺意思表示到达保险人的时候，撤回期间才起算。

保险人应当证明撤回劝告的相关材料已经送达投保人（《保险合同法》第 8 条第 2 款第 2 句）。和提供给投保人的信息不完整情形一样，错误劝告或者缺失劝告都可能导致投保人享有"永久"的撤回权，因为撤回期间会一直不起算。学术文献中有是否应当为保险公司减轻（困难的）送达证明责任，或者是否至少可以通过某些证据来推定文件的送达的相关讨论（Armbrüster VersR 2012, 513ff.；MüKoVVG/Eberhardt VVG §8 Rn. 70）。本书认为，原则上应当对此种送达证明作严格要求，在任何情况下都不应当允许表见证明（Anscheinsbeweis），也不应允许实质的证明责任减轻。当然，某些间接证据，比如保险公司的规范流程、文件的特定部分已经到达，可以在个案中作为足以证明劝告已经送达投保人的盖然性标准（《民事诉讼法》第 286 条）。例如，如果投保人收到了投保单，并且保险人能够证明供客户使用的撤回书附在了投保单上（装订在投保单上）（关联边码 37 最后部分），就构成这种情形。

通过**互联网**订立合同则应注意，如果保险人单纯将撤回劝告放在投保人能够访问的普通网页上，并不足以认定撤回劝告已经送达投保人。即便投保人必须在线点击确认已经收到撤回劝告，该确认亦根据《民法典》第 309 条第 12b 项不生效力（更多内容见 BGH VersR 2014, 838 及其注释 Reiff）。

37　　在下列情形，投保人无撤回权：

— 保险合同期间短于 1 个月（《保险合同法》第 8 条第 3 款第 1 项）；

— 临时保险，除非构成《民法典》第 312c 条意义上的远程销售合同（《保险合同法》第 8 条第 3 款第 2 项）；

— 投保人根据劳动合同的约定与养老基金订立的保险合同（远程销售合同除外，《保险合同法》第 8 条第 3 款第 3 项）；

— 第 210 条第 2 款意义上的大型风险保险合同（《保险合同法》第 8 条第 3 款第 4 项）。

法律的意图清晰可辨：投保人不应在撤回期间经过之前受自己的缔约意思表示约束（《保险合同法》第 8 条第 1 款第 2 句）。这一规则意味着，合同的订立被附加了解除条件。只有在保险人完全履行《保险合同法》第 7 条规定的信息义务之后，撤回权期间才开始计算；否则，投保人就可以撤回意思表示。因此，投保人甚至可以在多年后撤回合同。如果保险人，无论出于何种原因，未能提供必需的信息，或者未能证明信息已经送达，则投保人享有"永久的"撤回权。与旧《保险合同法》第 5a 条第 2 款第 4 项不同，新法没有规定最长期间。但预计法院会依据《民法典》第 242 条在个案当中认定撤回权已经消灭。例如，如果投保人两次利用人寿保险合同进行担保贷款，给保险人留下了他绝对希望继续履行合同的印象，之后却以保险人的撤回劝告不规范为由主张撤回合同，则法院可能认定他的撤回构成权利滥用（参见 § 5a VVG aF BGH r + s 2016, 321）。

对保险人而言，（正确地）劝告和与履行信息义务至关重要。不仅在完全没有劝告的情形，撤回期间不起算，在劝告不正确的情形，撤回期间也不起算。同样，就那些需要提供给投保人的大量信息而言，只有在它们被完整送达投保人的时候，才能认定撤回期间开始计算。当然，这里必须区分合同订立的关键信息与对投保人的缔约决定而言无关紧要的信息（Armbrüster r + s 2008, 493, 496; Looschelders/Pohlmann/Pohlmann VVG § 8 Rn. 45）。

就形式而言，将撤回劝告从文本中突出显示非常重要，例如用加粗字体标出（参见 OLG Dresden BeckRS 2017, 106459）。

**撤回的法律后果：**法律的规定包含了一个分层体系：保险人可以只退还撤回意思表示到达后对应时段的保险费，前提是投保人不仅在劝告中获得了关于撤回权、撤回法律后果以及应缴保险费的提示，而且同意在撤回期间结束之前就开始享受保险保障（《保险合同法》第 9 条第 1 句）。如果保险人没能履行第 9 条第 1 句规定的提示，并且投保人未请求过保险金，则保险人还应当退还投保人所支付的第一年保险费（《保险合同法》第 9 条第 2 句）。有观点认为这一规则违反欧盟法（参见 Bruns PrivVersR § 9 Rn. 38，附带更多参考文献和关于改革必要的评论，关联边码 40）。

在人寿保险中，投保人还有权请求现金价值（包含累积的红利）（《保险合同法》第 152 条第 2 款第 1 句）。在符合《保险合同法》第 9 条第 2 句要件的情形，保险人必须支付现金价值，或者支付第一年的保险费——如果这对投保人更加有利（《保险合同法》第 152 条第 2 款第 2 句）。

这建立在如下合同结构之上：合同——尽管投保人保有撤回权——完全有效。撤回权的存续不妨碍投保人请求保险给付。即便是在撤回期间没有起算的情形，投保人仍然有权根据这个"效力待否"的合同请求保险给付。相应地，保险人也可以请求投保人支付保险费，只要根据《保险合同法》第 33 条保险费已到期，尽管投保人随时可以撤回其意思表示，比如在保险人无法证明送达《保险合同法》第 7 条所要求通知的所有信息和/或撤回劝告的情形（另一种观点认为，只有在投保人收到《保险合同法》第 8 条第 2 款规定的所有材料并且撤回期间起算之后，《保险合同法》第 33 条第 1 款规定的保险费到期时间才起算。参见 HK-VVG/Karczewski VVG §33 Rn. 5 附带更多参考文献）。

在实践中，证明投保人已经收到了《保险合同法》第 7 条第 1 款、第 2 款规定的合同信息的收讫确认书，极为重要。在制定收讫确认书的时候，保险人应当注意《民法典》第 309 条第 12b 项的要求。根据其规定，投保人必须进行单独的签名或者单独的电子签名。此外，收讫确认书必须与文本的其余部分明确分开，且不得确认超出单纯收件的内容（参见 BeckOK BGB/Roth BGB §309 Nr. 12 Rn. 8）。仅仅给一个方框让投保人打勾是不足够的［BGH VersR 2014，838（840）Rn. 27ff.］。

如果保险人不能证明自己已经履行了信息义务，则投保人"永久"享有意思表示撤回权。如果保险人能够证明他将撤回劝告和其他材料装订在一起，而投保人承认他已经收到部分材料，那么就有理由认定，投保人也已经收到撤回劝告［关于送达的更多推定参见 Armbrüster r＋s 2008，493（498）；ders. VersR 2012，513ff.；整体关联边码 36 最后部分］。

可能有观点认为，限缩保险人退还保险费义务的《保险合同法》第 9 条，只有在投保人明确同意在撤回期间届满前开始享有保险保障的时候，才能适用；如果投保人没有同意，那么保险人必须退还所有的保险费，即便投保人在合同订立多年之后才撤回意思表示。这种观点不值得赞同。限缩保险人退还保险费义务的规则确实只能适用在撤回期间还没结束、但保险保障已经开始的情形。如果合同中包含扩张的赎单条款①，约定保险保障在"约定的时间点"开始，则通常属于这种情形。投保人根本不需要明示同意保险保障"提前"开始。只要投保人在提交投保申请时指定了某个日期作为合同的开始日期，通常这一天也就应当被理解为，既是技术意义上的保险开始（支付保险费期间的开始），也是实质意义上的保险开始，即保险保障的开始。这符合司法实践中的稳定的司法判决（BGH VersR 1982，841；r＋s 2000，490）。这些情形的投保人（默示）同意了在撤回期间届满前开始保险保障。此外，投保人的（默示）同意也可以从他支付第一期保险费的行为中推断出来，因为支付第一期保险费的时候投保人会得到如下劝告：支付第一期保险费之后，保险保障就会开始（另参见 Looschelders/Pohlmann/Heinig/Makowski VVG §9 Rn. 13，14 附带更多参考文献）。

---

① 扩张的赎单条款参见边码 88。——译者注

### c) 保险人的先合同信息义务

**参考文献**：Armbrüster PrivVersR Rn. 783ff.；Blankenburg VersR 2008，1446ff.；Bruns PrivVersR §8 Rn. 9f.；Leverenz，Vertragsschluss nach der VVG-Reform，2008，Rn. 3/1ff.；ders. VW 2008，392ff.；Meixner/Steinbeck VersVertrR §3 Rn. 4ff.；Römer VersR 2007，618ff.；Schimikowski r＋s 2007，133ff.；W. T. Schneider r＋s 2015，477ff.；Stockmeier VersR 2008，717ff.

aa) **目的与内容概述**。《保险合同法》第 7 条规定了保险人的先合同信息义务，目的在于弥补保险客户在信息方面的不足。投保人应当及时获得足够信息，以便能够就合同的订立作出理性的决定。此外，这一规则还旨在废除先前实践当中根据旧《保险合同法》第 5a 条进行的保险单模式（Policenmodell）的做法。[①] 现在，根据《保险合同法》第 7 条第 1 款的规定，在投保人意思表示作出之前，保险人必须及时地将保险材料［一般保险条款以及《保险合同法信息义务条例》（InfoV）规定的信息］提供给投保人。保险人必须在客户的缔约意思表示（要约或承诺）作出之前将这些信息提供给客户。立法者以**要约模式**作为保险合同订立的预设模板（参见《保险合同法》第 8 条第 2 款、第 19 条第 1 款和第 33 条），但是法律并没有限定合同订立必须以何种模式。合同双方完全可以选择**要约邀请模式**（Invitatio-Lösung），此时的投保人不是要约人，而是承诺人。在客户作出要约的情形，保险人需要让客户在作出要约之前收到信息；相反，在保险人作出要约的情形，保险人需要在寄送保险单的时候履行其信息义务。信息义务存在于**合同形成期间**（Vertragsanbahnung）。如果合同发生变化（例如，保险标的物被替换或者保险金额显著增加），在法律上构成**新合同**，《保险合同法》第 7 条第 1 款同样适用。在加入部分新内容后**旧合同延续**的情形，保险人同样需要履行信息义务——尽管这一解释与《保险合同法》第 7 条第 1 款的当前文义不相吻合。其目的在于，保障投保人决定是否接受合同变更的权利，比如，在投保人有需要的时候变更购买其他竞争产品（和本书至第 4 版的观点不同；对此参见 HK-VVG/Schimikowski §7 Rn. 3 附带更多参考文献）。当然这时候的信息义务只限于被变更的那一部分合同内容。

bb) **及时性要件**。在**要约邀请模式**的框架内，很容易满足上述要求：只要保险人最晚在发出保险单的时候，即发出要约的时候，附上法律要求的信息，就满足了法律的及时性要求，因为此时文件送达投保人的时点远早于投保人作出承诺意思表示的时点。但在**要约模式**下，信息需要提前多长时间到达预备作出要约的客户，就

38

39

---

① 根据保险单模式，保险人寄出保险单的时候，才会附上合同信息（保险合同条款及适用的一般保险条款、撤回权信息等）（此乃承诺的作出）。因此，投保人在合同订立之后才收到合同信息。旧《保险合同法》第 5a 条规定，只要投保人在 14 天内未提出书面异议，保险合同视为已根据保险单、保险条款和一般保险条款，以及相关信息订立了合同。这意味着，与现有的要约模式不同，投保人必须亲自采取行动来阻止合同生效。相比之下，现在的要约模式同样是投保人作出要约，保险人作出承诺，但法律要求，合同信息需要在投保人作出要约之前及时递交投保人。因此，投保人可以在知悉合同信息之后，再决定是否发出要约。——译者注

成了问题。在解释"及时"这个不确定的术语的时候，具有决定性的是规范的保护目的：客户应当得到保护，避免在信息不充足时作出过于匆忙的决定。对于简单产品，例如旅游保险、丧葬费保险和类似产品，以及个人责任保险、机动车保险、家庭财产保险或者建筑物保险等，保险人可以在投保人签署要约之前直接提供一般保险条款和其他信息。个人客户购买这类保险时，保险人告知产品内容，然后在他提交投保单之前给他几分钟浏览一般保险条款和其他材料，相应信息即应视为及时到达。在这类交易中，客户根据咨询过程中的交谈，至少可以知道这类产品"涉及什么"，并且能够相对快速地掌握产品的特点。这里所主张的对"及时"一词的解释也是符合这类交易的性质的：订立前述保险合同并不会给投保人带来长期束缚，投保人总是能够相对容易地退出这些合同。但在大多数人身保险情形，则是另一番光景。一方面，投保人不容易摆脱这些合同的束缚，如果退出合同关系则往往会遭受损失。另一方面，人寿保险、职业残疾保险和医疗保险的产品种类繁多。对于这类复杂保险，投保人通常需要多日思考才能根据相关信息作出明智的决定（完整内容参见 Looschelders/Pohlmann/Pohlmann VVG §7 Rn. 22，23，77）。—— 如果是经营者客户购买为企业经营服务的保险合同，无论是财产保险还是责任保险，通常都比较复杂。但是，这类保险客户的合同订立往往通过保险经纪人代理完成。在这种情况下，当保险人将信息转交经纪人时，信息义务应当被视为已经履行。如果是大型风险的情形，则《保险合同法》第 7 条的信息义务规则不适用。

40    cc) **履行信息义务的方式**。信息必须以文本形式提供。根据《民法典》第 126b 条规定，这意味着，交给投保人的信息必须呈现为证书（Urkunde）或其他适合持续复制的文字样态。因此，保险人可以将一般保险条款和其他消费者信息打印出来交给投保人。在实践中，投保人会收到一些保险人寄来的小册子，但只有在保险人向投保人准确说明当中的哪些信息与合同相关的时候，这种做法才符合法律规定（关联边码 27）。通过电子传送，例如通过电子邮件或者通过存储着信息的数据载体（光盘，U 盘），也是可以的。在通过互联网远程销售保险产品的情形，保险人必须提供可供下载的信息。保险人仅仅把这些内容放在一个可供下载的普通网页上是不足够的（参见 BGH VersR 2014，838 关于撤回劝告的内容；关联边码 33）。因为根据《民法典》第 126b 条的要求，意思表示需要在持久性数据载体上呈现。[①] 而这只有在投保人能够实现不变的复制时才能实现。这不一定需要强制投保人下载或把内容打印出来，因为不可更改的可供下载的网页（"高级网页"）同样可以满足持久性数据载体的要求（参见 Looschelders/Pohlmann/Pohlmann VVG §7 Rn. 30）。相反，如果信息只是载于普通网页，那么保险人必须通过邮寄或电子邮件把信息发送

---

① 普通网页不构成持久性数据载体，其虽然可以提供方便的数据存储和访问，但数据有被篡改的风险，其长期保存受到服务提供商的政策和技术限制，可能发生服务中断或数据丢失。——译者注

到投保人的收件地址，或者确保收件人已经把信息保存下来或打印出来，才能满足法律的要求［BGH VersR 2014，838（839），对此批评见 Reiff 844 进一步内容，他认为，普通网页绝不能满足文本形式的要求］。

原则上**用德语**提供信息即可。如果客户德语能力不足，则需自行寻求帮助。但合同的磋商完全以投保人的母语进行的情形除外。在这种情形，《保险合同法》第 7 条第 1 款规定的信息必须以这种语言提供（参见 FAKomm-VersR/C. Schneider/Reuter-Gehrken VVG §7 Rn. 47；MüKoVVG/Armbrüster VVG §7 Rn. 101）。

dd）**信息接受人**。根据法律的措辞，信息的接受人是投保人。《保险合同法》第 7 条第 1 款不仅保护《民法典》第 13 条意义上的消费者，也保护《民法典》第 14 条意义上的经营者（大型风险除外，见《保险合同法》第 7 条第 5 款）。大型风险在这方面的保护需求较小。这在《保险合同法》第 210 条中也有表述（关联边码 10）。 **41**

被保险人没有信息请求权。法律只在企业年金情形规定了保险人有向被保险人提供信息的特别义务［参见《保险监管法》第 144 条（即旧《保险监管法》第 10a 条第 2 款）］。此外，在真正团体保险情形（公司或协会团体保险），被保险人仅仅是"风险人"，保险人对团体成员没有信息义务。相反，在不真正团体保险情形，团体成员是投保人，保险人必须向团体成员们履行信息义务（Schimikowski FS Bäume，2009，51ff.；MüKoVVG/Armbrüster VVG §7 Rn. 15；不同观点见 Franz VersR 2008，1565ff.）。

ee）**不同销售形式下信息义务的履行**。对于通过保险中介人进行的传统分销形式，必须区分不同的情形：如果保险合同通过保险代理人（单一的公司代理人或者多重代理人，关联边码 113）中介订立，将信息交给保险代理人的保险人当然还没有履行义务。因为保险代理人是保险人信息义务的**履行辅助人**。如果保险代理人最终未能将信息递交或者未能及时递交，则保险人必须承担不利后果。相反，如果合同通过保险经纪人中介订立，则保险人只需将信息交给经纪人，信息义务即履行完毕。这就是所谓的"顶替模式"［更进一步的讨论见 Schirmer/Sandkühler ZfV 2007，771（773f.）］。在远程销售的情形，保险人同样有信息义务（从《保险合同法》第 7 条第 1 款第 3 句的例外可以看出，关联边码 44）。如果通过邮件销售保险，合同材料应当附在广告邮件当中——如果合同的订立采用的是要约模式。但是这样做成本过于高昂，因此在通过邮件销售情形，更推荐采用要约邀请模式。如此一来，信息就可以附到保险单当中（关联边码 33）。关于互联网销售关联边码 40（完整内容另见 Schimikowski r+s 2012，577ff.）。 **42**

ff）**通过电话订立合同**。这种形式的合同订立在保险领域并不多见，保险人必须在合同订立后无迟延地补传信息（《保险合同法》第 7 条第 1 款第 3 句第 1 分句）。如果在其他通讯方式下，保险人无法在投保人缔约意思表示作出之前以文本方式递交相应信息，则也应适用相同的例外规则。这一规则在当下的实践意义有 **43**

限，但将来可能会增加。如果是通过智能手机订立合同的情形，因为在技术层面给投保人发送合同文件并没有问题，因此不是《保险合同法》第 7 条第 1 款第 3 句第 1 分句的适用情形。德国立法者在对《欧盟金融服务远程销售指令》的转化中接受了《保险合同法》第 7 条第 1 款第 3 句第 1 分句这一规则，认为其可以适用于新的销售方式，比如电话承保（Teleunderwriting）或者电话调查（Teleinterviewing）。但前提是合同的订立是通过电话完成的，而实践中大部分情形并非如此。根据《保险合同法》第 7 条第 1 款第 3 句第 1 分句的明确规定，其适用前提是：基于投保人的要求，合同的订立采取这种特殊形式。

如果投保人通过电话发出要约，保险人以书面形式承诺，可准用《保险合同法》第 7 条第 1 款第 3 句第 1 分句的规定（MüKoVVG/Armbrüster VVG §7 Rn. 73）。

44　　　**gg）弃权**。在起草《保险合同法》第 7 条的时候，立法者设想的是成熟的消费者，他们会在信息充分获知的条件下作出各式各样的决定。姑且不论《保险合同法》第 7 条造就的信息洪流是否真的能够实现立法者目的，就信息的获得而言，没有哪个保险客户应当被强迫"得利"。因此，法律规定，客户可以书面放弃获得信息的权利（《保险合同法》第 7 条第 1 款第 3 句第 2 分句）。这里的弃权意思表示必须以明示并且独立的书面形式作出。此处的"独立"应当被理解为"额外的表单"（Extrablatt）。它必须是与投保单相分离的书面文件，而且必须由客户在要约发出之前签字确认。这里在形式方面的高要求是必须的，如此一来，《保险合同法》第 7 条第 1 款第 1 句追求的"避免草率"目标才不会落空。基于同样的理由，保险人在一个地区普遍地运用弃权作为解决信息义务的方案也是不符合法律意旨的。此外，即便投保人放弃，这些信息也必须在合同订立后补足。《保险合同法》第 7 条第 1 款第 3 项在这个意义上构成《民法典》第 305 条第 2 款的特别法（MünchKomm-VVG/Armbrüster §7 Rn. 86，附带更多参考文献）。实际上这构成了旧《保险合同法》第 5a 条所规定的"保险单模式"（Policenmodell），然而这正好又是立法者所要摈弃的对象。因此，弃权安排不应当作为交易的标准模式，不可能将其与要约模式或者要约邀请模式等量齐观。法律规定的标准是，投保人在作出意思表示之前获得交易的信息。《保险合同法》第 7 条第 1 款第 3 句第 2 分句是作为除外要件设计的。当然，法律并不禁止保险人在投保人决定放弃的时候，为他提供事前准备好的制式化的弃权书（另参见 Wandt，Versicherungsrecht Rn. 285，289）。

《保险合同法》第 7 条第 1 款第 3 句第 2 分句和《远程销售第二指令》第 12 条第 1 款以及《偿付能力第二指令》第 185 条的规定不兼容。因此，为了"与欧洲法相协调需要进行目的性限缩"，排除这一规定在人寿保险合同和远程销售合同情形的适用（对此见 Looschelders/Pohlmann/Pohlmann VVG §7 Rn. 51）。

45　　　**hh）特别规定**。在**临时保险情形**（只要不构成远程销售合同），可以约定合同信息仅在投保人要求时再提供并且最晚可以与保险单一起递交（《保险合同法》第

49 条第 1 款；关联边码 91）。—对于 **养老基金**（Pensionskassen），《保险合同法》第 7 条不适用（参见《保险合同法》第 211 条第 2 款）。

ii）**违反信息义务的后果**。首先，需要注意的是，保险人违反提供信息义务对合同的订立没有任何影响。即便保险人没有按照《保险合同法》第 7 条第 1 款的规定向投保人提供信息或没有及时提供信息，合同同样有效订立。与旧《保险合同法》第 5a 条保险单模式的规定不同，这种情形的合同并非效力待定，而是"效力待否"：只要投保人还没有行使《保险合同法》第 8 条规定的撤回权，合同就持续有效。如果保险人没有提供信息，或者不能够证明已经提供信息，则投保人享有"永久的撤回权"（关联边码 36）。对保险人而言，持续存在着合同被撤销的风险。此外，还可能出现一般保险条款没有订入合同的风险（关联边码 27）。如果保险人不履行或不及时履行信息义务，还可能面临其他问题，例如，如果存在违反消费者保护法规的行为，消费者保护组织可以根据《不作为诉讼法》（UKlaG）第 2 条请求停止侵害。此外，不遵守信息义务的行为也可能构成《反不正当竞争法》意义上的不正当竞争行为，同样可能会被诉请停止侵害。最后，在客户主张他并没有获得正确信息的情形，还可能导向《民法典》第 280 条、第 311 条规定的损害赔偿责任。例如，客户成功证明，他因为保险人不履行信息义务而没能认识到他的合同存在的保险保障缺口，并因此在保险事故发生时遭受经济损失的情形（更进一步的讨论见 Looschelders/Pohlmann/Pohlmann VVG §7 Rn. 59）。在这种情形，客户当然可以根据《保险合同法》第 6 条第 5 款或者第 63 条的规定，基于建议错误而请求损害赔偿［另一观点见 Armbrüster r＋s 2008，493（502），他认为《保险合同法》第 9 条才是决定性规范］。— 根据监管法，违反及时提供信息的义务可能构成《保险监管法》第 294 条、第 298 条意义上的管理不善。

**d）承诺**

**参考文献**：Armbrüster PrivVersR Rn. 861ff.；Deutsch/Iversen VersVertrR Rn. 60ff.；Leverenz, Vertragsschluss nach der VVG-Reform, 2008, Rn. 4/18f., 4/72ff.；MAH VersR/Steinbeck/Terno §2 Rn. 51ff.；Martin ZVersWiss 1976, 549ff.

和要约一样，承诺也是需要对方接收的单方意思表示，其通常不需要以特定形式作出。在 **要约模式** 中（关联边码 32），保险人是承诺人。有时候，投保人会收到保险人关于合同已订立的书面告知（明示的承诺表示）。当然，保险人仅仅递交保险单也是足够的，因为可以从中推出（默示的）承诺表示。承诺也可以通过电子方式（例如电子邮件）作出。这可能会给意思表示已到达（《民法典》第 130 条）的证明带来困难。当然，通过纸质方式承诺也有类似的困难。

保险人必须在客户的要约有约束力的期间内作出承诺。这种约束期间通常是要约人指定的（《民法典》第 148 条）。如果没有指定期间，则承诺最晚应当在要约人在正常情况下可以预期收到承诺的时间内到达（《民法典》第 147 条第 2 款）。这一期间包括了保险人处理、考虑以及送达的时间。通常而言，保险合同的承诺期间大约为 4 个星期（参见 OLG Frankfurt a. M. NJW-RR 1986，329 关于变更合同的要约的约束期间）。但是，对于一些需要对客户的体检结果进行分析的保险合同，则以更长的、最多为 6 个星期的期间为适当的承诺期间。倘若保险人两个多月后才签发保险单，则该意思表示不构成承诺，不能约束投保人（OLG Naumburg VersR 2015，308）。因为在约束期间经过之后，投保人的要约消灭（《民法典》第 146 条）。

如果保险人逾期送达保险单，由于已经不存在能够被承诺的要约，保险人的保险单寄送行为构成新的要约（《民法典》第 150 条第 1 款）。

> 在承诺期间届满后收取保险费的行为，同样构成保险人订立保险合同的默示要约。如果投保人不反对银行自动扣款，则投保人通过这一不作为作出了最终的表示，即对新的要约进行了承诺。在内容方面，投保人可以将保险人的新要约理解为，按照已消灭的要约的内容来订立合同，除非这样理解保险人的意思存有疑义。综上所述，只要投保人不反对扣款，要约即被承诺（BGH r＋s 1991，325；OLG Brandenburg NJW-RR 1997，1050）。

在机动车强制责任保险情形，需要注意的是，只要保险人没有在两个星期之内以书面形式拒绝投保人的要约，则视为作出承诺［《机动车车主强制责任保险法》（PflVG）第 5 条第 3 款第 1 句］。法律上的这种承诺拟制与《机动车车主强制责任保险法》第 5 条第 2 款规定保险人的法定承保义务相匹配（关联边码 30）。

前面的陈述均以不在场缔约为原型。这也是实践当中的通常情形。当场缔约只会发生在极少数的特殊情形。例如，客户找到有缔约代理权的保险代理人（《保险合同法》第 71 条，关联边码 129），要求交易当场完成，就是这种情形（例如：客户希望为其新开业的零售店购买财产与责任临时保险）。这时候的要约应当而且只能被当场接受（《民法典》第 147 条第 1 款）。

如前所述（关联边码 33），合同订立也可能采取要约邀请模式。在这种模式中，客户所提交的投保单不是要约，而是向保险人发出的"询问"（要约邀请），因此也被称为询问模式。保险人随后签发的保险单才是订立合同的要约。客户可以通过明示的意思表示进行承诺。从证据的角度来看，这是最安全的方式。当然，也可以不这样做：投保人也可以通过支付第一期或者趸交保险费的方式默示承诺。在许多情况下，投保人已经事先同意银行的自动扣款程序。那么，客户容忍保险费从账户中扣除而无异议，这是否可以理解为默示承诺，存在争议（参见 Gaul VersR 2007，21，24）。可以设想，保险人在客户"询问"时与客户约定，如果客户不反对，在收到保险单后一定期间后（例如 4 个星期后），合同将视为成立。这种承诺拟制的做法在法律上是否站得住脚是有争议的。反对这种拟制的主要理由是，这种情况下客户必须积极行动才能阻止合同成立（要约邀请模式的质疑观点，参见 Meixner/

Steinbeck §3 Rn. 17f.；支持者见 Armbrüster PrivVersR Rn. 858）。支持拟制有很好的理由（参见 Schimikowski VW 2007，715ff.），但不可否认，拟制会带来显著的法律不确定性。

投保人作出缔约意思表示，也即承诺之后，即拥有《保险合同法》第 8 条第 1 款规定的撤回权。自保险单、所有合同信息以及撤回权劝告送达投保人起，**撤回期间开始计算**（《保险合同法》第 8 条第 2 款）。

除了保险人的先合同信息义务外，保险人还负有**建议义务**。前者着眼于形式方面以及合同内容的要求，而后者则指向客户个别化的愿望和需求。在合同存续期间，保险人还必须履行特定的信息义务（参见《保险合同法信息义务条例》第 6 条），但对投保人而言，和他个人需求相关联的建议可能更为重要。**在合同订立之后**，按照法律规定，原则上只有保险人对投保人有**建议**义务（参见《保险合同法》第 6 条第 4 项）。保险代理人并没有提供建议的独立义务。而保险经纪人的义务则取决于具体的经纪合同的约定。在大多数情形，经纪合同约定经纪人对客户有持续照管的义务（关联边码 142）。在合同存续期间，只要存在着某种可识别的<u>缘由</u>（Anlass），保险人就有义务询问客户的愿望和需求，提供相应的合理建议。通常而言，客户的主动咨询才会构成前述的缘由。如果客户没有咨询，那么保险人只有在认识到客户的保险中存在明显漏洞，或者能为存在的风险提供全新的保险时，才有义务在没有咨询的情况下联系客户。例如，应对环境损害风险的环境损害保险（责任保险人大约在十年前引入）和财产保险中新增的对自然灾害造成损害的保障，就属于这类情形（参见 Schimikowski jurisPR-VersR 5/2016 Anm. 5 zu OLG Hamm zfs 2016，449）。另一方面，单纯的产品改进并不会使保险人产生接触所有客户的义务。但如果保险人与投保人的谈判正在进行中，情况则有所不同。此时存在建议的缘由，保险人有义务在谈判中说明产品的变动（又参见 LG Wuppertal Urt. v. 22. 11. 2012 – 9 S 102/12；Überblick zur Thematik bei Schimikowski/Höra Das neue VVG 2008 S. 106f.；详细讨论见 Stöbener ZVersWiss 2007，465ff.；Weidner FS Wälder，2009，83ff.）。原则上，在合同订立之后，保险人不需要再考虑合同约定的保险保障是否能够持续地满足投保人的需求。构成例外的是，即便没有投保人咨询，保险人也必定知道，投保人自身并不清楚保险保障的范围以及他购买的保险已经不能覆盖他的需求的情形。例如，投保人不知道而保险人知道的对其保险产生影响的法律修改、判例的重大改变和技术变化（见 OLG Saarbrücken r＋s 2011，482 中肯的讨论）。

**e) 追认规则**

**参考文献**：Armbrüster PrivVersR Rn. 865ff.；Deutsch/Iversen VersVertrR Rn. 61f.；Hofmann PrivVersR §6 Rn. 5ff.；Holzhauser VersVertrR Rn. 31ff.；Klimke VersR 2011，1244ff.；Luckey VersR 1994，1261ff.；MAH VersR/Steinbeck/

Terno §2 Rn. 82ff. ; Piontek r＋s 2017，124ff. ; Rohles VW 1984，462ff. ; BK/
Schwintowski VVG §5 ; Werber/Winter Grundzüge VersVertrR S. 27ff.

48　　　　**aa) 对要约的偏离。**(1)《保险合同法》第5条对保险单当中的合同约定偏离要约的
情形，作了特别的规定：与合同法的其他规定不同（参见《民法典》第150条第1款），
如果投保人没有在一个月内对合同的偏离内容提出异议，则视为客户对此予以追认。在
非商人间交易的情形，单纯的沉默被视为<u>追认</u>，是一种非常例外的规则。

　　然而，只有在保险人在保险单上以明显的方式提示投保人注意到每一项偏离及
其法律后果的时候，这一拟制才能够成立（参见《保险合同法》第5条第2款）。
如果没有提示，则保险合同仍然按照要约的内容成立（《保险合同法》第5条第3
款）。《保险合同法》第5条第3款的规定偏离了基本的民法原则，即，合同在意思
<u>不合致</u>的情形原则上不成立。

49　　　　**特别问题：**

　　—— 也有可能发生的情形是，尽管保险人没能（充分）提示，投保人仍然
意识到了保险单与他的要约偏离。如果这时候投保人反对保险单对保险条款的
某项修改，即便他没有按照《保险合同法》第5条第2款的规定，在期限内提
出异议，也不能将之解释成，他故意如此行为以放弃《保险合同法》第5条第
3款对他的保护。因此，在这种情形，合同还是按照投保人的要约内容生效
（OLG Köln r＋s 1995，283）。相反，如果要约人能够在一个月的期间内提出
异议，则合同不成立，偏离要约内容的保险单构成一项新的要约（《民法典》
第150条第2款）。

　　—— <u>在线订立合同</u>情形，因为没有纸质的投保单，可以想象，可能会出现投
保单是否偏离投保人要约的争议。对此，保险人无论如何都无法提供书面证据。
但如果保险人通过"高级"网页运作（关联边码40），则不会出现这个问题。

　　—— 如果合同按照**要约邀请模式**签订，则保险人是要约人。保险人通过寄
送保险单作出要约。一些文献认为，如果保险单偏离了投保人事先表达的愿
望，而保险人并没有指出这一点，则违反了《保险合同法》第6条第1款规定
的先合同建议义务（参见 MüKoVVG/Armbrüster VVG §5 Rn. 7；HK-VVG/
Brömmelmeyer VVG §5 Rn. 4；PKVersR/Ebers VVG §5 Rn. 6；Looschelde-
rs/Pohlmann/C. Schneider VVG §5 Rn. 9）。这一通说应当予以否定。在实践
中，如果投保人受邮件促销的宣传并且通过远程销售订立合同，则通过《保险
合同法》第6条来解决这里的问题就变得毫无意义。因为远程销售情形不适用
《保险合同法》第6条（《保险合同法》第6条第6项[①]）。而要约邀请模式又主
要在邮件促销情形下运用，所以这种观点会导致无法接受的结论。此外，根据

---

　　① 这一规则已经变化。详见本书所附《保险合同法》第6条第6项。——译者注

《保险合同法》第6条第5款通过损害赔偿请求权来解决问题对投保人也不利，因为投保人必须主张并证明，他本可以按照自己的要求在市场上获得保险。虽然这种情形并不能满足《保险合同法》第5条第1款规定的投保人要约的要件，但我们有理由认为这是一个计划外的法律漏洞，因为立法者显然没有考虑过这一规则在要约邀请模式中的适用。因此，应当类推适用《保险合同法》第5条［见 Klimke VersR 2011，1244（1246ff.）；FAKomm-VersR/Reusch VVG §5 Rn. 11f.；Schimikowski r＋s 2012，577（581）］。如果保险人没有对要约邀请内容上的偏离进行提示，则合同以投保人期待的内容为准而成立（类推《保险合同法》第5条第3款）。

（2）如果保险人没能及时向投保人发送一般保险条款，或者无法证明投保人已经收到一般保险条款，则法律上不应当允许保险人将一般保险条款与保险单一起发送，然后再按照《保险合同法》第5条进行操作（与本书先前版本不同。关联边码28）。但是，在合同变更（Vertragsänderung）的情形，也即，法律上不能将其视为新合同，而应视为先前合同关系的延续的情形（关联边码62），保险人可以借助《保险合同法》第5条的规定将新的一般保险条款纳入合同中。在这种情况下，保险人必须履行《保险合同法》第5条第2款的劝告义务。如果客户没有得到充分的劝告，则适用《保险合同法》第5条第3款的规定，合同依然按照"旧"一般保险条款的内容发生效力（示例：OLG Köln r＋s 1998，494 及其注释 Schimikowski r＋s 1999，58）。　50

bb）**合同修改**。追认规则也适用于在保险单或附加文件送达之前合同关系已经成立的情形。如果保险人签发的保险单在内容上偏离了已经达成的协议，即视为保险人发出修改合同的要约。如果投保人在《保险合同法》第5条第1款规定的一个月期间内没有提出异议，则视为接受该要约。如果投保人在期间内提出异议，投保人可以要求签发新的保险单。　51

cc）**有利偏离和不利偏离**。只有在偏离对投保人不利的时候，才需要根据《保险合同法》第5条第2款进行劝告。如果偏离对投保人有利，则不应适用《保险合同法》第5条第3款的规定，而应认为，只要投保人没有在一个月期间内提出异议，即使保险人没有提示，偏离仍然可以成为合同的一部分（BGH VersR 1976，477；1982，841）。尽管法律并没有对有利和不利的偏离作出上述的区分，但联邦最高法院认为，应当作出区分，因为在有利偏离的情况下，投保人不需要《保险合同法》第5条第2款、第3款的保护（见 BGH r＋s 1995，241）。这一法律观点将《保险合同法》第5条第2款、第3款适用于对投保人不利的偏离情形。至于《保险合同法》第5条第1款是否也只适用于不利偏离的情形，这一点值得商榷（见 Bruck/Möller/Knops VVG §5 Rn. 8）。如果认为不适用，那么在有利偏离的情况下，就不再拟制追认，而是认为构成一个新的、投保人必须予以（默示）承诺的要约。第三种观点认为，《保险合同法》第5条第1款、第2款、第3款既适用于不　52

利偏离，也适用于有利偏离。因为新《保险合同法》第5条第1款的文义表明，其涵盖任何偏离（见 Looschelders/Pohlmann/C. Schneider VVG §5 Rn. 16）。这一观点的处理方法是，在保险人没有对偏离进行提示和/或没有对撤回权进行劝告的情形，通过《民法典》第242条禁止保险人援引《保险合同法》第5条规则，从而避免追认拟制的要件缺失（见 MünchKomm-VVG/Armbrüster §5 Rn. 29）。这种观点的优点是，为投保人保留异议的权利，使其有权选择是否需要有利的偏离。

如果保险客户在投保单上同意从其账户中扣除应缴保险费，而保险人通过保险单将条件修改为，保险客户应当主动支付一定数额的第一期保险费以及后续保险费，则构成对投保人不利的偏离，因为增加了投保人的操作负担——在通过自动扣款程序的情形，投保人只需要确定他的账户余额充足。如果保险人没有提示这一偏离，也没有劝告客户他有异议的权利，那么合同以要约中确定的自动扣款程序为内容成立（OLG Köln NVersZ 2001，12）。

**f) 保险单**

**参考文献**：Armbrüster PrivVersR Rn. 925ff.；Deutsch/Iversen VersVertrR Rn. 81ff.；Hofmann PrivVersR §6 Rn. 31ff.；Holzhauser VersVertrR Rn. 4ff.；Kisch, Der Versicherungsschein, 1952；Langenberg, Die Versicherungspolice, 1970；Meixner/Steinbeck VersVertrR §3 Rn. 26ff.；C. Schneider r＋s 2012，417ff.；Schulz ZfV 1963，433ff.；Sieg VersR 1977，213ff.；Sieg VersVertrR S. 77ff.；Wandt VersR Rn. 425ff.；Werber/Winter Grundzüge VersVertrR Rn. 83ff.；Wrabetz ZfV 1978，415ff.

53     **aa) 法定规则的主要特点**。(1) 保险单（保险凭证）是关于已订立的保险合同的文件。保险单以文本形式递交，如果投保人要求，则需要制作成证书（《保险合同法》第3条第1款）。保险单反映了合同约定的<u>内容</u>，在这个意义上，保险单是保险人对已经订立合同之<u>实质性内容</u>的单方声明，其中包括被保风险、合同持续时间以及保险数额的记载。保险单并不是合同成立的<u>构成要件</u>，更确切地说，伴随着保险单发出与到达的缔约意思表示才是合同成立的构成要件（对称参见 Wrabetz, Fälle und Entscheidungen zum Versicherungsrecht, 2. Aufl. 1988，35ff. 的案例5）。

    保险单的附加文件也是一样的：它是对保险单的补充，记录双方达成的约定［OLG Bamberg r＋s 1991，206（207）］。即使保险人在签发新的保险单替换丢失的保险单的时候，无意间遗漏了原先的一项限制给付的约定，合同的内容也不因此而改变。因为给付与对待给付源于合同双方的约定，而非源于保险凭证（OLG Karlsruhe r＋s 1992，218）。

54     (2) 保险人有递交保险单的<u>债法义务</u>（《保险合同法》第3条第1款）。法律要求，保险单以文本形式递交，并且（仅）在客户要求的时候，制作成证书。如果保险单通过电子邮件递交，同样满足了文本形式的要求（《民法典》第 126b 条）。但如果保险人只是提供了保险单的下载链接，则不符合要求：此时，是否满足文本形式要求并不确定（仅在"高级"网页情形才满足，关联边码 28 和边码 40），但至少没有完成递交，因为只是提供了可供下载的链接（Looschelders/Pohlmann/C. Schneider VVG §3 Rn. 24；HK-VVG/Brömmelmeyer VVG §3 Rn. 16；其他观点见 MüKoVVG/Armbrüster VVG §3 Rn. 25）。

保险单的递交不是保险合同生效的构成要件。不交付保险单，合同同样可以通过书面或者口头的方式订立。

（3）保险人签发保险单的义务是半强制性规定（参见《保险合同法》第 18 条）。在保险单遗失或毁损的时候，保险人还有签发替代证书的义务（《保险合同法》第 3 条第 3 款第 1 句）。但在特殊保险单（指示保险单和合格的权益证券）情形，则首先需要进行失效声明（Kraftloserklärung），保险人才有签发新的保险单的义务（《民事诉讼法》第 946 条及其以下各条，第 1003 条；《保险合同法》第 3 条第 3 款第 2 句）。 **55**

最后，在投保人提出要求的时候，保险人必须提供投保人与合同相关的意思表示的副本（《保险合同法》第 3 条第 4 款）。这些意思表示包括指定受益人、让与保险金请求权、保险要约，等等。—— 这些副本对于某些法律行为可能很重要，比如，终止、根据《保险合同法》第 5 条提出异议（关联边码 48）以及诉讼时效中断（关联边码 376 及其以下边码）。相关期限自保险人收到投保人要求时起至副本送达投保人时止，中止计算（《保险合同法》第 3 条第 2 款）。

替代证书和副本的费用由投保人承担（《保险合同法》第 3 条第 5 款）。关于重新签发保险单的争议价值（Streitwert）参见 OLG Köln r＋s 2012，362。[①]

bb）**保险单的证据功能**。保险单是保险关系存在的证据。更重要的是，它还可以证明投保人享有的保险保障范围。当然，只有那份（由保险人签署过的）制作成证书签发的保险单才能有此等完全证明效力（《民事诉讼法》第 416 条），也即，证明合同已经成立并且保险人事实上确实作出了保险单上书写的意思表示。证书的内容本身被推定为正确并且完整（可被推翻）。如果一方主张存在有偏离保险单的约定，则需承担证明责任。 **56**

只有在投保人明确要求的情形，保险单才会被制作成证书签发。法律并不强制保险人提供签署证书（不同于旧《保险合同法》第 3 条第 1 款第 1 句）。而仅以文本形式提供的保险单不具备签署证书所具备的证明力，在争议案件中由法官通过自由心证裁定（《民事诉讼法》第 286 条）。因此，如果投保人希望增加法律确定性，

---

① 德国法律将诉讼费用和律师费用的计价与争议的重要性（也即所谓的争议价值）相关联。争议价值可由法院设定或估计，或根据法律规定确定。——译者注

应要求保险人签发制作成证书形式的保险单（《保险合同法》第 3 条第 1 款）。

保险单在偏离投保人要约或先前双方协商一致内容的时候发挥着特殊的作用，即所谓的追认功能（Billigungsfunktion，《保险合同法》第 5 条）。根据这一规定，只要保险人提示了偏离，而投保人没有在一个月内提出异议，则偏离被例外地视为得到了追认（关联边码 48）。在这种情况下，保险单具有合同建构功能。

在为他人保险情形，保险单同样具备证明和确权功能（Beweis-oder Legiti-mationsfunktion）（关联边码 81 和边码 82）。根据《保险合同法》第 45 条第 2 款的规定，投保人只有持有保险单才可以不经过被保险人同意，受领保险金、让与保险金请求权或者在请求权上设立担保。在投保人持有保险单的情形，法律推定被保险人同意。另一方面，对被保险人而言，得到投保人同意后持有保险单，同样非常重要，因为只有这样，被保险人才能在法庭上主张并处分自己的权利（《保险合同法》第 44 条第 2 款）。在这一情形，保险单发挥着权益证券（Legitimationspapier）的功能（关于保险单的确权作用参见 OLG Koblenz r＋s 2004，94）。

57　　cc）**作为债权凭证的保险单。**保险单通常同样构成《民法典》第 371 条意义上的（简单）债权凭证。其实践意义是，保险人可以在保险关系结束之后请求返还保险凭证，避免保险单在事后仍然被用作（臆断的）证据。

在例外情形，保险单还可以作成《保险合同法》第 4 条第 2 款规定的附持有人条款的记名债券（qualifizierte Schuldschein）。在这种情形，只有投保人将以证书形式签发的保险单交回保险人的时候，保险人才有义务付款。如果保险证书没有交还，而保险人向投保人付款，则该给付没有清偿效力，保险人不能从债务中解脱。《保险合同法》第 4 条第 2 款在投保人将投保物交给债权人作为贷款担保的情况下，具有重要的实际意义。为了得到经济上的保护，比如避免因担保物毁损或灭失而受损，债权人往往会受让保险请求权并且持有保险单〔通常需要经过保险人的同意，参见旧《机动车保险一般条款》（AKB）第 3 条第 4 项〕。[1] 此时《保险合同法》第 4 条第 2 款发挥着保护投保人的债权人的功能。

58　　dd）**作为持有人证券的保险单。**根据《保险合同法》第 4 条第 1 款的规定，制作成证书的保险单可以附持有人条款。这就是所谓的跛行的[2]持有人证券（即《民

---

[1]　比如贷款人从银行贷款 100 万欧元，以其房屋作为抵押担保。银行为了避免房屋意外毁损灭失（如火灾）导致的担保利益损失，要求贷款人投火灾保险。火灾保险保障的是房屋所有人的所有权，因此，如果真的发生火灾损失，保险公司即向贷款人（投保人，亦即保险单持有人）进行理赔。理赔的保险金一旦进入投保人的个人财产，即发生混同，银行丧失其担保优先权。因此，为了维护自己的担保利益，银行往往会要求投保人让与保险请求权并且持有保险单，从而避免投保人自行受偿。——译者注

[2]　被称为"跛行的"，原因在于，当债务人对持有人的实质权利产生怀疑时，他们有权要求持有人证明其是实质权利的拥有者，并在不能证明时拒绝支付。这就和提单之类的"健全"的持有人证券不同。——译者注

法典》第 808 条规定的合格的权益证券，qualifiziertes Legitimationspapier）。在这种情况下，保险人保留了向保险单的实际持有人进行给付的权利。持有人保险单起到了确权功能，原则上保险人可以通过向保险单的实际持有人进行给付，清偿其债务。但保险人也可以要求持有人证明其有权受领给付。一旦保险人对保险单持有人的实质权利产生怀疑，他就有要求持有人提供证明的义务。这体现在例如《人身保险一般条款》（ALB 2016）第 8 条第 2 款等合同的持有人条款之中。——总体而言，《民法典》第 808 条的规定有利于保险人。但是，《民法典》第 808 条及其对应的《保险合同法》第 4 条的确权作用也有它的限度：如果债务人恶意行事，即明知或者重大过失不知出示证书之人无权受领给付，则其给付不发生清偿效力（参见 BGH r＋s 2009，342；OLG Saarbrücken r＋s 2015，512）。

> 联邦最高法院认为，内容为"……我们有权将保险单持有人视为有权处分保险合同权利之人……"的条款在法律上并无不妥。联邦最高法院不认定其构成不透明条款（BGH NJW 2000，2103）。

在海上保险和运输保险这类特殊情形，保险单被设计为指示证券或者真正的持有人证券。这种安排使当事人能够便利地转移保险合同当中的权利（参见《商法典》第 363 条、第 784 条）。

**ee）对保险单的所有权。**如果保险单作成债权凭证或者跛行的持有人证券，则 59 "文件之所有权属于文件内拥有权利之人"（《民法典》第 952 条），也即，谁是债权的所有者，谁也就是证书的所有权人。相反，如果保险单作成指示证券或者真正的持有人证券，那么"文件内权利属于文件所有之人"。此时的保险单是真正的有价证券。

**g）未成年人签订的保险合同**

**参考文献：**Bayer VersR 1991，129ff.；HK-VVG/Brambach VVG § 150 Rn.36ff.；Beckmann/Matusche-Beckmann VersR-HdB/Brömmelmeyer § 42 Rn. 37f.；Hilbert VersR 1986，948ff.；Langheid/Rixecker/Langheid VVG § 150 Rn. 16ff.；Prölss/Martin/Armbrüster VVG § 1 Rn. 105ff.；BK/Schwintowski VVG § 5a Rn.51ff.；Winter ZVersWiss 1977，145ff.

与未成年人订立的保险合同总是需要获得监护人的（事前）同意或者（嗣后）60 追认（《民法典》第 107 条、第 108 条），这是因为合同生效后，未成年人有支付保险费的义务，不构成法律上纯获益的合同。如果合同在未成年人成年后仍然持续一年以上，父母的同意是不足够的，因为此时未成年人负有《民法典》第 1822 条第 5 项意义上的周期性给付义务，根据《民法典》第 1643 条第 1 款的规定，此种合同的订立还必须获得监护法庭的批准，否则合同效力待定（另一观点见 HK-VVG/Brambach VVG § 150 Rn. 31）。

效力待定的合同因为尚未生效，原则上不能产生任何的给付请求权。这使合同双方当事人，尤其是投保人，处于一种尴尬的境地。如果保险人能够从投保材料中识别出合同效力待定的情况，那么（根据诚信原则）他就应当告知投保人。如果保险人没有这样做，则需要承担相应的后果：倘若保险人没有相应说明导致缺乏（来自监护法庭的）同意使保险合同持续地效力待定，又恰好在这一期间内发生保险事故，则保险人应当向投保人承担缔约过失（《民法典》第 311 条第 2 款，第 280 条）损害赔偿责任。

如果监护人拒绝同意效力待定的法律行为，则保险人应当根据《民法典》第 812 条第 1 款退还投保人已经支付的保险费（完整内容又参见 VerBAV 1990，129）。

61　如果未成年人在成年后继续履行先前没有获得监护人同意的保险合同，并在很长一段时间内继续定期支付保险费，在此之后，即使他拒绝追认合同，也不能要求保险人返还已经支付的保险费。因为根据个案的具体情况（参见 Prölss/Martin/Schneider VVG § 150 Rn. 17 附带更多的参考文献），或者他继续缴费行为构成默示追认（参见 LG Aachen r＋s 1996，338），或者他要求退费的行为构成权利滥用（参见 LG Freiburg r＋s 1997，401f. ）。

### h）保险合同的变更

**参考文献**：Armbrüster PrivVersR Rn. 985ff. ；ders. VersR 2012，9ff. ；ders. r＋s 2012，365ff；Bruns PrivVersR § 18 Rn. 18ff. ；Deutsch/Iversen VersVertrR Rn. 90ff. ；Entzian NVersZ 1998，65ff. ；Hofmann PrivVersR § 6 Rn. 43ff. ；Jaeger VersR 1999，26ff. ；Kollhosser VersR 2002，1332ff. ；Langheid/Grote VersR 2003，1469ff. ；Pohlmann NJW 2012，188ff. ；Prölss/Martin/Armbrüster VVG § 1 Rn. 152ff，158ff. ；Sieg VersVertrR S. 75f. ；Wandt，Änderungsklauseln in Versicherungsverträgen，2000.

62　aa）保险合同当事人可以通过**双方协议**在任一时点变更他们之间的保险合同（《民法典》第 311 条第 1 款）。这究竟只是单纯的合同变更，还是重新订立了一份新的合同，有时并不清楚。决定性因素是，合同是否保持同一性。如果保险标的物被替换了，这通常构成新合同，类似情形还包括保险保障范围被显著扩张了的情形（例如，从车损部分险转换为车损全险）。[①] 这个问题对于保险费法律规则的适用（适用《保险合同法》第 37 条还是第 38 条）具有重要意义。

如果合同变更在法律上足以构成新合同的订立，则《保险合同法》第 7 条适用。如果不构成新合同的订立，双方继续履行的是内容有所变化的旧合同，保险人同样负有信息义务（关联边码 38；Leverenz Vertragsschluss nach der VVG-

---

① 与车损全险不同，车损部分险通常不包括车辆因车主的过失或与其他车辆碰撞造成的损失，部分险通常涵盖车辆受到的非碰撞损害，比如由于火灾、爆炸、雷击、盗窃、野生动物撞击、玻璃损坏、自然灾害（如洪水、风暴）等造成的损害。——译者注

Reform，2008，Rn. 3/19）。换言之，所有的变更情形，无论是否构成新合同，都应适用《保险合同法》第 7 条的规定（与本书直至第四版的观点不同）。虽然这种理解很难与《保险合同法》第 7 条的文义协调，因为其条文明确指代缔约意思表示和缔约过程，但是只有这样的理解才符合事理。例如，在车损全险转换为车损部分险的情形，这种变更有可能会被认为只是对既有合同的修改，因为并没有增加保险保障的范围，因此不构成新合同，但是，在解释上应当认为，这种情形保险人同样应当提供信息——当然，他只需要就变更部分的提供信息——以便投保人能够基于该信息重新考虑其决定。

如果保险人希望以新的一般保险条款为基础变更合同，则必须征得投保人的同意。《保险合同法》第 5 条在此也可能得到适用（关联边码 50）。

bb）当事人也可能通过**单方形成权的行使**来变更合同，例如，根据保险费调整 63
条款对保险费进行调整，其可能来源于合同约定，也可能来源于法定规则，比如法律在人寿保险、职业残疾保险和医疗保险部分就规定了特别的保险费调整规则（《保险合同法》第 163 条、第 176 条、第 203 条）。保险费调整条款不受《民法典》第 315 条第 3 款规定的公平性测试的限制，但投保人可以请求（法院）审查其是否遵守了相关法律和一般保险条款规则的要求（见 OLG Köln VersR 1999，87；关于旧《保险合同法》第 178g 条第 2 款的保险费调整条款见 Gerwins NVersZ 1999，53ff.；关联边码 67）。就一般交易条款规则而言，保险费调整条款需要满足《民法典》第 307 条所规定的内容控制规则，特别是需要满足当中的**透明性要求**（对此见 BK/Harrer VVG §31 Rn. 17ff.；Langheid/Rixecker/Rixecker VVG §40 Rn. 4ff.）。此外，在超额保险情形，保险金额的降低（按照《保险合同法》第 74 条第 1 款）可由合同任何一方单方面行权实现。在财产保险情形，投保人基于保险价值增加条款或者嗣后补充保险条款提出的增额要求同样会导致合同调整。[①]

在投保人无过错或者过错违反**先合同告知义务**的情形，如果满足特定的前提条件，《保险合同法》赋予保险人单方调整合同的权利：保险人可以增加保险费或者加入风险排除条款（《保险合同法》第 19 条第 4 款第 2 句；关联边码 184，边码 190）。在风险升高的情形，保险人也可以如此（《保险合同法》第 25 条第 1 款第 1 句；关联边码 205）。

cc）一般保险条款中的**保留变更权条款**（Änderungsvorbehaltsklausel）在法律 64
上并非没有问题。一些一般条款就包含了这种条款，其背景是：法律的修改或者新的最高法院判例会使保险人有必要对他的一般保险条款进行相应的调整。如果不允许保险人约定保留变更权条款，那么保险人就需要跟每一位客户单独签订合同变更

---

① 比如当事人会在职业残疾保险中约定嗣后补充保险条款，以便投保人日后根据生活情况的变化（比如孩子出生）调整职业伤残补偿金的保险金额。——译者注

协议（变更合同，《民法典》第 311 条第 1 款），这会产生大量的行政开销，并存在最终合同安排不统一的风险，因为可能一些客户同意修改，另一些不同意修改。如果保险人需要在合同中保留单方调整权，那么他就需要留意，在这些条款的制定上保有足够的确定性，避免事后被法院认定为缺乏《民法典》第 307 条第 1 款第 2 句要求的透明性（参见 BGH r＋s 1998，4；1999，205＝VersR 1999，697 及其注释 Präve；OLG Düsseldorf r＋s 1998，25；Matusche-Beckmann NJW 1998，112ff.；关于透明性要求见 Römer r＋s 2000，177ff.；形式建议见 Abram NVersZ 2000，249ff.；详细的整体讨论见 Wandt，Änderungsklauseln in Versicherungsverträgen，2000；关联边码 401）。

关于机动车强制责任保险的费率变更条款的有效性，参见 BGH VersR 2001，493 及其注释 v. Feyock und Wandt。

《保险合同法》没有对单方调整条款进行一般性规定，只在人寿保险、职业残疾保险和医疗保险情形做了法定保留变更权规则的安排（《保险合同法》第 164 条、第 176 条、第 203 条）。根据这些法律规定，只有在合同条款被最高法院的裁判或者终局行政行为确认为不生效力的情形，保险人才能重置相应的条款。在保险人自行制定保留变更权条款时，也应当遵循这一严格的要件要求。

最后，保险人在 2008 年年底之前拥有一项特别的单方合同变更权：《保险合同法施行法》第 1 条第 3 款给予保险人修改"旧合同"的条款以适应新法律的机会。在这个给定的期间里，各个保险公司已经以各种形式部分地利用了这一个机会。如果没有利用这一个法定的合同调整权机会，就可能导致旧合同的一般保险条款中的个别条款因为违反新《保险合同法》中的强制性或半强制性条款而不生效力。这主要影响到保险人的约定不真正义务：没有根据新法律调整其一般保险条款的保险人，其约定不真正义务可能因此不生效力，在投保人违反约定不真正义务的时候，无法援引其法律后果。这尤其体现在合同当中的一般保险条款对违反约定不真正义务的制裁约定与《保险合同法》第 28 条规定不一致的情形。就此，理论上存在极大的争议（参见 Maier VW 2008，986ff.；Weidner r＋s 2008，368ff.；Muschner/Wendt MDR 2008，949ff.）。联邦最高法院在一则判例中（BGH，r＋s 2012，9）以《保险合同法》第 32 条规定为由，宣布保险人的条款不生效力（《民法典》第 307 条第 1 款第 1 句）。该条款是违反约定不真正义务的制裁约定，约定内容是："如果投保人因重大过失违反合同不真正义务，则保险人可以完全免于给付"。在新《保险合同法》之后，该保险人并没有利用前述机会按照《保险合同法》第 28 条第 2 款第 2 句调整该条款，其结果是，不仅该条款的效力被否定，而且保险人连法律规定的给付减少权也无法援引（关联边码 9，关于效力关联边码 216）。有争议的是，如果投保人主观上恶意欺诈，保险人是否同样不能援引因欺诈而免于给付的规定。在一份判决的附带意见中，联邦最高法院同样否定了对恶意欺诈规则的援引（BGH r＋s 2015，347 及其注释 Schimikowski 350；批评见 Fuchs jurisPR 8/2015 注释 1）。

假设保险人既没有重置旧条款，也没有告知投保人其条款与新法的不同，则投保人还能够请求保险人损害赔偿，原因在于：即使法律没有要求重置，也不禁止保险人放弃合同重置（比如保险人认为重置成本过高），保险人也有义务告知投保人新法律当中的重要变化。这是因为根据《保险合同法》第 6 条第 4 款的规定，在合同履行期间，保险人也有向投保人提供建议的义务。特别是，他必须向投保人指出，在投保人重大过失违反不真正义务或者在财产保险中重大过失招致保险事故时，新法规定保险人（仅）有权减少给付。在责任保险情形，保险人还应当告知客户，以往一般保险条款中常见的禁止投保人责任承认、清偿与让与的条款不复存在（参见《保险合同法》第 105 条、第 108 条第 2 款）。如果保险人没有告知客户相应信息，则会面临客户的损害赔偿请求（《保险合同法》第 6 条第 5 款）。

**例如：**如果一位（未获告知的）投保人之所以没有请求保险给付，是因为他在审阅（未被重置的）一般保险条款后，误以为保险人有权在投保人重大过失时完全免于给付，等到他知悉新法规定的时候，他的请求权已罹于时效，投保人可以就其遭受的经济损失（例如不得不贷款产生的损失）请求保险人损害赔偿。不过，在这种情况下，必须考虑投保人具有的《民法典》第 254 条规定的与有过失。

**i) 保险合同的结束**

**参考文献：**Armbrüster PrivVersR Rn. 1039ff.；Bruns PrivVersR §19 Rn. 10ff.；Hofmann PrivVersR §6 Rn. 47ff.；Holzhauser VersVertrR Rn. 41ff.；Beckmann/Matusche-Beckmann VersR-HdB/Johannsen §8 Rn. 110ff.；Meixner/Steinbeck VersVertrR §4 Rn. 3ff.；Werber, Betrachtungen zur Dauer von Versicherungsverträgen, 1990.

根据《保险合同法》第 8 条的规定，投保人有权撤回他的缔约意思表示。一旦保险人收到这一意思表示，双方的合同关系立即结束。这一点在上文已经讨论过（关联边码 34 及其以下边码）。下面讨论的是基于其他原因的合同结束。 **65**

aa）如果是定期合同，则合同在**到期**之后结束。

bb）如果投保人没有支付第一期或者一次性保险费（《保险合同法》第 37 条第 1 款，关联边码 159 和边码 160）或违反先合同告知义务（《保险合同法》第 19 条第 2 款；关联边码 184），则保险人可以**解除**合同。

cc）对于附有自动延长条款的定期合同，双方可以通过行使**一般终止权**结束合同关系（参见《保险合同法》第 11 条第 1 款），通常的终止期间是 3 个月。对于不定期的保险合同，双方可以约定，终止在当前的保险周期结束时发生效力（《保险合同法》第 11 条第 2 款）。根据《保险合同法》第 11 条第 3 款的规定，终止期间不得短于 1 个月，不得长于 3 个月。这不仅适用于保险合同有固定期间并且附有自 **66**

动延长条款的情形（《保险合同法》第 11 条第 1 款），也适用于不定期保险合同情形（《保险合同法》第 11 条第 2 款）。在长期保险合同（保险期间 3 年以上）情形，投保人有权在第三年的年末或者之后每一年的年末，附 3 个月终止期间终止合同（《保险合同法》第 11 条第 4 款）。

在医疗保险中，保险人的终止权受到法律的限制（参见《保险合同法》第 206 条）。但是保险人（仍然）可以基于重大原因终止合同，比如，在投保人伪造票据恶意欺诈保险人的情形（参见 BGH r+s 2012，625）。

如果投保人的**终止不符合期限要求**，保险人应当不迟延地予以驳回。根据以前的主流观点，这一义务源于《民法典》第 242 条。一些判例与学说认为，如果保险人未履行驳回义务，则终止发生效力（参见 OLG Hamm VersR 1977，999 以及在 Hofmann PrivVersR §6 Rn. 53a 附带更多参考文献；进一步参见 Leverenz VersR 1999，525ff. 附带更多参考文献）。这种观点不值得赞同，投保人的无效终止不能仅仅因为保险人未能（不迟延地）驳回而变得有效（BGH r+s 2013，424）。联邦社会法院从保险合同中的提示与建议义务以及保险人的优势地位推导出，保险人有明确拒绝无效终止的义务（BSG，r+s 2007，144）。如果保险人违反提示义务，则其法律后果为假定保险人正当行为时的结果。换言之，与违反其他提示义务的情况一样，法律应当调整投保人的处境，使其处于如同他得到明确驳回并且说明原因时一样的境地。因此，应当以投保人得到建议将会按照建议行事的假设为出发点，"按照赔偿法的标准"对这种违反义务的行为作出反应。有学者（Langheid/Rixecker/Rixecker VVG §11 Rn. 11）认为，请求权基础在于《保险合同法》第 6 条第 4 款，根据该条规定，保险人负有提供建议的义务，因此，在没有及时驳回无效终止的时候，保险人违反了他的义务，因此需要承担损害赔偿责任。这一观点值得商榷，因为《保险合同法》第 6 条确立的规则是，保险人必须在合同订立之前和合同存续期间就客户保险保障的需求提供建议，但并未要求保险人向投保人解释，如何才能有效终止合同，正如他不必教授投保人如何正确履行不真正义务一样（参见 Prölss/Martin/Rudy VVG §6 Rn. 44）。更妥当的观点是，将提示义务视为合同约定的附随义务，从而适用《民法典》第 280 条的规定。如果保险人没有提示，则需要赔偿投保人的财产损失，使投保人处于与他及时收到无效终止通知时相同的境地（见 Armbrüster PrivVersR Rn. 1056；另参见 HK-VVG/Muschner VVG §11 Rn. 26ff.）。

dd）**特别终止权**适用于下列情形：

— 财产保险情形：《保险合同法》规定，在**保险事故**发生之后双方拥有终止权（参见《保险合同法》第 92 条）。责任保险情形：《保险合同法》规定，在保险事故发生后，满足额外要件的双方同样拥有终止权（参见《保险合同法》第 111 条第 1 款）。

——所有的合同关系都可以基于**重大原因**终止。此类情形在《保险合同法》第24条第1款和第2款、第28条第1款、第38条第3款第1句、第96条第1款和第2款中有明确规定。如果双方信赖基础严重受损，使**继续履行合同变得不可合理期待**，则构成这里的重大原因（《民法典》第314条第1款）。

**例如**：投保人多次试图骗取保险金（BGH r＋s 2012，625），或者保险人完全无理由且有过失地拒绝赔付（参见 BGH VersR 1972，970）。但另一方面，引入欧元作为计价标准并不表示保险关系发生了根本性的变化，保险合同的延续不会因为自2002年1月1日起保险费和保险人的给付均以欧元而非马克计价而变得不可合理期待 ［Entzian/Linden VersR 1997，1182（1183）］。

——如果合同约定了**保险费调整条款**并且实施了调整，则投保人有权在收到调整通知后一个月内终止合同。这一终止立即生效，但最早不得早于保险费增加的生效时间点。终止权的前提是，保险人增加了保险费，但没有相应改变保险保障范围（《保险合同法》第40条）。《保险合同法》第40条规定的终止权规范是半强制性的，不得以不利于投保人的方式予以偏离（《保险合同法》第42条）。——保险费调整条款须遵循《民法典》第307条的内容控制规则（参见 BGH r＋s 1992，350；关联边码63）。 **67**

ee）根据《民法典》第311条第1款所表达的私法自治原则，双方始终可以**协议结束合同关系**（Vertragsaufhebung）（案例：OLG Koblenz r＋s 1993，68f.）。 **68**

ff）**保险利益或者被保风险的消失**（参见《保险合同法》第80条第2款）可以导致合同结束（具体内容见 Sommer Mangel des Interesses nach §68 VVG，2002；Armbrüster PrivVersR Rn. 1240ff.）。类似地，个人责任保险也会因为投保人死亡而结束（《责任保险一般条款》（AHB）第17条；合同中通常会为被抚养人规定续保条款）。

gg）在**保险人破产**情形，保险合同通常在破产开始的一个月后结束（《保险合同法》第16条）。在投保人破产情形，《保险合同法》没有规定保险人的特殊终止权（与旧《保险合同法》第14条的规定不同）。

**j）保险合同的转移**

**参考文献**：Armbrüster FS Mock，2009，1ff.；Armbrüster PrivVersR Rn. 1244ff.；Brünjes，Der Veräußerungsbegriff des §69 VVG，1995；Holzhauser VersVertrR Rn. 277ff.；Martin VersR 1974，410ff.；Th. R. Müller VersR 1991，739ff.；Oetker VersR 1992，7ff.；Richter，Das rechtliche Schicksal der Haftpflicht-versicherung im Erbgang，1970；Sieg VersR 1995，125ff.，Waclawik，Der Eintritt des Erwerbers einer versicherten Sache in Schadenversicherungen，2003；Wandt VersR Rn. 714ff.

aa）**保险标的物的出让与继承**。（1）在保险标的物出让的情形，根据《保险合 **69**

同法》第 95 条的规定，保险关系转移给买方。这一规则只适用于<u>财产保险</u>。这可以从该条在《保险合同法》中的体系位置解释出来。在责任保险的情形，则适用《保险合同法》第 102 条第 2 款、第 122 条的特别规定。[①]

这种情况属于<u>法定的合同承担</u>。相同构造在法律上相当罕见，类似于《民法典》第 566 条的规定，出租房屋的购房人自动作为新合同当事人加入租赁合同关系。不过，与《保险合同法》第 95 条及其以下各条的规则不同，《民法典》第 566 条没有规定合同当事人的合同终止权（关联边码 80）。

《保险合同法》第 95 条及其以下各条的适用以发生所有权变动为前提。因此，<u>让与担保</u>情形下可以适用，而所有权保留情形下（《民法典》第 449 条，也即物权合意附延缓条件，直至价款付清才发生物权变动的法律后果）则不能适用。就经济视角而言，这样的区别对待没有道理，但从法律清晰性的角度看，将规则适用与物权法上的所有权变动规则相联系是合理的。

在<u>集合物</u>情形（《保险合同法》第 89 条第 1 款），只有在家庭财产、库存货物或者工厂设备作为整体让与的时候，《保险合同法》第 95 条才有适用的余地。如果只是当中的个别财产让与，并不会随之发生保险合同的部分让与。一旦将该财产从保险地点移走，与之相应的保险保障随之结束（参见 Looschelders/Pohlmann/Heyers VVG § 95 Rn. 14；Langheid/Rixecker/Langheid VVG § 95 Rn. 7）。根据《保险合同法》第 95 条第 3 款的规定，仅在保险人知道让与后，合同承担才对他发生效力。

70　　　（2）《保险合同法》第 95 条及其以下各条只适用于财产保险，并且只适用于当事人<u>通过法律行为</u>让与保险标的物的情形。在这一情形之外的继承导致的总括权利继受（《民法典》第 1922 条），同样会使（财产）保险合同的当事人发生变动。一般而言，如果保险承保的是<u>财产风险</u>，则在投保人死亡之后，保险合同转移给其继承人。财产保险之外，根据《民法典》第 1922 条进行的转移还特别地适用于<u>营业责任保险</u>。然而，如果保险承保的是<u>人身</u>风险，比如个人责任保险、意外保险和医疗保险，则不包含在总括的权利继受之内，因为在投保人死亡之后，被保风险通常不复存在（保险利益丧失）。

这在《责任保险一般条款》（AHB）第 17 条当中有规定。在个人责任保险情形，合同通常会给予家属继续合同的机会。在营业责任保险情形，如果发生营业转让或者营业基于用益、用益租赁或者其他类似法律关系而被第三人承接，则保险合同转移给第三人（《保险合同法》第 102 条第 2 款）。继承情形则适用《民法典》第 1922 条。—— 私人医疗保险的被保险人有权在投保人死亡后

---

① 财产保险指积极财产利益保险，而责任保险是消极财产利益保险，两者互不隶属，共同归属于损失填补保险（损失填补保险的对称概念是定额保险）。——译者注

两个月内要求继续合同关系（《保险合同法》第 207 条）。

保险法只对保险标的物<u>让与</u>的情形作了《保险合同法》第 95 条及其以下各条的规定。这些条款是下文的重点。

bb）**终止权**。如果新的投保人通过<u>继承</u>进入保险合同关系，那么他会一般性地获得法定和约定的终止合同的权利（关联边码 66 及其以下边码）。在保险标的物<u>让与</u>（《保险合同法》第 95 条第 1 款）以及投保了营业责任保险的企业发生继受转移（《保险合同法》第 102 条第 2 款）的情形，合同双方（保险人和受让人）都有权根据《保险合同法》第 96 条终止合同关系。受让人有权立即终止合同（《保险合同法》第 96 第 2 款第 1 句），保险人的终止则在一个月终止期间经过之后发生效力（《保险合同法》第 96 条第 1 款第 1 句）。

受让人在最开始应当得到保险关系延续的保护，因此保险人的终止不能立即发生效力（关于旧《保险合同法》第 70 条的法律目的参见 BGH，NJW 1990，2686ff.）。

受让人与保险人应当在财产权属发生变动之后的一个月内就合同关系的延续表明态度。在一个月之后，合同终止权即根据《保险合同法》第 96 条第 1 款第 2 句和第 2 款第 2 句规定消灭。

一般而言，在保险标的物让与的情形，出让人与受让人对保险费的给付承担连带责任（《保险合同法》第 95 条第 2 款），但如果保险关系随后被终止，则只有出让人承担给付保险费的义务（《保险合同法》第 96 条第 3 款）。

cc）**通知义务**。根据《保险合同法》第 97 条的规定，出让人与<u>受让人</u>负有不迟延告知保险人的义务。这是一项法定的不真正义务。只要其中一方告知保险人标的物已经让与即可。告知应当充分，足以使保险人能够评估权利让与对被保风险的经济影响（BGH r＋s 1987，202；OLG Hamm r＋s 1992，217）。

违反通知义务，则保险人可以免于给付，但需要满足如下两个构成要件：保险事故发生于通知本应到达保险人的时点起一个月之后，并且，假如保险人获得通知就不会选择和受让人订立现在的合同。保险人需要主张并且证明<u>这些</u>免于给付的构成要件（参见 HK-VVG/Halbach § 97 Rn. 5）。— 联邦最高法院对旧《保险合同法》第 71 条第 1 款作出了如下判决（VersR 1987，478）：法院必须审查（免于给付的）法律后果与违反告知义务的严重程度是否不相称。这是源于诚实信用原则（《民法典》第 242 条）的要求。在 2008 年《保险合同法》改革中，立法者没有将这一旧法发展出来的判例规则纳入法律，因此这一判例规则在将来仍然有发挥作用的余地。在极端情形，如果免于给付构成严重的不相称法律后果，那么即便《保险合同法》第 97 条第 1 款第 2 句的构成要件已经得到满足，保险人亦不得援引该条主张免于给付（详见 Looschelders/Pohlmann/Heyers VVG § 97 Rn. 9）。

**k）因保险存量转移而发生的保险人变更**

**参考文献**：Deutsch/Iversen VersVertrR Rn. 92；Kaufmann VersR 1998，166f.；

Kaulbach ZfV 1992, 189ff.；Präve VersR 2001, 133, 138f.；Scholz VersR 1997, 1070ff.

73　　　保险人的变更也可能在投保人没有意愿的情况下发生。例如，一家保险公司的保险存量转移到另一家保险公司，就是这种情形。如果保险存量转移已经获得监管机构的批准，则根据《保险监管法》第13条第5款的规定，出让公司与投保人有关的保险合同的权利和义务也将转移给受让公司。这属于投保人的合同相对方的法定更换。保险存量转移的可能是所有的保险合同（保险存量），也可能只是当中的一部分。

　　　　《保险监管法》第13条第5款明确规定，这里所涉及的法定合同承担不适用《民法典》第415条。因为后者规定债务承担需经债权人同意，其在保险存量转移情形不适用。

### 3. 保险合同的参与人

74　　　保险合同实质上是保险公司和投保人双方参与的一种合同。从更宽泛的意义上讲，保险合同还包含了保险中介人的参与，至少在合同的订立阶段是如此（关联边码113及其以下边码）。其他人（被保险人、附随被保险人）也可以（共同）参与保险合同并有权获得保险金。被保险人的行为与知情归属于投保人（关联边码77及其以下边码，边码276及其以下边码）。

#### a）保险人与投保人

**参考文献**：Armbrüster PrivVersR Rn. 61ff., 121ff.；HK-VVG/Brömmelmeyer VVG §1 Rn. 2；Hofmann PrivVersR §5 Rn. 1ff.；Schimikowski FS Wälder, 2009, 51ff.；Sieg VersVertrR S. 50ff.

75　　　保险公司的营业需要获得许可（《保险监管法》第8条第1款）。它们只能以股份公司（AG）或者相互保险组织（VVaG）、欧洲组织（einer Europäischen Gesellschaft）或者公法人或公法机构的形式运营（《保险监管法》第8条第2款）。根据《保险监管法》第61条第1款规定，外国保险公司通过德国境内的分支机构或跨国服务贸易开展业务活动。

76　　　投保人是指以自己名义签订保险合同的人，可以是自然人，也可以是法人。多数人团体（如民事合伙（GbR）或商事合伙（oHG））也可以作为投保人。以体育协会签订的**团体保险合同**为例，团体内得到保险保障的成员可能被视为投保人，也可能仅仅被视为被保险人。在真正团体保险情形，保险合同是在保险人和"团体领导"（Gruppenspitze）之间订立的。在这种情形，只有"团体领导"（比如协会或者信贷机构本身）才会被视为投保人，而风险得到保障的成员（比如借款人）只是风险人。这种安排主要用于公司团体保险或者协会团体保险。在不真正团体保险情形，保险合同由获得全体成员授权的"<u>团体领导</u>"代理订立的，例如在剩余债务保险情形，信贷机构就只是缔约代理人。[①] 在这种情况下，并不存在一个统一的保险合同，而是多个分别的保险合同，它们基于经济关联通过框架协议被从外部整体订立。团体成员分别构成这里的各个保险合同项下的投保人。投保人资格至关重要：他人（比如被保险人）是否享有保险合同约定的权利并无影响。只有投保人是保险人的合同相对方，同时也是合同上的主给付义务（保险费支付义务）的承担者。合同上的形成权由投保人单独享有。

**b）"为他人"保险**

**参考文献**：Armbrüster PrivVersR Rn. 1262ff.；ders. NJW 1997，177ff.；Boin VersR 1997，671ff.；Bruns PrivVersR §17；Hofmann PrivVersR §13 Rn. 24ff.；Holzhauser VersVertR Rn. 287ff.；Kraus, Die Versicherung für fremde Rechnung, 2017；Krause, Der Begriff des versicherten Interesses und seine Auswirkungen auf die Versicherung für fremde Rechnung, 1998；Looschelders r + s 2015，581ff.；HK-VVG/Muschner §43；Prölss r＋s 1997，221ff.；Wandt VersR Rn.686ff.

保险合同也可以为他人利益订立。《保险合同法》第 43 条及其以下各条对此类保险的主要特点作了规定。保险既可以是投保人为自己的保险利益提供保障（自我保险），也可以同时乃至单独为他人的利益提供保障（为他人保险）。 **77**

aa）**为他人保险**。为他人利益投保在实践中很常见。人们称之为<u>附随保险</u>（Mitversicherung）。 **78**

**例如**：机动车强制责任保险除了保障车主本人，还保障作为附随被保险人的驾驶人［参见《机动车强制责任保险条例》（KfzPflVV）第 2 条第 2 款］。[②] 个人责任保险除了保障夫妇双方，通常还保障非婚生活伴侣，一定范围内还附随保障投保人的子女。营业与环境责任保险除了涵盖法定代表人的个人责任风险，还涵盖公司经理和主管以及所有其他公司员工的个人责任风险（参见《保险合同法》第 102 条第 1 款）。

**责任保险**通常明确规定保险合同保障何人利益。而**财产保险**往往需要解释，判断该合同属于自我保险还是（同时）属于为他人保险。对于这个判断，保险利益（关联边码 299）起着决定性作用。为他人保险是指，投保人订立的保障他人利益的保险合同，因此，既可以想象投保人既为自己也为他人利益投保的情形，也可以想象不为自己单纯为他人利益投保的情形。对他人利益的保障，既可能在一般保险条 **79**

---

[①] 通过剩余债务保险，保险人承担贷款人因为死亡、失业或丧失劳动能力而无法偿还剩余贷款的风险。——译者注

[②] 考虑汽车（投保了机动车强制责任保险）撞伤行人，需要承担侵权损害赔偿责任的情形。如果驾驶人是车主（亦为投保人）本人，此时构成自我保险，被保险人也是车主；如果驾驶人不是车主（比如车主借车给朋友使用），此时构成为他人保险，驾驶人为附随被保险人，从车主购买的责任保险中获得保险保障。——译者注

款中被明确约定，也可能从**具体情况**推出（参见《保险合同法》第 43 条第 3 款）。

**例如：**

—— 房东投保的**建筑物保险**最初是为了保障房东的利益，属于自我保险。但如果承租人在房屋内增添固定设施，虽然通过添附规则，所有权已经转移给房东（《民法典》第 94 条），但承租人享有取回权①（《民法典》第 539 条第 2 款）。建筑物保险包含对承租人取回权的保障，因此，在保障取回权的意义上，它属于为他人保险（BGH r＋s 1991，346；VersR 1994，1103 及其注释 Lorenz 1104）。—— 如果承租人为租赁物购买了财产保险，该保险就是为他人保险（BGH r＋s 1991，423）。

—— 如果**融资租赁的承租人**为租赁物购买财产保险，则所有权人（出租人）的利益得到了保障。这属于为他人保险（BGH r＋s 2008，414；OLG Hamm r＋s 2012，382）。但投保人作为承租人，他的利益同样得到了保障，因为融资租赁合同的承租人需要对租赁物的损毁灭失负责，因此他有物损赔偿利益（对此参见 Prölss/Martin/Klimke VVG § 43 Rn. 45ff.；关联边码 285）。

—— 如果丈夫购买了**家庭财产保险**，保障家庭财产的全部价值，则应当认为，当中默示包含有利于妻子的为他人保险，其保障范围包括家庭财产中妻子的单独所有权财产和（依照法定婚姻财产制的）按份共有所有权财产（OLG Hamm VersR 1994，1464；OLG Oldenburg r＋s 2000，425；关联边码 285）。

80　　长期以来的争议问题是，出租人订立的建筑物保险合同是否构成保护承租人利益的为他人保险，特别是在承租人实际承担保险费的情形。这一问题应予以否定回答。在租赁物毁损或者灭失的情形，出租人有权请求承租人损害赔偿，因此，这是承租人的责任风险，和财产保险无关。对此，联邦最高法院正确地阐明，建筑物保险不构成保障承租人利益的为他人保险（BGH r＋s 1991，96；1996，98）。②

这一判决对于财产保险的保险人是否可以向承租人追偿的问题尤为重要（例如，由于承租人将点着的蜡烛放在圣诞树上无人看管，或者由于他疏于看管玩火柴的孩子导致事故）。倘若承租人能够一般地归入财产保险的保护范围，则不属于《保险合同法》第 86 条第 1 款规定的"第三人"，财产保险的保险人就无法向他追偿（关联边码 351 及其以下边码，边码 358）。

联邦最高法院在早期发展出来一种**责任法方案**，根据这一方案，尽管承租人不是（默示的）附随被保险人，无法避免被保险人追偿，但是如果承租人实际承担保

---

① 德文为 Wegnahmerecht，直译为"去除权"，容易让人误解成添附设施无价值，因此房东要求去除这样的多余的添附设施。如果译成"取走权"，又过于口语化。综合考虑，译者在此将其译为"取回权"，一方面符合了文义的"取走"，另一方面又能理解被拆解的物有价值。——译者注

② 这里与边码 79 的示例并不矛盾。边码 79 的示例被限定在取回权保障的意义上是保障承租人的利益。——译者注

险费，应被视为出租人和承租人默示约定，仅在主观上存在故意和重大过失的情形才承担责任（BGH r＋s 1996，98；营业租赁关系情形见 BGH NJW-RR 2000，1110；整体内容参见 Armbrüster r＋s 1998，221ff.；批评观点见 Ihne r＋s 1999，89ff.）。

**责任法方案的示例：** 如果承租人的孩子（分别为 6 岁和 8 岁）玩火柴引发火灾，而该承租人承担了建筑物保险的保险费，那么根据这一规则，承租人只有在重大过失违反其照管义务时（例如，知道孩子们玩火柴却并未采取任何防范措施）才对出租人承担《民法典》第 832 条的责任。只有在这种情形，理赔后的保险人才可能向承租人追偿（旧《保险合同法》第 67 条）。如此一来，根据租赁合同实际承担保险费的承租人获得了优待。

自 2000 年起，联邦最高法院放弃了责任法方案。从那时起，法院认为承租人的物损赔偿利益可以包含在纯财产保险中；当然，这需要合同中有相关的内容。另外，法院通过合同的补充解释，认为如果承租人一般过失造成火灾损害，则建筑物保险的保险人放弃了追偿权（BGH VersR 2001，94 及其注释 Lorenz und Wolter）。这种保险法解决方案无须考虑，承租人是否承担财产保险费。这一努力是为了尽可能地将租赁关系从被追偿的负担中解放出来（关联边码 358 以及 Prölss/Martin/Klimke VVG § 43 Rn. 22ff.）。

bb）**参与人的法律地位。**（1）享有保险合同所生权利的人不是投保人，而是被保险人。被保险人是实质请求权的所有者。但是，投保人却是对该请求权有处分权的人（《保险合同法》第 45 条第 1 款），唯有他有权在法庭内外请求保险给付。此处为法定的诉讼担当（Gesetzliche Prozeßstandschaft）（BGH ZIP 2017，881）。[①] 被保险人只有在投保人同意或者持有保险单的情况下，才能行使请求权（《保险合同法》第 44 条第 2 款）。

在特殊情况下，被保险人也可以直接请求保险给付。比如在机动车强制责任保险情形［参见《机动车强制责任保险条例》（KfzPflVV）第 2 款第 3 项；《机动车保险一般条款》（AKB）第 A.1.2 条第 2 句］，附随被保险人（此例的驾驶人不是投保人）在因意外事故需承担责任时，可以直接请求保险人理赔。

原则上，法律仅授予投保人请求的权利，如此一来，在发生保险事故的时候，保险人（只需要）与其合同相对方打交道，而不必与要求理赔的潜在的大量的附随被保险人打交道。

一些一般保险条款会规定，即使被保险人持有保险单也无权请求给付［参

81

82

---

① 中国立法并没直接采用这一概念，但也有相关规则，比如破产管理人得以自己名义管理和处分债务人的财产，代表债务人参加诉讼、仲裁或者其他法律程序。——译者注

见《责任保险一般条款》（AHB）第 27.2 条第 1 句]。这样的规定排除了《保险合同法》第 44 条第 2 款的适用。被保险人必须取得投保人的同意，才有权向保险人请求给付。这种条款在法律上是允许的（不违反《民法典》第 307 条，OLG Köln r＋s 1994，475），但如果投保人无正当理由拒绝同意，则构成权利滥用（《民法典》第 242 条）（参见 Langheid/Rixecker/Rixecker VVG §44 Rn. 10 附带更多参考文献）。

83　　（2）投保人请求保险人给付之后，不得将赔偿金据为己有，而应当将其尽数转交被保险人（"翻空口袋"）。在这里，投保人构成以信托方式接受保险给付，投保人与被保险人之间成立<u>法定信托关系</u>。向投保人付款的保险人履行了向被保险人支付保险金的义务（BGH r＋s 1991，346）。

　　　　一些一般保险条款规定，保险人只在投保人与被保险人协商一致时理赔[参见《火灾保险一般条款》（AFB 87）第 10 条第 1 项，第 2 项]。

　　如果保险人的给付没有法律上的原因，则其退还请求权的债务人（仅）为投保人（BGH r＋s 1993，239 及其注释 Lücke）。保险人无权根据《民法典》第 812 条第 1 款第 1 句直接请求被保险人返还给付，至多可以考虑通过受让债权的方式获得对被保险人的请求权（OLG Koblenz r＋s 2000，440）。

84　　　（3）投保人仍然是保险合同的权利与义务人。他必须履行法定义务和不真正义务。倘若他违反义务，则保险人得以此对抗被保险人。

　　　　在被保险人被法律授权得以独立行使权利的范围内，上述规则不适用于强制责任保险（参见《保险合同法》第 123 条第 1 款）。

　　如果投保人不履行支付保险费的义务，被保险人可以自行支付保险费以维持保险合同关系（《保险合同法》第 34 条第 1 款；关联边码 150）。

　　投保人仍有保留着合同层面的所有的<u>形成权</u>（终止权等）的行使权利。

85　　　（4）被保险人的法律弱势地位可以通过三方订立的<u>安全保证书</u>（Sicherungs-schein）得到改善。安全保证书中可以约定，保险费支付迟延时保险人应当通知被保险人，还可以约定，未经被保险人同意，投保人不得终止合同。为了保护让与担保的担保权人（贷款人）或者融资租赁的出租人，这些条款或类似条款是必要的。安全保证书通常还会约定，被保险人有权根据保险合同请求给付，而投保人只有获得被保险人的同意，才能获得赔付。— 但在保险人基于欺诈撤销合同或者解除合同的情形，安全保证书同样被撤销或者解除（OLG Celle r＋s 2010，424）。

86　　　（5）根据**《保险合同法》第 47 条第 1 款**的规定，被保险人的知情和行为归属于投保人，即便被保险人不构成投保人的保险代表人（Repräsentant），也不是投保人的知情代理人或知情表示代理人（关联边码 276 及其以下边码）。但该规则仅在具体情形涉及该他人的（附随）保险利益时才适用。

例如：经营责任保险通常既是雇主的自我保险也是为他人保险，因为它的保障对象同时包括雇员。比如，如果投保人的雇员在焊接工作中不遵守雇主责任保险协会的事故防止规定造成责任损害，那么一方面，第三人可以根据《民法典》第823条第1款、第831条的规定请求投保人承担损害赔偿责任（这里的第三人请求权能否"成立"并不重要。成立情形自不待言，而不成立的无理请求情形，保险人亦需要承担抗辩义务）；另一方面，根据《民法典》第823条第1款的规定，该雇员也需要对损害承担个人责任。如果一般保险条款包含所谓的义务违反免责条款（Pflichtwidrigkeitsausschluss）（关联边码272），则雇员丧失保险保障。但是，投保人的权利仍然存在，因为《保险合同法》第47条第1款在这里不适用[①]——除非雇员构成投保人的保险代表人，雇员的过错才会例外地归属于雇主（关联边码276及其以下边码；参见 Looschelders/Pohlmann/Koch VVG §47 Rn. 14；HK-VVG/Muschner VVG §47 Rn. 7 附带更多参考文献）。 如果一份财产保险除了保障投保人所有权利益，还保障其他人的财产维持利益，则可以这样适用《保险合同法》第47条第1款。例如，投保人的妻子因重大过失造成家庭财产损失，则保险人可以在妻子个人财产或按份共有所有权财产的占比范围内相应地减少赔付数额（关联边码285）。

# 第二节 保险保障的开始

## 1. 赎单原则

**参考文献**：Deutsch/Iversen VersVertrR Rn. 70ff；Hofmann PrivVersR §6 Rn. 13ff.；Meixner/Steinbeck VersVertrR §1 Rn. 110ff.；Sieg VersVertrR S. 82f.

保险合同法中的保险开始有三类：

87

— **保险的形式开始**：合同订立的时间点；

— **保险的技术开始**：从这个时间点开始，投保人有义务支付保险费；

— **保险的实质开始**：从这个时间点开始，保险合同提供保险保障。

保险保障是否开始（即保险的实质开始）原则上取决于投保人是否支付了（第一期或一次性）保险费。这规定在《保险合同法》第37条第2款。我们可以用有点老式的叫法"赎单原则"（Einlösungsprinzip）指代它：投保人通过支付保险费来赎回他的保险单。如果在保险事故发生的时候，投保人还未支付第一期保险费或者一次性保险费，则保险人免于给付（《保险合同法》第37条第2款；关联边码147

---

① 因为在雇主自我保险的那一部分，投保人和被保险人都是雇主本人。——译者注

及其以下边码）。

88    在实践中，《保险合同法》第 37 条第 2 款的严格赎单原则常常被所谓的**扩张的赎单条款**（erweiterte Einlösungsklauseln）打破：这些条款大多规定，只要投保人按要求及时支付保险费，保险就在约定的时间开始保险保障（参见，例如《责任保险一般条款》（AHB）第 8 条；关联边码 102）。例如，保险事故发生在投保人支付保险费之前，但合同的约定起始时点（通常是保险单中约定的日期）在保险事故发生时点之前，此时，只要投保人及时（在收到保险单后的支付期限内）支付保险费，则可获得保险保障。

89    如果合同没有对保险的实质开始作出约定，那么按照《保险合同法》第 10 条规定，保险开始于合同订立的当天。这一规定只适用于保险的正式开始日期和实质开始日期相一致的情况。例如，合同签订于 2008 年 11 月 10 日，约定开始于 2008 年 11 月 10 日（没有精确到小时），则适用《保险合同法》第 10 条的**零时规则**（Mitternachtsregel）。

### 2. 临时保险

**参考文献**：Armbrüster PrivVersR Rn. 947ff.；Grebe, Die vorläufige Deckungszusage unter besonderer Berücksichtigung ihrer Handhabung in der Lebensversicherung, 1987；Henzler, Theorie und Praxis der vorläufigen Deckungszusage, 1997；Holzhauser VersVertrR Rn. 166ff.；Maier r+s 2006, 485ff.；Marlow/Spuhl VVG kompakt/Marlow Rn. 441ff.；Meixner/Steinbeck VersVertrR § 4 Rn. 34ff.；Schimikowski FS Kollhosser, 2004, 315ff.；BK/Schwintowski VVG § 5a Rn. 87ff.；Wandt VersR Rn. 450ff.；Werber ZVersWiss 1994, 321ff.

旧《保险合同法》几乎没有临时保险的相关规定（仅见于旧《保险合同法》第 5a 条第 3 款、第 8 条第 4 款第 5 句）。这一重要领域的相关规定现在可以在《保险合同法》第 49 条及其以下各条找到。

#### a) 分离原则

90    通常情形，保险的实质开始取决于投保人何时缴费赎单，换言之，只要双方没有约定追溯保险（《保险合同法》第 2 条；关联边码 100），则在第一笔保险费支付后保险保障才开始（《保险合同法》第 37 条第 2 款）。但是，在（潜在的）投保人提交缔约申请之后，保险公司通常还需要时间评估风险，然而，在这一期间投保人通常有获得保险保障的需求。在这种情形，保险人可以通过临时保险给予投保人保障。

91    临时保险是一项独立的、先于将要订立的保险合同的保险合同（**分离理论**）。

　　　　随之而来的是：

　　　　— 保险人可以根据《民法典》第 123 条的规定，基于欺诈单独撤销临时保险。

　　—— 如果保险人进行了风险评估，而投保人违反了先合同告知义务，则保险人可以对临时保险合同行使《保险合同法》第 19 条及其以下各条规定的权利。当然，从个案的一般保险条款的设计当中有可能会推断出，排除《保险合同法》第 19 条及其以下各条的适用的结论（参见 OLG Köln r＋s 1997，211）。[1]

　　—— 如果投保人及保险代理人在知道保险事故已经发生的情况下将承诺保障的日期追溯到已发生损失的日期，则临时保险无效（《民法典》第 138 条）（串通，参见 BGH VersR 1985，131）。

　　根据《保险合同法》第 49 条第 1 款的规定，临时保险合同中可以约定，保险人随后再向投保人提供《保险合同法》第 7 条规定的合同信息（远程销售合同情形除外）。机动车登记所需的机动车强制责任保险的保险确认书是以电子方式申请并且以电子方式签发的。因此，这一情形下成立的临时保险采取的恰恰是远程销售形式，投保人不得放弃获得信息的权利（参见《保险合同法》第 49 条第 1 款第 2 句）。这导致了机动车强制责任保险的实践操作经常违反《保险合同法》第 7 条第 1 款的规定（MüKoVVG/Rixecker VVG § 49 Rn. 29）。

　　法律上并没有规定临时保险的形式要件。《保险合同法》第 6 条规定的提供建议义务同样适用于临时保险。其规定，记录应当在合同订立后无迟延地递交投保人（《保险合同法》第 6 条第 2 款第 2 句、第 3 句；另参见《保险合同法》第 62 条第 2 款）。因此，根据法条的文义，除强制保险外，对建议的记录应当在临时保险合同订立后立即提供给投保人（《保险合同法》第 6 条第 2 款第 3 句）。[2]

　　双方可以约定临时保险适用的一般保险条款。根据《民法典》第 305 条第 2 款的规定，只要投保人在临时保险合同成立之前有机会知悉这些条款，它们就会成为合同的一部分。如果投保人在获得临时保险的时候没有收到一般保险条款，则根据《保险合同法》第 49 条第 2 款适用以下规定：

　　—— 原则上，保险人通常使用的临时保险的保险条款将成为合同的组成部分（《保险合同法》第 49 条第 2 款第 1 句情形 1）。这适用于保险人为临时保险准备了专门的一般保险条款的情形。在实践中，这种一般保险条款相当罕见，唯独在人寿保险领域，临时保险示范性条款的使用很常见。

　　—— 在大部分情形，保险人并没有（专门的）临时保险一般保险条款。在这种情况下，适用保险人在主合同中使用的一般保险条款（《保险合同法》第 49 条第 2 款第 1 句情形 2）。

---

[1]　该案例的《临时保险一般条款》第 4 条第 1 项规定，对于在投保单签署之前就已确认的原因所导致的保险事故，即使投保人已经在投保单中说明，保险人也不予赔偿。——译者注

[2]　随着对《保险销售指令》（IDD）的转化，旧《保险合同法》第 6 条第 2 款第 2 句、第 3 句的特别规定被取消，并且不提供替代规则。——译者注

— 如果保险人有多种可能适用的一般保险条款（"基本型""紧凑型""适宜型"），在有疑问的情形，应适用对投保人最有利的条款类型（《保险合同法》第 49 条第 2 款第 2 句）。

**b）约定**

92 临时保险的字面意思是"保障承诺"（Deckungszusage），这似乎暗含着，它是一种单方意思表示的意思。但事实并非如此，临时保险同样需要通过要约和承诺达成。

实践中最常见的临时保险是办理机动车许可的时候需要提供的保险证明［旧《道路交通许可条例》（StVZO）第 29a 条，《车辆登记条例》（FZV）第 23 条］，也就是过去德国人常说的"双卡"。如今，投保人会收到一个号码（通常是电子方式），通过这个号码可以获得机动车强制责任保险的临时承保［电子保险确认书（eVB）］。这在法律上不仅是保险人对行政机关（机动车牌照许可机关）作出的声明，同时也构成对投保人作出的同意承保临时保险的默示意思表示［见《机动车保险一般条款》（AKB）第 B.2.1 条］。—— 在人寿保险中，（基于专门的一般保险条款）提供临时保险的情况并不少见。保险人为避免承担任何不可估量的风险，通常会规定，如果死亡是因投保时可辨别的情况造成的，则不在保险范围之内。但是，这类条款可能会导致对保险保障的过度掏空，因为即便所涉之情况仅仅是死亡的促成因素之一，投保人同样会丧失保险保障。联邦最高法院曾根据旧《一般交易条款法》（AGBG）第 9 条第 2 款第 2 项（现《民法典》第 307 条第 2 款第 2 项）宣布，此类条款不生效力。保险业目前适用的规则明确规定，仅为促成因素的情况不足以触发此类排除条款的适用（Prölss/Martin/Schneider VVG Vor § 150 Rn. 90 附带更多参考文献）。

对于爆炸性风险，保险人还可以通过在临时保险上增加停止条件或解除条件来保护自己（对此参见 Schimikowski FS Kollhosser，2004，321ff.）。

93 临时保险没有法定形式要求，可以通过口头达成（也可能是通过电话）。合同中通常会包含书面形式的要求，但这种要求可以通过相应的（口头）协议予以放弃。这种放弃合意优先于合同的书面形式条款（参见《民法典》第 305b 条）。

《保险合同法》第 69 条第 1 款第 1 项至第 3 项对法定的代理人授权范围进行了封闭性列举，当中没有规定保险代理人有作出临时保险承诺的代理权。当然，保险人可以通过法律行为自行扩张代理的授权范围。

**例如**：如果一个保险代理人获得了保险人以传真方式发送来的已签署的保险确认书，则（通过默示意思表示）获得了订立临时保险的代理权（不同观点认为，应当按"表象责任 —— 表象代理"来处理；参见 BGH VersR 1985，131）。—— 需要注意的是，如果保险代理人在无代理权的情况下和投保人签订了临时保险合同，则保险人需要承担习惯法上的履行责任（关联边码 133）。

《保险合同法》第 51 条第 1 款规定，临时保险的保险开始也可以约定为，取决 94
于**保险费**的支付。但是，保险人必须提示投保人：该临时保险适用赎单原则（因此
适用《保险合同法》第 37 条第 2 款）。不过，这种"预付模式"在德国实践当中并
不常见。更常见的约定是，临时保险的保险费在随后再支付，通常安排在最终合同的
签订之后。这是延期支付保险费的约定。这意味着，保险人不能援引《保险合同法》
第 37 条第 2 款，因为延期约定构成对该条的默示放弃（BGH VersR 1956，482）。

如果最终订立了保险合同，则临时保险的保险费包含在最终的保险的保险费之
中。保险费金额根据两份合同的合并期限计算，就像从一开始就只有一份合同一
样。如果最终没有订立保险合同，则在临时保险期间适用所谓的短期费率。根据
《保险合同法》第 50 条的规定，如果主合同没有订立，而保险公司请求支付临时保
险期间的保险费，则一般按时间比例计算。但这是任意性规定，当事人可以约定排
除，选用实践中常用的短期费率。立法者规定《保险合同法》第 50 条是为了避免保
险人根据《民法典》第 315 条单方决定保险费金额（见 OLG Düsseldorf r＋s 2000，
359ff.）。

**c）开始与结束**

aa）临时保险的**开始**完全取决于合同双方的协议约定。有时，双方约定，保险 95
自保险人承诺临时保险时起立即生效，即自保险人承诺的意思表示送达投保人起保
险开始。在根据《道路交通许可规定》（StVZO）第 29a 条进行保险确认的情形，
虽然根据《机动车强制责任保险条例》（KfzPflVV）第 9 条第 1 款第 1 句的规定，
机动车强制责任保险的保险保障在机关许可之后才开始，但是，实践当中的大部分
保险人都会从许可日当天起提供保险保障［参见《机动车保险一般条款》（AKB）
第 B.1.2 条］。这是有意义的，因为这使投保人在去牌照许可处的路上也可以获得
保险保障。— 如前所述（关联边码 94），合同可以约定，临时保险在保险费支付后
才开始（参见《保险合同法》第 51 条第 1 款），但这种情况很少发生。如果约定适
用赎单原则，则保险人必须通过醒目的提示让投保人注意到不支付保险费的严重
后果。

bb）临时保险合同的**结束**规定在《保险合同法》第 52 条： 96

— 一旦**后续合同**的保险保障开始，则临时保险结束（《保险合同法》第 52 条第 1
款）。临时保险合同并不在后续合同成立时结束，而是在后续合同的实质开始时，也
即，开始提供保险保障时结束。后续保障可以是与同一个保险人签订的主合同，也可
以是和另一个保险人签订的主合同。此外，临时保险还可能因为另行订立的临时保险
的保险保障开始而结束。当然，这些都以其他合同提供相同的保险保障为前提。

— 根据《保险合同法》第 52 条第 1 款第 2 句的规定，如果双方约定，后续合
同的实质开始取决于保险费的支付，而投保人经劝告后仍不支付或者延迟支付，则
临时保险结束。最迟在投保人构成给付迟延时结束。其背后的思想是，投保人不得

因有过错未支付主合同到期的第一笔保险费而享有延长的临时保险（HK-VVG/Karczewski VVG §52 Rn. 5）。

——《保险合同法》第 52 条第 2 款第 1 句规定，如果后续保险是在另一个保险人处投保，则第 1 款的规定也应适用。投保人应当将这一信息通知给（先前）提供临时保险的保险人。这是一个法定的不真正义务，但《保险合同法》中没有规定违反义务的法律后果。保险人可以在合同中约定法律后果（但根据《机动车强制责任保险条例》（KfzPflVV）第 5 条的规定，不能在机动车强制责任保险中作此类约定）。这属于保险事故发生前应履行的不真正义务，如果投保人不履行，则按照《保险合同法》第 28 条的规定处理。如果合同没有约定法律后果，而投保人又没有履行《保险合同法》第 52 条第 2 款第 2 句规定的通知义务，还可以考虑通过损害赔偿对保险人予以救济（《民法典》第 280 条；参见 HK-VVG/Karczewski §52 Rn. 11）。

—— 如果投保人**撤回**订立主合同的缔约意思表示（《保险合同法》第 8 条），或者按照《保险合同法》第 5 条的规定提出异议，则临时保险最迟在撤回或者异议意思表示到达保险人时结束（《保险合同法》第 52 条第 3 款）。

—— 如果临时保险是不定期合同，则保险人与投保人有权随时终止合同（《保险合同法》第 52 条第 4 款第 1 句）。这种**法定终止权**有其必要性。[①] 如果保险人行使终止权，其终止意思表示到达投保人两周后才发生效力（《保险合同法》第 52 条第 4 款第 2 句）。

97　　法律不允许保险人约定其他结束事由，换言之，《保险合同法》第 52 条的规定是封闭式列举。这就意味着，如果主合同协商失败，临时保险并不会自动结束，保险人必须行权终止合同。保险人超出承诺期间而未承诺也不会导致保险人先前给予的临时保险结束（OLG Hamm VersR 1984，173）。

双方可以约定定期的临时保险。在这种情形，如果主合同的谈判仍在进行，而临时保险即将结束，保险人有义务及时提醒投保人（关联边码 409）。

98　　cc）**溯及失效**：只有在双方明确约定的情形，临时保险才会因为投保人未按时支付最终的保险合同的第一期保险费而**溯及消灭**。机动车险中就有这样的明确约定[《机动车保险一般条款》（AKB）第 B. 2. 4 条]。保险人必须明确劝告投保人，不支付的法律后果（**劝告义务**；劝告的要求很高：参见 OLG Hamm r＋s 1990，401；OLG Düsseldorf r＋s 1993，90；OLG Hamm r＋s 1998，99；OLG Oldenburg r＋s 1999，187；关联边码 158）。劝告必须全面完整，并且在排版上予以强调（Looschelders/Pohlmann/Kammerer-Galahn VVG §52 Rn. 13）。多特蒙德地区法院（LG Dortmund，r＋s 2015，543）在一则案件中认定，劝告不成立，因为它出现在保险单第 3 页，而保险单首页不仅没有任何相关提示，而且关于付款期限的信息还

---

① 否则不定期合同会变成永久合同。——译者注

不相同。此外，只有在保险申请被原封不动地接受的情形，才有可能溯及消灭临时保险，否则，保险费的支付义务就还没有到期。此外，迟延支付还必须可归责于投保人，也即，其以过错为构成要件（完整内容参见《机动车强制责任保险条例》第9条第2句）。立法者在《保险合同法》改革过程中曾经考虑过，禁止合同约定临时保险的溯及消灭，但未能实现。

保险人承担投保人未能赎单的证明责任。主要是保险人必须通过底单或者 **99**
已完成发送来证明他要求过赎单。《保险合同法》第13条规定的送达拟制在此不适用，因为它只适用于合同订立后的意思表示，而（通常）包含默示的承诺意思表示的保险单发送行为，属于订立合同的意思表示。如果临时保险在保险费支付期间届满后溯及消灭，那么即使后面仍然订立了最终的保险合同，迟延的支付也无法拯救临时保险。只有在极少数的例外情形，可以从保险人无异议接受投保人的付款行为中推出保险人放弃主张合同约定的溯及消灭的意思。

### 3. 追溯保险

**参考文献**：Armbrüster PrivVersR Rn. 965ff.；Benkel VersR 1991，953ff.；Hofmann PrivVersR Rn. 15ff.；Klimke VersR 2005，595ff.；Maenner VersR 1984，717ff.；ders.，Theorie und Praxis der Rückwärtsversicherung，1986；Rohles VersR 1986，214ff.；Schimikowski FS Kollhosser，2004，323ff.；Wandt VersR Rn. 444ff.

和临时保险一样，追溯保险也有助于投保人尽早享受实质保险保障。根据《保 **100**
险合同法》第2条第1款的规定，双方可以将正式订立合同之前的一个时间点约定为保险保障的起始点。除了临时保险之外，这种追溯保险的约定也是保险保障期间和合同期间不同步的一种形态。和临时保险不同，追溯保险情形不存在两个独立的合同，它实质上是同一个保险关系的保障的提前。

#### a）约定

aa）追溯保险需要双方约定（参见《保险合同法》第2条第1款）。可以是明 **101**
示约定，比如在常见的"经典"案例中，对航行中的船舶所运输的货物的保险。尽管该船事实上可能已经沉没，但（对此不知情的）双方还是可以约定，保险保障该船离开港口后的整个航程的货物风险。更新近的例子是，针对已经生产并且投放市场的产品的产品责任保险。在投保的时点，商品事实上可能已经造成了第三人的损害（对此参见 Wandt Versicherungsrecht Rn. 444）。—— 在合同关系的溯及变更中也可以看到追溯保险约定（对此参见 OLG Köln r＋s 1992，361）。① 此外，在经济损失责任保险（Vermögensschadenhaftpflichtversicherung）中，这样的追溯保险约定

---

① 该案的保险人在解除保险合同时，向投保人提出，可以增加风险排除条款继续保险关系，投保人接受了这一提议，其结果是：保险合同溯及变更，原合同在继续有效的同时，溯及具备风险排除条款。——译者注

相当常见。[①] 比如，建筑师责任保险约定，首次投保职业责任保险时，保险范围溯及包括保险开始前一年内发生的义务违反行为。

102　　　　一般保险条款中经常使用的**扩张的赎单条款**（erweiterte Einlösungsklausel）（关联边码 88）也可能导致追溯保险。例如，根据《责任保险一般条款》（AHB）第 8 条，如果约定的第一笔保险费的到期时点在保险保障开始时点之后，并且投保人按约定无迟延地支付了保险费，则保险保障在约定时点已经开始了〔进一步参见例如《家庭财产保险一般条款》（VHB 84）第 15 条第 3 项第 1 句〕。这样的约定偏离了《保险合同法》第 37 条第 2 款的规定，并且，如果约定的保险保障时点早于合同订立的时点，则实质的保险保障在合同订立之前已经开始了。

103　　　　bb）除了合同约定的情况，还有可能出现（少见的）法定追溯保险情形：如果保险合同在下午或者晚上订立，按照《保险合同法》第 10 条的规定，合同仍然从当日零时开始（关联边码 89）。因为实质保险保障自当日零时开始，这构成一种法定的追溯保险（Prölss/Martin/Prölss，§ 10 Rn. 2）。另外一种法定的追溯保险是《保险合同法》第 198 条规定的**儿童嗣后补充保险**（Kindernachversicherung）。[②]

104　　　　cc）早期观点认为，《保险合同法》第 2 条第 1 款的适用范围很窄，仅限于运输保险和火灾保险情形。在其他情形，比如<u>人寿保险</u>中，双方约定的合同开始时点早于合同的订立时点，司法裁判与学说通常视之为倒签。这种处理在有些时候是妥当的，倘若这种安排单纯是为了将保险的<u>技术开始时间</u>提前。特别是在医疗保险和人寿保险合同情形，单纯的技术开始时间提前（保险人的给付义务没有相应提前）也能够给投保人带来利益（参见 Looschelders/Pohlmann/C. Schneider VVG § 2 Rn. 16 附带更多参考文献）。[③] 但是，实践中的大多数情形不属于这种情形：投保人不仅希望从更早的日期开始支付保险费，而且希望从更早的日期开始享受实质性的保险保障。对此，联邦最高法院正确地将这种约定认定为追溯保险（BGH VersR 1982，841；1990，729；r＋s 2000，490；进一步参见 OLG Düsseldorf r＋s 1999，52；OLG Karlsruhe r＋s 2010，375）。

　　　　经常发生的情形是，投保人问为他服务的保险代理人，是不是他申请保险的那一天就是合同的开始时间。如果他这样做，就会出现一个解释上的问题：他寻求的是临时保险，还是追溯保险。如果没有迹象表明当事人希望成立法律上的独立合同关系（临时保险关系），那么解释为当事人希望在单一合同关系中提前开始实质的

---

① 经济损失责任保险，常常又称为职业责任保险，其承保的是投保人造成他人除人身损害和物之损害之外的经济损失。相应的损害风险尤其存在于提供服务的职业中，例如专业人士为第三方提供咨询、评估、审计等服务。——译者注

② 根据《保险合同法》第 198 条第 1 款第 1 句规定，如果父母中至少有一方在孩子出生时已拥有健康保险，那么如果保险申请是在孩子出生后两个月内提出的，则保险人有义务从孩子出生之日起为新生儿提供保障。——译者注

③ 比如合同中规定，等待期为一个月。投保人需要在一个月经过后发生疾病（保险事故），保险人才予以保险保障。现在倒签，将开始时间提前一个月，则相当于取消了合同中的等待期，保险保障立即开始。——译者注

保险保障就更加妥当，也即，投保人寻求的是追溯保险（见 Langheid/Rixecker/
Rixecker VVG §2 Rn. 4）。

一般保险条款有时会排除追溯保险的安排。　　105

例如：《医疗费用及每日住院津贴保险一般条款》（MB/KK）第 2 条第 1 款规
定，保险保障从保险单中记载的时间开始，但该时间不得早于合同的实际订立时间
（特别是保险单或者书面承诺意思表示的送达时间）。然而，如果保险人在保险单中
接受了投保人在保险申请单上填写的合同开始日期，则构成双方的个别约定，根据
《民法典》第 305b 条的规定，优先于上述《医疗费用及每日住院津贴保险一般条
款》第 2 条适用（见 OLG Karlsruhe r＋s 1992, 426f.；相反意见见 Prölss/
Martin/Armbrüster VVG §2 Rn. 10ff.）。另一种观点认为，保险人通过《医疗费
用及每日住院津贴保险一般条款》第 2 条第 1 款的约定，已经明确表达了排除适用
追溯保险的意图。因此，除非在例外情况下，双方明确表明制定偏离前述条款明确
规定的规则的意愿，否则没有构成偏离协议的解释空间（参见 OLG Köln VersR
1992, 1457f. 关于§2 MB/KT 的论述；关于意见分歧，见 Schimikowski FS Koll-
hosser, 2004, 325 附带更多参考文献；又参见 Looschelders/Pohlmann/
C. Schneider VVG §2 Rn. 17）。— 旧《机动车保险一般条款》第 1 条第 2 项［对应
新《机动车保险一般条款》（AKB）第 B.2.1 条］虽然只规定了临时保险作为双方可
以约定的实质的保险保障提前的情形，但并不禁止双方约定追溯保险［BGH r＋s
1990, 189（190）］。

**b) 风险实现的不确定性**

订立保险合同是为了防范风险实现，而风险的实现取决于不确定事件的发生。　　106
主观上的不确定性是保险合同的一个基本特征，这也就是为什么追溯保险仅作为例
外，并在满足特定要件的前提下，才被允许使用：

— 如果保险人作出缔约意思表示时知道保险事故不再会发生，则保险人无权
请求保险费（《保险合同法》第 2 条第 2 款第 1 句），但合同在其他方面的有效性不
受影响。保险人丧失保险费请求权是逻辑一致的体现，因为保险人知道他不必承担
任何风险。

— 如果投保人作出缔约意思表示时知道保险事故已经发生，则无权向保险人　　107
请求保险给付，因为违反了风险不确定原则（《保险合同法》第 2 条第 2 款第 2 句；
关联边码 109）。

在保险合同是通过代理人订立的情形，根据《保险合同法》第 2 条第 3 款的规　　108
定，代理人知情等同于被代理人知情。

例如：如果投保人的代理人知道保险事故已经发生，即便投保人不知道，他的
代理人的知情也归属于他（《民法典》第 166 条；另关联边码 110）。反过来，投保
人知道，而投保人的代理人不知道，保险人同样免于给付（《保险合同法》第 2 条

第 2 款第 2 句、第 3 句）。

### c）获知保险事故发生的时间点

109 　　《保险合同法》第 2 条第 2 款第 2 句具有相当重要的现实意义，根据它的规定，如果投保人在作出缔约意思表示时知道保险事故已经发生，则保险人可以免于给付。在投保人作出要约的情形（通常是这种情形），则取决于投保人作出要约时是否知道保险事故的发生。

　　**例如：** 2017 年 8 月 8 日，客户向保险代理人咨询个人责任保险的相关问题，虽然选定了具体产品，但未投保，因为客户不清楚他先前购买的保险是否还在保，如果在保，何时结束。2017 年 8 月 10 日，客户租屋内失火，出租人向其索赔。2017 年 8 月 13 日，客户在保险中介处预约的投保单上签字，填写 2017 年 8 月 1 日为保险开始日。随后，保险人接受了投保申请，在保险单当中注明，合同开始于 2017 年 8 月 1 日。保险单于 2008 年 8 月 22 日送达投保人。这里可以适用《保险合同法》第 2 条第 2 款第 2 句：投保人在作出要约时（2008 年 8 月 13 日）知道保险事故已经发生，保险人可以免于给付。

　　《保险合同法》第 2 条第 2 款第 2 句的规范目的显而易见：

　　旨在应对投保时的保险诈骗：防止投保人为已经着火的房屋投保。

　　**例如：** 投保人在为自己的法拉利投保车损险之前，知道保险事故已经发生，则适用《保险合同法》第 2 条第 2 款第 2 句。只有在保险人同意的情形，才不适用这一规定。保险代理人对此可能的知情不等同于保险人的知情，判例当中确立的"耳与目"规则（关联边码 124 和边码 186 及其以下边码）在这种情形不适用（参见 OLG Stuttgart NVersZ 1999，78）。

　　只有投保人的明知才会带来消极后果，应当知道则不会。比如，保险人在条款中使用"不得有已知违反行为"的表述，"已知"应按明知来理解（BGH r＋s 2015，445）。

110 　　如果合同采用要约邀请模式（关联边码 33）订立，则取决于投保人在作出承诺的时候，是否知道保险事故已经发生。即便在投保人收到保险单后，保险事故才发生，按照《保险合同法》第 2 条第 2 款第 2 句文义，其仍应适用，即，如果投保人在知道保险事故之后才向保险人作出承诺意思表示，则保险人可以免于给付。就结果而言，相比要约模式，此种情形下投保人的处境更为不利。

　　　　如果采用要约模式，且前述法拉利（关联边码 109 的例子）在投保人作出要约之后才在事故中受损，并且投保人收到的保险单注明以投保申请时点作为合同的开始，则构成追溯保险，保险人不能援引《保险合同法》第 2 条第 2 款第 2 句拒绝赔付。

　　　　如果在此之前投保人只是咨询保险人与法拉利相关的车损险（＝要约邀请），保险人向投保人发送保险单（＝要约），假设在此期间发生保险事故，而投保人在保险事故后才作出承诺，则根据《保险合同法》第 2 条第 2 款第 2 句文义，保险人可以主张免于给付。学术通说支持上述分析（参见 MüKoVVG/Muschner VVG §2 Rn. 44 附带更多参考文献）。但另有观点认为，如果保险人在要约中表示愿意承担追溯保险，则《保险合同法》第 2 条第 2 款第 2 句则应当认定为被默示排除，至少在双方没有就保险人的要约进行进一步磋商的情况下应当如此。这里并不存在《保险合同法》第 2 条第 2 款第 2 句所要应对的滥用风险（见 Klimke VersR 2005，595ff.；Looschelders/Pohlmann/C.Schneider VVG §2 Rn. 34；相同结论见 Langheid/Rixecker/Rixecker VVG §2 Rn. 7）。本书赞同这一观点，即投保人不应该因为使用要约邀请模式遭受不利。至于投保人是否有义务在得知损害发生后立即告知保险人（告知义务），则是另一个问题（关联边码 121）。

应当注意的是，根据《民法典》第 166 条，保险经纪人的知情归属于保险客户。

**例如**：投保人将填妥的投保单交给保险经纪人，当中填写的保险开始时点早于形式上的合同成立时点。如果在保险经纪人将投保单转交给保险人之前，投保人发生了保险事故，而经纪人在转交前知道了这一情况，则构成《保险合同法》第 2 条第 2 款第 2 句意义上的知道。即便投保人自己也可能对此不知情（比如因为事故而陷于持续昏迷），签发了同意提前保险期间的保险单的保险人，仍然可以免于给付（对此参见 BGH r＋s 2000，490）。

**d）特殊问题**

如果保险人拒绝追溯保险的申请，则可能因为合同协商过程中的过错而需要承担建议错误的责任（《保险合同法》第 6 条第 5 款、第 63 条，关联边码 133 及其以下边码）：对于投保人希望尽快得到保险保障的期待，保险人（更确切地说，保险代理人）看到投保人填写投保申请表的保险开始日期时就已经知晓。因此，保险人应根据其可识别的愿望和需求，告知其申请临时保险的可能性。—— 还应当注意的是，如果保险人拒绝接受追溯保险的投保申请，例如，不接受投保人填写的开始日期，而是在保险单注明一个更晚的开始日期，则适用《保险合同法》第 5 条。如果保险人没有指出这一内容偏离，则合同按照投保人申请的（较早）日期实质开始（《保险合同法》第 5 条第 3 款）。

111

如果投保人提交的投保单当中填写的保险开始时点早于合同的形式开始时点，而恰好保险人承诺之前发生了保险事故，在这种情形下，投保人是否有告知义务。这在旧《保险合同法》时期就有争议了（关于各观点见 Beckmann/Matusche-Beckmann VersR-HdB/Knappmann §14 Rn. 49）。自 2008 年《保险合同法》修订以来，这一问题已被"化解"：只有保险人在投保人作出要约之

112

后明确追问相关问题，投保人才有后续报告的义务（《保险合同法》第19条第1款第1句、第2句）。如果保险人不追问，投保人就不需要告知。如果保险人根据《保险合同法》第19条第1款第2句的规定提出了问题，投保人就有义务根据法律的明确规定告知保险人（另参见 Looschelders/Pohlmann/C. Schneider VVG §2 Rn. 26）。有学者认为（Beckmann/MatuscheBeckmann VersR-HdB/Knappmann §14 Rn. 49），保险人基于投保人后续报告作出的决定只能运用到投保人同时申请的将来保险保障部分。换言之，从投保申请到合同订立这一段期间的保险保障不应该受到后续报告的影响。只有这样的理解才契合《保险合同法》第2条第2款第2句的法律价值。即便投保人违反后续报告义务，保险人的权利也只能作用于合同订立后的时间段。本书认为，在保险人明知保险事故已经发生仍然接受包含追溯保险申请的情形，这是站得住脚的。这可视为保险人默示放弃了对《保险合同法》第2条第2款第2句的援引。至少，保险人因其自相矛盾的行为（《民法典》第242条）而不得援引《保险合同法》第2条第2款第2句。但是，如果投保人在回答（后续）询问义务时违反《保险合同法》第19条第1款第2句规定的告知义务，那么就没有理由剥夺保险人根据《保险合同法》第19条第2款到第4款所享有的权利。因此，如果保险人要求投保人告知在要约后承诺前这段时间内发生的保险事故，则投保人必须履行告知义务（相同观点见 Looschelders/Pohlmann/C. Schneider VVG §2 Rn. 26）。在投保人告知保险事故之后，不可避免，保险人有可能因此拒绝作出承诺。如果投保人在提交要约时明确地表示过，尽早开始的实质保险保障对他特别重要，则投保人可以主张保险人的建议错误责任（关联边码111）。

# 第三章

## 保险中介

### 第一节 保险代理人

**参考文献**：Abram NVersZ 2001，49ff.；ders. r＋s 2005，137ff.；ders. VersR 2008，724ff.；Armbrüster PrivVersR Rn. 630ff.；ders.，Aktuelle Rechtsfragen der Beratungspflichten von Versicherern und Vermittlern，2009；Bruns PrivVersR §12；Beenken FS Wälder，2009，393ff.；ders. ZfV 2015，747ff.；Beenken/ Sandkühler，Das neue Versicherungsvermittlergesetz，2007；Büsken VersR 1992，272ff.；Fausten，Die Ansprüche des Versicherungsnehmers aus positiver Vertrags- verletzung，2003；Gröning VersR 1990，710ff.；Heiss ZVersWiss 2003，339ff.；Holzhauser VersVertrR Rn. 299ff.；Kaiser/Berberich VW 2016，54ff.；Kieninger VersR 1998，5（8f.）；Köhne/Engelhorn VW 2015，22ff.；Kollhosser r＋s 2001，89ff.；Lücke VersR 1994，128ff.；Münkel，Die gesetzliche Empfangsvollmacht des Versicherungsvertreters und ihre Beschränkung，2004；Präve VersR 2001，133，139f.；Reichert-Facilides VersR 1977，208ff.；Reiff r＋s 1998，89ff.，133ff.；ders. VersR 2007，717ff.；ders. r＋s 2016，593；ders. VersR 2016，1533ff.；Römer VersR 1998，1313ff.；Schimikowski JA 1986，345ff.；Schirmer r＋s 1999，133ff.，177ff.；Schlossareck，Ansprüche des Versicherungsnehmers aus culpa in contrahendo，1995；Schwenker NJW 1992，343ff.；Sieg ZVersWiss 1982，143ff.；ders. BB 1987，352ff.；Sieg VersVertrR S. 61ff.；ders. VersR 1998，162ff.；Seyfahrt r＋s 2016，166ff.；Teichler VersR 2016，1088ff.；Wandt VersR

Rn. 382ff. ；Werber VersR 2008，285ff. ；ders. VersR 2017，531ff. ；Wernink, Die gewohnheitsrechtliche Erfüllungshaftung der Versicherer für die Auskünfte ihrer Agenten，2003.

### 1. 概念

在商法中，《商法典》第 84 条及其以下各条区分了非独立的保险公司对外事务雇员（Angestellten des VR）和独立的保险代理人。前者属于保险公司的销售辅助人，适用《商法典》第 59 条及其以下各条的规定。

而后者作为独立交易商行事，属于《商法典》第 84 条及其以下各条规定的商事代理人。其可以分为专职代理人和兼职代理人。专职代理人可以作为总代理，组织各个分代理人展开工作。一些保险代理人只为一家保险公司工作，即独家/单一公司代理（或单一保险集团代理），一些则同时为多家保险公司工作（多重代理）。

根据《商法典》第 84 条的规定，认定独立性（Selbstständigkeit）需要满足的要件有：能够事实上自由进行活动安排与工作时间安排，并且具有经营者身份（Unternehmereigenschaft）。根据联邦最高法院的判例，区分独立职业与非独立职业必须在全面评估的基础上进行。例如：商事代理人是否受保险人指示的约束、工作时间与休息时间是否由委托人决定、委托人是否在其营业场所提供办公场所（答案当中包含越多的"是"，则独立性越难以成立，参见 BGH VersR 1998，630）。能够自主活动、自由决定工作时间、经营自己的营业场所、使用自己的工作设备、不受指令的约束，等等，则证明是独立职业；相反，接受保险人发布的指令、被强制出勤和遵守工作时间规定、有义务亲自完成工作，则证明是非独立职业。有些观点认为，应当把重点放在，商事代理人是否有在市场中代表自身的商业机会上，满足者则为独立职业者。这种观点过于狭隘，因为如果遵循这一标准，只代理一家保险公司产品的独家代理人就不可能是独立的商事代理人。

根据《保险合同法》第 59 条第 1 款的规定，**保险中介人**（Versicherungsvermittler）是指，**保险代理人**（Versicherungsvertreter）和**保险经纪人**（Versicherungsmakler）。法律还提及了保险顾问（Versicherungsberater）（《保险合同法》第 59 条第 4 款，第 68 条），但根据当前的法律规定，他们并不能代理保险业务，只是协助投保人确定保险需求、选择保险产品，并且根据与客户签订的合同的约定，在理赔阶段提供建议。但随着对《保险销售指令》（IDD）的转化，保险顾问也将被允许代理保险合同。但是，他们不得从保险人那里，只能从投保人那里获得报酬［对此见《贸易法—单独规则》（Gewo-E）第 34d 条第 2 款第 3 项］。

法律使用"保险代理人"，不再使用以前常用的"保险代办商"（Versicherungsagent）一词。**保险代理人**（Versicherungsvertreter）是指，经保险人或保险代理人委托，从事保险合同的促成或者订立工作的营业主体（《保险合同法》第 59 条第 2 款）。根据定义，保险代理人必定获得了一个或者多个保险人的<u>委托</u>，这也就意味着，他有努力争取客户的合同义务。保险代理人通常与委托人签订有代理合同（Agenturvertrag），但这不是必需的。

法律要求，保险代理人的活动必须具有<u>营业性</u>（gewerbmäßig）。因此，《保险合同法》第 59 条第 2 款意义上的保险代理人只能是从事以营利为目的的、长期、独立中介活动的人。保险公司的对外雇员不符合这些要求。不过，他们同样拥有代理权（参见《保险合同法》第 73 条）。

《保险合同法》中没有保险代理人的职业准入资格的规定。从法律体系来看，这是正确的，因为这属于监管问题。《职业条例》（GewO）第 34d 条和《保险中介与建议条例》（VersVermV）规定了保险人的展业前提。特别是，他们必须具备与展业需求相适应的一般知识、商业知识以及专业知识，并享有良好声誉。此外，他们原则上应当购买职业责任保险，并在中介注册机构登记［更多详情参见 Abram NVersZ 2001，49（50ff.）；Reiff VersR 2004，142（143ff.）；Beenken/Sandkühler，Das neue Versicherungsvermittlergesetz，2007，28ff.］。这些要求合宪（BVerfG NJW 2007，2537）。

**承销代理人**（Assekuradeur）通常以代理人身份（独家代理或多重代理）展业。此种情形下，他必须遵守法律为保险代理人规定的法律规则。承销代理人通常拥有更全面的签署代理权（参见 Sieg RIW 1986，139ff.），但他不是保险人，不承担风险。在个别情形，如果承销代理人没有绑定特定的保险人，在法律上他也可能被认定为保险经纪人。在工商业管理法和保险法上，承销代理人并没有被与其他保险中介人区分对待，尤其是他同样需要根据工商业管理法注册，同样需要履行身份告知义务，同样有提供建议并记录的义务，同样承担建议错误导致的责任。承销代理人传统上活跃于运输保险领域（对此参见 OLG München TranspR 2017，25；Vyvers jurisPR-VersR 7/2016 注释 4），现如今在其他业务领域也能见到他们的身影（参见 KG r＋s 2016，297 Rn. 6）。

#### 2. 保险代理人相对于保险人的法律地位

下面讨论《商法典》中保险代理人（相对于保险人的）地位相关的规则，特别是对其权利和义务具有重要意义的规则。随后讨论保险合同法的规则，特别是与客户的权利和义务有关的规则（关联边码 123）。需注意的是，商法和保险合同法使用的概念有些许不同（参见 Marlow/Spuhl VVG kompakt/Spuhl Rn. 508）。

a）作为**独立的商事代理人**，保险代理人是《商法典》第 1 条第 1 款意义上的<u>商人</u>（Kaufmann）。在与保险人的内部关系中，他是独立职业者，致力于促成保险合同，他负有维护保险人相对于客户的利益的义务。正因为保险代理人有利益维护

116

义务，法律允许保险人对保险代理人作出指示。

然而，独立性和服从指示义务之间存在紧张关系。根据《商法典》第 85 条第 1 款的规定，代理人应当能够**事实上**自由地规划经营（关联边码 114）。这一要求与一些代理合同约定的约束代理人的产品计划或指标无论如何都不一致。

保险代理人有义务为保险人提供劳务给付。他的工作是促成合同和维护客户关系（"持续委托"），此外，根据具体的合同安排，他还部分地承担合同管理工作（收取保险费、参与理赔）。

除非作为多重代理人，否则保险代理人必须遵守《商法典》第 86 条第 1 款第 2 分句的**竞业禁止**规定。

117  根据《商法典》第 354 条、第 87 条及其以下各条规定，保险代理人有**佣金请求权**（Provisionsanspruch），但只有促成成功才能行使这项请求权，单纯致力于促成本身并不能获得酬劳。但实践当中的保险人通常会在最初几年向新加入者提供底薪。佣金通常分为两部分：缔约佣金和基于持续照管的后续佣金。此外，根据《商法典》第 87c 条的规定，保险代理人享有结算请求权（Abrechnungsanspruch）。

118  保险代理人有权请求**账簿节本**（《商法典》第 87c 条第 2 款；对此见 OLG Hamm BeckRS 2017，101967；OLG Stuttgart NJW-RR 2016，1130）。请求内容包括，转交完整的交易相关账册（OLG Köln r＋s 2000，44）和提供关于争议佣金的所有交易信息（OLG Hamm r＋s 2000，131）。

**代理合同**中通常会约定**佣金支付**规则。如果代理合同是保险人"提供"的预先拟定的条款，则受一般交易条款法的规制。比如，保险人保留单方面更改佣金规定的权利，这样的合同条款可能根据《民法典》第 307 条不生效力（对代理人构成不合理的不利益，参见 OLG Frankfurt a. M. r＋s 1998，484）。此外，根据《民法典》第 305c 条第 2 款的规定，如果代理合同内容有多种解释可能，应选择对保险人不利的解释（OLG Köln BeckRS 2016，110238）。如果第三人在合同订立之后不支付保险费，并且这一不履行不可归责于保险人，则保险代理人的佣金请求权不成立（《商法典》第 89a 条第 2 款、第 3 款）。保险人可以请求返还已经支付的佣金。不过，保险人要求返还的前提是，保险人已经告知代理人，交易有被取消风险（Stornogefahr），督促代理人在取消之前跟进客户需求（参见 BGH r＋s 2013，51；OLG Frankfurt a. M. r＋s 1996，291；OLG Düsseldorf r＋s 1998，44）。

119  当事人可以行使一般终止权，附终止期间终止代理合同（《商法典》第 89 条），也可以行使基于重大原因的特别终止权，立即终止代理合同（《商法典》第 89a 条）。后者存在于，不可合理期待合同双方继续合同的情形。例如，保险代理人有不称职或欺诈行为（参见 OLG München r＋s 1996，120）。又如，保险人为商事代理人建立在线门户网站，以简化有偿中介活动，却没有理由地禁止某一保险代理人访问该网站，则保险代理人可以根据《商法典》第89a条第1款规定，基于重大原因终止合同（OLG München BeckRS 2016，12019）。

在与保险人的合同关系结束之后，保险代理人对保险人可能有**补偿请求权** 120（《商法典》第89b条）。首先，在保险人基于重大原因行使终止权的情形，保险代理人没有补偿请求权（《商法典》第89b条第3款第2项）。其次，在保险代理人行使终止权的情形，取决于终止是不是保险人的行为导致的（《商法典》第89b条第3款第1项）。例如，保险人在保险代理人不知情的情况下，在报纸上刊登广告寻找该保险代理人的继任者，构成保险代理人终止合同的充分理由（LG Bonn r＋s 1998，264）。在《商法典》第89b条的补偿请求权成立的情形，倘若保险代理人死亡，其继承人同样可以行使补偿请求权（BGHZ 24，214）。此外，补偿请求权的成立还需要满足"补偿的支付符合<u>公平</u>原则"的要件（《商法典》第89b条第1款第1句第3项；BVerfG r＋s 1996，290）。补偿的额度　般依据德国保险业协会（GDV）的"原则"确定，其虽然没有法定约束力（OLG Frankfurt/M. r＋s 1996，468），但是可以作为法院评估的参考（BGH r＋s 2010，310；示例：LG Köln Urt. v. 29.5.2015 - 89 U 14/15）。原则上，《商法典》第89b条的佣金请求权只指向缔约佣金，不包括管理已销保险产品的管理佣金（BGH r＋s 2004，130附带更多参考文献）。

保险代理人不得事先放弃补偿请求权，但在商事代理合同关系结束之后，双方可以就补偿的金额进行约定（OLG Köln BeckRS 2015，19346）。

b）**兼职保险代理人**无权获得补偿（《商法典》第89b条）。合同的终止期间仅 121为1个月（《商法典》第92b条）。适用于专职代理人的扣押保护也不适用于兼职代理人，因为这不构成其全部或主要收入（《民事诉讼法》第850条第2款）。[①]

c）保险人的**对外雇员**是接受保险人指令的公司员工，其与公司的关系适用个 122人劳动法和集体劳动法[②]，特别是集体协议法与企业组织法。薪酬以佣金为基础计算，但雇员收入根据集体劳动协议不会低于约定的最低工资。《商法典》第89b条规定的补偿请求权规则不适用。

### 3. 保险代理人的建议与记录义务

通过对（第一次）《欧盟中介人指令》的转化，德国法首次引入了关于建议与 123记录义务的详细规定。除了其他信息之外，中介人必须说明，他是在以保险代理人还是经纪人的身份提供中介服务［《保险中介与建议条例》（VersVermV）第11条

---

① 这里的扣押保护指的是，德国民事诉讼法中规定的债权人绝对不可扣押和相对不可扣押的劳动所得的各条规定。——译者注

② 个人劳动法规范雇主与雇员之间的关系，而集体劳动法规范工会和劳资委员会与雇主及雇主协会之间的关系。——译者注

第 1 款]。这改善了投保人的处境，因为投保人往往难以辨别，中介人是保险经纪人，还是与一家或多家保险公司有关联的保险代理人。人们将之称为"身份相关信息"。《保险合同法》规定，保险代理人应当向投保人揭示身份：客户应当被告知，保险代理人是单独代理一家保险公司还是同时代理多个保险公司，以及他代理的具体是哪一家保险公司或哪些保险公司（《保险合同法》第 60 条第 2 款第 2 句）。保险代理人还应当向客户说明，他的建议建立在何种市场或者信息基础之上。如果保险代理人同时代理多个保险公司，则必须说明他所建议的产品属于哪个保险公司（《保险合同法》第 60 条第 2 款第 1 句）。客户应当在作出意思表示之前获得上述信息（《保险合同法》第 62 条第 1 款）。客户也可以通过签署书面声明放弃上述信息（《保险合同法》第 60 条第 3 款）。根据当前法律的规定，在互联网销售情形，放弃不生效力。但随着对《保险销售指令》（IDD）的转化，《保险合同法》第 6 条第 3 款将被修订，以便客户以文本形式作出放弃。

保险中介人的**建议义务**规定在《保险合同法》第 61 条第 1 款第 1 句，根据这一规定，如果投保人对保险人提供的保险产品进行评价存在困难，或者投保人自身及其相关情况存在特别的缘由，则保险中介人有义务询问投保人的意愿和需求，为投保人提供建议。按照这一法律规定，可以见得，保险代理人一般而言不需要进行风险分析，只在个案具体情况需要的情形，才需要探求客户的意愿，以及确定自己拥有的哪些保险解决方案能够满足客户的（客观）需求。尽管如此，法律还是预设了保险代理人扮演非常积极的角色。保险代理人的建议义务是法律的新规定。在以往的法律中，建议义务只是保险人的合同附随义务，因此，如果保险代理人建议缺失或者不充分，原则上（不考虑例外情形）他个人不需要承担责任。现在按照《保险合同法》第 63 条的规定，如果投保人认为自己没有得到充分的建议，比如在损害发生时发现保险保障不周全，他可以直接请求保险代理人承担损害赔偿责任（关联边码 143）。但与《保险合同法》第 6 条第 4 款对保险人的规定不同的是，法律只规定了保险代理人在合同订立时的建议义务，没有规定在合同履行期间的建议义务（关联边码 47 最后部分）。与保险人的建议义务的另一个显著区别是，保险人在**远程销售情形**不必提供建议（《保险合同法》第 6 条第 6 款；Rn. 33），而保险代理人没有对应的豁免规则。因此，可以认为，在通过互联网提供中介服务的时候，保险代理人必须询问并考虑客户的意愿和需求，确保提供适当建议。这也适用于比价平台的情形，此类平台通常还以保险代理人身份活动（有时也充当保险经纪人）[详见 Schimikowski r＋s 2012，577（579）附带更多参考文献；另见 LG München Ⅰ VersR 2016，1315]。目前，立法者计划在对《保险销售指令》（IDD）的转化中删除《保险合同法》第 6 条第 6 款对远程销售的豁免规定。①

---

① 法律已经变化。——译者注

保险代理人必须记录询问、建议以及给出建议依据的理由（《保险合同法》第61条第1款第2句）。记录义务应当在合同订立之前履行（《保险合同法》第62条第1款）。投保人可以通过单独的书面声明放弃获得建议与记录的权利（《保险合同法》第61条第2款）。法律将此种弃权视为例外安排，因此标准化的弃权声明，无论是制式化的还是亲手抄写的弃权书，都可能因为违反《民法典》第307条第2款第1项而不生效力（类似观点见 Langheid/Rixecker/Rixecker VVG §61 Rn.13，该文献仅涉及保险经纪人）。标准化的弃权声明还可能触发监管处罚（旧《保险监管法》第81条，现《保险监管法》第294条、第298条及第299条）或者导致竞争对手或者消费者保护机构请求停止侵害的诉讼。保险中介人不遵守《保险合同法》第61条第1款第2句、第62条规定的记录义务将导致投保人的**证明责任减轻**（Beweiserleichterung），乃至**证明责任倒置**（Beweislastumkehr）。如果保险中介人没有（或者一开始没有）记录下必要的关键提示，那么他原则上就必须证明他曾经作出提示。法律推定，假如投保人能够获得提示，他就会按建议的方式行事，而中介人必须推翻这一推定，证明他的义务违反和投保人的行为没有因果关系（BGH r＋s 2015，216；分析见 Gebert jurisPRVersR 5/2015 注释1）。

### 4. 保险代理人的法定代理权

保险代理人的法定代理权规定在《保险合同法》第69条。根据该条规定，保险代理人在合同订立和存续期间享有特定的受领和转达代理权。从《保险合同法》第69条的条文表述还可以知道，在没有获得保险人进一步授权的情形，保险代理人无权代理保险人订立合同。法律以促成代理人（Vermittlungsvertreter）而不是以缔约代理人为典型。

#### a) 受领代理权

aa）根据《保险合同法》第69条第1款第1项的规定，保险代理人首先有权受领投保人在缔约时发出的要约；其次，有权受领投保人的撤回意思表示；最后还有权受领投保人根据《保险合同法》第19条进行的先合同告知以及其他意思表示。这里的其他意思表示包括，例如，在采用要约邀请模式订立合同的情形，投保人的承诺意思表示。代理人还有权受领与投标人的要约有关的所有书面或者口头信息：保险代理人在合同谈判以及接受要约的过程中了解的所有信息，均视为保险人知悉（《保险合同法》第70条第1句）。投保人口头告知保险代理人，例如他的健康状况，就已经足够了，不一定要以书面形式记录在投保申请表中。在这方面，保险代理人是**保险人的耳与目**（Auge und Ohr）。如果客户正确地口头告知了保险代理人，后者就不能援引先合同告知义务违反的规定。在发生争议时，投保人只需要将已经告知的主张具体化即可（参见 BGH r＋s 1993，361；关联边码186及其以下边码）。在这里，并不要求投保人主张，向保险代理人提供了对临床表现、诊断和治疗的医

124

学精确描述，毋宁是，只要投保人不是单纯笼统地主张，他已经正确告知保险代理人，而是还具体描述了他事实上是怎么样以医学非专业人士的方式向代理人提过他有哪些不适和病症，即完成了程序法上的主张具体化（BGH r＋s 2011，258）。

125　　　　　根据《保险合同法》第 69 条第 1 款第 1 项的规定，保险代理人的受领范围包括事实信息。但是，如果保险代理人是在职务活动之外获得的信息，则他的知情不归属于保险人（参见《保险合同法》第 70 条第 2 句；关于旧法见 BGH r＋s 1990，109；OLG Nürnberg r＋s 1991，349）。如果保险代理人是在工作中获得风险重要事实，则他的知情归属于保险人。

　　　　　如果保险代理人和客户本人关系非常密切，则构成例外。此时，保险代理人的知情不归属于保险人。

　　**例如**：保险代理人是投保人的母亲，她非常清楚女儿的病症，但没有在投保申请表中说明（参见 LG Dortmund BeckRS 2011，06129，对此见 Münkel jurisPRVersR 6/2011 注释 5）。在这种情形，保险代理人不"属于"保险人"阵营"。—— 关于代理人与投保人串通，关联边码 188。

　　如果保险人通过一般保险条款限制保险代理人的法定受领代理权（例如，合同要求投保人必须以文本形式作出意思表示），则有违一般交易条款法。因为保险人不得通过一般保险条款偏离《保险合同法》第 69 条第 1 款第 1 项以及"耳与目"判例所确立的指导规则（Leitbild）（《民法典》第 307 条第 2 款第 1 项；关联边码 130 和边码 417；详细讨论见 Münkel，Die gesetzliche Empfangsvollmacht des Versicherungsvertreters und ihre Beschränkung，2003）。根据《保险合同法》第 72 条的规定，限制受领代理权的一般保险条款对投保人和第三人不生效力。

126　　bb）此外，根据《保险合同法》第 69 条第 1 款第 2 项的规定，保险代理人有权受领投保人延长或变更保险合同的要约，对要约的撤回，以及终止、解除和其他涉保险关系的意思表示，以及投保人在合同关系存续期间作出的告知。

　　**例如**：保险代理人有权受领投保人基于错误或欺诈的撤销意思表示、让与或质押保险金请求权的意思表示、《保险合同法》第 14 条第 2 款第 1 句规定的预支请求意思表示以及指定受益人的意思表示。

　　旧《保险合同法》第 43 条第 2 项允许当事人通过书面形式条款来限制受领代理权（参见 BGH r＋s 1999，225；OLG Hamm VersR 2008，908；关联边码 130 和边码 417），而新法不再允许：根据《保险合同法》第 72 条的规定，限制《保险合同法》第 69 条第 1 款第 2 项的受领代理权的一般保险条款对投保人和第三人不生效力。但是，对特定意思表示施加文本或书面形式条款的要求，在法律上完全可能有合理的理由，比如，在法律的重点在于保护第三人而不是投保人的情形。例如，合同要求撤回指定受益人的意思表示必须采用书面形式，这种条款在法律上应当被允许（详见 MünchKomm-VVG/Reiff §72 Rn. 17；Römer/Langheid/Rixecker §72 Rn. 2）。送达条款［例如："……意思表示在送达我们（保险人）的时候发生效力。保险代理人无权受领您的意思表示。"］则不被法律允许。一些旧的一般保险条款包含这类约定［例如，《人寿保险一般条款》（ALB 86）第 12 条第 1 款第 2 和第 3 句］，其根据《保险合同法》第 69 条第 1 款第 2 项和第 72 条不生效力（参见 Prölss/Martin/Reiff/Schneider ALB 86 §12 Rn. 5；关联边码 130）。

**b) 转交保险单与受领保险费的代理权**

根据《保险合同法》第 69 条第 1 款第 3 项的规定，保险代理人有权代理保险人，向投保人转交保险人出具的保险单。这通常意味着合同的正式成立。 127

此外，根据《保险合同法》第 69 条第 2 款第 1 句的规定，保险代理人有权受领保险费（包括利息和费用在内）。投保人向保险代埋人支付保险费，即履行了他的保险费支付义务。

《保险合同法》第 69 条没有授予保险代理人作出进一步意思表示的代埋权，比如签发临时保险单、延期支付保险费，等等。

**c) 法定代理权的扩张和保险人的权利外观责任**

《保险合同法》第 69 条赋予的代理权既可以通过保险人明示的意思表示扩张，也可以通过默示的意思表示（可推定的行为）扩张。 128

**例如：** 如果保险代理人从保险人处收到保险人已经签署的空白保险单，当中注明，保险即刻生效，则可视为保险人默示授予保险代理人签发临时保险单的权利。

如果保险代理人行为构成**容忍代理**或者**表象代理**，则保险人需要对投保人负责，这意味着，即使保险代埋人作出的意思表示超越权限，保险人也必须予以保险保障。容忍代理（Duldungsvollmacht）指的是这种情形：被代理人（这里是保险人）知道并且容忍未经授权的代理人以其名义代理行事，而行为相对人（这里是投保人）依诚实信用有理由相信，代理人基于有效代理权做出了行为（BGH NJW 2005，2987）。表象代理（Anscheinsvollmacht）指的则是这种情形：某人（这里是保险代理人）冒充获得授权的代理人，保险人对此不知情，但是，如果保险人能够尽到合理的注意，本可以发现并制止这一行为（BGH VersR 1992，990）。代理人的行为必须持续一定的时间和频率，足以使交易相对方对第三方获得了授权这一事实产生信赖（参见 BGH NJW 2011，2421）。

**例如：** 如果代理人被冠以"总代理"或者"地区经理"之类的头衔，但在内部关系，实际上只有《保险合同法》第 69 条规定的代理权，则对外有可能构成表象或容忍代理。当然，仅仅是头衔还不足以让代理人获得超出《保险合同法》第 69 条规定的代理权（比如缔约代理权，关联边码 129）。毋宁是，"总代理"像拥有缔约代理权一般行事，而知道或者应当知道这一点的保险人却没有采取任何行动（参见 Langheid/Rixecker/Rixecker VVG §72 Rn. 2 附带更多参考文献）。

例如，建筑物保险投保人的丈夫多次以投保人名义与保险人处理事务，构成表象代理或容忍代理（OLG Köln VersR 2014，623 及其注释 Günther）。

### 5. 缔约代理人

129 　　如果获得保险人相应的授权（参见《保险合同法》第 71 条），则保险代理人为缔约代理人，有权代理订立合同，包括订立临时保险合同。

　　此外，缔约代理人还有权与投保人协议变更或者延长合同。

　　最后，缔约代理人还有权代理保险人终止或者解除合同。因此，与"缔约代理权"一词的字面含义不同，缔约代理人有权代理的范围相当广泛。他既可以依据《保险合同法》第 19 条第 2 款的规定解除合同，也可以在风险升高或者在投保人违反保险事故发生前应履行的约定不真正义务时终止合同（《保险合同法》第 24 条、第 28 条）。但是，缔约代理人无权承诺、拒绝或者决定比例支付保险金（进一步参见 Prölss/Martin/Dörner VVG § 71 Rn. 3，5）。

### 6. 对代理权的限制

130 　　在授权范围的限制问题上，《保险合同法》的态度绝对强硬：保险人不得通过一般保险条款，限缩促成代理人和缔约代理人的法定代理权范围。这是在多年争论之后，法律给出的最终结论。它的目的在于保护投保人。

　　过去有些保险人试图对保险代理人的法定授权范围进行限缩，使其无权代理受领投保人的告知。比如，在投保单当中印制这样的条款："我（投保人）对信息的正确性负全部责任，即使并非我本人填写的申请表。"这种条款在旧法时期按照《民法典》第 307 条第 2 款第 1 项也应当无效，因为保险代理人作为保险人的"耳与目"（关联边码 124）是法定规范的基本思想，对其修改意味着对投保人的不合理不利益（关联边码 417）。—— 相反，对于合同订立之后的告知和意思表示的代理受领限制，则一直被认为是允许的（参见 BGH r＋s 1999，225＝VersR 1999，565 及其注释 Lorenz）。现在这种情况已经"终结"：不符合法律规定（《保险合同法》第 69 条和第 71 条）的一般保险条款不生效力（《保险合同法》第 72 条）。

　　还可以想象的一种情形是，保险人与投保人合意进行代理权限制。如前所述，无论是通过一般保险条款，还是通过保险人的单方意思表示，都不能限制代理权。但是，如果双方协商后达成合意，则能限制代理权（见 MüKoVVG/Reiff VVG § 72 Rn. 12）。

### 7. 司法管辖

131 　　对于中介人，不再适用特别的管辖地规则（旧《保险合同法》第 48 条）。投保人在提起诉讼时的住所所在地的法院（也）对因保险合同或保险中介引起的诉讼拥有管辖权。但如果是投保人被起诉的情形，则投保人住所所在地法院有专属管辖权（《保险合同法》第 215 条第 1 款）。该条根据文义只适用于投保人为自然人的情形，因为只有自然人才会有住所（Wohnsitz）[①]（参见 Marlow/Spuhl VVG kompakt/Spuhl Rn. 1489；具体问题讨论见 Fricke VersR 2009，15ff.；又参见 OLG Stuttgart und OLG Saarbrücken r＋s 2009，102f. 及其注释 Abel und Winkens）。

《保险合同法》第 215 条第 1 款的适用前提是，诉讼是因保险合同或者保险中介而发生的。根据既有的稳定性判决，满足下列定义的才属于保险合同：允诺如果发生某一不确定事件则给予特定的给付以换取众人付款，并基于大数法则将个体风险分散到面临同样风险威胁的大量人员中。因此，租车公司提供的所谓的"无自担额"租车服务[②]，允诺损害事件发生则对自担额进行补偿，仅仅是一项促成租车交易的从属附加服务，并不构成保险合同，因此，不能适用《保险合同法》第 215 条第 1 款（BGH VersR 2017，393 附带更多参考文献，Schulz-Merkel jurisPRVersR 1/2017 注释 1）。

### 8. 建议错误的责任

保险业务的繁荣发展有赖于保险代理人为客户提供妥当的建议。但建议毕竟系人力所为，难免有时出错。

**例如：**保险代理人检查房屋的时候，疏于考虑屋内的暖气油箱，在为客户安排的个人责任保险方案中缺少了对水灾/油桶风险的保障安排（关联边码 136）。

保险人应当为其履行辅助人（《民法典》第 278 条），即保险代理人，所提供的具有缺漏或者错误的建议承担责任。《保险合同法》第 6 条第 5 款规定了保险人的损害赔偿责任。同时，保险代理人需要根据《保险合同法》第 63 条承担责任。这是一个连带责任，投保人可以单独，也可以同时向保险人和保险代理人主张。

责任是否成立取决于，是否存在需要建议的缘由（Anlass）。法律接受了迄今为止的判例观点，即建议义务以存在能够触发建议义务的缘由为前提。这一判例法强调：需要客户已经向保险人表达了获取建议的需求，或者存在某项作为专业人士的保险代理人（应当）认识到，但对作为外行的投保人来说仍然隐蔽的风险保障缺口，才能成立因建议错误而导致的责任。换言之，只有显而易见的建议需求才会使保险人或保险代理人需要对建议错误负责。原则上，保险人不必在未被询问的情况下向客户提供建议。根据旧法的通说观点，保险保障是否充分，首先是也主要是客户自己应当尽心考虑的事情。

132

---

[①] 和自然人的住所地相对应的是法人的所在地（Sitz），规定在《德国民法典》第 24 条。——译者注

[②] 有些租车公司给顾客提供"无自担额"的租车选项，承诺一旦保险事故发生，出租车公司就对顾客需要承担的保险自担部分的款项予以补偿。——译者注

**旧法时期的司法判例：**

a）原则上，客户有责任正确说明要投保的物品的价值，即自己对自己的足额保障负责（在个别情况下，保险代理人仍然可能有义务提供建议，参见 OLG Koblenz r＋s 1997，93）。

b）如果法律升高责任要求，投保人需要（自己）考虑如何获得更完善的责任保险保障 [LG Köln r＋s 1997，235（236）]。

c）原则上，保险人或保险代理人都没有义务（主动）告知客户新产品信息。但如果新的保险产品不仅是在整体上，而且是在方方面面都比客户目前在保险人处购买的保险更有利，则要另作评价（OLG Bamberg VersR 1998，833；OLG Düsseldorf VersR 2008，1480）。

这些判例几乎可以说是对最低标准的描述。问题在于，将来判决会不会超越既往判决确定的这些基本规则？几乎可以肯定，这必定会发生。正如法律在《保险合同法》第6条第1款规定保险人那样，法律在《保险合同法》第61条规定了，保险中介人询问客户愿望与需求的义务，这至少表明了，法律倾向于赋予保险中介人更为积极主动的角色。

### a）保险人在习惯法上的履行责任

133　　按照既往判决，保险人不仅负有损害赔偿责任，而且负有所谓的履行责任（Erfüllungshaftung）（也被称为信赖责任）。履行责任意味着，保险人对保险代理人或者其他具有代理人外观的人作出的合同订立关键意思表示（vertragswesentliche Erklärungen）负责（参见 BGH VersR 1963，768；BK/Gruber § 43 Rn. 22ff. 附带更多参考文献）。不过，需要满足，投保人方面没有重大的过失（他不能"盲目"信赖）的前提。如果不满足，则习惯法上的履行责任不成立（参见 OLG Koblenz VersR 2009，248）。这里不适用《民法典》第254条的比例赔偿规则，而适用"全有或全无"原则。—— 投保人的履行请求权与保险人的过错无关。

> 例如，没有缔约代理权的保险代理人作出提供临时保险的承诺，成立习惯法上的履行责任（信赖责任）（OLG Hamm r＋s 1997，280）。

134　　投保人可以主张积极利益（履行利益），也即，投保人应当处于合同正常订立并且保险人妥善履行合同的相同地位。

保险人只有在主张并在有必要时证明所发生的此类损害本应以更高保险费承保的情况下，才有权获得高于原本约定的保险费。

是否需要习惯法上的履行责任这样的法律制度，存在争议。例如，哈姆高等地区法院（OLG Hamm r＋s 2001，334）认为，如果保险代理人声明某种风险可以承保，则保险人的保险保障被扩及这一范围。如果投保人信赖代理人的上述信息，那么订立的合同就包含了该风险的保障。这种观点似乎是正确的（另参见 Kollhosser r＋s 2001，89ff.）。——然而，除了（习惯法上）履行或信赖责任之外，这一观点不会导向其他结论。

目前尚不确定这个由法院发展出来的请求权基础在新《保险合同法》中是否仍然有效。一个反对的理由是，立法者本来可以将习惯法中的履行责任吸纳进《保险合同法》，但却没有这样做。由此主张，习惯法上的履行责任在保险合同法改革之后已经不复存在了［E. Lorenz FS Canaris，2007，757（775）；另见 HEK/Wandt Kap. 1 Rn. 410；MüKoVVG/Armbrüster VVG §6 Rn. 334；Fricke VersR 2015，1090ff.；LG Stuttgart VersR 2016，1235］。然而，还有一些学者支持这样的假设，即立法者希望将履行责任留给判例法进一步发展。即便在《保险合同法》第 6 条第 5 款和第 63 条生效之后，司法判决形成这一"法律制度"的原因仍然存在：法律仅仅规定了投保人的损害赔偿请求权。因此，如果保险人或保险代理人提供的关于保险范围的信息有误，而在市场上根本无法获得像其承诺的那样的保险保障时，投保人根本无法得到充分救济。履行责任就是针对这种情况发展出来的。只要投保人有理由信赖声明是正确的，保险人就必须履行其本人或保险代理人承诺的保险保障。这样的判例法在新法下依然有客观需求，而《保险合同法》也为此留下了空间（参见 Schimikowski r＋s 2012，577ff.；LG Saarbrücken VersR 2014，317 附带更多参考文献）。

**b)《保险合同法》第 63 条规定的责任和迄今为止以《民法典》第 280 条为依据的保险人责任的判例**

损害赔偿责任在实务中意义重大，尤其是其被写入《保险合同法》之后。在此之前，投保人请求损害赔偿（只能）根据缔约过失/积极侵害债权（cic/pVV）或者《民法典》第 280 条。即便立法者在《保险合同法》第 6 条第 5 款和第 63 条中制定了特殊的法律规定，先前的司法判决在未来仍将具有重要意义。既往的司法判例就合同订立前和合同订立后建议错误形成了不同的规则。

aa) 在合同订立前，保险人需要承担的先合同注意义务主要包括，保险人的释明义务和通知义务。如果保险人没有提供必要的信息或者提供了错误的信息，交易相对人可以主张损害赔偿。

**例如：**a) 客户告诉保险代理人，他想为自己的机动车辆购买车损全险，因为他想去土耳其旅行，目的地包括连同安卡拉在内的土耳其亚洲部分。如果这个时候，代理人没有提醒投保人，车损全险条款当中有所谓的"欧洲条款"[①]，他需要想办法协商排除该条款的适用，则构成建议错误，需要承担责任（BGHZ 40，22ff.，又参见 OLG Oldenburg，NVersZ 2000，388）。按照新法，中介人必须询问客户的

135

---

① "欧洲条款"意味着，一旦客户驾驶汽车进入诸如安卡拉等土耳其亚洲部分，将无保险保障。——译者注

愿望和需求，因此这里的建议错误是显而易见的。科堡地方法院（AG Coburg r＋s 2009，503）曾有判决，否定了关于欧洲条款的建议义务。这种意见在旧法判例的背景下也是很难成立的，在《保险合同法》第6条第1款和第61条第1款生效以后自然也不应得到赞同。

b）如果投保人购买人寿保险用于投资，保险代理人却没有提醒投保人，通过银行贷款支付人寿保险保险费的安排是按照初始优惠利率计算的，之后（在利率变化时）将不可避免地导致损失，这种情形下，保险人应当承担积极侵害债权（现今则为《保险合同法》第6条第5款）责任（BGH r＋s 1999，38）。按照新法，同样应当认定构成建议错误，因为这样的产品显然不符合投保人的意愿。

c）如果人寿保险广告当中的分红说明在人们预期寿命的增加的背景下不切实际，则投保人有权终止保险合同，并且请求赔偿积极侵害债权（现今则为《保险合同法》第6条第5款）导致的损失，也即，请求迄今为止支付的保险费总和与现金价值的差额以及利息损失（OLG Düsseldorf NVersZ 2001，15）。这也是很容易看出，中介人提供的保险产品不符合投保人意愿的情形。

136　　bb）按照先前法律的司法判例，保险代理人在保险合同关系存续期间的建议错误同样可以导致保险人基于《民法典》第280条的责任（先前：积极侵害债权，pVV）。

**例如：**投保人要求保险代理人帮忙检查他现有的保险保障是否充足。在检查房屋的时候，保险代理人看到了暖气油箱，但没有提出购买水渍/油桶风险保障的建议。数年后，油桶侧翻泄漏，造成了水渍损害。对此，保险人需要承担积极侵害债权责任。保险代理人的不作为有过失，因为投保人明确地表示希望获得全面的保险保障，而保险代理人却没有提示投保人增加能够满足他需求的附加保险条款（OLG Köln r＋s 1993，134）。

依据新法，保险人同样需要承担责任（《保险合同法》第6条第4款、第5款）。需要注意的是，《保险合同法》第61条并没有规定保险代理人在合同期间提供建议的独立义务。因此，在这方面，只能考虑基于《保险合同法》第6条第5款的保险人责任。如果保险代理人在合同履行期间建议错误，则不承担《保险合同法》第63条规定的损害赔偿责任。

司法判例在认定《保险合同法》第6条第4款的"可识别的缘由"上（仍然）持审慎的态度。法院认为，**合同订立后**，保险人不需要再关心合同约定的保险保障范围是否能够持续地满足投保人的需求。除非，即使投保人不说保险人也能够识别出来：投保人不清楚保险保障范围，并且保险保障已经不能满足他的需求。比如，在立法或判例法发生重大变化的情况下，或者在技术发生变化的情况下，投保人（与保险人不同）没能够意识到这些变化的影响（根据 OLG Saarbrücken r＋s 2011，482）。在本书看来，至少在保险人能够提供新的保险保障，覆盖到之前没能覆盖的投保人风险的情形，构成一种缘由，使保险人应当通知客户产品改进的信息。例如，保险人在财产保险中增加了对自然灾害风险的保障的情形（另一观点见 OLG Hamm zfs 2016，449；详见 Schimikowski jurisPR-VersR 5/2016 注释 5）。

cc）与（习惯法上的）履行责任不同（关联边码 133 和边码 134），《保险合同法》第 63 条的损害赔偿推定保险代理人有**过错**。保险代理人必须证明自己没有过错。

投保人通常（只能）请求消极利益（信赖损失）的赔偿。但如果投保人能够证明，倘若他得到了正确的建议，他本可以在市场上的其他地方获得保险保障，在这种特殊情形，投保人可以请求**积极利益**的赔偿。为此需要进行市场分析（参见 LG Saarbrücken VersR 2014，317；分析见 Gebert jurisPR-VersR 5/2015 注释 2）。保险人可以从客户的损害赔偿中扣除增加的保险费。如果投保人的损害赔偿请求例外地指向积极利益，则保险人基于《保险合同法》第 63 条的损害赔偿责任与履行责任几乎没有什么区别（对习惯法上的履行责任的批评见 Kollhosser r＋s 2001，89ff.；详见 Wernink, Die gewohnheitsrechtliche Erfüllungshaftung der Versicherer für Auskünfte ihrer Agenten，2003；关联边码 134）。

**c）保险代理人的个人责任**

根据先前的司法判决（参见 BGH r＋s 1992，287f.），只有满足下列构成要件，保险代理人才会承担基于缔约过失/积极侵害债权（或者现今的《民法典》第 280 条）的个人责任：

— 如果保险代理人有自己的直接经济利益，或

— 如果保险代理人要求获得特殊的个人信任；前提要件是保险代理人具有远远超过正常的交易信任的特殊可靠性和专业知识。

> 需要注意的是，获得佣金利益这一个事实不足以推定保险代理人有特别的自己经济利益。

但是，法律状况发生了根本性的变化：根据《保险合同法》第 63 条的规定，代理人在促成合同时必须对建议错误的后果承担个人责任。从法律政策的角度看，引入保险代理人一般性的赔付义务有其道理：承担责任的可能性有助于提高建议的质量。

如果保险代理人在提供咨询时出现了可归责于他的（先合同）建议错误，则一方面产生《保险合同法》第 6 条第 5 款（结合《民法典》第 278 条）的保险人责任，另一方面产生《保险合同法》第 63 条的保险代理人个人责任。两者为连带债务人，投保人可以一并起诉。从程序上讲，这意味着保险代理人不再可以作为证人。

在独家代理（单一公司代理）销售的情况下，根据《民法典》第 278 条的规定，代理人的过错总是可以归属于保险人。而在多重代理人情形，即代理人同时代理着多个保险人的情形，原则上《民法典》第 278 条也能适用。但在因为多重代理人忽略了某种风险或误评某种风险使该风险没有被任何保险人的合同所承保的情

137

138

139

形，则无法适用《民法典》第 278 条。此时，保险代理人（例外地）单独承担责任
（Römer/Langheid/Rixecker § 63 Rn. 5）。

# 第二节　保险经纪人

**参考文献**：Armbrüster PrivVersR Rn. 684ff.；Benkel/Mensch VersR 1992，1302ff.；Bruns PrivVersR § 12 Rn. 16ff.；Deckers，Die Abgrenzung des Versicherungsvertreters vom Versicherungsmakler，2004；Durstin/Peters VersR 2007，1456ff.；Fischer NJW 2016，3220ff.；Heinemann VersR 1992，1319ff.；Johnigk GRUR 2016，1135ff.；Koch VersR 1997，1200ff.；ders. VW 2007，248ff.；ders. VersR 2914，916ff.；Matusche，Pflichten und Haftung des Versicherungsmaklers，4. Aufl. 1995；Matusche/Beckmann VersR 1995，1391ff.；Spielberger VersR 1984，1013ff.；Surminski ZfV 2016，412ff.；Wandt VersR Rn. 411ff.；Werber VersR 1992，917ff.；ders. VersR 2008，285ff.；ders. VersR 2014，412ff.；Zinnert，Recht und Praxis des Versicherungsmaklers，2008；Zinnert/Günther，Versicherungsmakler：Haftung，Fälle，Lösungen，1997；Zopfs VersR 1986，747ff.

### 1. 概念与法律地位

140　　保险经纪是一种已经有数百年历史的古老职业，最早可以追溯到 14 世纪。保险经纪人尤其是在商业和工业保险中发挥着相当重要的经济作用。在职业准入规则上，保险经纪人与保险代理人适用同一套规则（商事许可、登记注册等，关联边码 115）。

　　保险经纪人为商业合同提供经纪服务，属于《商法典》第 93 条意义上的商事经纪人。该条规定，商事经纪人是基于营业，而非基于某个委托人的持续委托，从事中介活动之人。与之相反，商事代理人被法律界定为，受委托人持续委托之人。然而，在法律现实中，保险经纪人——至少在商业保险和工业保险中——在多数情形下持续性地受客户委托，从事保险交易的中介活动。在这个过程中，对客户利益持续并且努力的照顾恰好体现了经纪人的职业特点。商事经纪人与客户之间的保险经纪关系通常构成法律上的继续性合同关系。

141　　保险经纪人被称为投保人的"盟友"，法律地位类似于信托受托人，以维护客户的利益为己任。经纪人与客户之间的合同通常会结合劳务合同和承揽合同的要素，大部分属于《民法典》第 675 条规定的事务处理合同。保险经纪人是受客户委托，处理并维护保险保障事务的经营者。这使其有别于保险代理人，因为后者是受保险人的持续委托，为保险人利益促成交易（BGH r＋s 1985，206 - "管理人案"）。

区分<u>虚假经纪人</u>与真实经纪人并不容易。只有那些不受制于一家或多家保险公司，在市场上自由地为客户购买保险的人才是保险经纪人（关联边码 144；更多详情参见 Deckers, Die Abgrenzung des Versicherungsvertreters vom Versicherungsmakler, 2004）。

《保险合同法》采纳了判例与学说发展出的保险经纪人定义：根据《保险合同法》第 59 条第 3 款第 1 句的规定，法律意义上的保险经纪人是指，非受保险人或保险代理人委托，营业性地为委托人从事保险合同的促成或订立工作的人。法律同时规定了<u>虚假经纪人</u>，也即，如果有人给投保人造成其乃为投保人提供保险经纪人的服务的外观假象，则视为保险经纪人（《保险合同法》第 59 条第 3 款第 2 句）。这意味着，如果一个多重代理人向外界表明自己是经纪人，将被视为投保人的保险经纪人（关于法律责任，关联边码 144）。

今后，这种情况将越来越少，因为中介人在申请商业许可证时就被明确地归为经纪人或者代理人，并且服务时还必须向客户提供他的身份信息（关联边码 123），清楚地说明他是保险经纪人还是保险代理人。但是，商事登记里面的身份类型并不具有决定性，也即，即便是在新的法律框架之下，这样的情形仍然有可能发生：保险中介人假装他并没有和任何保险人捆绑，但实际上他就是为某一或者某几个保险人的利益行事。如果中介人是法律上的保险代理人，但在客户面前却以经纪人的身份行事，则经纪合同成立，他应当承担经纪人的法律责任（OLG Hamm r＋s 2011，359）。如果中介人以"您的独立财务优化师"名义为客户提供服务，那么对外而言他就是保险经纪人（LG Dortmunt r＋s 2012，426）。

原则上，保险经纪人不是保险人的"耳与目"（关联边码 124），也不是保险人的履行辅助人。即便保险人向保险经纪人提供投保单，或者经纪人在保险单被标注为投保人"顾问"，也不改变其独立于保险人的属性（BGH NVersZ 2000，124；Baumann NVersZ 2000，116ff.；Reusch NVersZ 2000，120ff.）。只有在特殊情形，保险经纪人才能被视为保险人在《民法典》第 278 条意义上的履行辅助人，保险人才要为保险经纪人的错误建议承担责任。例如，在投保人申请储蓄型寿险的时候，保险人委托保险经纪人，代为披露投资交易的风险。此外，在这一案例中，投保申请表上还同时印有保险人和保险经纪人的标识。这种情形（例外地）依《民法典》第 278 条，经纪人的行为归于保险人（BGH r＋s 2013，117；对此参见 Werber VersR 2014，412ff.；关联边码 145 最后部分）。

## 2. 义务

除了上文提到的有关身份的信息（关联边码 123，141），保险经纪人还对客户 142 负有一系列法定的义务：例如，他的建议原则上必须基于"市场上足够多的保险人提供的足够多的保险合同"（《保险合同法》第 60 条第 1 款第 1 句）。具体到什么程度才算"足够多"，则取决于个案当中的保险产品和客户类型等。根据法律条文的措辞，对于那些保险人只通过其对外雇员或者只通过远程销售方式销售的产品的报价，经纪人也有义务将其纳入考虑范围（不同见解 HK-VVG/Müncke § 60 Rn. 4）。如果经纪人不想告诉投保人这些保险人直销产品的报价，他必须提醒客户，他只提供有限的保险公司选择（《保险合同法》第 60 条第 1 款第 2 句）。如果经纪人没有这样做，而投保人又能证明，他本可以购买同等保障但更便宜的直销保险，经纪人就要承担损害赔偿责任（Marlow/Spuhl VVG kompakt/Spuhl Rn. 517；这当然有争议，另一观点见 Armbrüster PrivVersR Rn. 695）。

法律允许经纪人以范围受限的保险人和合同选项为基础进行推荐，前提是他提示了投保人（《保险合同法》第 60 条第 1 款第 2 句）。但这只能作为特殊情形的例外安排（法条限定"在个别情形"）。换言之，如果一个中介人总是提供范围限定的保险人和保险产品，那他就不是保险经纪人，而是多重代理人（虚假经纪人，关联边码 141）。如果经纪人在个别情况下提示了有限选择，他必须向投保人公开，他所依据的市场和信息基础（《保险合同法》第 60 条第 2 款第 1 句）。《保险合同法》第 61 条规定，与保险代理人相同，保险经纪人负有**建议和记录义务**。

在**线销售情形**，保险经纪人同样负有建议义务（见 Schwintowski VersR 2015，1062ff.）。和《保险合同法》第 6 条第 6 款不同，《保险合同法》第 61 条并没有规定远程销售为例外情形。没有证据表明这是计划外的法律漏洞，因此不应类推适用《保险合同法》第 6 条第 6 款。尤其是大部分由保险经纪人运营的在线平台，当前（尚）未能够充分地履行建议义务（参见 LG München I VersR 2016，1315；分析见 Fischer BB 2016，3082ff.）。立法者通过对《保险销售指令》（IDD）的转化，打算废除《保险合同法》第 6 条第 6 款对远程方式交易的豁免，（从而）将建议义务一般地扩展到在线销售情形。对此，在法政策上存在争议。

在确定保险代理人的建议义务范围的时候，我们遵循了既往关于保险人建议义务的司法判例（关联边码 132 和边码 135）。对于**保险经纪人的义务范围**，我们也可以遵循下面这一既定的司法判决（"管理人案"）。

按照联邦最高法院的判决（BGH r＋s 1985，206），保险经纪人与律师、经济分析师或者税务建议师处于同等地位。他是客户利益的**管理人**（Sachwalter），需要履行下列意义重大的职责：

—— **风险与保险对象评估**，其中特别包括全面确定客户的保险需求；

—— 就保险的成本效益和适当性**提供信息和建议的义务**；

—— **市场和报价分析**。经纪人可能要考虑国内和国外市场（如果委托当中没有限定范围），他必须考虑价格、承保范围、条款以及产品相关的差异性，并向客户提供相关信息；

—— 就保险种类是否正确、保险数额是否充足进行**保障分析**。对于现有合同，经纪人必须检查保险保障的完整性和适用性。

在这方面，管理人案的论述对于《保险合同法》第 61 条的解释有指导意义。根据旧法，保险经纪人需要承担上述全面的义务，新法并没有改变这一点。对保险经纪人而言，新的一点是，他必须像其他中介人一样，询问客户需求、提供建议和建议的理由，并予以记录（《保险合同法》第 61 条第 1 款第 2 句）。

总之，保险经纪人的职责是广泛的。他是投保人的利益代表，必须操心如何让投保人的保险标的获得合适的保险保障，查明相关风险，检查保险对象，并持续地、不迟延地、主动地向投保人报告他为风险保障所做努力的中期结果和最终结果。正是基于这些全面的职责，保险经纪人在与投保人的保险关系中发挥着类似信托受托人的作用，在这方面可以与其他顾问相提并论（BGH VersR 2017，158 附带更多参考文献；分析见 Fortmann jurisPR-VersR 10/2016 注释 1）。

保险经纪人站在"客户的阵营"。然而，他处于**双重法律关系**中：一方面，他必须向客户履行合同约定的义务；另一方面，他也必须顾及保险人的利益（详见 BK/Gruber VVG Anh. zu § 48 Rn. 12ff. 附带更多参考文献）。如果违反他对保险人负有的利益维持义务，则需要赔偿保险人损失。个案中多发的是保险经纪人不履行前述信息义务的情形（参见 Prölss/Martin/Dörner VVG § 59 Rn. 112）。①

**理赔**通常不属于保险经纪人职业或活动的附随给付。代表保险公司为投保人处理理赔事务的经纪人同时为保险人和投保人的利益工作，这种"双重活动"既不符合法律确立的指导规则，也会导致利益冲突，并与《法律服务法》相冲突（见 BGH VersR 2016，1118；分析见 Schwintowski/Ruttmann VuR 2016，351ff.；Vyvers jurisPR-VersR 8/2016 注释 1；Werber VersR 2015，1321ff.）。

### 3. 责任

#### a) 责任基础

保险经纪人的义务范围体现了这一职业所要承担的特殊责任。和这一特殊性相对应的是，在他未履行或者未充分履行时所需要承担的严苛责任。在管理人案（BGH r+s 1985，206＝VersR 1985，930，关联边码 142）中，联邦最高法院提出了具体标准，并且将保险经纪人责任纳入具备特定资质的建议人的专家责任（Berufshaftung）序列之中（类似职业还包括：建筑师、律师、税务师、审计师、财务顾问）。法院这一观点至今延续（BGH VersR 2017，158）。这里起到决定性作用的是两方面因素：一方面是客户的信赖，另一方面是保险经纪人在交易中的行为和扮演的角色。对责任成立而言，尽管客户个人的信赖至关重要，但该种职业自带的义

143

---

① 比如保险经纪人将某些直接销售保险产品的保险人排除出推荐范围，却没有依法向投保人公开他的筛选决定的市场与信息基础。——译者注

务和担保属性更为重要。旧法的责任基础限于缔约过失/积极侵害债权以及后来的《民法典》第 280 条，而现在则有《保险合同法》第 63 条为保险经纪人建议错误的损害赔偿提供的特别法上的请求权基础。但是，该规则只及于合同磋商阶段的建议错误，不及于合同订立之后的建议错误。对于合同订立之后的建议错误责任，则需要委托合同中有约定，也即，如果委托合同约定，经纪人承担保险合同期间的照管义务，则对其过错违反才会导致《民法典》第 280 条的责任。

### b）责任限制

144     根据先前的法律规定，保险经纪人可以通过合同将其责任限制在非一般过失的情形（Brauckmann VersVerm 1997，337）。但在新法中，就《保险合同法》第 63 条规定的损害赔偿责任而言，这不再被允许，因为这一规定是半强制性的，不得以不利于投保人的方式偏离（《保险合同法》第 67 条）。—— 如果保险经纪人想通过只向客户提供某些保险公司的某些产品来降低其责任风险，也可能产生法律问题。因为如果他总是这样做，他就不应被视为保险经纪人，而应被视为<u>多重代理人</u>。起决定性作用的不是称谓，而是法律实质。

> 例如，纽伦堡高等地区法院认为，一位与 40 多家医疗保险公司固定合作的中介人，虽然名号是保险经纪人，但实际上是保险代理人（OLG Nürnberg r＋s 1996，333；然而，法院使用的标准值得商榷，参见 Hoenicke r＋s 1996，334f. 的注释）。不过，在（责任）法层面，该中介人仍然需要按照保险经纪人承担责任（《保险合同法》第 59 条第 3 款第 2 句；关联边码 141）。—— 在例外情况下，保险经纪人可以限定其保障分析和产品选择分析的范围，但必须向客户公开说明这一点（《保险合同法》第 60 条第 2 款第 1 句；关联边码 142）。

### c）特殊问题

145     原则上，保险人无须为保险经纪人的过错向投保人负责，保险经纪人自己向客户承担个人责任。如果合同由保险经纪人居间促成，保险人不需要承担建议义务（《保险合同法》第 6 条第 6 款）。

> 在<u>虚假经纪人</u>的情形，文献中有观点认为，同样可以产生经纪人责任 [（Reiff r＋s 1998，89（91）]。这一观点的结论值得赞同：以经纪人名义行事者，自当履行经纪人义务，并承担经纪人责任 [关联边码 141；关于《欧盟中介人指令》的转化见 Reiff VersR 2004，142（148）]。根据本书观点，在多重代理人伪装的经纪人情形，被代理的保险人也应当承担《保险合同法》第 6 条第 5 款的责任。因为合同的订立并非由法律意义上的保险经纪人促成，因此不满足《保险合同法》第 6 条第 6 款的除外要件。

在保险经纪人超越保险人的授权范围，但构成<u>容忍或表象代理</u>（关联边码 128）的情形，保险人同样需要承担保险义务。例如，在保险人委托保险经纪人代为出具

《道路交通许可条例》(StVZO)第 29a 条规定的保险确认书的情形,经纪人向某个不符合委托框架协议规定条件的投保人出具了确认书,此时保险人基于表象代理需要承担责任(LG Köln r+s 2003,100)。—— 但在保险人能够看出保险经纪人有明显的错误的情形,保险人对投保人负有建议义务。这里的释明义务源于诚实信用原则(《民法典》第 242 条),尽管从《保险合同法》第 6 条第 6 款的表述看来,保险人没有这一义务。如果投保人没有(或不再)得到保险经纪人的建议,则《保险合同法》第 6 条第 6 款不适用。在保险人了解到这一点的情形,保险人对投保人负有建议义务(参见 HK-VVG/Münkel §6 Rn.50)。

此外,在保险经纪人不当行为损害投保人利益的时候,其对投保人承担个人责任。

**例如:**

—— 因为保险经纪人不是保险人的受领信使,所以在经纪人向保险人递交投保人的损害报告过迟的时候,可能导致投保人最终拿不到(部分)保险赔付。对此,经纪人应当承担个人责任(LG Koln r+s 2003,411)。此处的请求权基础是《民法典》第 280 条。

—— 保险经纪人为一个学生提供中介服务,订立了一份这个学生没有能力清偿到期保险费的人寿保险合同。对此,经纪人应当承担个人责任(LG Aachen VersR 2003,1440)。此处的请求权基础是《保险合同法》第 63 条。

保险经纪人是投保人的<u>知情代理人</u>(Wissensvertreter)(关联边码 111 和边码 283)。

如果投保人在提交投保申请时告知了保险经纪人风险重要事实(本案:病史),但经纪人在填写投保单时只作了轻描淡写的记录,由于经纪人的行为归属于投保人,因此,保险人有权以投保人违反先合同告知义务为由解除保险合同(《保险合同法》第 19 条第 2 款;OLG Köln r+s 2004,95f.)。

另一方面,在极少数的**例外情形**,可以将保险经纪人的行为归属于保险人。联邦最高法院在一案中作出了这一例外认定。该案的保险人不通过自己内部分销体系,而是单独依靠一个保险经纪人销售自己的某款保险产品。这种例外认定特别适用于,经纪人和保险人已经在投保申请表中向利益相关人和未来投保人展示了联合产品,并且联合投资产品是由他们共同提供和销售的情形(根据 BGH r+s 2013,117;关联边码 141 最后部分)。这一点令人信服,因为保险经纪人这时候选择了保险人"阵营"。相反,如果仅仅基于保险人与他的客户缺乏联系就认为保险经纪人的行为和知情应当归属于保险人,显然走得太远(根据 OLG Dresden VersR 2011,910;批评见 Muschner VersR 2012,703;OLG Saarbrücken VersR 2011,1441 以及第 1446 页上 Reiff 对此进行的评论)。此外,即使保险人仅通过经纪人渠道销售产品,也不等同于保险经纪人站入了保险人"阵营"(另参见 Schimikowski r+s 2012,577)。

# 第四章
## 保险费支付义务

参考文献：Bruns PrivVersR §15 Rn. 2ff.；Deutsch/Iversen VersVertrR Rn. 184ff.；Gärtner, Prämienzahlungsverzug, 2. Aufl. 1977；ders., Privatversicherungsrecht，2. Aufl. 1980，249ff.；Ganster, Die Prämienzahlung im Versicherungsrecht，2008；Heiss VersR 1989，1125ff.；Hill，Der Prämienzahlungsverzug，1996；Hofmann PrivVersR §11 Rn. 5ff.；Holzhauser VersVertrR Rn. 92ff.；Looschelders/Danga VersR 2000，1049ff.；Marlow/Spuhl VVG kompakt/Spuhl Rn. 398ff.；Meixner/Steinbeck VersVertrR §6 Rn. 2ff.；Niederleithinger Das neue VVG A Rn. 123ff.；Präve VW 1992，737f.；Schimikowski/Höra Das neue VVG 2008 S. 132ff.；Schirmer FS Wälder，2009，67ff.；Sieg BB 1987，2249ff.；Sieg VersVertrR S. 88ff.；Wandt/Ganster VersR 2007，1034ff.；Wandt VersR Rn. 486ff.

146 　　保险费（Versicherungsprämie），在一般保险条款中有时也称为费用（Beitrag）[参见《机动车保险一般条款》（AKB）第 C. 1. 1 条]，是投保人为将风险转移给保险人而必须支付的对价。支付保险费是投保人合同上的主给付义务。

## 第一节　保险费的类型

147 　　保险费有**一次性保险费**和**持续性保险费**两种形式。持续性保险费又进一步区分为**第一期保险费**和**后续保险费**。

　　一次性保险费（Einmalprämien）相当少见。它们主要用于**短期保险**，比如旅游综合险、建筑商责任保险或者旅游医疗保险。如果是不定期合同或者附延长条款的定期保险（《保险合同法》第 11 条第 1 款、第 2 款）情形，自然不会是一次性保险费的安排。在法律上，一次性保险费与第一期保险费被同等看待（参见《保险合同法》第 33 条第 1 款）。

持续性保险费（laufende Prämien）是保险当中的通常情形，例如，家庭综合险和个人责任保险、私人医疗保险、机动车强制责任保险与车损险、人寿保险。持续性保险费中的第一次给付乃第一期保险费（Erstprämien）。第一期保险费或者一次性保险费在保险人给付义务上有着重大意义：支付第一期保险费后，**保险实质开始**（《保险合同法》第 37 条第 2 款；关联边码 94）。

第一期保险费支付之后的各期保险费乃后续保险费（Folgeprämien）。从概念明显可以看出：后续保险费是持续性保险费中除第一期保险费以外的其他保险费。后续保险费通常按保险周期（最长为 1 年，见《保险合同法》第 12 条）支付。

在部分情形会产生究竟是第一期保险费还是后续保险费的争议。

—— **临时保险**：临时保险期间的保险费通常被包含在最终合同的保险费中（关联边码 94），后者的保险费在首次支付时仍然属于第一期保险费。尽管在约定临时保险的情形，通常常会有所谓的**延期支付第一期保险费**约定，但这样的延期约定并不会使第一期保险费变为后续保险费。有相反意见则认为，延期约定取代了第一期保险费，因为合同当事人借此使保险在实质上已经开始（"完全延期"；这种观点的论证参见 BGH VersR 1967，563）。通说拒绝采纳这一观点是正确的，主要是因为这里对投保人的保险保障只是保险公司的一种先行给付（Prölss/Martin/Knappmann § 37 Rn. 3 附带更多参考文献）。因此，延期后支付的第一次保险费仍然是《保险合同法》第 33 条第 1 款意义上的第一期保险费。

—— **合同变更**：关键在于，是保留现有合同并仅对其进行修改，还是依合同双方合意成立新的合同。如果是前者，支付的是后续保险费；如果是后者，支付的是第一期保险费。如果合同号得到保留，其至少能够作为合同变更的间接证据（OLG Hamm VersR 1979，413f.）。相反，例如，在车损部分险转换到车损全险的情形，则应当认定为成立新合同（关联边码 62，以及 Armbrüster/Schreier VersR 2015，1053ff.）。

—— **分期支付**：如果合同约定，投保人按照日历分期支付保险费，例如按季度支付，则首次付款为第一期保险费（OLG München VersR 1987，554）。

合同约定的附加费用（例如制作保险单的费用）和保险税，属于保险费。保单贷款所产生的贷款利息［参见《人寿保险一般条款》（ALB 86）第 5 条］不属于保险费（BGH r＋s 1999，265）。

迟延利息与催告费用不属于保险费，但和后续保险费一样，不支付会带来不利的后果。如果投保人支付迟延，保险人在事故发生后可以主张免于给付并终止合同（参见《保险合同法》第 38 条第 2 款、第 3 款；关联边码 161 及其以下各边码）——这里需要注意，《保险合同法》第 38 条仅适用于<u>源自保险合同</u><u>的</u>保险费、利息和费用情形，而不适用于保险人向投保人的权利继受人（基于债务加入或债务承担）请求保险费的情形（OLG Hamm r+s 1987，166）。

## 第二节　保险费的债务人

150　　　保险费由合同当事人支付，通常由投保人支付，特定情形由总括的权利继受人支付（例如《民法典》第 1922 条规定的继承人选择继续保险合同的时候，关联边码 70）。如果在保险期间投保人让与投保物品，则买卖双方为当期保险费的连带债务人（《保险合同法》第 95 条第 2 款、第 102 条第 2 款、第 122 条）。

而为他人保险（《保险合同法》第 43 条）的<u>被保险人</u>、<u>受益人</u>（《保险合同法》第 43 条）和<u>担保权人</u>（Pfandgläubiger）都不是保险费的债务人。但这些主体<u>有权</u><u>清偿保险费</u>债务，维持保险的存续。与《民法典》第 267 条第 2 款规定的民法权利不同，他们根据《保险合同法》第 34 条获得的是真正的<u>清偿权</u>，不会被债务人的异议排除。这一法律规则实际上给保险人施加了一项不真正义务：如果<u>这些</u>有清偿权的主体支付保险费，保险人不得拒绝受领，主张给付迟延（HK-VVG/Karczewski § 34 Rn. 3 附带更多参考文献）。

《保险合同法》第 34 条意义上的担保权人，尤其是抵押权人，其土地担保物权及于投保人对建筑物保险人的债权（《民法典》第 1127 条；具体问题见 R. Schmidt, Die rechtliche Stellung des Realgläubigers gegenüber dem Versicherer nach den §§ 1127 - 1190 BGB und den §§ 97 - 107c VVG, 1982）。

<u>受益人</u>只有在其法律地位已经得到确定，也即，享有不可撤回的受益权的时候，才享有《保险合同法》第 34 条规定的清偿权（参见 BK/Riedler § 35a Rn. 6）。

《保险合同法》第 34 条是一个例外规则。因此，对《保险合同法》第 34 条不能进行扩大解释。像人寿保险中的可撤回的受益人以及责任保险中的受害第三人，就没有清偿权。当然，上述人群也有确保保险保障不受损害的类似利益，但是《保险合同法》第 34 条所赋予的特权却只能给予该条明确并且封闭列举的主体（另见 HK-VVG/Karczewski § 34 Rn. 3 附带更多参考文献）。这意味着：例如，如果个人责任保险的投保人迟延支付保险费导致可能失去保险，保险人有权驳回受害第三人提出的保险费给付。《保险合同法》第 34 条并不强制保险人受领受害人的给付。

《保险合同法》第 34 条第 1 款为保险人确立了一项不真正义务：如果保险

人拒绝接受被保险人、（不可撤回的）受益人或者担保权人的支付，则不得以给付迟延为由拒绝赔付投保人保险金。如果保险人驳回第三人提出的金钱给付，第三人只能通过提存来履行保险费债务（《民法典》第 372 条第 1 款）。

　　但是，法律并没有赋予第三人请求保险人提供信息的权利，也没有规定保险人通知第三人保险费已逾期的义务。因此，除非被保险人等为了自己的利益事先与保险人订立了安全保证书（关联边码 85），情况才会有所不同。在特殊情况下，如果特定保险的目标在于为投保人的社会生存提供保障，则会例外地从诚实信用原则（《民法典》第 242 条）中推导出保险人通知第三人的义务（整体讨论见 HK-VVG/Karczewski §34 Rn. 4）。

## 第三节　保险费支付义务的到期

　　保险费支付义务的到期日各不相同，取决于它是第一期或一次性保险费，还是后续保险费。　　151

### 1. 第一期或一次性保险费

　　《保险合同法》第 33 条第 1 款规定，投保人应当在保险单到达的 14 天后不迟延地支付第一期或一次性保险费（人寿保险为 30 天，《保险合同法》第 152 条第 3款）。由此可能有观点认为，保险费在撤回期间结束后即到期。这是不正确的（相同见解见 Marlow/Spuhl VVG kompakt/Spuhl Rn. 399）。因为《保险合同法》第 8条第 1 款规定撤回需要在 14 天之内（人寿保险除外），而按照《保险合同法》第 33条第 1 款中清晰的文义，投保人义务是在 14 天之后不迟延地支付保险费。这里的"不迟延地"是一个不确定的法律概念，其取自民法的撤销权（《民法典》第 121 条第 1 款）。学说和判例认为，应当在个案中具体判断撤销期间的长短，比如"不迟延地"撤销劳动合同就被理解为应当"在两周之内"进行（Jauernig/Masel，BGB，16. Aufl. 2016，§121 Rn. 3 附带更多参考文献）。但没有理由将不迟延一概等同于"两周之内"。在《民法典》第 119 条的因错误撤销合同的情形，给予撤销权人一段考虑的时间是必要的，但无法将其简单套用到保险法中。根据《保险合同法》第 8条第 1 款的规定，投保人在保险单送达之后已经有了两个星期的考虑期间（人寿保险是 30 天，《保险合同法》第 152 条第 2 款）用来作出是否行使其撤回权的决定。此后，投保人应当无过失不迟延地支付保险费。通常而言，（在撤回期间届满后）再给三天即已足够（另见 HK-VVG/Karczewski VVG §33 Rn. 7；类似的还有Niederleithinger Das neue VVG A Rn. 126），除非投保人身患重病等。有观点认为，这一规定并不成功，本书赞同（Bruns PrivVersR §15 Rn.9），因为将到期日与投保人的过失相关联的法律安排对法体系而言是陌生的。这也意味着，具体情形的到期日以及与之相关联的给付迟延具有相当的不确定性。

《保险合同法》第33条是任意性规定（参见《保险合同法》第42条）。因此，保险人可以在一般保险条款中加入与旧《保险合同法》第35条内容相一致的规则（合同订立后保险费支付义务立即到期）和/或通常的扩张的赎单条款（合同订立后的14日为支付期间）。

保险人需要证明保险单已经送达，这是保险费支付义务到期的前提。在大多数情形，寄送仅通过一封平信进行。由于保险人还可以选择成本相对高的挂号邮件（附有收件回执）的形式寄送，司法判例正确地否认这里存在证明困难并拒绝减轻保险人的送达证明责任（参见 OLG Stuttgart r＋s 2015，1541；分析见 Schulz-Merkel jurisPRVersR 24/2015 注释4）。

152　　　如果保险公司送达保险单，却**没有履行或者只是部分履行**《保险合同法》第7条规定的**信息义务**，那么如何认定保险合同的效力状态就值得商榷了。此种情形，合同无论如何都是已经成立的了，但是处于效力待否的状态，即附有如下解除条件（auflösende Bedingung）：投保人可以根据《保险合同法》第8条的规定，行使其"终生"享有的撤回权，结束合同关系。本书认为，合同"效力待否"并不会影响保险费支付义务的到期（与旧《保险合同法》第5a条不同）。但这并非没有争议。另一观点认为，《保险合同法》第8条第2款应当被解释为，只要投保人（仍然）可以撤回，则保险费支付义务就不会到期。然而，即使按照这种观点，投保人也不能要求退还所有保险费，因为《保险合同法》第9条包含了一项特殊的法律规定（参见HK-VVG/Karczewski VVG §33 Rn.5；相同观点见 Langheid/Rixecker/Rixecker VVG §33 Rn.4 附带更多参考文献，包括相反观点以及 Armbrüster PrivVersR Rn.1447）。

如果**保险单对投保人要约有所偏离**，而投保人没有明示同意，则保险费支付义务在一个月的追认期间届满后（《保险合同法》第5条第1款）才到期。

### 2. 后续保险费

153　　　后续保险费的到期日通常会在合同当中约定。通常以日历日为单位，并规定在保险周期开始之前支付。这在一般保险条款中都有规定［参见《火灾保险一般条款》（AFB 87）第8条第1项］。法律没有规定后续保险费的到期日。

## 第四节　未及时支付保险费的法律后果

154　　　不支付第一期或一次性保险费和不支付后续保险费的法律后果不同。未能按时支付第一期或一次性保险费的后果很严重：保险人得以免于给付和/或解除合同（《保险合同法》第 37 条）。既然投保人连第一期保险费都不支付，法律就假定他对维持保险关系的兴趣并不特别高（BGHZ 21，122ff.）。根据旧《保险合同法》第 38 条的规定，投保人是否因过错而未能按时支付第一期或一次性保险费并不重要。如此严苛的规定在法政策上存疑。因此，在保险合同法改革中，立法者在《保险合同法》第 37 条第 1 款和第 2 款第 1 句中加入了过错要件。如果是后续保险费没有得到按时支付的情形，旧《保险合同法》的立法者认为投保人值得保护，因为他已经开始了一段时间的保险保障，除非满足严格的例外要件，投保人才会再次失去保险保障。为此，立法者为投保人规定了较为温和的法律后果：只有投保人已经构成给付迟延（即虽经催告仍因过错未支付，参见旧《保险合同法》第 39 条），保险人才可以免于给付或者终止合同。新法承继了这一内容（《保险合同法》第 38 条）。

**1. 不支付第一期或一次性保险费**

**a）保险人免于给付**

如果在保险事故发生的时候，投保人还未按时支付第一期或一次性保险费，则保险人免于给付（《保险合同法》第 37 条第 2 款）。不及时支付保险费，则保险没有实质开始，换言之，在支付之前风险不向保险人转移，除非有特别约定（比如临时保险、追溯性保险）。这就是为什么《保险合同法》第 37 条第 2 款被称为"**赎单条款**"的原因（关于合同上经常约定的扩张的赎单条款关联边码 88）。保险人免于给付还需要满足下列两个构成要件：

—— 未支付须可归责于投保人（《保险合同法》第 37 条第 2 款第 1 句）。投保人必须有**过错**，他必须是故意或者过失（《民法典》第 276 条）未按时支付。投保人需要承担证明自己无过错的责任。比如，投保人证明，自己当时病重，而且事实上不能委托他人代缴。这时候就可以排除过错。如果保险事故发生在《保险合同法》第 33 条给予投保人的支付期间之内，则投保人未支付无过错。投保人有权充分利用支付期间，否则就意味着，他必须在收到保险单后立即支付。这不符合《保险合同法》第 33 条第 1 款的规定（参见 Johannsen，FS Schirmer，2005，S. 263；HK/Karzewski § 37 Rn. 17f.）。

—— 保险人必须对投保人进行**劝告**（《保险合同法》第 37 条第 2 款第 2 句）。保险人必须以文本形式的单独通知或者以保险单作醒目提示：如果未支付保险费，则保险人免于给付。单独通知并不要求保险人必须通过"额外的纸张"提供信息，而是要求它在印刷安排上和其他文本内容区分开来，确保其得到凸显，投保人不会忽视。如果劝告在保险单上提供，则需要印在正面。如果印在背面，则需要在正面对此进行明确提示（Römer/Langheid/Rixecker § 37 Rn. 15 附带更多参考文献）。

—— 劝告必须在**内容**里包含，保险人因未支付第一期或一次性保险费而免于给付的提示。完整的提示还应包含，只有在投保人有过错未按时支付的情况下，保险人才免于给付的内容。其他信息，例如投保人可以通过嗣后支付保险费的方式继续获得将来部分的保险保障，按照规范的文义并不需要提供。但是，有关迟延支付后续保险费的司法判例肯定了这类信息的提示义务（关联边码 165）。为了安全起见，保险人最好在根据《保险合同法》第 37 条第 2 款第 2 句进行的劝告包含这一内容。—— 如果投保人同意通过银行自动扣款程序支付，则保险人应提示投保人，支付期间应当保持银行账户余额充足。保险人还应当清楚告知投保人应支付多少金额，以免影响保险保障（整体讨论见 HK-VVG/Karczewski § 37 Rn. 22）。

156　　　投保人支付保险费时的住所地为<u>给付地</u>（Leistungsort）或<u>支付地</u>（Zahlungsort）（《保险合同法》第 36 条第 1 款第 1 半句）。投保人需要自行承担向保险人支付保险费的过程的费用（《保险合同法》第 36 条第 1 款第 2 半句）。因此，<u>保险人所在地是给付结果地</u>。

通说早先认为，这里构成<u>送交之债</u>（Schickschuld），却是<u>加重的送交之债</u>（qualifizierte Schickschuld），因为法律规定送交过程的损失风险由投保人承担（与《民法典》第 270 条规定的金钱债务一样）。[①] 这一理解对于投保方为消费者的保险合同而言，至今仍为合理（关联边码 157）。

　　　一般保险条款（很少）将保险费支付义务约定为赴偿之债（Bringschuld）。例如，《法律保护保险一般条款》（ARB 75）第 7 条第 4 款规定，保险费的履行地是保险人的总部。在这一约定情形，给付行为地和给付结果地（债务得以清偿的地点）重合。这种约定对投保人不利，因为如果款项迟到或者不到，投保人还要承担迟延给付的法律风险。根据《民法典》第 307 条第 2 款第 1 项，这种约定不生效力，因为法律基于保护投保人的目的，将保险费支付义务构建为送交之债，并确立其为指导规则，这一点也可以从《民法典》第 270 条关于金钱给付的规定中推断出来（质疑见 Langheid/Rixecker/Rixecker VVG § 36 Rn. 3；见 Harbauer/Bauer，ARB，7. Aufl. 2004，§ 7 ARB 75 Rn. 11；另见 Harbauer/Cornelius-Winkler，ARB，8. Aufl. 2010，§ 7 ARB 75）。

　　　如果先前的保险费是保险人（通过保险代理人）到投保人住所地收取的（这是以前的比如在小额人寿保险中的做法），那么，只有在保险人以文本方式要求改变的时候，投保人才有义务递交保险费（《保险合同法》第 33 条第 2 款）。这也适用于，在当今实践中意义越来越重大的自动扣款程序情形，即保险人约定从投保人账户中扣除保险费的情形（对此参见 HK-VVG/Karczewski

---

[①]　保险费支付义务被规定为加重的送交之债（qualifizierte Schickschuld）。一方面，属于送交之债，这意味着投保人只要及时送交保险费（比如通过邮局、银行系统），无论何时到达保险人，都满足了不迟延的支付要求。但另一方面，又是加重的送交之债，因为送交的在途风险由投保人承担，比如邮路中断，保险人最终无法获款，投保人需要再次支付保险费。——译者注

VVG §33 Rn. 19f. )。但在合同约定自动扣款程序的情形，保险人简单地提出要求是不足够的，相反，他必须有终止先前付款约定的理由（参见 Armbrüster PrivVersR Rn. 1458）。

判断送交之债中的**支付是否及时**，关键在于，债务人在递交的时候是否已经完成了他这一边必须完成的事项（《民法典》第 270 条，《保险合同法》第 36 条）。这取决于**给付的行为**，而非给付的结果。如果债务人及时作出给付行为，那么即便款项迟延到达债权人，这一风险（迟延风险）还是由债权人承担。如果投保人在规定时间内向银行发出了转账指令，并且当时他的银行账户的额度充足，那么他就已经完成了他这边必要的行为。

另一种意见认为，应当将从投保人账户成功扣款作为投保人方面的必要行为。联邦最高法院在判例中（BGH VersR 1964，129）对这一问题持开放态度。本书认为，这种要求成功扣款的观点没有意识到，保险费债务人不能对扣款过程施加进一步的影响，因此扣款过程不应当视为给付行为的一部分。当然，没有争议的是，及时性的判断并不要求保险费成功贷记保险人账户，因为那样的话相当于要求了给付结果，违反《民法典》第 270 条和《保险合同法》第 36 条的规定。因此，就支付及时性的判断而言，款项何时贷记保险人账户无关紧要（BGH VersR 1964，129；Langheid/Rixecker/Rixecker VVG §36 Rn. 1；HKVVG/Karczewski VVG §33 Rn. 13）。

> 做到下列的行为，投保人就已经完成了他这边必要的行为
> — 通过银行（柜台）或邮局（如邮政）汇款，或通过邮政寄付（通过邮局寄送现金或者支票）；
> — 将款项当面交付或投入信箱；
> — 在约定自动扣款程序（授权扣款）情形，账户在到期日保有足够的金额（BGH VersR 1977，1153ff. ）。这种情况属于合同将付款约定为往取之债的情形 [BGH VersR 1985 447 (448)]。①

既然构成送交之债，那么就《保险合同法》第 37 条第 2 款规定的支付及时性而言，保险费债务已被清偿不是必需的，即不以现金已经支付、金额被成功贷记保险人账户或者（投保人签发的）支票已经被兑现等为必要条件。如果投保人作出给付行为之后因故未能成功清偿，那么他必须再一次给付以履行他的债务，因为递交失败的风险由他负担。不过，这并不影响支付及时性，不会因此构成迟延而丧失保险保障。

---

① 如果是投保人通过银行向保险人转账，是送交之债，但如果约定的是从投保人的账户自动扣款，则为往取之债。——译者注

如果投保人是**经营者**，认定为送交之债就不（再）合理。根据欧洲法院的判决（NJW 2008，1935），《欧盟支付迟延指令》要求款项及时贷记保险人账户。因为《欧盟支付迟延指令》仅适用于经营者之间的交易，这导致一种分离：如果投保人是经营者，保险费支付是**赴偿之债**。因此，只有在支付期间届满之前保险费款项被贷记保险人账户，才算支付及时；如果投保人是消费者，该指令不适用，仍然构成送交之债，及时性由履行行为决定（Armbrüster PrivVersR Rn. 1456；另一观点见Looschelders/Pohlmann/Stagl/Brand VVG § 36 Rn. 3，通常认为是修正的赴偿之债）。联邦最高法院尚未对《保险合同法》第36条作统一解释还是分开解释作出决定（又参见 HK-VVG/Karczewski VVG § 36 Rn. 2 附带更多参考文献）。这个问题在关于《民法典》第270条的文献中也存在争议（参见 BeckOK BGB/Lorenz BGB § 270 Rn. 16ff.）。

158　　　　　　　　**特殊情形：**

　　——在**强制保险情形**，保险人根据《保险合同法》第37条第2款免于给付的规定不适用于受害第三人。保险人仍需对受害第三人负责（参见《保险合同法》第117条）。

　　——**临时保险的溯及失效**：如果双方约定，未及时支付主合同第一期保险费将会导致临时保险溯及失效，则适用如下规则：保险人应当劝告投保人，提醒他不要在支付期限内（因过错）错过第一期保险费的支付，否则临时保险保障溯及消灭。此外，在机动车险情形，保险人还需要告知投保人，保险内的强制责任保险和车损险所对应的保险费分别是多少。劝告还应当说明，如果投保人无过错错过支付期限，可以通过嗣后补缴的方式维持保险保障（OLG Hamm NJW 1991，709；进一步参见 OLG Oldenburg r＋s 1999，187；关联边码98）。如果保险人告知的保险费支付期间前后矛盾，劝告不生效力（LG Dortmund r＋s 2015，543）。

　　——如果合同中约定的保险保障的开始日期早于第一期保险费支付的日期，则构成追溯保险，不适用《保险合同法》第37条第2款（《保险合同法》第2条第4款；关联边码110）。如果构成临时保险，则通常默示排除《保险合同法》第37条第2款的适用。

　　——保险人调查与确定损害、受领或催告后续保险费，并**不构成**《保险合同法》第37条第2款规定的默示**放弃免于给付的权利**，因为争取合同继续存续原则上与主张免于给付无关［BGH VersR 1963，376（378）］。在这些情形，保险人主张免于给付不会构成权利滥用（《民法典》第242条，比如矛盾行为）。但是，如果保险人在受领后续保险费的时候，已经知道了投保人在第一期保险费的未支付问题上存在错误认知，情况则有所不同。在这种情况下，可以合理期待保险人提示投保人认知错误，如果保险人不提醒，则违反《民法典》第

242 条，不得援引《保险合同法》第 37 条第 2 款（参见 HK-VVG/Karczewski VVG § 37 Rn. 24）。

　　——如果保险人因为投保人**拖欠小额保险费**而拒绝给付，则应考虑是否构成<u>不合比例</u>的权利滥用问题。然而，司法判例对此非常谨慎，通常认为，即便只有一小部分保险费未支付，保险人也可以主张免于给付。例如，联邦最高法院并不认为，32 马克是微小数额，以至于保险人因此拒赔构成权利滥用（BGH VersR 1986，54）。但在逾期未付的金额非常小，而保险费总额却非常高的极端情形，《民法典》第 242 条仍然应当得到适用。

　　——如果保险人可以用对投保人的保险赔偿**抵销**保险费（《民法典》第 387 条）或者可以用投保人的其他给付与保险费合并**结算**（《民法典》第 366 条），则根据联邦最高法院的判例，保险人必须利用这些可能性，否则不值得保护。这项从《民法典》第 242 条推导出来的抵销义务，在实践中的效果值得怀疑（参见 BGH VersR 1985，877f 并参见 Hofmann 在 878 页的反对意见），因为这种方式会削弱法律对投保人施加的促使其诚信守约的压力。**例如：**在收到保险单 5 天后，投保人向其机动车保险人报案。按照联邦最高法院的判例的认定，投保人的报案可以发挥履行替代（Erfüllungssurrogat）的功能。即使投保人在随后的时间里没有支付第一期保险费，也不会对其造成损害，因为保险人必须用对投保人的保险赔偿抵销投保人未支付的保险费。—— 根据判例观点，保险人甚至有义务用机动车车损险的赔偿与投保人未支付的机动车强制责任保险的保险费进行合并结算（OLG Hamm VersR 1996，1408）。

### b）保险人的解除权

aa）如果投保人未及时支付保险费，保险人有权解除合同（《保险合同法》第 37 条第 1 款）。法律对解除权的行使没有形式要求。先前的法律作出<u>拟制</u>，如果保险人没有在保险费支付义务到期后的 3 个月内向法院起诉请求支付保险费，则视为行使解除权（旧《保险合同法》第 38 条第 1 款第 2 句）。这种拟制在保险合同法改革中被废弃了。这种改变对投保人并不一定有利：因为如果《保险合同法》第 37 条第 2 款的要件满足，他对已发生的保险事故无法享有保险保障，而保险人却可以向他追讨拖欠的保险费，在这种合同中，他（显然）无论如何都没有利益。

bb）如果投保人在收到《保险合同法》第 37 条第 1 款的解除通知之后才支付保险费，这通常会被视为，投保人申请按照先前的条款签订一份新的合同。联邦最高法院（BGH VersR 1982，358）认为，如果保险人接受保险费，但在之后发生保险事故的时候又援引《保险合同法》第 37 条第 2 款进行抗辩，这种做法违反了诚实信用原则。然而，在这里引用本来就已经被过度使用的《民法典》第 242 条的规则略显多余：因为保险人接受保险费的行为本身即可构成对订立新保险合同的要约的默示承诺。

159

160

### 2. 不支付后续保险费

161     投保人不及时支付后续保险费的可能法律后果是，保险人<u>免于给付</u>和有权<u>终止合同</u>（《保险合同法》第 38 条）。这些法律后果的发生需要满足两个关键的构成要件：不及时支付<u>可归责于投保人</u>（投保人需构成<u>给付迟延</u>），并且保险人已经<u>设期催告付款</u>并且明确<u>劝告</u>不在该期间内付款的法律后果。这里的法律思想是，既然后续情形的投保人已经享受着保险保障，那么就不应该让他在无过失或无加重催告（qualifizierte Mahnung）的时候失去保险保障。因此，相比迟延支付第一期保险费，投保人不及时支付后续保险费的不利后果的构成要件更为严格。

    《民法典》第 286 条第 3 款第 1 句规定的 30 日期间不适用于保险法。在这方面，适用《民法典》第 286 条第 3 款第 1 句第 2 分句的但书规则〔Looschelders/Danga VersR 2000，1049（1056）〕。

162     a）因不支付后续保险费发生不利后果的第一个构成要件是保险人已经**催告付款**。如果投保人没有及时支付后续保险费，保险人可以以文本形式向投保人指定至少两周的<u>支付期间</u>（《保险合同法》第 38 条第 1 款第 1 句）。换言之，可归责于投保人的不支付尚且不足以构成给付迟延，还需要满足保险人在投保人未及时支付后设定付款期限这一构成要件。同样，在这里，及时性的判断看的是给付<u>行为</u>，而不是给付结果（关联边码 157）。

    如果一份保险合同有多个投保人，则保险人必须就迟延支付后续保险费指定的支付期间向每个投保人单独发出通知，即使他们居住地址相同（BGH r＋s 2014，1010）。

    **有权设定期间**的主体有：保险人或其授权主体以及缔约代理人（《保险合同法》第 71 条；参见 HK-VVG/Münkel §71 Rn. 3），但不包括促成代理人（参见《保险合同法》第 69 条）或保险经纪人。在<u>共同保险</u>（Mitversicherung）的情形，多数保险人共同承担风险（关联边码 324），除非获得其他保险人授予收款代理权，每个保险人都只有权为其份额对应的债权设定支付期间。设期意思表示的受领人是保险费的债务人（关联边码 150）或他的法定代理人、强制管理人以及破产管理人，但不包括保险单受让人、担保权人或者被保险人。

163     b）**到达**：设期意思表示在到达投保人时生效（《民法典》第 130 条）。保险人负有到达的<u>证明责任</u>。

    如果保险人能够证明相关内容已经<u>寄出</u>，也不足以构成该内容已经到达的表见证明：并没有任何经验法则支持，通过邮政寄出的物品就一定能够在确定时间内送达收件人，相反，根据日常经验，即便是挂号信有时也不能送达收件人，更不用说平信邮寄（尽管丢失邮件总数很小）。如果这里不这样认定，《民法典》第 130 条关于到达的要求将会退化为仅需证明发送的义务［BGH VersR 1964，375（376）；OLG Köln VersR 1990，1261］。司法判例认为没有任何理由给予保险人关于催告信到达的证明责任减轻，因为保险人完全可以通过使用附有回执的挂号信来避免证明上的困难（OLG Hamm r＋s 1992，258f.；关联边码 151 最后部分）。需要注意的是，信箱中提醒收件人领取挂号信的通知单的送达不等同于挂号信的送达，因为不能从通知单中推断出有关信件主题和发件人的任何信息。当然，意思表示受领人原则上必须对其影响范围内的所有收件障碍承担责任，特别是当其自身行为导致其无法收到有时限要求的意思表示的时候。如果受领人至少在客观上违反了注意义务，即未能采取措施以确保在通讯不出现异常延误的情况下处于可被送达的状态，则属于权利滥用。一个安装妥当并定期清空的信箱通常就足以满足法律的要求。如果某人因为较长时间不在家，委托熟人每天帮他查看信箱，那么他同样可以通过熟人帮忙从邮局领取挂号信。但如果受托人没有这样做，意思表示的受领人也不必对熟人的过错负责，因为这里的熟人并不构成《民法典》第 278 条意义上的履行辅助人（参见 OLG Hamm VersR 1982，1070；BGH VersR 1970，755；1971，262）。—— 邮递员在挂号信投递收据上正确填写的投递单构成收件的表见证明（AG Hannnover VersR 2004，317—关于送达证明，另见 Janich VersR 1999，535ff.；HK-VVG/Karczewski §38 Rn. 12ff. ）。

c）设定期间的**内容**：保险人必须详细指明拖欠的保险费、利息和费用的数额。在多合同合并的情形，则需要分别注明各自的金额（《保险合同法》第 38 条第 1 款第 2 句）。对欠款的正确说明是有效设定支付期间的前提。司法判例在这个问题上一直维持着严格的标准：如果保险人请求的保险费过多，则其期间设定不生效力（例如，仅欠后续保险费 106 欧元，催告信却主张 109 欧元）。 **164**

联邦最高法院（NJW 1967，1229）通常援引旧《保险合同法》第 39 条第 4 款来处理保险人请求金额过少的案例情形。保险人仅仅发函纠正错误是不够的，他需要重新作出加重催告。然而，如果保险人请求的保险费少了，他的期间设定是有效的，但只在他明确请求的金额范围发生效力。迟延也只在保险人请求的更小金额上成立。对于差额，保险人需要另行催告。

d）**劝告**：保险人必须告知投保人不支付的所有后果（《保险合同法》第 38 条第 1 款第 2 句）。如果保险人没有劝告或者劝告不适当，则期间设定不生效力。保险人应当全面且无疑义地告知支付的原因和范围（此乃加重的催告）。劝告内容应当延伸包括那些可能会发生的不利于投保人的迟延后果，并且包括如果发生这些后果，在法律上有哪些能够维持投保人保险保障的补救方法的相关信息（BGH r＋s 1988，191）。 **165**

保险人还必须（同时）告知投保人，即便错过法定期间，投保人仍然可以通过嗣后支付保险费，获得付款后发生的保险事故的保险保障。保险人还应当告知投保人，他可以通过嗣后支付来剥夺保险人的终止权。最后，劝告的内容还应当延伸到，投保人可以通过支付保险费消除保险人已经作出的终止表示的法律后果，只要其支付行为发生在保险事故之前，在合同终止后的一个月之内或者附终止期间的期间届满后的一个月之内（参见 OLG Hamm r＋s 1992，258）。

如果是同时存在多个合同的情形（例如，机动车强制责任保险和车损险并存，或者补充医疗保险和每日津贴险并存），则保险人需要分别说明未支付的金额，以便投保人决定继续保有哪种保险（OLG Stuttgart VersR 2010，1439）。

作出符合要求的劝告是催告的<u>形式生效要件</u>（《保险合同法》第 38 条第 1 款第 2 句）。投保人是否真的是因为指示不符合要求而没有付款，是不重要的，因为这里没有因果关系的要求。

166 e）<u>迟延</u>：如果投保人支付保险费、利息或者费用陷入迟延，如果在指定期间届满后发生保险事故，保险人免于给付（《保险合同法》第 38 条第 2 款）。迟延以过错为要件，投保人只有因为过错未能在支付期间内完成给付，才会承担保险给付请求权丧失的不利后果（关联边码 167）。

保险人的劝告还应当包括，只有投保人的支付陷入迟延才会影响保险保障的内容。但保险人对"<u>迟延</u>"一词不需要进行更详细的解释（OLG Hamm r＋s 1992，258）。

167 f）支付期间届满后，保险人可以<u>终止</u>保险合同（《保险合同法》第 38 条第 3 款第 1 句，**单独的终止**）。此处以投保人陷入支付迟延为构成要件。保险人也可以将终止合同的意思表示合并到付款催告当中去，如此一来，支付期间届满未支付，则终止发生效力（《保险合同法》第 38 条第 3 款第 2 句，**合并的终止**）。

只有投保人构成给付迟延，不支付后续保险费的法律后果才会发生。这以满足投保人**可归责**要件为前提（参见《民法典》第 286 条第 4 款结合《民法典》第 276 条：<u>无过失则无迟延</u>）。

**无过失的例子：**

— 保险费账单内容混乱、令人误解（参见 OLG Hamm VersR 1980，861）。

— 保险人可以通过<u>款项结算</u>或者<u>抵销</u>获得清偿（关联边码 158）。

— 特殊情形：投保人身患<u>重病</u>，无论是否有资金都无法履行保险费支付义务。然而，司法判例在这方面非常谨慎：即使投保人发生心肌梗塞，但如果他可以委托其妻子或会计师等人支付保险费，他不完成支付会被认定为有过错（参见 OLG Schleswig VersR 1965，25；另见 OLG Stuttgart VersR 1953，18）。

**在一个月期间内付款：** 如果投保人在合同终止后的一个月之内，或者（在终止 168 表示与设期合并情形）在支付期间届满后的一个月内支付了保险费，则<u>终止不生效力</u>。即便在此期间发生保险事故，也不影响这一规则的适用（与旧《保险合同法》第 39 条第 3 款第 3 句的规定相反）。因此，嗣后支付意味着，在此支付之后的保险事故能够获得保险保障。投保人可以借此消除支付迟延的不利后果并且复活保险保障。

但另一方面，如果投保人在**保险事故发生之后再支付**，他就没法利用保险提供的保障，因为就该保险事故而言，保险人免于给付（对此参见 OLG Nürnberg VersR 1966，1125）。《保险合同法》第 38 条第 3 款第 3 句第 2 分句对此进行了明确的规定（"<u>第 2 款的适用不受影响</u>"）。

保险人行使权利的行为依然受《民法典》第 242 条的禁止权利滥用的限制，特别是**自相矛盾行为**。

**例如：** 保险人承诺按照集体协定给付，则意味着保险人将会根据集体协定内各个档位的特别规则提供给付，也即，只受集体协定自身规则的限制。因此，保险人不得再援引旧《保险合同法》第 39 条第 2 款（新法第 38 条第 2 款）的规定（OLG Hamm VersR 1983，577）。

# 第五节　保险关系提前结束时的保险费问题

1. 根据以往的法律，在大多数合同关系提前结束的情形，保险人都有权获得 169 直至他意识到不真正义务违反、风险升高或撤销事由的当前保险周期结束的保险费（旧《保险合同法》第 40 条第 1 款第 1 句）。这被称为保险费不可分原则。

这一规则的**合宪性**（《基本法》第 3 条）存疑：有可能会构成对投保人的严重不平等对待，因为保险人总是能够要求投保人支付整年的保险费，无论保险人免于给付的原因发生在一年的哪个时间点。按实际发生时间收取相应比例的保险费的规则才是合理的（AG Haßfurt VersR 1986，856）。然而，平等对待原则只禁止任意的不平等对待。因此，尽管不可分原则可能不是所有可能方案当中的最佳方案，但如果能够找到客观理由，说明为什么特别优待保险人以及为什么区分对待保险周期内和保险周期结束时终止合同的投保人，则其也能被正当化。支撑着旧《保险合同法》第 40 条第 2 款第 1 项的一个客观理由是，该规范对投保人施加一定的压力，促使其按照合同行事（详见 BGH NJW 1992，107＝r＋s 1992，37）。这一理由非常可疑：保险人这一边不再给付，另一边却强制投保人支付保险费，显然不能令人信服。这样的规则没有对权利和义务进行适当的分配。就保险技术而言，以保险人事实上提供保险保障的时间段为准，对保险费进行中断结算在技术层面是完全可行的。这一点可以通过《责任保险一般条款》（AHB 2002）第 8 条第 4 部分第 2 款、旧《机动车保险一般条款》（AKB）第 4 条第 4b 项、《意外保险一般条款》（AUB 88）第 5 条第 3 款中关于保险费可以按时间比例（pro rata temporis）计算的规定印证。因此，在《保险合同法》修订过程中，立法者废除了保险费的不可分原则。这是影响深远的变化。

按照改革立法者的意愿，保险人原则上（只能）获取合同存续期间对应的保险费。但<u>冰雹险</u>除外：如果投保人在保险周期结束前终止合同，则保险人仍然有权保有当前保险周期的保险费（《保险合同法》第 92 条第 3 款第 2 句）。它的正当化理由在于，保险人原则上只能在保险事故发生的保险周期结束时终止合同。这与"冰雹风险的季节性特点"有关（参见 Begr. RegE, BT-Drucks. 16/3945 S. 83）。如果允许保险人提前终止合同，投保人将会很难找到其他保险人承保该年的剩余周期。— 否则自然应当<u>按照时间比例结算</u>：

**基本规则**：如果保险合同关系在保险周期届满之前结束，保险人只有权获得该保险周期内与保险保障存在期间相对应的那部分保险费（《保险合同法》第 39 条第 1 款第 1 句）。这一规则尤其适用于，因风险升高（《保险合同法》第 24 条）、因投保人违反保险事故发生前应履行的约定不真正义务（《保险合同法》第 28 条第 1 款）、因投保人迟延支付后续保险费（《保险合同法》第 38 条第 3 款）、因保险人依《保险合同法》第 19 条第 6 款、第 25 条第 2 款提高保险费而终止合同的情形。

**例外**：投保人出于欺诈意图投保超额保险或重复保险，则合同无效。在这种情形下，保险人有权收取直到其知道导致合同无效的相关情况时的保险费（《保险合同法》第 74 条第 2 款、第 78 条第 4 款）。如果投保人出于获取不法财产利益的目的，为不存在的利益投保，上述规则同样适用（《保险合同法》第 80 条第 3 款）。

170　　　2. **合同的解除**（《保险合同法》第 19 条第 2 款）或**欺诈撤销**（《保险合同法》第 22 条）具有<u>溯及效力</u>。因此，保险人的保险费请求权溯及消灭。（但）法律规定，<u>保险人有权保有</u>直至解除或者撤销表示生效时点的保险费（《保险合同法》第 39 条第 1 款第 2 句）。理由是：一方面，如果已发生的保险事故与解除原因之间没有因果关系，保险人在合同解除后依然需要给付保险金（《保险合同法》第 21 条第 2 款）；另一方面，如果保险人在合同解除或者撤销时不能收取保险费，则会释放错误的"信号"——投保人大可通过欺骗的方式诱使保险人缔约，反正他在保险费方面不会遭受损失。

171　　　3. 如果是因**不支付第一期保险费**而<u>解除</u>合同的情形（《保险合同法》第 37 条第 1 款），保险人可以请求支付<u>合理的业务费用</u>（《保险合同法》第 39 条第 1 款第 3

句）。保险人应当主张并且证明业务费用的合理性（MünchKomm-VVG/Staudinger
§ 39 Rn. 12）。这一条款偏离按时间比例结算的原则。

4. 如果保险关系根据《保险合同法》第 16 条因为**保险人破产**而结束，投保人
可以请求保险人返还自己已经支付的、对应着保险关系结束后的那部分保险费，但
需扣除为这一期间已经支出的费用（例如，保险代理人的中介费；《保险合同法》
第 39 条第 2 款）。

5. 其他特殊情形：

a）在投保人违反先合同告知义务的情形，如果保险人在知晓未告知情况的情
况下原本会愿意提高保险费继续承保风险，则其无权行使解除权和终止权。但是，
他至少可以请求提高保险费（《保险合同法》第 19 条第 4 款第 2 句）。在满足《保
险合同法》第 19 条第 6 款的构成要件的时候，投保人有权终止合同（关于保险费，
关联边码 169 和边码 190）。

b）在**风险升高**情形，满足条件的保险人有权终止合同（《保险合同法》第 24
条），但他也可以选择维持合同效力并请求更高的保险费（《保险合同法》第 25 条
第 1 款）。反过来，满足条件的投保人也可以终止合同（《保险合同法》第 25 条第 2
款）。终止后保险人得以请求保险费的范围受《保险合同法》第 39 条第 1 款规制
（关联边码 169）。

c）如果在缔约之前或之后**风险降低**，投保人可以请求保险人，自请求到达时
起适当地减少保险费（《保险合同法》第 41 条第 1 句）。这同样适用于投保人提供
的信息错误而导致保险人过高估计风险情况的情形（参见《保险合同法》第 41 条
第 2 句；对此参见 BGH VersR 1981，621）。《保险合同法》第 41 条适用于人寿保
险，但增加了一个要件，即需要合同已经明确将其约定为风险降低的情形，投保人
才能请求基于风险降低的保险费减少（《保险合同法》第 158 条）。

172

173

# 第五章

## 投保人的不真正义务与风险排除条款

第一节　不真正义务法 ----------------------------------------

### 1. 概述

**参考文献**：Armbrüster PrivVersR Rn. 1488ff.；Bach, Aktuelle Rechtsfragen der Versicherungsvertragspraxis，1987，55ff.；Bruns PrivVersR §16；Deutsch/Iversen VersVertrR Rn. 205ff.；Eichler, Versicherungsrecht，2. Aufl. 1976，40ff.；Rühl, Obliegenheiten im Versicherungsvertragsrecht，2004；Schirmer r＋s 1990，217ff.；ders. r＋s 1999，1ff.；45ff.；R. Schmidt, Die Obliegenheiten，1953；Schmidt-Hollburg, Die Abgrenzung von Risikoausschlüssen und Obliegenheiten in den kaufmännischen Versicherungszweigen，1991；Sieg ZVersWiss 1973，441ff.；Tschersich r＋s 2012，53ff.；Wandt VersR Rn. 531ff.；Weyers, Versicherungsvertrag，in：Gitter ua（Hrsg.）Vertragsschuldverhältnisse，1974，459ff.

#### a）法律性质与功能

各式各样的不真正义务是保险合同法的"特色"，共同构成投保人的行为规则：

—— 投保人不得升高保险人在保险合同中承担的风险（参见《保险合同法》第23条第1款和第2款），例如，投保人不能为了省电省钱，去除安全性设施，因为这样的行为会持续地增加投保的机器设备受到损害的风险。这里的基本思想是，保险人根据保险合同承担一定的风险，同时收取与之对等的保险费，投保人不能凭空奢望保险人承担更高的风险。

—— 火灾发生时，投保人应尽可能地扑灭火苗；洪水出现时，投保人应尽可能地抢救保险标的物，也即，投保人应当尽可能地避免损害或者至少减轻损害（参见《保险合同法》第82条第1款）。尽管人们不能强迫他人按何种方式处理自我事务，但既然投保人期待保险人对他的财产损毁或损害负责，则投保人在因轻率行为损害自己利益的时候，就不可能完全不承担不利的后果。

—— 此外，保险人在决定承担风险之前，对正确且充分地了解风险重要事实有着正当的利益。在保险事故发生之后，保险人也需要查明，他是否有义务根据保险合同支付保险金。在这些方面，保险人都依赖于投保人的配合。

如果保险人承保的风险与投保人支付的保险费不（再）能构成适当的对价关系，或者投保人过于疏忽保险标的物的保护，则需相应减轻保险人的合同给付义务。就像《民法典》第254条适用的时候那样：如果某人的行为，尢论是积极作为（《民法典》第254条第1款）还是应采取减损措施情形的不作为（《民法典》第254条第2款），促成损害的发生，则该人需要承担他原本应得的损害赔偿相应减少的后果。或者，在商品买卖中，如果卖家违反释明义务，则可能构成债务不履行或者不完全履行，需要对买家承担损害赔偿责任。这是私法解决冲突的"通常"规则。

保险法在这里有着自己的一套处理规则：保险法规定，如果投保人违反先合同告知义务，保险人有权解除合同（《保险合同法》第19条第2款，关联边码181及其以下各边码）；如果投保人违反约定的不真正义务，保险人有权部分或者完全免于给付（《保险合同法》第28条第2款）。如果投保人违反的是在保险事故发生前应履行的约定不真正义务，法律还额外地赋予保险人终止权作为制裁手段（《保险合同法》第28条第1款；关联边码211及其以下各边码）。投保人疏于履行减损义务，同样会导向保险人免于给付的结果（《保险合同法》第82条第3款；关联边码236及其以下各边码）。保险合同法具有这一特殊性的一个重要原因是，人们期望通过施加严重的后果，来预防投保人的不真正义务违反行为。包含此类法律后果的民事规则在事实层面近似于刑事规则。当然，因为刑罚不应应用于私人交易，保险法对违反不真正义务的制裁不应包含惩罚要素（pönales Element）（相同见解参见Wandt VersR Rn. 540a）。因此，这里重要的是，保险法并不是要用诸如失去保险给付请求权来"惩罚"投保人的不当行为，而是原则上仅在投保人的行为对合同相对方（保险人）造成了不利益的情形，才能施加此类制裁。基于这一考虑，立法者为整个不真正义务法引入了因果关系规则（参见《保险合同法》第21条第2款第1句、第26条第3款第1项、第28条第3款第1句、第82条第4款第1句）。但是，在投保人进行欺诈的情形，考虑到投保人不当行为的严重性，即便没有因果关系，保险人拒绝给付同样是正当的（《保险合同法》第21条第2款第2句、第28条第3

175

款第 2 句、第 82 条第 4 款第 2 句）。恶意欺诈动摇了合同关系的基础，这种情况下，严厉的制裁是合理的，其也应当具有威慑作用。尽管如此，这里仍然不构成对投保人的"刑罚"。改革立法者特别地注意，避免不真正义务的违反制裁当中包含刑罚的特征。如前所述，这体现为对因果关系原则的引入，此外，还表现为对"全有全无"原则的放弃：重大过失违反不真正义务不（再）导致保险人完全免于给付，原则上只能使保险人有权减少给付（《保险合同法》第 26 条第 1 款第 2 句、第 28 条第 2 款第 2 句、第 82 条第 3 款第 2 句）。制裁与行为的程度相当，不具有刑罚特征。当然，不真正义务与潜在的制裁威胁相互结合，能够也应当能够起到预防阻却的作用。这不会构成体系断裂：在民法的其他领域同样承认预防功能，比如《环境责任法》的危险责任规则就表明了这样的法律目的（关于民法规则的预防功能，相同见解参见 Thüsing ZRP 2001，126，127）。

176 　　保险合同法的特殊之处在于，针对投保人规定了法定或约定的行为规则，违反这些规则会直接导致投保人在法律上处于不利地位（"自我强制执行要素"）。和其他类型合同的当事人不同，保险人不需要在相对人作出违反行为的时候诉诸法庭，而是完全可以自己采取行动，禁绝当前乃至将来保险事故的部分乃至全部给付（诸如通过《保险合同法》第 24 条终止合同或者《保险合同法》第 25 条调整合同）。履行不真正义务是投保人能够获得持续的保险保障的客观构成要件。但是，投保人并不负有履行某项不真正义务的债法上的义务——例如，保险人无法诉诸法院，强制投保人履行保险事故信息提供义务——投保人的行为毋宁（主要）是为了他自身的利益。在自我责任范围内不作为的后果由投保人自行承担（所谓的**构成要件理论**，参见关于各种法律教义理论的 Armbrüster PrivVersR Rn. 1497；Bruns PrivVersR §16 Rn. 6ff. 附带更多参考文献）。总的来说，保险合同法当中的不真正义务的价值已经得到了证明。因此，在改革中立法者保留了这一概念的核心，并没有用违约金规则或者其他类似制裁机制取代它（完整内容见 HK-VVG/Felsch VVG §28 Rn. 4ff.；MüKoVVG/Wandt VVG Vor §28 Rn. 12ff.；关于改革的讨论见 Schimikowski r+s 2000，353ff.）。

**不真正义务法在《保险合同法》改革中的核心内容：**

　　—— 免于给付仍然作为通常的法律后果。即便个别情形有其他需求，法律认为赋予保险人主张更高的保险费或者终止的权利也已经足够了。

　　—— 原则上，只有在投保人对不真正义务的违反与保险事故的发生或确定、保险人的给付义务的确定或范围有因果关系的时候，保险人才能免于给付。只有在投保人欺诈的情形，这一因果关系要求才会被免除。

　　—— 就投保人的给付请求权而言，立法者维持了一般过失违反不真正义务没有制裁的法律安排（违反先合同告知义务情形除外）。

　　—— 在投保人重大过失的情形，保险人有权根据投保人过错程度相应减少给付。

根据功能的不同，**不真正义务**可以分为**两类**：

——第一类是通过它们的履行，将保险人的给付义务限定在保险人合同承担的风险范围内，即

——合同订立时的告知义务（《保险合同法》第 19 条及其以下各条）；

——保险事故发生前应履行的约定不真正义务（《保险合同法》第 28 条第 1 款）；

——禁止升高风险义务（《保险合同法》第 23 条及其以下各条）；

——减损义务（《保险合同法》第 82 条）。

——第二类是要求投保人在合同期间予以合作的不真正义务，尤其是保险事故发生后应履行的告知义务（《保险合同法》第 30 条）和信息提供义务（《保险合同法》第 31 条）。

在类型上，可以分为法定不真正义务和约定不真正义务。《保险合同法》既包括合同约定的不真正义务（参见《保险合同法》第 28 条），也包括法律规定构成要件却没有规定法律后果的法定不真正义务（不完全法，参见《保险合同法》第 30 条、第 31 条）以及法律既规定构成要件也规定法律后果的法定不真正义务（参见《保险合同法》第 19 条、第 23 条至第 25 条、第 82 条、第 86 条第 3 款、第 97 条；关联边码 210）。

**b）"隐藏的"不真正义务**

风险排除条款与不真正义务条款往往难以区分，但是由于法律后果不同，区分两者具有相当重要的实际意义：如果是风险排除条款，在被排除的风险之上自始就没有保险保障；但如果是不真正义务条款，那么，保险人只有在满足特定条件之后，才能免于给付，终止乃至解除合同。

按照联邦最高法院的判决，决定的关键不在于条款文义或其位置，而是其实质内容。当条款主要要求投保人采取谨慎行为，则构成"隐藏的"不真正义务。在这里，保险保障能不能维持，操之于投保人之手。相反，如果相关条款包含着对风险的个性化描述，并说明是否提供或排除保险保障，则构成客观的风险界定条款（BGH r＋s 1983，102f.；VersR 1990，482f.；对此批评见 Prölss/Martin/Armbrüster VVG § 28 Rn. 17f.；Bruck/Möller/Heiss VVG § 28 Rn. 28）。

**例如：**

——《行李运输保险一般条款》（AVBR 1980）第 5 条第 1d 项"排除"存放在无人照管的车辆内的首饰、照相机、摄像机等财产上的保险保障。这实际上是不真正义务条款（BGH r＋s 1985，283f.），因为其要求投保人采取行动以限缩被保风险。

——如果一般保险条款排除驾驶车况不适宜上路机动车所造成损害的保险保障，则其不是风险排除条款，而是隐藏的不真正义务〔参见 BGH r＋s 2000，480 关于《运输财物保险》（AVB Werkverkehr）第 6.1.5 条〕。

——《行李运输保险一般条款》（AVBR 1980）第 3 条第 2a 项规定，保险人不赔

偿因行李包装缺陷或者密封缺陷造成的损害。汉堡地区法院（LG Hamburg，r＋s 1990，63f.）否定其为风险排除条款，而是将其认定为隐藏的不真正义务条款，适用旧《保险合同法》第 6 条。—— 其他例子：BGH NVersZ 2000，433。

—— 航空责任保险规定，如果飞机驾驶员在（损害）事件发生时没有必要的执照、必要的授权或资格证明，则不享有保险保障。联邦最高法院并未将其定性为客观的风险排除条款，而是将其定性为隐藏的不真正义务条款（BGH r＋s 2014，350）。

即便一项规定在一般保险条款中被标注为风险排除条款，按照"旧"保险合同法通说，如果它本质上是一个行为规则，它适用的仍然是不真正义务法（见 HK-VVG/Felsch VVG § 28 Rn. 17ff.；MüKoVVG/Wandt VVG § 28 Rn. 56ff.）。依通说，被标识为风险排除条款的此类条款应当依照不真正义务法来确定它的法律后果（旧《保险合同法》第 6 条）。也即在现今的语境下，应当适用《保险合同法》第 28 条的规定。[1] 在旧法时代就有一种值得注意的少数意见，其认为，隐藏的不真正义务应当根据《民法典》第 307 条无效，因为此类条款掩盖了真实的法律状况，损害了客户的利益（Ulmer/Brandner/Hensen/Brandner，AGB-Gesetz，9. Aufl. 2001，Anh. § § 9 - 11 Rn. 860 附带更多参考文献）。这种观点在当时并未被普遍接受。（但是）今天人们不得不说，这些隐藏的不真正义务直接将（完全）免于给付作为其法律后果（比如条文表述是："……情形除外""……情形不提供保险保障"），构成《民法典》第 307 条第 1 款第 2 句意义上的不透明条款（见 Bruck/Möller/Heiss VVG § 28 Rn. 31；Prölss/Martin/Armbrüster VVG § 28 Rn. 43f.）。因为，这些条款使投保人不能清楚地意识到，立法者在法律层面作了根据不同过错程度给予不同法律后果的安排（《保险合同法》第 28 条第 2 款第 1 句、第 2 句的规定）。按照最高法院"转换案"（Umstellungsurteil）[2]（BGH r＋s 2012，9）的判决，在一个风险排除条款因其实质包含行为义务而被认定为约定不真正义务条款的情形，如果该条款仅以保险人免于给付为法律后果，则构成对《保险合同法》第 28 条的差异化法律后果体系的不利偏离，应当按照《保险合同法》第 32 条的规定不生效力（参见 LG Dortmund VersR 2015，981；分析见 Schimikowski jurisPR-VersR 9/2015 注释 4）。否定隐藏的不真正义务条款的效力是当前学界的主流观点（参见 Felsch r＋s 2015，53ff.；HK-VVG/Felsch VVG § 28 Rn. 23ff.；Wandt VersR 2015，265ff.；Piontek/Tschersich r＋s 2015，363ff.；Koch VersR 2014，283ff.）。

如果合同的某项规定不应归为隐藏的不真正义务条款，而应被明确解释为风险排除条款，但是投保人是否有权获得赔偿仍然取决于他的行为和/或过错，这种条款仍需放在《民法典》第 307 条第 2 款第 1 项的框架内，审查是否与《保险合同

---

[1] 《保险合同法》第 28 条是不真正义务法的主要规则。——译者注

[2] 该案中法院探讨了新法生效后，未根据新法转换内容的旧一般保险条款的效力问题，因此被称为"转换案"。——译者注

法》第 28 条确立的指导规则相冲突（参见 Looschelders/Pohlmann/Pohlmann VVG §28 Rn. 30 附带更多参考文献）。这样的条款如："如果保险标的物被放置在脱下来的衣服、搁一旁的提袋、手提箱或者背包中而无人看管，即使时间很短，也不在失窃保险保障的范围内。"（AG Wiesbaden zfS 2012，519；分析见 Schimikowski jurisPR-VersR 8/2011 注释 6）。

### c) 对违反不真正义务的制裁

《保险合同法》第 28 条规定了投保人违反约定的不真正义务的法律后果。

180

**例如：**《机动车保险一般条款》（AKB）第 D. 1. 1 条规定的仅按约定用途使用车辆的义务，就是约定的不真正义务的一个例子。

对于法定的不真正义务，《保险合同法》第 28 条只适用于那些法律没有规定其法律后果的法定不真正义务。

**例如：**对于法律已经对最终法律后果作出规定的法定不真正义务，比如投保人通知地址变动的义务（参见《保险合同法》第 13 条），《保险合同法》第 28 条不适用。相反，如果是《保险合同法》第 30 条、第 31 条规定的保险事故发生后应履行的告知义务和信息提供义务，情况就不同了（关联边码 218 及其以下各边码）：如果合同约定保险人可以免于给付，则《保险合同法》第 28 条第 2 款在此适用。

法律在部分法定不真正义务情形直接规定了它的法律后果。

**例如：**法律在《保险合同法》第 82 条第 1 款、第 2 款规定的投保人防止与减少损害的不真正义务和第 82 条第 3 款规定的投保人遵循保险人指示的不真正义务，就具体规定了，不履行不真正义务的投保人在何种要件下需要承担何种法律后果。《保险合同法》第 19 条及其以下各条对违反先合同告知义务的规定同样如此，法律明确规定在何种要件下将会产生哪种制裁后果（包括：解除、终止、合同调整以及保险人免于给付）。

### 2. 具体的不真正义务

### a) 先合同告知义务

**参考文献：**Armbrüster PrivVersR Rn. 797ff.；Brand VersR 2009，715ff.；Fricke VersR 2007，1614ff.；Egger VersR 2015，1209ff.；Harke ZVersWiss 2006，391ff.；Höra r＋s 2008，89ff.；Holzhauser VersVertrR Rn. 119ff.；Huesmann, Die vorvertragliche Risikoprüfungsobliegenheit des Versicherers，1998；Karczewski r＋s 2012，521ff.；Keinert, Vorvertragliche Anzeigepflicht，1983；Köther VersR 2016，831ff.；Kruse, Die vorvertragliche Anzeigepflicht in der Reform des Versicherungsvertragsgesetzes，2008；Lange r＋s 2008，56ff.；K. Müller r＋s 2000，485ff.；Neuhaus r＋s 2008，45ff.；ders. r＋s 2011，273ff.；ders. VersR 2012，

1477ff.；ders. VersR 2014，432ff.；Notthoff r＋s 2016，61ff.；Nugel MDR 2009，186ff.；Prölss NVersZ 2000，153ff.；Reusch VersR 2007，1313ff.；ders. VersR 2008，1179ff.；Röhr, Die vorvertragliche Anzeigepflicht，1980；Romahn VersR 2015，1481ff.；Schimikowski r＋s 2009，353ff.；Schwampe VersR 1984，308ff.；Wrabetz ZfV 1992，147ff.

181 　　　　**aa)** **告知的时间点。**根据《保险合同法》第 19 条第 1 款第 1 句的规定，投保人必须全面、正确地告知保险人他所知道的、对保险人的风险承担具有重要性的、但保险人不知道的所有情况。这是一项<u>先合同</u>不真正义务，投保人必须<u>在作出缔约意思表示之前</u>履行。也即，在合同按照"传统的"<u>要约模式</u>订立的情形（关联边码 32 和边码 47），投保人在其要约发出之前负有告知义务。

　　　　这就意味着，投保人不必告知保险人，在要约发出之后但在合同成立之前这段时间内发生的或者他才得知的、具有风险重要性的情况。除非保险人在接受投保之前再次询问风险重要事实，才会产生法律规定的<u>后续报告义务</u>（《保险合同法》第 19 条第 1 款第 2 句）。有争议的是，如果投保人没有在保险人承诺之前将其在要约发出后知道的风险重要事实告知保险人，保险人是否可以援引欺诈撤销合同（《保险合同法》第 22 条，《民法典》第 123 条）。此处应当做否定回答，因为法律确定的原则是，不给投保人施加**自发后续报告义务**（spontane Nachmeldepflicht）（在某些情况下有所不同，见 Knappmann VersR 2011，724，726）。保险人完全可以通过追问来保护自己。如果他不这样做，那么投保人就可以假定他在发出要约后不必再提供任何信息。当然，《保险合同法》第 19 条第 1 款是针对投保人违反先合同告知义务情形的义务限缩规则。如果保险人主张的是欺诈撤销合同，并不需要满足《保险合同法》第 19 条第 1 款的构成要件。尽管如此，很难想象一方面认为投保人对保险人没有信息提供义务，另一方面认为投保人的恶意欺诈指控成立的情形（另关联边码 182）。

**例如：**

　　——（1）投保人向保险人发出申请订立职业残疾保险的要约。保险人随后没有作出《保险合同法》第 19 条第 1 款第 2 句意义上的再次询问。在收到保险人寄来的保险单之前，投保人从医生那里知道自己患有心脏病。如果投保人现在对所申请的保险有任何顾虑，他可以假定——因为保险人没有使用他的询问权——他不必自发地去找保险人。倘若人们宽松地认定，此时的投保人构成恶意欺诈，则相当于"通过后门"重新把投保人的自发后续报告义务引进［相同见解参见 Marlow/Spuhl VVG kompakt/Marlow Rn. 168；Schirmer r＋s 2014，533（535）；关联边码 182］。

　　——（2）投保人在 8 月 1 日发出申请订立个人责任保险的要约。要约中填写的申请保险开始日期是 8 月 1 日。然而，在保险人承诺之前，投保人不慎伤到第三人，第三人告诉投保人，他将诉请损害赔偿。倘若投保人没有立即将这一损害事件通知保险人，是否构成恶意欺诈？对旧《保险合同法》第 16 条第 1 款的一种观点是，要求投保人告知保险人要约后、承诺前发生的保险事故构成不合理的期待，因为客户不可避免地会考虑到他的要约将会因此被拒绝〔见 Römer/Langheid/Römer（2. Aufl.）§2 Rn. 8；哈姆高等地区法院将这一问题悬而不决 OLG Hamm r＋s 2003，23f.〕，因此不能认定构成欺诈。对于旧法，还有一种相反的观点：根据旧《保险合同法》第 16 条第 1 款的表述，投保人有告知义务，因此不知道保险事故已经发生而接受要约的保险人有权解除合同。但是，在这一个例子中，如果保险人同意追溯保险，将保险保障溯及到 8 月 1 日（《保险合同法》第 2 条第 1 款），那么保险人的赔付义务仍然存在，因为这时候不满足《保险合同法》第 21 条第 2 款第 1 项（关联边码 184，196）的因果关系要求（见 BK/Baumann VVG §2 Rn. 64；疑难点关联边码 112）。因此，根据旧法，保险人在获得解除权的同时，仍然需要为已发生的保险事故支付保险金。然而根据新法，倘若我们将前述案例中未告知保险事故的行为认定为构成恶意欺诈，那么，保险人不仅可以解除合同，还可以免于给付。因为在恶意情形，保险人不受因果关系约束（参见《保险合同法》第 21 条第 2 款第 2 句），而且投保人方面几乎不可能证明他没有通过不履行告知的行为影响保险人决定的主观故意。

如果双方采用**要约邀请**模式订立合同（关联边码 33），按照《保险合同法》第 19 条第 1 款第 1 句的明确表述，投保人在作出明示或者默示承诺之前，都有告知保险人风险重要事实的义务。通常，保险人在客户作出**要约邀请**之前已经（发放询问表）询问具有风险重要性的事实，这就导致事实上，投保人除了在要约邀请中回答问题之外还有后续报告的义务（因为根据法律规定，在投保人作出承诺之前都有告知义务）。但是，很多客户都不清楚这一流程。因此，应该基于《民法典》第 241 条、第 311 条认定保险人有提示义务，提示投保人此种合同订立程序的特殊性。如果是客户通过委托经纪人缔约的情形，则经纪人有源自事务处理合同（《民法典》第 675 条）的提示义务。如果投保人没有得到在要约邀请之后就后续获知的事实再进行报告的提示，则其不作为无过失，或者最多只有一般过失（见 Langheid/Rixecker/Langheid VVG §19 Rn. 48 赞同结论）。通说试图通过将投保人向保险人提交要约邀请认定为告知义务的履行完成，以解决这里的问题（参见 Looschelders/Pohlmann/Looschelders VVG §19 Rn. 54 附带更多的参考文献；见 Karczewski r＋s 2012，521ff. 其他可能的解决方案）。但这种解决方案很难与法条文义相协调。

　　bb）**告知义务的内容**。保险人所需的、具有风险重要性的事实。（1）先合同告知义务包括所有风险重要事实，只要这些事实发生在投保人作出意思表示之前并且为投保人所知。所谓的<u>具有风险重要性</u>（Gefahrerheblich）是指，保险人以文本方式询问的、能够对保险人是否缔约或者是否按照当前内容缔约的决定产生影响的事实。首先，法律推定，只有以**文本形式**提出询问的内容才具有风险重要性（参见

182

《保险合同法》第 19 条第 1 款第 1 句）。如此一来，如同保险人担负了一种作出询问的不真正义务一般。此外，法律给保险人设置了形式障碍，要求保险人必须以文本形式（《民法典》第 126b 条）提出询问。法律的目的是，让保险人承担某一事实是否有风险重要性的判断负担。投保人应该能够依赖这样一个事实，即只有那些以文本形式询问的情况才是具有重要性的事实。— 例外情形，诸如保险代理人先口头询问投保人，然后代为填写，最后再让投保人核实他以文本形式记录的问题和答案的做法，也能满足法律的要求。这在法律意旨范围内（有争议，见 LG Berlin r＋s 2014，7；Grote/Schneider BB 2007，2689，2692）。相反，如果保险代理人只是和投保人一起阅读询问清单，而没有让投保人核实填写，就不满足要求（另一观点见 Marlow/Spuhl/Marlow Rn. 159）。因为这种做法没有把法律要实现的文本形式的记录功能意旨纳入考虑。— 即便保险人没有以文本形式提出询问，但如果投保人恶意作出错误陈述，尤其是投保人在没有询问的情况下主动地对风险重要事实作出虚假陈述的情形，还是能够成立《保险合同法》第 22 条、《民法典》第 123 条规定的欺诈撤销（见 Marlow/Spuhl VVG kompakt/Marlow Rn. 158）。

　　保险人的法律地位也不总是稳固无虞的。尤其在涉及工业风险的合同情形，实务上通常使用保险经纪人询问表（即所谓的**经纪人询问表**），而非保险人询问表。即便投保人不告知或者不当告知，保险人也无法行使《保险合同法》第 19 条第 2 款到第 4 款的权利，因为这不构成他的询问。保险人唯一的办法就是以恶意欺诈为由撤销合同，但是投保人的恶意往往难以证明（参见 OLG Hamm r＋s 2011，198）。这也适用于大众交易情形，倘若投保单上只印刷了经纪人的名字，则使投保人无法得知询问来自保险人（LG Dortmund r＋s 2012，426；分析见 Schneider Phi 2012，96）。因此，保险人需要让投保人能够辨别出，经纪人提供的询问实际上是保险人的询问。与之相反，科隆高等地区法院（OLG Köln，r＋s 2013，370）认为，一般的投保人能够从健康问题的指向以及投保单内容辨别出，这是保险人而不是经纪人自己的询问。因为投保单中包含了保险人确定是否订立合同的所有信息，投保人可以从这一安排的目的辨别出来，对健康问题的回答同时也构成对保险人的履行。这种观点只有在投保人收到，诸如通过回答（经纪人的）投保问题即履行了告知保险人的义务的类似提示的时候，才显得合理（参见 Looschelders/Pohlmann/Looschelders VVG § 19 Rn. 18）。这里要求投保人必须能够辨别出具体的保险人，因为《保险合同法》第 19 条第 1 款第 1 句要求的是投保人回答"某保险人"的问题，而不是（可能）相关的任一保险人的问题。

　　如果保险人为经纪人提供投保咨询的技术支持，使用户可以通过软件程序回答投保单上的问题，则有关风险情况的询问被认定为保险人的询问，而不是经纪人的询问（LG Dortmund r＋s 2013，322）。

　　有争议的是，投保人在回答文本形式的询问之外，是否还有**自发告知义务**

(spontane Anzeigepflicht)。例如，海德堡地区法院（LG Heidelberg，BeckRS 2016，20351）认为，职业残疾保险的投保单中问投保人是否罹患某些疾病，但没问及多发性硬化症，那么如果投保人没有主动告知保险人，他患有多发性硬化症的事实，则构成恶意欺诈。法院解释说，尽管这种疾病没有出现在问题列表当中，但是投保人毫无疑问知道，保险人（将因此）不会和他订立职业残疾保险合同，或者至少不会在没有排除因多发性硬化症而导致工作能力丧失的情况下和他订立保险合同。因此，海德堡地区法院认为，诚实的投保人应该在提交投保单的时候披露他的病情，并询问保险公司是否愿意在这种情况下和他订立合同〔相同结论见 Schirmer r＋s 2014，533（536）〕。本书认为，这种说法过于笼统，颠倒了"保险人的询问义务"这一法律概念。诚然，与《保险合同法》第 19 条第 2 款至第 4 款规定的权利不同，《民法典》第 123 条规定的因欺诈而撤销合同不以满足保险人询问要件为前提，法院在这一点上是正确的。但尽管如此，根据《保险合同法》第 19 条第 1 款第 1 句的规定，投保人通常可以认为，如果一个事实没有被询问，那么说明它对保险公司做决定而言并不重要。源自《民法典》第 242 条的主动披露义务只存在于有明显的风险重要性，但这种情况如此罕见以至于无法合理期待保险人会针对它提出问题的情形。只有在这样的情形才能认定在个案中，投保人的行为违背诚实信用原则（参见 Beckmann/Matusche-Beckmann VersR-HdB/Knappmann §14 Rn. 150；Looschelders/Pohlmann/Looschelders VVG §22 Rn. 9；OLG Celle r＋s 2016，500；OLG Hamm r＋s 2017，68；BGH r＋s 2011，421 zu §§28，31 VVG；关联边码 198）。而保险人询问特定的（严重）疾病或一般疾病、医疗等情况，都是可以合理期待的。只有在极少数情况下，才会认为保险人询问是不可合理期待的（例如，询问有没有特定的自杀意图或者询问某一种犯罪行为），这时候，保险人才能够基于恶意欺诈撤销合同。

（2）法律不推定保险人以文本形式询问的事项具有风险重要性（与旧《保险合同法》第 16 条第 1 款第 3 句的规定不同）。因此，以文本形式询问的事项必须具有**客观的风险重要性**。

在发生争议时，投保人必须主张和证明争议情形不具有风险重要性。司法判决认为，投保人一般性地主张所涉的具体事实不具有风险重要性，足以构成主张责任（Darlegungslast）的履行（BGH VersR 1984，629f.；r＋s 2003，118；OLG Köln r＋s 1991，7）。接下来就轮到保险人，他必须主张他所依据的风险评估准则，除非风险重要性"显而易见"。

**例如：**比如，投保人感染艾滋病病毒，就属于风险重要性显而易见的情形（LG Frankfurt NJW-RR 1991，607）。—— 酒精引起的肝损伤也属于旧《保险合同法》第 16 条（现今的《保险合同法》第 19 条第 1 款第 1 句）意义上的典型风险，因此保险人不必再通过主张他的风险评估准则来证明风险重要性（BGH r＋s 1990，

183

102；OLG Düsseldorf r＋s 2003，205）。但如果投保人只有明显轻微的、没有反复发作的健康问题，以至于从一开始就没有任何迹象表明它对保险人就长期保险的风险评估而言具有重要意义，那么保险人就有义务在法庭上将其风险评估准则具体化（LG Dortmund BeckRS 2011，06129）。

184   cc) **违反先合同告知义务的解除、终止与合同调整权**。在考察实务案例的时候，分三步进行：

— 首先，必须审查投保人是否没有告知或者错误告知了风险重要事实（关联边码 183）。这被称为<u>客观</u>的构成要件。

— 其次，必须明确投保人属于哪一类主观过错（<u>主观</u>的构成要件）。针对每一种过错状态（故意、重大过失、一般过失、无过失，乃至恶意），法律分别规定了不同的法律后果。

— 最后，必须考察形式要求是否得到满足：保险人是否进行了劝告（《保险合同法》第 19 条第 5 款第 1 句），该劝告是否符合法律要求，行权是否在法定期间内（《保险合同法》第 21 条第 1 款），是否已过除斥期间（《保险合同法》第 21 条第 3 款）或者权利是否已经被剥夺（比如错过了追问，关联边码 191）。

如果投保人未告知风险重要情况或者告知不实，则保险人有权解除合同或者终止合同，也可能有权调整合同。但只有在具备《保险合同法》第 21 条第 2 款第 1 句的<u>因果关系</u>的时候，保险人的解除才会产生对已发生的保险事故免于给付的法律后果。但在投保人恶意欺诈的情形，则无因果关系要求（关联边码 196）。

185   (1) <u>具体分析如下</u>：

(a) <u>告知义务的违反</u>。投保人没有回答或者错误回答保险人以文本形式就风险重要事实作出的提问。这是违反不真正义务的客观构成要件。但如果投保人已经告知保险代理人，则通常不再构成告知义务的违反。

186   **保险代理人的知情**归属于保险人。保险代理人是保险人的**耳与目**，这是保险代理人根据《保险合同法》第 69 条第 1 款第 1 项享有的法定受领代理权。根据这一规定，保险代理人有权受领投保人的要约。投保人在投保过程中作出的书面和口头意思表示都应该被考虑在内，它们是统一、不可分割的生活事实。投保人向保险代理人提交和告知信息，等同于向保险人提交和告知信息。如果保险代理人没有将他在要约过程中获知的事实填写进投保单，（原则上）不能认定投保人违反了先合同告知义务。根据《保险合同法》第 70 条的规定，保险代理人知道的信息等同于保险人知道的信息。除非是保险代理人私下（在工作之外）知晓的情况，才不适用上述规则（参见关于旧法的 BGH r＋s 1988，123；BGH r＋s 2011，58；关联边码 124 和边码 125）。

**例如**：投保人申请职业残疾保险附加险（BUZ-Versicherung），在保险代理人代为填写投保单的时候，投保人提醒保险代理人，自己做过膝关节手术。但代理人没有把这一情况写进去，因为该膝关节手术在投保人一年前与同属一个集团的另一家保险公司订立医疗保险合同的时候就已经做过告知。代理人认为没有必要再次提供这些信息。随后，保险人接受了投保申请。8个月后，投保人因为膝盖疼痛无法工作。在了解所有事实后，保险人解除了合同。法院认为，本案保险人无解除权，因为保险代理人知情，保险人因此也知情。投保人并没有违反先合同告知义务（BGH NJW 1993，2807＝r＋s 1993，361）。

在发生争议的时候，投保人（仅）需具体化他的主张：他已经充分告知保险代理人，但代理人没有填入投保单。接下来，就轮到保险人提供投保人错误回答询问的证据（OLG Hamm r＋s 1991，364）。之所以这样分配证明责任，是因为违反告知义务属于客观构成要件（参见《保险合同法》第69条第3款第2句）。这就意味着，在保险代理人根据投保人陈述填写投保单的情形，保险人必须证明，是因为投保人没有告知或者不充分告知才导致的不填写或不完整填写。如果保险代理人作为证人出庭作证，而他无法再记起细节，则由保险人承担证明不能的不利后果（OLG Frankfurt r＋s 2003，29）。

但是，在投保人与保险代理人**互相串通**的情形，投保人不能援引"耳与目"判例，或更确切地说，不能援引《保险合同法》第70条提供的保护（OLG Hamm r＋s 1999，11；Looschelders/Pohlmann/Looschelders VVG§19 Rn.48更多参考资料）。

**例如：**投保人申请人寿保险。保险代理人全面询问投保人健康问题，投保人亦如实回答了全部问题。投保人陈述：1987年心肌梗塞；1988年糖尿病、慢性肠道疾病、做了肠道手术；1990年做第二次肠道手术、慢性腹膜炎；1988年起丧失劳动能力。代理人告诉投保人，就"这样的小额人寿保险"而言，这些疾病都不重要，不需要写到投保单中去。因此，投保单中只记录了投保人在1990年得过一次流感。随后，投保人阅读并签署了投保单。在这个案例中，投保人和代理人默契地合作损害保险人的利益，因为双方都知道，按照真实的疾病状况，保险人将不会愿意承保（OLG Schleswig r＋s 1994，322；相同内容见 OLG Karsruhe r＋s 1997，38）。"耳与目"判例或《保险合同法》第70条不适用于这样的情形，因为这些规则的目的在于保护有信赖利益、诚实的投保人。在串通情形，保险人的解除权或者欺诈撤销权（《保险合同法》第22条）行使无碍。根据科布伦茨高等地区法院（OLG Koblenz，r＋s 2000，226）的一则判决，保险代理人没有向保险人披露他私下获知的投保人未告知的风险重要事实，也被认定为互相串通（值得怀疑）。

保险代理人作为保险人的"耳与目"，这一规则不可通过合同约定作不利偏离（《保险合同法》第72条；关联边码126和边码130）。

只有在特殊情形下，当保险代理人与投保人的个人关系特别密切，保险代理人的知情才会不归属保险人（LG Dortmund BeckRS 2011，06129）。这种情形可以理解为，保险代理人选择加入了投保人的"阵营"，不再愿意作为保险人的耳与目（关联边码125）。

187

188

189 　　投保单上的问题必须为投保人所知悉。这一事实由保险人主张并证明。

　　**例如：**保险代理人代投保人填写了投保单，但没有问客户投保单上的问题或者只问了部分问题。随后客户签署了投保单。此时，保险人不能行使旧《保险合同法》第 16 条、第 17 条（现《保险合同法》第 19 条）上的解除权，因为违反先合同告知义务需要以保险人完整且符合规定地询问了风险重要事实为前提。然而，本案的投保人根本不知道投保问题是什么（BGH r＋s 1991，151；1996，469；OLG Hamm r＋s 1999，10）。

　　如果投保人在空白的投保单上签了名，代理人随后代为填写有误，投保人是否违反告知义务（OLG Köln r＋s 1993，444 驳回在这种情形下旧《保险合同法》第 16 条的适用）？根据可能的通说的观点，投保人的行为违背诚实信用原则（《民法典》第 242 条），因此不能以没有注意到保险人的问题为抗辩（Looschelders/Pohl-mann/Looschelders VVG §19 Rn. 21 附带更多参考文献）。

190 　　（b）投保人的过错（主观构成要件）。具体发生何种法律后果取决于过错的严重程度。

　　**故意和重大过失情形的解除权：**《保险合同法》第 19 条第 3 款第 1 句规定了《保险合同法》第 19 条第 2 款的例外情形：如果投保人违反告知义务既非故意也非重大过失，则保险人无解除权。反过来也可以说，如果投保人故意违反告知义务，则保险人有解除权，重大过失情形也是如此，除非构成《保险合同法》第 19 条第 4 款规定的例外情形。**证明责任**（Beweislast）：法律虽然没有对证明责任作出直接规定，但从条文推出，保险人只需对客观构成要件承担证明责任，而投保人需要主张和证明主观构成要件。根据《保险合同法》第 19 条第 3 款第 1 句的表述，只要保险人证明了投保人对先合同告知义务的违反，则推定其主观为故意，投保人必须自己推翻推定。投保人必须主张且证明相关事实以避免合同被解除，也即他没有主观故意或者重大过失的事实（Neuhaus r＋s 2008，45（54）；Looschelders/Pohlmann/Looschelders VVG §19 Rn. 59）。

　　**终止权：**如果投保人只有<u>一般过失</u>或者<u>无过失</u>，则保险人只能终止合同（《保险合同法》第 19 条第 3 款第 2 句），也即，在投保人成功地否定掉故意或者重大过失指控的情形，保险人无权解除合同。在实践中，很少有投保人能够证明自己无过失。如果保险代理人指着问题提问时，指串行了，以至于投保人答非所问，通常认为投保人没有违反如实告知义务。如果投保人（错误地）认为某项事实无关紧要而没有告知，通常认为他至少有过失。如果保险人给的告知表单预留空间太小，投保人只能选择把相对严重的情况填写进去，对于剩余未填写的信息投保人没有过失。如果投保人根据家庭医生的告知认定自己身体健康，因此错误地回答了健康调查的问题，也被认为无过失（甚至有可能构成对要告知事实的不知情，参见 OLG Hamm VersR 1994，1333）。正如前面解释的那样，投保人必须证明自己没有过错，因为根据条文文义，这是需要投保人主张的例外情形。如果保险经纪人填写投保单出现错误，他的过错归属于投保人（BGH VersR 2008，809；OLG Köln r＋s 2004，95f.；MüKoVVG/Langheid VVG §19 Rn. 19）。因为既然经纪人在面向保险人的外部关系中作为投保人的代理人行事，其过错自然归属于投保人。经纪人和投保人一起签署投保单足以表明这一层代理关系（LG Dortmund r＋s 2013，322）。

《保险合同法》第 194 条第 1 款第 3 句对医疗保险有特别规则，依其规定，如果告知义务的违反不可归责于投保人，则保险人无终止权。

**合同调整权：** 如果投保人因重大过失违反告知义务，保险人原则上可以解除合同（《保险合同法》第 19 条第 3 款第 1 句），但条件是，假如保险人知道未告知或者错误告知事实的情况下则不会订立合同。相反，假如保险人能够以其他保险条款接受合同，则保险人无权解除合同。如果投保人只有一般过失或无过失，并且在保险人知道未告知的事实的情况下能够以其他条件接受合同，则保险人同样无权终止合同（《保险合同法》第 19 条第 4 款第 1 句）。投保人需要证明，假如保险人知道这些情况将会愿意以其他条件订立合同。投保人具体化他的主张之后，则轮到保险人承担二阶主张责任，也即，保险人需要解释他的接受原则。换言之，保险人应当解释，根据合同订立时适用的商业原则，未告知或者错误告知的情况确实构成了合同订立的障碍。

在保险人愿意以其他条件接受合同的情形，保险人仅有权调整合同，无权解除或者终止合同。此时，这些其他条件成为新的合同内容（《保险合同法》第 19 条第 4 款第 2 句）。这可能体现为保险人要求投保人支付更高的保险费，也可能体现为将未告知或错误告知的情况排除出保险范围。保险人的处理由合同订立时适用的商业原则决定。在一般或者重大过失情形，合同变更溯及既往；在无过失的情形，变更仅溯及到当前保险周期的开始时点。在医疗保险的情形，如果投保人没有过失，保险人无权调整合同（《保险合同法》第 194 条第 1 款第 3 句）。

在个别情况下，法律规定的法律后果可能会导致值得商榷的结果：如果投保人一般过失遗漏某一情况未告知，假如保险人知道该情况肯定不会签订合同，则保险人只能终止合同，这样一来，对于已经发生的保险事故，投保人还是能够得到保险赔偿。但如果这是一个导致合同调整的情形，也就是说，如果保险人知道该事实不会拒绝合同但会增加特定风险排除条款的情形，那么保险人可以溯及既往地将该特定排除条款作为合同的一部分。倘若发生的保险事故正好落在风险排除范围之内，则保险人可以免于给付。即便投保人完全没有无过失，但如果保险人知道事实时会约定风险排除条款，也即行使其合同调整权，也会产生相同的结果，无过失的投保人（也）得不到保险赔偿。与以前的法律状况相比，这是一种恶化。这应该不是立法者的本意。在这方面，可以认为是起草上的错误，必须通过司法判决用目的性限缩的方式予以纠正（有争议；相同见解见 Marlow/Spuhl VVG kompakt/Marlow

Rn. 187；Looschelders/Pohlmann/Looschelders VVG §19 Rn. 70 的更多文献提到了观点分歧）。

如果保险人调整合同，将保险费提高 10％以上，则投保人有权终止合同。保险人必须提示投保人，他享有此项终止权（《保险合同法》第 19 条第 6 款）。

191

（c）需重视的保险人追问义务。如果投保人提供的信息不清楚或者自相矛盾，不想丧失解除权的保险人不能未经核实直接接受申请，而应该履行**追问义务**（Nachfragepflicht）。原因在于，根据诚实信用原则（《民法典》第 242 条），保险人的行为不得自相矛盾：既然他一开始接受审查不充分的风险，那么事后就不能通过解除摆脱合同。法律对投保人施加先合同告知义务，目的是便于保险人进行风险评估，倘若投保人提供的信息明显不适合于最终的风险评估，而保险人在没有要求进一步说明的情况下就签订了合同，他就不得不受此约束，也即，失去解除合同的权利（参见 BGH r＋s 2011，324；1992，213；OLG Nürnberg r＋s 1999，92；OLG Saarbrücken VersR 2009，99）。

**例如：**

— 如果在订立人寿保险的时候，投保人一方面告知保险人他在同一年度曾被另一家保险公司拒保，另一方面又宣称自己的身体完全健康，那么保险人至少要怀疑这里可能存在问题。保险人应当就此进行追问。

— 如果投保人在某个答案栏留空，不应视之为填"否"，保险人应当追问。但如果投保人在某个答案栏划横线或划斜线，则可视之为填"否"（参见 Looschelders/Pohlmann/Looschelders VVG §19 Rn. 52f.）。

只有当投保人提供的信息自相矛盾或者不完整的时候，保险人才有追问义务（BGH r＋s 2001，261；OLG Frankfurt r＋s 2003，208）。

在保险人违反追问义务的情形，一些法院还一并否定了保险人的欺诈撤销权（关联边码 197）以及援引串通规则的权利（关联边码 188）（参见 OLG Koblenz r＋s 1998，50 以及更多参考资料）。这种观点必须予以否定，因为诚实信用原则的目的并不在于保护恶意欺诈的投保人［又参见 Römer r＋s 1998，45（48f.）］。新近的司法判决遵循了这一观点（参见 BGH r＋s 2011，324；OLG Hamm NVersZ 2000，166；OLG Düsseldorf r＋s 2003，252）。

因此，如果保险人在申请资料自相矛盾或不完整的情况下承保，则其违反追问义务，丧失解除、终止和调整合同的权利，但并不丧失以恶意欺诈为由撤销合同的权利。

192

（2）告知的受领人。告知应向保险人为之。原则上保险代理人也有权代理受领（《保险合同法》第 69 条第 1 款第 1 项）。很多一般保险条款企图限制保险代理人的代理权，规定保险代理人无权受领意思表示与告知。这是法律不允许的（关联边码 124 及其以下各边码，边码 417）。在旧法时代，判例从旧《保险合同法》第 43 条第 1 项发展出保险代理人是保险人的"耳与目"基本思想，因此与其相冲突的一般交易条款根据《民法典》第 307 条第 2 款第 1 项的规定不生效力。现在，新法直接将保险代理人的"耳与目"地位固定下来，不允许保险人通过合同更改（《保险合同法》第 72 条）。

（3）<u>形式</u>。法律中没有规定投保人告知应当采取的形式。合同可以约定为书面或者文本形式。这是法律允许的（参见《保险合同法》第 32 条第 2 句）。实践中有些保险人也确实这样做。需要注意的是，虽然投保人没有按照约定的形式要求告知，但如果保险人还是从诸如口头告知中知道了相关事实（《保险合同法》第 19 条第 5 款第 2 句），则保险人不享有《保险合同法》第 19 条第 2 款至第 4 款的权利。根据《保险合同法》第 72 条的规定，如果合同条款要求投保人向保险代理人作出的意思表示必须采取特定形式，比如书面或文本形式，此种条款不生效力（关联边码 192；参见 Looschelders/Pohlmann/Looschelders VVG § 19 Rn. 46）。

（4）<u>劝告</u>。只有满足了投保人获得相应的劝告的前提，保险人才有权解除、终止和调整合同（参见《保险合同法》第 19 条第 5 款第 1 句）。劝告应当**单独**作出：如果保险人在投保单中将劝告和询问明确地分开，并通过印刷加以强调，确保了投保人不会忽略，则满足了法律的要求。这一规定旨在通过给予客户警告，提示因此产生的法律后果，从而发挥预防提供虚假或不完整的信息的作用。劝告应当在保险人询问表的上下文中给出。要求单独印刷成一份文件似乎不合理［参见 Grote/Schneider BB 2007，2689（2693）；不同观点见 Reusch VersR 2007，1313（1319）］。如果能够在投保单中清楚写明，并且在印刷上突出于其他内容，就已经足够了（BGH r＋s 2016，281）。为了确保警告功能的实现，劝告可以放在对风险事实的询问的前面，也可以安排在签名栏的前面［LG Dortmund r＋s 2010，101；Looschelders VersR 2011，696（704）］。

就劝告<u>内容</u>而言，按照法律明确的规定，保险人只需要告知投保人违反告知义务的法律后果即可。因此，劝告内容可以只限于可能发生的法律后果：解除、终止、合同调整、保险事故发生时免于给付。法律不要求指出各自的构成要件。但如果保险人给出包含构成要件的劝告，则必须保证正确无误，否则可能构成误导。例如，如果一项劝告的内容是"投保人重大过失和故意违反告知义务的，保险人可以行使《保险合同法》第 19 条第 2 款至第 4 款的权利"，这一劝告是错误的（OLG Brandenburg VersR 2010，1301）。因为投保人很可能因此误以为，如果他只有一般过失或者根本无过失，则不会发生任何不利后果。此外，劝告需要包含合同<u>溯及</u>调整，因为劝告必须充分说明可能的法律后果。然而，联邦最高法院（r＋s 2016，281）认为，保险人在介绍合同调整作为法律后果的时候，没有必要明确提及，当风险排除条款因合同调整溯及成为合同一部分的时候，对已经发生的保险事故保险人不承担保险责任（另一观点见 LG Dortmund r＋s 2013，324；LG Nürnberg-

Fürth r＋s 2016，173）。如果提示中只是提及可能适用《保险合同法》某某条，这是不够的，因为投保人无法直接清楚地了解可能发生的不利法律后果。但是，即使保险人将相关的《保险合同法》条款逐字复制到合同文本当中去，恐怕也不总是能够使投保人足够清楚违反先合同告知义务的法律后果。这个问题在文献中也有不同的判断［支持者如 Reusch VersR 2007，1313（1320）。Lange r＋s 2008，56（58）认为复制法律文本就足够了］。简短但完整地说明违反先合同告知义务可能产生的法律后果就足够了，太长的劝告反而不能起到警告的作用，因为很可能把投保人弄糊涂，甚至因为文本太长使投保人放弃阅读（参见 Marlow/Spuhl VVG kompakt/Marlow Rn. 201ff. ; Looschelders/Pohlmann/Looschelders VVG § 19 Rn. 75. ）。如果保险人没有劝告或者劝告不正确，则其不享有《保险合同法》第 19 条第 2 款至第 4 款规定的任何权利。这可以从《保险合同法》第 19 条第 5 款第 1 句的措辞解读出来。将劝告内容"劈开"，分别进行评价是不可能的，例如，如果保险人对过失违反告知义务的后果的劝告有误，但对故意违反告知义务的后果的劝告正确，则保险人既不得援引《保险合同法》第 19 条第 3 款、第 4 款，也不得援引《保险合同法》第 19 条第 2 款［另见 Wagner/Rattay VersR 2011，178（183）］。

但是，对因为欺诈而撤销合同的可能性，保险人无须提示（BGH VersR 2014，565）。这是因为，一方面，恶意欺诈的投保人并不值得保护，另一方面，《保险合同法》包含了一项一般原则：即便投保人未被劝告，保险人也可以在投保人恶意欺诈时援引免责条款。最后，法律文义也是清楚的：《保险合同法》第 19 条第 5 款第 1 句仅指《保险合同法》第 19 条第 2 款至第 4 款规定的权利，并不指向《保险合同法》第 22 条规定的权利。

（5）保险人对风险情况不知情。保险人只有在对未告知或者错误告知的风险情况不知情的情况下，才有权解除、终止或者调整合同（《保险合同法》第 19 条第 5 项第 2 句）。这一规定只适用于投保人违反告知义务的各个构成要件得到满足的情形。倘若投保人已经（口头）将情况告知保险代理人，则投保人履行了他的告知义务，并没有违反《保险合同法》第 19 条第 1 款。区分两者非常重要，因为违反告知义务的证明责任由保险人承担，而《保险合同法》第 19 条第 5 款第 2 句意义上的保险人知情是作为保险人权利的排除事由设计的，其证明责任由投保人承担。下面一则案例很成问题：投保人前段时间在一家保险公司投保了医疗保险，如实告知他患有的某种疾病。如果他现在向该集团下属的另一家保险公司投保了职业残疾保险，但是没有再次告知该疾病，那么问题就来了，医疗保险公司的知情是否归属于职业残疾保险公司。法律没有规定关联公司之间的**知情归属**。改革委员会曾经提出过相关建议，但没有被采纳。立法者将这个问题留待司法裁判解决。按照至今的联邦最高法院司法判决，如果存在特别缘由并且保险人有能力检索相关文件，则需要将另一个保险人的知情归属于该保险人。特别缘由尤其存在于：投保人在投保单中提及他曾经向另一保险人作出过相关告知的情形（BGH r＋s 1993，361；另参见 Looschelders/Pohlmann/Looschelders VVG §19 Rn.78 附带更多参考文献）。

（6）<u>期间</u>。保险人行使《保险合同法》第 19 条第 2 款至第 4 款的权利的除斥 期间为一个月。该期间自保险人知道投保人违反告知义务时起算（《保险合同法》 第 21 条第 1 款第 1 句、第 2 句）。这里的知道指的是，保险人获得了能够确定投保 人没有或不正确地告知具有风险重要性的事实的可靠信息（OLG Köln r＋s 1986， 46；Prölss/Martin/Armbrüster VVG §19 Rn.4）。

**195**

**例如：**投保人在投保单中对自己的身体健康情况做了错误告知，那么只有保险 人从投保人的主治医生获得相关信息后，才算获得了投保人违反告知义务的可靠信 息（OLG Hamm r＋s 1990，37）。

当保险人（无论是保险人还是通过保险代理人）了解到使其迟疑接受投保人的 合同申请的相关信息时，必须进行必要的调查。但如果保险人不调查，其不作为不 对一个月期间的起算产生消极影响（关于旧《保险合同法》第 20 条，参见 BGH r＋s 1991，76 及其注释 Langheid 的文章；OLG Nürnberg r＋s 1999，92 并关联边 码 186 及其以下各边码）。—— 有争议的是，一个月的期间是否仅在保险人确切知道 告知义务违反行为、决定着法律适用的过错程度以及其他进一步构成要件的情况的 时候，才开始起算（根据 Lange r＋s 2008，56，58f.；Looschelders/Pohlmann/ Looschelders VVG §19 Rn.3）。在多种理解中，法条文义更倾向于，一旦保险人 确定投保人违反了告知义务，即可触发期间起算。法律推定，在这种情况下的投保 人的主观状态是故意（关联边码 190）。因此，这意味着保险人可以——也是必须 ——作出解除合同的意思表示。与此同时，他可以主张其他可能的法律后果（如终 止、合同调整）作为备位意思表示［参见 Höra r＋s 2008，89（92）；另见 Marlow/ Spuhl VVG kompakt/Marlow Rn.208 附带更多参考文献］。

（7）<u>到达</u>。解除、终止或者合同调整的意思表示是需要送达投保人的单方意思 表示。这里存在如何证明意思表示到达的（关联边码 163）通常问题。

**196**

**例如：**一般而言，在挂号信投递未果的情况下，在投保人的信箱中留下通知单原 则上不属于到达。除非是因为收件人自己行为导致的到达不及时（参见 OLG Hamm r＋s 1990，37f.；Looschelders VersR 1998，1198ff.）。

旧《保险合同法》第 20 条对解除意思表示不作形式上的要求。但出于法律确 定性的考虑，新《保险合同法》第 21 条第 1 款第 1 句规定，保险人应当以<u>书面形</u> 式行权。法律还强制保险人向投保人说明解除的<u>理由</u>（《保险合同法》第 21 条第 1 款第 3 句）。这些都是保险人有效行使权利的形式生效要件（Prölss/Martin/ Armbrüster VVG §21 Rn.13）。

（8）<u>解除后免于给付</u>。合同解除之后，合同关系原则上转变为清算返还关系。 保险法在此有两个重要的例外：一方面，投保人不得要求保险人返还已支付的保险费，但保险人可以继续保有截至解除意思表示生效时点的保险费（参见《保险合同法》第 39 条第 1 款第 2 句）；另一方面，如果特定保险事故发生在保险人解除之前，而且不存在因果关系，也即，投保人的未告知或者错误告知对该保险事故的发生或者保险人就该保险事故的给付范围没有影响，则投保人不丧失保险金给付请求权（《保险合同法》第 21 条第 2 款第 1 句）。至于保险人如果事先知道未告知或者错误告知的事实是否还会订立合同或者是否会以其他条件订立合同，则与这里的因果关系判断无关。

例如：投保人隐瞒了他还有其他意外保险的事实，则不存在因果关系，也就是说，尽管保险人可以解除，但仍需承担给付义务。但如果投保人没有告知自己存在心脏问题，后来需要做心脏手术，则存在《保险合同法》第 21 条第 2 款第 1 句意义上的因果关系，保险人可以（一并）免于给付。

投保人承担不存在因果关系的证明责任，因为这是有利于投保人的情形并且法律条文将其表述为免于给付的除外情形（《保险合同法》第 21 条第 2 款第 1 句）。— 这一因果关系的要求仅适用于保险事故发生在保险人解除<u>之前</u>的情形。对于解除<u>之后</u>发生的保险事故，保险人一律免于给付，无论是否存在因果关系（BGH r＋s 2001，402）。

197　　dd）**撤销**。根据《保险合同法》第 22 条的规定，保险人可以基于投保人对风险情况的恶意欺诈撤销合同（《民法典》第 123 条）。对其作反对解释，则能得出保险人不可以基于投保人对风险情况的错误撤销合同的结论。即保险人只能依据《民法典》第 123 条，而不能根据《民法典》第 119 条撤销合同，这是因为《保险合同法》第 19 条已经对保险人就被保风险的错误情形进行了特别规定，排除了《民法典》第 119 条的适用。

198　　欺诈撤销要求投保人有意识地影响保险人的决定，例如有意地沉默或者掩盖某些事实。换言之，投保人必须清楚地知道，如果保险人知道了（真实的）情况，就不会或者不会无条件地接受投保申请。主张欺诈撤销的保险人承担上述内容的证明责任。撤销期间自发现欺诈时起算一年（《民法典》第 124 条第 1 款、第 2 款）。恶意欺诈不要求投保人有得利的意图，只要求投保人为了影响保险人的决定，故意提供虚假信息或故意遗漏信息即可。如果投保人对某些情况（例如关于先前损害的信息）不了解或不确切了解，却提供了相关信息，因为他认定这样他的申请就会被接受，这种情形也能认定为恶意欺诈。人们称之为"信口雌黄"（Angaben ins Blaue）。如果是保险经纪人恶意提供错误信息或者"信口雌黄"，则投保人需要根据《民法典》第 166 条承担责任（BGH VersR 2014，565；LG Aachen r ＋ s 2017，180；Langheid/Wandt/Müller-Frank VVG § 22 Rn. 36）。

恶意欺诈撤销合同不以保险人以文本形式提出询问为前提。保险人询问的要件（《保险合同法》第 19 条第 1 款）只适用于保险人行使《保险合同法》第 19 条第 2 款至第 4 款项下的解除权、终止权和合同调整权的情形。但是，对于保险人没有询问的情况，从诚实信用原则出发，除非是非常罕见和不寻常以至于期待保险人明确询问构成不合理期待的情形，投保人才有义务主动向保险人说明他没有被询问的情况（关联边码182）。

撤销期间为保险人发现欺诈行为之日起一年（《民法典》第124条第1款、第2款）。如果保险人未能及时行使欺诈撤销权，则先前（及时）作出的解除意思表示不能被重新解释为对欺诈的撤销表示。在欺诈情形，无论欺诈陈述与保险事故的发生或者给付范围有无因果关系，保险人都可以撤销合同而免于给付（《民法典》第142条）。

**权利的消灭**：在恶意和故意的情形，保险人基于《保险合同法》第19条第2款至第4款的权利在合同订立的10年后消灭。在其他更低程度的过错情形，前述权利在合同订立的5年后消灭（《保险合同法》第21条第3款）。

**b）风险升高/风险维持义务**

**参考文献**：Armbrüster PrivVersR Rn. 1128ff.；Claßen VersR 1990，837f.；Deutsch/Iversen VersVertrR Rn. 151ff.；Felsch r＋s 2007，485ff.；Hegnon, Der Tatbestand der Gefahrerhöhung im Versicherungsrecht, 1993；Holzhauser VersVertrR Rn. 137ff.；Loacker VersR 2008，1285ff.；Marlow/Spuhl VVG kompakt/Marlow Rn. 245ff.；Meixner/Steinbeck VersVertrR Rn. 174ff.；Prölss NVersZ 2000，153ff.；Reinhardt, Die Gefahrerhöhung im deutschen Privatversicherungsrecht，2015；Reusch VersR 2011，13ff.；Sieg VersVertrR S. 135ff.；Martin VersR 1988，209ff.；Wandt VersR Rn. 819ff.；Werber, Die Gefahrerhöhung, 1967；Wussow VersR 2001，678ff.

**aa）引言**。保险人在风险状况发生不利改变时应当得到保护，因为保险费的确定不仅建立在对被保风险的精准记录上，还建立在风险状况不变的预设上。因此，《保险合同法》第23条规定了禁止升高风险规则，作为交易基础丧失制度的具体体现（参见 Weimar/Schimikowski, Bürgerliches Recht, 4. Aufl. 1991，Rn. 148）。

投保人既不得自己实施致使风险升高的行为，也不得允许他人实施致使风险升高的行为（《保险合同法》第23条第1款）。随意升高风险为法不容。如果投保人嗣后发现，自己未经保险人允许实施了或者允许第三人实施了致使风险升高的行为，则应当不迟延地告知保险人（《保险合同法》第23条第2款）。此外，在投保人无意识升高风险的情形，法律上同样规定了投保人的告知义务（《保险合同法》第23条第3款）。

与在保险事故发生前违反约定不真正义务一样，风险升高的法律后果一方面是保险人得以终止合同（《保险合同法》第24条），另一方面是保险人在保险事故发生时可以免于给付（《保险合同法》第26条）。此外，保险人也可以选择合同调整（约定风险排除条款或者要求支付更高的保险费，《保险合同法》第25条）以替代

199

合同终止。

200

  bb) **风险升高的概念。**风险升高（Gefahrerhöhung）是指，合同订立时具有风险重要性的事实发生了导致保险事故发生可能性升高或者潜在损失增加的变化。这里应当区分真正的风险升高情形和对保险保障影响不大的风险增加（Gefahrsteigerung）情形。只有当风险状况的变化使风险水平<u>稳定地维持在一个较高水平</u>的时候，才构成真正的风险升高。只有在这种情形，保险人才有权终止或调整合同，乃至免于给付（BGH VersR 1982，687）。它必须是一种新的状态，能够持续足够长的时间，从而构成形成新的风险进程的基础。一次性的、短期的和暂时的风险变化不能构成合同提前结束的理由，也不能成为保险人免于给付的理由。这种区分对待具有客观合理性，因为对于短期的风险增加，保险人通常可以援引投保人招致保险事故而免于给付，当然，后者以投保人主观上有重大过失（财产保险情形）乃至故意（责任保险情形）为前提（参见《保险合同法》第 81 条、第 103 条；关联边码 263 及其以下各边码，边码 269 及其以下各边码）。

  **区分风险升高与风险增加的示例：**

  —— 偶尔的一次酒后驾驶违反了《机动车保险一般条款》（AKB）第 D. 2. 1 条规定的机动车强制责任保险不真正义务，但不构成《保险合同法》第 23 条及其以下各条的风险升高行为。如果投保人请求车损险理赔，则可能适用《保险合同法》第 81 条。

  —— 驾驶着轮胎已经磨损的汽车去修车厂维修同样不属于风险升高行为。

  —— 偶尔一次使用工业吹风机解冻建筑内冻结的水管，不应评价为风险升高行为，但可能会因为构成重大过失招致保险事故，使保险人可以减少保险给付（对此参见 OLG Hamm r＋s 1995，325）。

  —— 被保险的家庭财产暂时存放在主保险地以外的其他地点（在家庭财产保险的外部条款的范围内），这种情形不构成需要告知保险公司的风险升高行为（OLG Köln VersR 1999，438）。[①]

  —— 如果投保人将商业办公场所用于色情营业，则构成风险升高行为，尤其因为这种环境常常伴生犯罪。在投保人向主管部门申请改变用途并开始改建工作的时候，风险已然升高（BGH r＋s 2012，489）。

  判例和学术通说都正确地将状态的**持续性**作为风险升高的认定要素（另见 OLG Köln r＋s 1990，421；LG Bremen r＋s 1992，404；BGH r＋s 1993，223；另一观点见 BK/Harrer §23 Rn. 6）。

---

  ① 一般而言，家庭财产保险的保障范围仅限于保险合同中约定的投保地址。但通过外部条款，被保险人可以将保障范围扩展至其他指定地点，如度假居所、临时住所等。这给了投保人更大的灵活性。——译者注

**其他有问题的情形：**

201

—— 对住房保险而言，房屋空置本身尚不足以构成风险升高，反而会因为不使用电器、不做饭、不点蜡烛等降低了居住相关的风险。因此，只有还存在其他额外情形的时候，比如房屋空置时间较长、房屋年久失修、房屋空置引来年轻人或其他人在那里玩耍或者过夜等，才构成风险升高（参见 LG Köln r＋s 1994，187；LG Düsseldorf r＋s 1996，32）。

—— 进行经济上必要的房屋修缮，例如把部分屋顶罩起来，这样的状态改变不构成住房保险意义上的风险升高，但至少构成《保险合同法》第 27 条意义上的**不显著的风险升高** [OLG Koblenz r＋s 1991，241（243）；OLG Oldenburg r＋s 1992，99f.]。

策勒高等地区法院（OLG Celle，r＋s 2007，449）认为，投保人将行驶证长期放在车内升高了汽车被盗的风险。如果机动车被盗，投保人必须反证没有因果关系。对此，本书认为，只有从车外能够看到证件，或者第三人通过诸如投保人言论知道的情形，才能推出风险升高（关于该问题另见 OLG Celle r＋s 2011，107 及更多判例参考；反对风险加重假设的文献见 OLG Oldenburg r＋s 2010，367；OLG Hamm r＋s 2013，373）。

**cc）有意识的风险升高与无意识的风险升高。**《保险合同法》区分两种类型：202
第一类是《保险合同法》第 23 条第 1 款规定的投保人未经保险人允许不得实施或者允许第三人实施风险升高行为。这一类型需要投保人对行为有相应的意愿。第二类是《保险合同法》第 23 条第 3 款规定的与投保人意愿无关的风险升高情形。

（1）《保险合同法》第 23 条第 1 款被称为有意识的（追求的、主观的）风险升203
高。法律上禁止投保人实施升高风险的行为或者允许他人实施升高风险的行为。这一法条措辞表明，只有那些采取积极作为促使风险状况变化的投保人才会被施加不利的法律后果（部分不同的观点见 Prölss/Martin/Armbrüster VVG §23 Rn. 101ff.；批评通说的观点见 Langheid/Rixecker/Langheid VVG §23 Rn. 32f.）。这里的界定并不是那么简单。

**例如：**

—— 偶尔一次驾驶不安全的车辆通常不会升高风险，但是，在一次危险行为之后仍然有意识地继续使用不安全的车辆，则满足《保险合同法》第 23 条第 1 款的要件（参见 BGH r＋s 1990，8；OLG Aachen r＋s 1990，361）。

—— 丢钥匙至多只能构成无意识升高汽车被盗风险的行为（OLG Hamm r＋s 1992，261）。有疑问的是，在投保人应当考虑到车钥匙可能被偷却没有采取相应的安全措施（换锁）的情况下，继续使用该车的行为是否应当被视为风险升高行为。杜塞尔多夫高等地区法院（OLG Düsseldorf r＋s 1991，79）认为，继续用车构成有意识的风险升高行为。相反意见则认为，风险升高不在于继续用车，而在于对于采取安全措施的<u>不作为</u>（OLG Hamm r＋s 1992，261）。后一种观点更有道理，因为法律只规定了，投保人对于非他所愿的风险升高的告知义务（《保险合同法》第23条第3款），而没有规定他有消除这种非故意的风险升高的义务（OLG Cologne r＋s 1990，421；OLG Celle VersR 2005，640）。如果投保人没有告知保险人，随后汽车被盗，则投保人需要反证两者之间不存在因果关系（AG Bad Segeberg r＋s 2013，65）。[①] 投保人很难完成证明。

—— 如果投保人为"用于商业经营活动的商业建筑"投保了建筑物保险，但随后将房屋出租给妓女营业，则他实施了风险升高行为（OLG Hamm r＋s 2015，235）。

这些例子生动地表明，要在主动作为和不作为之间划出一条确定的界限的难度有多大。但法条的用语是"实施"（Vornahme），并不强求进行这种区分，其含义毋宁是，投保人是否<u>疏于履行其典型义务</u>——这种"实施"升高了风险（见 BK/Harrer §23 Rn. 12）。

《保险合同法》第23条第2款规定<u>嗣后发现的主观风险升高情形</u>。在嗣后发现风险升高之后，投保人必须不迟延地报告保险人。例如，尽管投保人一开始知道导致风险升高的那<u>些</u>事实，但他并没有意识到这<u>些</u>事实将会导致风险升高。这一规定的实践意义有限。因为即便是一个普通的投保人，如果他在家里以不专业的方式铺设电线、接连设备并且没有保险丝保护，通常也能够意识到，这会升高发生火灾的风险。

204

（2）<u>无意识的风险升高情形</u>规定在《保险合同法》第23条第3款，这种情形只会产生一项投保人的告知义务。如果风险升高既不是投保人本人造成的，也不是其允许的第三人造成的，则构成无意识的风险升高情形。

**例如：**

—— 投保人（＝出租人）投保了火灾险的房屋被承租人堆放了易燃物。

—— 如果新颁布的法律加重了投保人的责任，提高了保险人承担保险责任的可能性，那么法律的颁布就升高了责任保险的风险。在《产品责任法》（1990年）和《环境责任法》（1991年）生效时就发生了这种情况。这时候，原则上适用《保险合同法》第23条第3款的规定［参见 Schimikowski，Haftung für Umweltrisiken，1991，Rn. 89；《责任保险一般条款》（AHB）第21条也规定了在这种情况下的终止权］。

—— 所有人/乘客综合责任保险的投保人将直升机委托给另一个公司经营直升机商业飞行，如果此时投保人所经营的机场的持证专业飞行员离职，使整个机场没有可以进行商业飞行服务的专业飞行员，则构成适用《保险合同法》第23条第3款的客观风险升高行为（OLG Köln r＋s 2016，507）。

---

① 比如投保人可以证明，即便在第一时间告知保险人也来不及采取安全措施，或者短时间内可以采取的安全措施也不足以避免车辆被盗。——译者注

**dd）法律后果。**

（1）在有意识的风险升高情形，需要区分投保人有过错还是无过错。不同的过错程度对应着不同的法律后果。在重大过失或者故意实施风险升高行为的情形，保险人有权立即**终止合同**（《保险合同法》第 24 条第 1 款第 1 句）。投保人承担自己既非故意也非重大过失的证明责任。法条将这一举证责任分配表述为有利于投保人的但书规则（Looschelders/Pohlmann/Looschelders VVG § 24 Rn. 7）。在一般过失的情形，保险人可以附一个月终止期间终止合同（《保险合同法》第 24 条第 1 款第 2 句）。在无过失实施风险升高行为的情形，保险人同样只有附一个月终止期间的终止权（《保险合同法》第 24 条第 2 款）。对过错的认定，取决于投保人是否知悉风险升高的事实。投保人必须明知风险升高的情况，然而，他只需要从<u>事实</u>的角度知道这些情况，并不需要意识到这些事实可能的后果（Langheid/Rixecker/Langheid VVG § 23 Rn. 39 附带更多参考文献）。

**例如**：投保人知道他的轮胎磨损了就足够了，不必认识到因此会增加发生事故的风险。

原则上还应当要求，投保人对风险升高的情况明知并且有消除或者补偿的机会。如果投保人主观上是应当知道或因重大过失不知，则不满足要件要求（OLG Hamm r＋s 1989，2）。

在很多情形，保险人很难证明投保人对风险升高事实的明知。

无论是在过错情形，还是在无过失实施风险升高行为的情形，保险人的终止权都在保险人知道风险升高时起一个月后消灭（《保险合同法》第 24 条第 3 款）。这是所谓的<u>澄清需求</u>（Klarstellungserfordernis），避免法律关系处于不确定的状态。如果保险人没有行使终止权，相当于他接受了他所知道的风险升高。此外，如果在这一个月内，风险状态回复到风险升高之前，终止权也消灭（《保险合同法》第 24 条第 3 款）。

**合同调整**：除了终止合同之外，保险人还可以选择提高保险费，或者选择将该较高风险排除出承保范围（《保险合同法》第 25 条第 1 款第 1 句）。这些都是对风险升高制裁体系有意义的灵活补充，其使得知道风险升高的保险人可以选择通过改变条件继续合同，而不是被迫终止合同。如果选择调整合同，保险人应当在一个月内行使权利（《保险合同法》第 25 条第 1 款第 2 句）。在保险人根据《保险合同法》第 25 条第 1 款第 1 句将保险费提高 10％ 以上或者将该较高风险排除出承保范围的情形，投保人有权终止合同（《保险合同法》第 25 条第 2 款第 1 句）。

《保险合同法》第 26 条第 1 款、第 3 款规定，在投保人**实施风险升高行为**之后，保险人得以全部或部分**免于给付**。如果投保人违反第 23 条第 1 款规定的义务，<u>故意</u>实施风险升高行为，在风险升高之后发生了保险事故的，保险人可以免于给付（《保险合同法》第 26 条第 1 款第 1 句）；如果由于重大过失导致风险升高，则保险人有权按照与投保人的过错严重程度相应的比例减少给付（《保险合同法》第 26 条第 1 款第 2 句第 1 半句）。法律上推定投保人存在重大过失，投保人需要证明自己只有一般过失或无过失（《保险合同法》第 26 条第 1 款第 2 句第 2 半句）。如果是一般过失，则不发生保险人免责的制裁后果。更严重的过错，也即故意的证明责任，则由保险人承担。就《保险合同法》第 23 条第 1 款而言，重要的是投保人意识到风险升高的事实，而不必意识到他的行为具有升高风险的性质。但后者在《保险合同法》第 26 条第 1 款的适用中是重要的，因为它关系到投保人是否有该条规定的过错以及具有何种过错。但是，满足《保险合同法》第 23 条第 1 款构成要件的投保人，通常也会具有《保险合同法》第 26 条第 1 款规定的故意，因为《保险合同法》第 23 条第 1 款的主观风险升高以投保人对风险重要情况有意识为前提。在已经意识到风险升高的情况下，一个平均水平的投保人对将会导致风险升高至少有着间接的故意。例如，如果一个人总是开着轮胎磨损的汽车上路，清楚轮胎磨损状况的他通常也能够意识到相应的风险升高。投保人意识到他的作为或不作为改变了实际情况，从而使保险事故更有可能发生，这就足够了。如果投保人误判了具体情况，误以为不会导致风险升高，或者他误信"专家"评估（BGH r＋s 2014，543），则缺乏故意。相反，如果投保人知道法律禁止没有专业飞行员执照的飞行员进行商业飞行，那么他也就意识到了保险事故发生的可能性更大，因此，可以认定他有故意（OLG Köln r＋s 2016，507）。

如果保险事故发生时**终止期间**（《保险合同法》第 24 条第 3 款）已过，而保险人没有行使终止权（《保险合同法》第 26 条第 3 款但书情形 2），则保险人负有给付义务。值得注意的是，如果保险人是在投保人申请理赔时才知道风险升高的，保险人不需要终止合同，即可拒绝对因风险升高而发生的保险事故予以理赔（BGH r＋s 1997，120；OLG Schleswig r＋s 1997，425）。当然，保险人仍然需要终止合同或排除升高的风险，才能避免因风险升高状态的存续对后续发生的保险事故承担赔偿责任的可能。

如果风险升高与保险事故的发生或者与保险人的给付范围没有因果关系，保险人同样不能免于给付（《保险合同法》第 26 条第 3 款但书情形 1）。**因果关系不存在的证明责任**由投保人承担。这对保险人来说可能是一个决定性的优势。例如，如果投保人在以前经营汽车修理厂的地方开设妓院，随后发生火灾，则投保人需要证明火灾发生和风险升高之间没有因果关系（参见 OLG Hamm r ＋s 2015，235）。

207 在嗣后才知道的主观（"无过失的"）风险升高情形，保险人只有在投保人违反《保险合同法》第 23 条第 2 款规定的告知义务的时候，才能在保险事故发生后主张免于给付（《保险合同法》第 26 条第 2 款第 1 句）。通常而言，是否有过错与是否知道风险升高事实有着紧密的关联。

车主在技术监管协会（TÜV）拒绝签发车检标的情况下继续使用其车辆，联邦最高法院认为车主没有过失。因为技术监管协会并没有告知车主不能继续使用汽车，也没有设定车主去除瑕疵的期限（BGH VersR 1974，366；整体讨论见 Maier/Biela，Die Kraftfahrt-Haftpflichtversicherung，2001，Rn. 251）。

此外，限于保险事故的发生时点在保险人本应收到风险升高告知的时点的一个月之后的情形，保险人才能免于给付。另外，保险人对风险升高的不知情还需要持续到本应收到告知的那个时点（《保险合同法》第 26 条第 2 款第 1 句）。最后，法律还要求，保险人必须在《保险合同法》第 24 条第 3 款规定的终止期间内行使终止权，并且风险升高必须与保险事故的发生或者保险人给付义务的范围存在因果关系（参见《保险合同法》第 26 条第 3 款）。

只有在投保人意识到主观风险升高后故意违反其告知义务，保险人才能免于给付（《保险合同法》第 26 条第 2 款第 2 句）。在重大过失违反告知义务情形，保险人（仅）有权减少给付。

（2）在**无意识的风险升高**情形，保险人可以附一个月终止期间终止合同（《保险合同法》第 24 条第 2 款）。与实施风险升高行为的情形一样，如果保险人没有在一个月内行使权利，他的终止权消灭（《保险合同法》第 24 条第 3 款）。根据《保险合同法》第 26 条第 2 款第 1 句的规定，保险人可以在保险事故发生时主张免于给付。这样做的前提是，投保人重大过失或故意而未能履行立即告知保险人风险升高的义务（《保险合同法》第 23 条第 3 款）。其中，在重大过失情形，只发生减少给付的法律后果（《保险合同法》第 26 条第 1 款第 2 句、第 2 款第 2 句）。根据条文文义，如果投保人没有及时告知无意识的风险升高或者迟延告知嗣后知道的主观风险升高，那么他不仅要证明自己没有重大过失，而且要证明自己没有故意。这里的"故意"应该是立法者的起草错误，应作目的性限缩解释予以排除（参见 Felsch r＋s 2007，485，488；另见 Looschelders/Pohlmann/Looschelders VVG §26 Rn. 15；Marlow/Spuhl VVG kompakt/Marlow Rn. 271 附带更多参考文献）。这就意味着——与法律文义相反——由保险人承担主观故意的证明责任。

如果保险事故发生的时点晚于保险人本应收到告知的时点一个月，则保险人可以完全或者部分免于给付。此外，还需要满足以下三个要件：保险人直至本应收到风险升高告知的时点对风险升高都不知情（《保险合同法》第 26 条第 2 款第 1 句），合同在终止期间内被终止（《保险合同法》第 26 条第 3 款但书情形 2），并且风险升高与保险事故的发生和保险人给付义务范围之间存在因果关系（《保险合同法》第 26 条第 3 款但书情形 1）。一如既往，因果关系不存在的证明责任由投保人承担。

因此，在无意识的风险升高的情形，有关法律后果的规定与在投保人无过失升高风险的法律规定相同。只有在（投保人）重大过失或故意不告知的情形，法律才作出部分或全部免于给付的制裁。

ee）个别险种的特殊规定

——在**人寿保险**中，根据《保险合同法》第 158 条的规定，只有合同明确约定某

208

些风险情况变动构成风险升高，这些风险变动才会在实际发生时构成风险升高。如果风险升高后已经过去了 5 年，保险人不得主张风险升高；在投保人故意或恶意欺诈情形，前述权利超过 10 年才消灭（参见《保险合同法》第 158 条第 2 款）。在**意外保险**中，也有类似的规则（《保险合同法》第 181 条）。在**医疗保险**中，不适用《保险合同法》第 23 条及其以下各条的规定（《保险合同法》第 194 条第 1 款第 2 句）。

—— 根据《保险合同法》第 132 条的规定，所谓的风险维持义务（Gefahrstandspflicht）不适用于**运输保险**，换言之，投保人可以实施或者允许他人实施改变被保风险的行为（《保险合同法》第 132 条第 1 款第 1 句）。投保人仅负有告知义务（《保险合同法》第 132 条第 1 款第 2 句）。如果投保人故意或重大过失违反告知义务，导致保险人不知道风险升高，并且风险升高与保险事故的发生或者与给付义务的范围有因果关系的，保险人免于给付（参见《保险合同法》第 132 条第 2 款第 2 句）。保险人无权终止合同（《保险合同法》第 132 条第 3 款）。在投保人重大过失违反告知义务的时候，适用"全有全无"原则，保险人可以完全免于给付，而不是按比例给付。

209

—— 在**责任保险**中，至少在个人客户业务中，《保险合同法》第 23 及其以下各条的规定在很大程度上已经被实践中广泛采用的有利于客户的条款所偏离：升高的风险原则上被一并纳入保障范围，投保人只有在保险人要求时才有义务报告风险的变化〔参见《责任保险一般条款》（AHB）第 3.1 条第 2 项结合第 13.1 条〕。但是，在环境责任与环境损害保险中，通常不采用或仅在非常有限的范围内采用这些对客户友好的《责任保险一般条款》〔参见《环境责任与环境损害保险一般条款》（UHV）第 3 条〕，原因是保险人有可能因此需要承担骤然剧升的巨大责任风险。

**c）约定的不真正义务**

**参考文献**：Armbrüster PrivVersR Rn. 1491ff. ，1537ff. ；ders. VersR 2012，9ff. ；ders. JZ 2012，49ff. ；Auer，Das Leistungskürzungsrecht des Versicherers bei grob fahrlässigen Obliegenheitsverletzungen des Versicherungsnehmers nach § 28 Abs. 2 S. 2 VVG，2012；Bruns PrivVersR § 16 Rn. 61ff. ；Felsch r＋s 2007，485ff. ；Maier r＋s 2007，89ff. ；Marlow VersR 2007，43ff. ；ders. r＋s 2015，591ff. ；Nugel zfs 2009，307ff. ；Pohlmann VersR 2008，437ff. ；Schimikowski VersR 2009，1304ff. ；Schirmer r＋s 2014，533ff.

210

约定的不真正义务（vertragliche Obliegenheiten）是指那些当事人在合同中明确约定的不真正义务，它可能是基于合同的个别约定，也可能是基于保险人拟定的一般保险条款。此类不真正义务的一大特点是，只有合同约定了保险人在投保人违反义务的情况下免于给付，才会发生保险人免于给付的法律后果。对此的相关规则被规定在《保险合同法》第 28 条。

<u>法定</u>的不真正义务（gesetzliche Obliegenheiten）是指，法律对其构成要件有

规定并且（通常）对其法律后果也有规定的不真正义务［比如先合同告知义务（《保险合同法》第19条）；风险维持义务（《保险合同法》第23条及其以下各条）；减损义务（《保险合同法》第82条）］。保险事故的告知义务（参见《保险合同法》第30条）和信息提供义务（参见《保险合同法》第31条）也可以作为约定的不真正义务，倘若保险人按照实践中的通例，将这些义务纳入一般保险条款，并约定其法律后果（参见 Langheid/Rixecker/Rixecker VVG §28 Rn. 3 附带更多参考文献）。

《保险合同法》第28条第2款至第5款规定投保人在保险事故发生前和发生后应履行的不真正义务。其中，《保险合同法》第28条第1款还对保险事故发生前应履行的约定不真正义务情形进行了特别规定。

aa）保险事故发生前应履行的约定不真正义务

**参考文献：** Armbrüster PrivVersR Rn. 1539ff.；Felsch r＋s 2007，485ff.；Hofmann PrivVersR §11 Rn. 57ff.；Liebelt-Westphal，Schadenverhütung und Versicherungsvertragsrecht，1997；Looschelders ZVersWiss 2009，13ff.；Maier r＋s 2007，89ff.；Rixecker zfs 2007，73ff.；ders. ZVersWiss 2009，3ff.；Schaer，Rechtsfolgen der Verletzung versicherungsrechtlicher Obliegenheiten，1972；Schimikowski ZfV 1995，494ff.，541ff.；R. Schmidt，Die Obliegenheiten，1953.

（1）例如，《机动车保险一般条款》（AKB）第 D.1.1 条、第 D.1.3 条、第 D.2.1 条规定的是，投保人在保险事故发生前应履行的重要的不真正义务［用途条款、驾照条款、醉驾条款（仅适用于机动车强制责任保险）］。同样非常重要的还有财产保险中的遵循安全规定义务。

例如：根据《火灾保险一般条款》（AFB 87）第7条第1a项的规定，投保人必须遵守法律、行政法规规定的以及合同约定的所有安全规定。法定安全规定包括火灾防护法、火灾防护条例、燃烧设备条例、压力罐/贮气罐以及加油装置管理条例、德国电气工程师协会标准（VDE）等。行政法规规定的安全条款尤其指，雇主责任保险协会（Berufsgenossenschaft）的事故防止规定。合同约定的安全规定则如，工厂和商业场所火灾保险人（ASF）的一般安全规定、在有火灾和爆炸危险的环境中进行任何种类的焊接、切割、焊接和解冻工作的安全规定以及德国保险业行业协会（GDV）制定的消防工作安全规定等［值得怀疑的是，对于如此多样化的规定，保险人仅仅作出概括引用，是否履行了使投保人知悉其权利和义务的义务；见 Schimikowski r＋s 1998，353（359）］。《火灾保险一般条款》（AFB 2010）A部分第11条不再包含范围如此广泛的安全规定。

典型的合同安全规定如《住房保险一般条款》（VGB 2010）A部分第16条第1b项和第1c项，对财产保险投保人在保险事故发生前应履行的不真正义务的规定。根据该规定，对空置建筑物或建筑部分必须全年保持足够频次的检查，并确保其涉水系统与设备关闭、排空并保持排空状态。在寒冷季节，对所有建筑物和建筑物部

211

分都必须供暖并且保持足够频次的检查，或者，建筑物或建筑部分的所有涉水系统和设备必须关闭、排空并保持排空状态。

212　　（2）**法律后果**：如果投保人违反保险事故发生前应履行的不真正义务，保险人有权根据《保险合同法》第 28 条第 1 款终止合同，或者根据《保险合同法》第 28 条第 2 款完全或者部分**免于给付**。按照旧《保险合同法》第 6 条第 1 款的文义，投保人有一般过失就足以发生这些不利后果。在旧法时期，已经有一些保险合同条款对旧《保险合同法》第 6 条第 1 款作出对投保人有利的偏离约定［比如参见《火灾保险一般条款》（AFB 87）第 7 条］。它们约定，在投保人非故意或重大过失的情形，不发生免于给付的不利法律后果。现今的《保险合同法》按照改革立法者的意思规定，投保人一般过失违反约定的不真正义务，不发生不利的法律后果（参见《保险合同法》第 28 条第 2 款）。

按照先前法律的规定，免于给付以保险人<u>终止</u>合同为前提（旧《保险合同法》第 6 条第 1 款第 3 句）。《保险合同法》第 28 条不再包含这一终止义务。

如果投保人违反了保险事故发生前应履行的约定不真正义务，则保险人有合同**终止权**（《保险合同法》第 28 条第 1 款）。这一终止权以投保人有故意或者重大过失为构成要件。法律文本中的"否定性"表述（"……除非……"）表明，如果投保人想要减轻责任，则必须主张并证明自己的过错程度低于重大过失。值得注意的是，在构成风险升高的情形，即使投保人只有一般过失，保险人仍然可以终止合同（参见《保险合同法》第 24 条第 1 款第 2 句）。这一点具有重要的现实意义，因为投保人违反保险事故发生前应履行的约定不真正义务，例如持续忽视法定的安全规定，也可能构成风险升高。

在附随被保险人（也即，非投保人本人）违反不真正义务的情形，保险人无权终止合同（BGH r+s 2003，186；OLG Köln r+s 2003，446）。在为他人保险就可能发生这种情形（对此关联边码 77 及其以下边码）。例如，投保人允许他人驾驶他的机动车，则该他人就是他的机动车强制责任保险的附随被保险人（Mitversicherte）。倘若这个附随被保险人酒驾，则其违反了《机动车保险一般条款》第 D.2.1 条规定的不真正义务，但是，保险人无权根据《保险合同法》第 28 条第 1 款终止合同。[①]

终止期间从保险人<u>确切知道</u>不真正义务违反的时点开始计算（参见 OLG Hamm VersR 1998，847）。在特殊情形，该期间从保险人<u>本来应当</u>确切知道的时点开始计算。

**例如**：投保人在进行损害申报的时候，已就驾照被警察没收以及血液酒精测试

---

①　根据《保险合同法》第 47 条第 1 款的规定，被保险人的知情和行为归属于投保人。但该规则仅在具体情形涉及该他人的（附随）保险利益时才适用。因此，此处的保险人不能终止合同（投保人的利益所在），但是可以拒绝理赔附随被保险人对第三人的侵权责任赔偿。参见边码 86。——译者注

的事实做了告知，但保险人没有就此向投保人或者调查机关追问（OLG Köln VersR 2000，1260；更多细节参见 HK-VVG/Flesch § 28 Rn. 131）。

如果投保人违反保险事故发生前应履行的约定不真正义务，保险人只能在该违约行为和保险事故发生或保险人约定的给付义务范围之间具有因果关系的时候（**因果关系要件**，《保险合同法》第 28 条第 3 款第 1 句），才能援引合同当中的**免于给付**约定。根据条文"……引起的"的表述，其以两者之间具有具体因果关系为前提，抽象因果关系不满足（参见 Looschelders/Pohlmann/Looschelders VVG § 28 Rn. 47 附带更多参考文献）。此处由投保人承担因果关系不成立的证明责任（关联边码 214 最后部分）。

　　《保险合同法》第 28 条第 3 款第 1 句适用于所有在保险事故发生前应履行的约定不真正义务情形，这当然包括那些以应对主观风险升高为目标的约定不真正义务情形［例如，重复保险的告知，《火灾保险一般条款》（AFB 87）第 9 条第 1 项］。对于后者，旧法时期的司法判决通过诚实信用原则限制保险人在特殊情形下免于给付的权利［具体内容见 Römer/Langheid/Römer（2. Aufl.）VVG § 6 Rn. 28ff.，32］。这在现在已经没有必要了，因为根据新法，因果关系原则适用于所有的约定不真正义务情形（与旧《保险合同法》第 6 条第 2 款的规定不同）。[①]

《保险合同法》第 28 条第 1 款和第 2 款的条文措辞表明，保险人承担主张并在必要时证明投保人违反不真正义务的**客观构成要件**的责任。而投保人可以通过证明，他的义务违反只有一般过失或者无过失（关联边码 212），避免《保险合同法》第 28 条第 1 款的法律后果（即保险人终止合同）。就可能的保险人免于给付的法律后果而言，法律规定了不同的证明责任分配规则：保险人需要证明投保人存在故意，因为《保险合同法》第 28 条第 2 款第 1 句将其表述为"积极"要件，所以保险人需要证明投保人达到这一过错程度，才能完全免于给付。又因为法律推定的是投保人有重大过失，所以投保人（只）需要证明自己的过错程度比重大过失更轻（参见《保险合同法》第 28 条第 2 款第 2 句第 2 分句）。[②] 如果投保人无法成功或者不能完全成功地推翻推定，则保险人有权按照过错严重程度相应减少给付（《保险合同法》第 28 条第 2 款第 2 句第 1 分句），也即，**比例给付**（Quotelung）。"比例"的确定，即保险人减少给付的范围，在个案中需要综合各方面因素考虑。例如，在保险事故发生前应履行的约定不真正义务情形，投保人是短暂还是持续性地违反注

213

214

---

　　① 旧《保险合同法》第 6 条第 2 款规定："如果投保人违反了为减少风险或防止风险升高而必须履行的对保险人的不真正义务，而该违反义务的行为对保险事故的发生或保险人约定的给付义务范围没有影响，则保险人不得援引免于给付的约定。——译者注

　　② 不同于先合同告知义务的规定，根据《保险合同法》第 19 条第 3 款第 1 句的表述，只要保险人证明了投保人对先合同告知义务的违反，则推定其主观为故意。参见边码 190。——译者注

意义务，是考量因素。不真正义务的保护对象以及该不真正义务的重要性，也是考量因素，例如，违反机动车强制责任保险中酒驾条款［《机动车保险一般条款》(AKB) 第 D. 2. 1 条］的行为可能会导致严重的交通事故并造成人身伤害，相反，如果投保人违反的《住房保险一般条款》(VGB 2010) A 部分第 16 条第 1c 项规定的供暖义务，通常（只会）损害投保人自身的利益。制定比例给付的合理标准是司法判决接下来的任务（关于比例确定因素，参见 HK-VVG/Felsch VVG § 28 Rn. 166ff. ; Veith VersR 2008，1560ff. ）。

这类考虑因素可以是：

— 被违反的注意义务的客观重要性，例如，它只服务于投保人的利益，还是它同时旨在保护他人的利益，

— 违反注意义务的持续时间。例如，投保人只是一次疏忽大意，还是长时间持续地疏于履行安全义务，

— 违反不真正义务的后果的可预见性，

— 避免风险需要付出的代价，

— 对结果的原因力（单独原因或者共同原因），

— 投保人在主观上的特点。投保人只是一时不守法，还是对法律持有敌对的基本态度（详见 HK-VVG/Felsch VVG § 28 Rn. 170ff. ; Looschelders/Pohlmann/Looschelders VVG § 28 Rn. 125ff. ; Marlow/Spuhl VVG kompakt/Marlow Rn. 330ff. ; Günther/Spielmann r＋s 2008，177ff. ; LG Berlin r＋s 2013，231）。

如果投保人因重大过失违反保险事故发生前应履行的不真正义务，保险人通常有权减少 50％的给付（**中值模式**）。投保人承担自己只有程度更轻的过错的证明责任（HK-VVG/Felsch § 28 Rn. 169ff. ）。如果投保人想要获得 50％以上的给付，则应当主张并在必要时证明那些能够使他无过失或使他行为的"过错看起来更轻"的事实。反过来，如果保险人想要减少 50％以上的给付，则应当承担投保人有程度更为严重的过错的主张与证明责任。在一些一审法院的判决中，法官拒绝了采纳 50％作为"减少比例的基准"。法官们更愿意在对所有事实进行综合评价的基础上去判断案件中的重大过失是更接近于间接故意，还是更接近于一般过失（根据 OLG Saarbrücken r＋s 2012，392; LG Münster r＋s 2009，501; LG Dortmund VersR 2010，1596）。最高法院尚未就此作出决定。中值模式的优势在于其实用性和缩减率的可理解性（批评见 Looschelders/Pohlmann/Looschelders VVG § 28 Rn. 129）。

**例如：**如果投保人把贵重的保险标的物（例如潜水设备，参见 LG Berlin r＋s 2013，231）存放在室外的木箱中，那么他就有重大过失，因为这显著地低于可合理期待的安全标准。根据中值模式，如果没有其他情况，保险人有权减少 50％的给付。但是，如果保险人能够证明，保险标的物被长期存放在那里，并且投保人原本可以不费力地把它存放到室内，那么保险人就可以从赔偿给付中扣减更多的保险金

（例如 70％）。但是，如果投保人能够证明，（被盗的）保险标的物是被包装好的，从木箱外部是看不出来的，这又能减轻他的过失程度，从而使只减少 50％ 的给付是较为合理的结果。

**减少至零：** 在个别情况下，因为投保人重大过失违反保险事故发生前应履行的不真正义务，保险人减少 100％ 的保险给付（完全拒绝给付）也是合理的。在机动车强制责任保险中，投保人醉驾肇事，就可能构成这种情况（BGH r＋s 2012，166；分析见 Maier jurisPR-VersR 2/2012 注释 1）。司法判决中似乎有这样一种趋势，如果投保人在较长时间内持续无视安全规定，则法官会考虑将保险给付减少至零（参见 OLG Hamm r＋s 2012，391：尽管天气寒冷，投保人既没有排空地下室的水管，也未对未做隔热的房间供暖；相同结论见 LG Frankfurt a. M. VersR 2012，717）。这样的做法值得商榷，因为法律规定的是减少给付，并且法律通过《保险合同法》第 28 条第 2 款第 2 项的规定，旨在废除以前旧《保险合同法》第 6 条第 3 款第 2 项的“全有或者全无”原则。通常必须给投保人保留一部分保险给付，只有在特殊情形，才可以允许保险人完全拒绝给付。例如，在违反醉驾条款〔《机动车保险一般条款》（AKB）第 D. 2. 1 条〕的情况下，完全拒绝给付就是合理的，因为这里违反的不真正义务极具分量，尤其是考虑到违反该义务对他人造成的危险。相比之下，供暖义务〔《家庭财产保险一般条款》（VHB 2000）第 25 条第 1b 项，《住房保险一般条款》（VGB 2008）第 16 条第 1c 项〕的客观重要性低得多，因此仅凭对它的违反这一点将保险给付减至零并不合适。

原则上，发生免于给付的法律后果以满足**因果关系**要件为前提（《保险合同法》第 28 条第 3 款第 1 句）。**因果关系不存在的证明责任**由投保人承担。

> 投保人只有在能够确定地证明，其违反不真正义务的行为对保险事故的发生或者保险人给付义务的范围没有影响，才算完成因果关系要件不存在的证明（BGH r＋s 1997，120）。尤其是在机动车险中，无驾驶执照和保险事故之间是否有因果关系，这个问题很棘手。杜塞尔多夫地方法院（AG Düsseldorf r＋s 1997，96）认为：无有效驾照的司机如果能够证明该起交通事故是不可避免的，或者其无驾照的事实不构成事故发生的共同原因，则完成了因果关系不存在的证明。例如，投保人没有在 12 个月内更换他的外国驾照，如果他能够证明保险事故的发生与范围不是因为他不了解德国交通规则或者缺乏驾驶能力，则完成了反证（有争议；不同意见见 LG Lüneburg r＋s 1997，445）。类似的因果关系问题还存在于违反用途条款〔《机动车保险一般条款》（AKB）第 D. 1. 1 条；应用实例见 OLG Hamm r＋s 1998，140〕或醉驾条款〔《机动车保险一般条款》（AKB）第 D. 2. 1 条〕的情形。

然而，在保险人支付保险金后，在退还程序（Rückforderungs prozess）中，保险人需要承担因果关系的证明责任，在这种情形不适用《保险合同法》第 28 条第 3 款第 1 项的因果关系推定。这主要是因为，保险人根据《民法典》第 812 条第 1 款第 1 句（不当得利请求权）请求投保人返还不当收取的保险给付，自然应当主张并在必要时证明其全部构成要件。

**例如**：如果机动车强制责任保险的保险人对没有（德国境内有效）驾照的外国投保人提起追回保险金诉讼，则必须证明导致事故发生的是某一种足以让德国发证机关正当地拒绝为该人换发在德国境内有效的驾照的原因。例如驾驶人酗酒——那么他就明显不适合驾驶并且因此无法获得德国驾照——并且因此导致该事故发生〔参见 OLG Köln r＋s 1998，399（400f.）〕。

根据《保险合同法》第 28 条第 3 款第 2 句的规定，在投保人恶意的情形，不适用因果关系规则。然而，这对于在保险事故发生前应履行的不真正义务几乎没有任何实际意义，因为几乎不会发生恶意违反此类不真正义务的情形。

215　　（3）**特别规定**：法律规定了**机动车强制责任保险**的保险人在一般保险条款当中可以约定哪些保险事故发生前应履行的不真正义务〔《机动车强制责任保险条例》（KfzPflVV）第 5 条第 1 款〕。法律还将保险人免于给付的额度原则上限定在 5 000 欧元以内〔《机动车强制责任保险条例》（KfzPflVV）第 5 条第 3 款第 1 句〕。因此，机动车强制责任保险人对外赔偿受害第三人之后，对内向投保人（或附随被保险人）最高可以追偿 5 000 欧元。这就产生了与比例给付关联的特殊问题。例如，投保人违反醉驾条款〔《机动车保险一般条款》（AKB）第 D.2.1 条〕，保险人仅可以在 5 000 欧元的范围内免于给付〔《机动车强制责任保险条例》（KfzPflVV）第 5 条第 1 款〕。如果在投保人绝对不适合驾驶的状态下（如血液酒精浓度 1.2‰）造成了交通事故，通常也可以认定他重大过失地违反了不在不适合的状态下驾驶车辆的不真正义务（如果保险人主张其为故意，则需要证明投保人故意陷入不适合驾驶的状态）。既然投保人重大过失违反约定不真正义务，保险人有权按照投保人过错的严重程度相应地减少保险给付。此时，在机动车强制责任保险中，保险人免于给付以及被追偿的范围已经被限制在 5 000 欧元，倘若还要在最高 5 000 欧元额度的追偿请求中扣除一定比例，就给了投保人双重优待。对保险人追偿进行限制曾经服务于弱化僵硬的"全有或者全无"原则的目的，但是，新法在重大过失的情形中已经态度鲜明地废弃了"全有或者全无"原则。因此，妥当的做法是，首先根据投保人过错的严重程度来减少追偿数额，如果减少后的追偿数额仍然超过 5 000 欧元，则适用 5 000 欧元的法定上限。如果造成的损害较小，比如减少后的追偿数额只有 4 000 欧元，则根据投保人过错的严重程度减少至这一数额（Maier r＋s 2007，89，90f.）。

**还存在其他免于给付的原因**：还应注意的是，除了《保险合同法》第 28 条第 2 款规定的保险事故发生前应履行的不真正义务之外，是否还有其他的法律规定使保险人可以免于给付，尤其应当考虑因招致保险事故（《保险合同法》第 81 条）和因风险升高免于给付（《保险合同法》第 23 条、第 26 条）的规定。

原则上，《保险合同法》第 28 条、第 23 条及其以下各条与第 81 条可以并行适用（参见 Prölss/Martin/Armbrüster VVG §28 Rn. 288 附带更多参考文献）。在《保险合同法》第 28 条的适用之外，是否还构成适用风险升高规则的风险升高情形，需要进行个案研判。

**例如：**

—— 不作为（例如，投保人没有按照盗窃保险合同的要求，排除报警装置的故障）按照通说观点（关联边码 203）不构成《保险合同法》第 23 条第 1 款意义上的风险升高（OLG Köln r＋s 1997，121）。但在满足特定条件的情形，适用《保险合同法》第 28 条，也适用第 81 条的规定。

—— 如果合同中关于保险事故发生前应履行的不真正义务的条款包含了一项特别约款，排除了风险升高［比如《机动车保险一般条款》（AKB）第 D.1.1 条用途条款，约定了可以用于某种用途］，则保险人不能援引风险升高免于给付的规定（BGH r＋s 1997，185）。此时只能适用《保险合同法》第 28 条。

在投保人违反不真正义务的时候，考虑是不是还可以适用其他免于给付的规则，是有实践意义的。比如，保险人基于风险升高而免于给付以投保人不当行为持续（从而使风险水平稳定地维持在一个较高水平）为前提，而《保险合同法》第 28 条和第 81 条不需要考虑这一点。但是，如果构成风险升高，保险人却可以获得（进一步的）终止权（参见《保险合同法》第 24 条）。当然，如果投保人重大过失违反安全规定［例如《住房保险一般条款》（VGB 2010）A 部分第 16 条第 1c 项］造成风险升高，并且招致保险事故的，并不会导致**比例给付规则的重复适用**。此时，《保险合同法》第 26 条第 1 款第 2 句、第 28 条第 2 款第 2 句和第 81 条第 2 款只能产生一个给付减少权。因为虽然三个不同的法律规定都指向减少保险给付，但总共只有<u>一</u>个不当行为。这里只有一次比例给付的适用得到正当化。相反，如果投保人同时违反一个保险事故发生前应履行的不真正义务和一个保险事故发生后应履行的不真正义务，则可以考虑比例叠加或者进行综合评价（关联边码 230）。

（4）原则上，只有在投保人本人重大过失或者故意违反不真正义务的时候，《保险合同法》第 28 条第 1 款和第 2 款的法律后果才会发生（关联边码 212）。如果是第三人违反不真正义务的情形，则需要考虑保险代表人责任规则以及知情代理人和知情表示代理人学说的适用（关联边码 276 及其以下各边码）。

如果保险人没有按照新法对**旧的一般保险条款**进行调整，也即，仍约定投保人重大过失违反保险事故发生前应履行的不真正义务则保险人完全免于给付，这一约定不生效力（《保险合同法》第 32 条，《民法典》第 307 条第 1 款；关联边码 64）。此时，保险人不得以不真正义务违反为由主张免于给付。在财产保险的情形，如果

216

投保人无视安全规定，通常同样构成重大过失招致保险事故，此时保险人既可以援引《保险合同法》第 81 条第 2 款减少给付，又可以援引《保险合同法》第 26 条减少给付。因此，在财产保险的情形，不调整一般保险条款的后果对保险人而言尚且没有那么严重。但是，在没有诸如《保险合同法》第 81 条这样的法定不真正义务条款的其他险种情形，如果保险人不按新法调整一般保险条款，则违反不真正义务的投保人很可能无须承担不利的法律后果。例如，对于违反了醉驾条款［《机动车保险一般条款》（AKB）第 D. 2. 1 条］的投保人，保险人就没有任何免于给付的抓手，意味着在赔付受害人之后，无法向投保人追偿。— 关于违反保险事故发生后应履行的不真正义务的法律后果，关联边码 235。

bb）保险事故发生后应履行的约定不真正义务

**参考文献**：Armbrüster PrivVersR Rn. 1198ff.，1560ff.；Hofmann PrivVersR § 11 Rn. 67ff.；Holzhauser VersVertrR Rn. 144ff.；Prölss VersR 2008，674f.；Sieg VersVertrR S. 143ff.；Werber/Winter Grundzüge VersVertrR Rn. 309，312.

217 　　在实践中，在保险事故发生后应履行的最重要的不真正义务是告知义务和信息提供义务（Auskunftspflicht）（关于约定不真正义务的归类参见边码 180）。

218 　　（1）告知义务（《保险合同法》第 30 条）。

　　（a）《保险合同法》第 30 条第 1 款规定，投保人在知道保险事故发生后有不迟延地告知保险人的不真正义务。

　　保险事故，也即使保险公司负担给付义务的事件（被保风险的实现），必须已经现实发生。具体何为保险事故由合同具体约定。比如，在经济损失责任保险中，保险事故被约定为义务违反（Pflichtverletzung）；在个人责任保险或经营责任保险中，保险事故被约定为损害事件（Schadenereignis）；在环境责任保险中，保险事故被约定为保险损失的确定；在董监高责任保险中，保险事故被约定为受害第三人（书面）索赔的提出。

　　投保人必须明知（positive Kenntnis）保险事故发生，应当知道是不足够的（见 BGH VersR 2008，905；1967，56；OLG Hamm r＋s 1995，52）。但如果投保人能够通过他已经知道的事实推出保险事故的发生，也满足知道的要求（Bruck/Möller/Brömmelmeyer § 30 Rn. 21 附带更多的参考文献）。比如，在管道破裂或漏水损害的情形，投保人必须已经知道水管漏了或水管的水流出来了的事实，单纯看到水渍损害的痕迹是不够的，因为这是否为保险事故导致的损害结果，是不确定的（比如，受影响的墙壁里并没有安装水管）。但如果造成损害的原因很明显，投保人必定能够从中得出结论，也即，能够意识到损害是基于合同描述的被保事件产生的，则应当作不同的评价（BGH r＋s 2008，336；LG Saarbrücken VersR 2011，1045）。

　　保险人承担投保人在某一时刻知道被保事件发生的证明责任，因为这一知道是不真正义务违反的客观构成要件。

除了知道保险事故发生之外，告知义务还要求义务人知道保险合同的存在。保险人必须证明告知义务人（告知义务人不限于投保人，比如在补充意外险中，非投保人的受益人也是告知义务人）知道保险合同的存在的事实（OLG Hamm r＋s 1997，391）。

就**内容**而言，告知不一定需要包含详细的信息——除非保险人追问，此时投保人有义务提供相应的信息（《保险合同法》第 31 条）——但只简单通知保险人，保险事故已经发生，也是不够的。更确切地说，告知应当包含使保险人能够介入损害调查的充分信息［BGH VersR 1968，58（59）；又参见 LG Köln r＋s 1986，49，以及 OLG Köln r＋s 1998，458］。

**期限：**根据《保险合同法》第 30 条第 1 款的规定，投保人应当不迟延地向保险人为告知。不迟延的意思是没有过错拖延（《民法典》第 121 条），换言之，法律并不要求投保人立即报告保险事故，而是留给他一段合理的考虑期间。到底给多长时间，取决于个案的情形。如果没有特殊情况，一般最多给两周的时间（AG Kaiserslautern zfs 2016，153；OLG Hamm NJW-RR 1990，532）。但如果投保人受伤或者身患重疾，即便超过两周也有可能推翻过错迟延的认定。但在损失很严重的情形，即便是在事故发生后 6 天内告知，也有可能被认为构成过错迟延（参见 Römer/Langheid/Rixecker § 30 Rn. 8 附带更多参考文献）。在责任保险和强制责任保险情形，法律还具体限定了期间范围（《保险合同法》第 104 条第 1 款的责任保险规定为一周；《保险合同法》第 119 条第 1 款的强制责任保险规定为两周）。《保险合同法》第 30 条第 1 款是任意性规定（《保险合同法》第 32 条），当事人可以具体约定不同的固定期间。在一般保险条款中，偶尔可见具体期间的约定［比如《责任保险一般条款》（AHB）第 25.1 条约定的一周］。只要投保人的告知在期间内发出，即满足要求。保险人不得要求投保人保证，其告知在指定期间内到达保险人（见 Prölss/Martin/Armbrüster VVG § 30 Rn. 8 附带更多的参考文献；另一观点见 HK-VVG/Muschner VVG § 30 Rn. 9；Langheid/Rixecker/Rixecker VVG § 30 Rn. 10）。 219

**形式：**告知原则上没有形式要求。一般保险条款可以约定告知为文本或者书面形式，这是《保险合同法》第 32 条第 2 句允许的。但是，根据《民法典》第 309 条第 13 项的规定，法律不允许在与消费者订立的合同中作更高的形式要求。这里的实践意义是：保险人无权要求消费者只能使用保险人制定的表格来作出意思表示。——如果消费者没有遵守合同约定的书面要求，但保险人通过其他方式知道保险事故的，该形式缺陷无害（参见《保险合同法》第 30 条第 2 款）。 220

告知应当向保险人或者保险代理人作出（《保险合同法》第 69 条第 1 款第 2 项；关于限制保险代理人代理权的条款的法律问题，关联边码 192）。在开放式共同保险情形（这里指的是，多个保险人按照比例共同承担某项被保风险），如果约定了领保条款，则投保人的告知只需向保险人中的领保人作出（关联边码 327）。 221

222 　　　（b）《保险合同法》第 30 条是<u>不完全法条</u>：法律中没有明确规定违反的法律后果，而是交由<u>合同约定</u>。一般保险条款通常会约定，如果投保人没有告知或没有及时告知，则保险人可以根据投保人的主观故意或重大过失相应地完全或者部分<u>免于给付</u>。

　　　《保险合同法》第 28 条第 2 款第 1 句要求合同这样约定法律后果：如果投保人故意违反不真正义务，保险人可以免于给付（《保险合同法》第 28 条第 2 款第 1句）；如果重大过失违反不真正义务，保险人可以减少给付（《保险合同法》第 28条第 2 款第 2 句）。这一条没有规定保险人的合同终止权［但是根据合同或法律的规定，保险人通常有权在保险事故发生后终止合同，参见比如《保险合同法》第111 条并且关联边码 212］。

　　　如前文所述（关联边码 214），《保险合同法》第 28 条第 2 款的文义表明，保险人应当主张并在必要时证明不真正义务违反的客观构成要件。主观方面法律推定投保人具有重大过失，如果保险人想要获得完全免于给付的"好处"，则需要进一步证明投保人具有故意。相反，不存在重大过失的证明责任由投保人承担（《保险合同法》第 28 条第 2 款第 2 句第 2 分句）。

223 　　　**疑难案例：**

　　　——（间接）故意地忽视义务以<u>知道</u>该义务的存在为前提（参见 BGH VersR1981，321，322）。如果投保人事后能够证明，他当时以为采取的措施已经足够，不再有采取任何其他措施的义务，则不满足这里的知道要求。这可以参考科布伦茨高等地区法院的一份判决［OLG Koblenz VersR 1975，440（442）］：一名居住在德国并在德国保险人那里投保了机动车险的意大利人造成一起交通事故，在警方记录事故的时候，他向受害方提供了自己的保险公司和保险号码。至此，他以为自己已经完全履行义务。高等地区法院认为，即使在现今这样的汽车时代，也不能假定每个驾驶人都知道自己在《刑法典》第 142 条规定的义务（即留在事故现场的义务）之外，还需要为公共利益采取行动。因此，法院认定投保人不构成故意，仅为重大过失。

　　　—— 投保人在<u>没有犯下重大的法律认知错误</u>的情况下，误以为不存在针对他的责任索赔，则不告知保险人不属于重大过失。但这需要这种误会对投保人来说至少是很容易犯下的。例如，公司已经启动了破产程序。此时工人在厂房受伤，总经理认为他不必告知保险人，因为他误以为这时候工人无权向公司索赔。法院认为这不构成法律认知上的重大错误（OLG Hamm VersR 1981，821）。但是，在第三人已经提出了责任索赔，而投保人认为第三人的索赔不合理的情形，通常应当作不同的认定。在这种情况下，不告知保险人则构成重大过失（LG Cologne VersR 1969，795）。

原则上，由保险人承担投保人具有故意的证明责任。在违反告知义务情形，证明这一点对保险人来说并不容易：根据以前的司法判决，法院会做事实推定，推定投保人没有告知保险事故并非故意为之（OLG Hamm r＋s 1997，391），因为罕有投保人<u>故意</u>不告知或者<u>故意迟延</u>告知而危及自己的保险保障。根据旧《保险合同法》第 6 条的规定，投保人必须证明自己没有故意，但现在《保险合同法》第 28 条第 2 款第 1 句对此有了不同的规定，因此保险人不再有这种证明责任减轻的空间（Looschelders/Pohlmann/Looschelders VVG § 30 Rn. 18 附带更多参考文献）。

新法不再像旧《保险合同法》第 6 条那样推定故意，只是推定重大过失。如果保险人想要完全免于给付，就需要证明投保人有故意。然后轮到投保人承<u>担二阶主张责任</u>（sekundäre Darlegungslast），也即，投保人需要说明为什么他那么晚才报告保险事故。例如，投保人向责任保险人解释，因为他不清楚《责任保险一般条款》第 25.1 条的规定。根据该规定，即便受害的第三人还未向他索赔，他也应该报告保险人。[1] 这种情形通常可以否定投保人的故意，除非在此之前保险人已经明确告知他该项义务，例如在前一次保险事故发生之后。但另一方面，投保人并不能据此推翻重大过失的指控。保险人有权按照投保人重大过失的严重程度相应减少给付（关联边码 230）。

（c）保险人可以明示或者默示放弃《保险合同法》第 28 条第 2 款项下的法律地位。比如《机动车保险一般条款》第 E.2.2 条就包含了一项<u>明示</u>的弃权规则，弃权的目的是让投保人能够自己处理损害。至于保险人是否作出了<u>默示弃权</u>，则是一个合同解释问题（例如，参见 BGH VersR 1983，30；另参见 Armbrüster PrivVersR Rn. 1573）。

**例如：**一位客人在一家餐馆因为楼梯太滑而且没有扶手摔了下来。六周后，客人向餐厅的责任保险人索赔。如果餐馆老板这时候再告知保险人，则其告知早已逾期。但是，如果保险人随后与投保人进行大量信件往来，要求投保人完成正式的损害报案，并且就理赔周期过长请求投保人原谅，则应当认定为构成对《保险合同法》第 28 条第 2 款法律后果的默示放弃。现在餐馆老板提交正式的损害报案，保险人不能基于投保人没有及时告知而拒绝提供保险保障（LG Wuppertal VersR 1962，629）。归根结底，这是一个保险人主张免于给付则构成权利滥用的案例。

下列情形，保险人不能免于给付：

—— 投保人以<u>其他方式</u>告知，例如口头告知（即使合同约定书面形式）；

—— 保险人<u>及时</u>（即，没有迟延或者在约定期间内）知道保险事故的发生（《保险合同法》第 30 条第 2 款）。

224

225

226

---

[1]　比如投了个人责任保险的投保人不小心伤害第三人，第三人未提及要求损害赔偿的时候，投保人亦应该向保险人告知他致第三人损害的事实。——译者注

**例如**：如果投保人以口头形式向保险人管理层报告并描述了事故情况，则保险人不能以告知未以<u>适当形式</u>（如果合同约定了书面形式）完成为由，主张投保人告知迟延〔BGH VersR 1975，153 (154)〕。

但是，如果投保人恶意违反告知义务，则其无权援引保险人已经知道保险事故为抗辩（根据《保险合同法》第 28 条第 3 款第 2 句推出；Looschelders/Pohlmann/Looschelders VVG § 30 Rn. 26 附带更多参考文献）。

227

(2) <u>信息提供义务</u>（《保险合同法》第 31 条）。

(a) 根据《保险合同法》第 31 条或相应的一般保险条款〔例如，参见《责任保险一般条款》(AHB) 第 25.2 条〕，保险人有权要求投保人提供，保险人认为有必要的与给付原因和范围有直接或间接关联的信息。

至于何为必要，并没有严格的客观标准。相反，根据法律文义，保险人可以要求投保人提供任何可能对给付原因和范围具有重要意义的信息。

保险人可以询问受损财产的**购买价格**（OLG Köln VersR 1981，669）、投保人在保险事故发生前的行踪（BGH VersR 1978，74）、保险标的物的**先前损害**（OLG Hamm r＋s 1986，264）、还有没有其他的**保险合同**（OLG Frankfurt a. M. VersR 1993，344 及其注释 Bach；ebenso OLG München VersR 1993，346；OLG Saarbrücken VersR 1993，346；OLG Saarbrücken VersR 2009，1254；另见 OLG Hamm r＋s 1988，62）、证人（OLG Hamm VersR 1986，882）、之前的保险单（BGH VersR 1982，182）、受损财产的供应商（LG Mannheim ZfS 1986，375）以及投保人或其亲属的**财务状况**（BGH VersR 2015，45）。但是，对答复的要求也不能过高：事故调查表中类似投保人"之前是否遭受过意外事故"的问题，就不能过分当真，因为按照其字面意思，投保人需要说明他出生后的所有意外事故。因为保险人并不能期待投保人按照询问的表述对这类问题进行认真严肃的自我检查，因而也就不能在投保人没有答复时主张构成恶意（OLG Nürnberg r＋s 1997，305）。总之，保险人有相当大的判断余地，即他认为哪些信息是确定案件事实所必需的，以便能够在充分和可靠的事实基础上决定是否赔付。但是不能根据审查结果对所需信息是否实际必要做事后判断，因为必要性问题应当放在审查之前做事前评估（BGH r＋s 2016，472）。

根据学说与判例中的普遍观点，保险人不得提出目的在于调查投保人是否违反**先合同告知义务**的问题。此类问题超出了《保险合同法》第 31 条第 1 款第 1 句所允许的问题范围，因为该条款处理的问题是：对保险事故进行调查，并且在具体保险事故中确定保险人的给付义务范围（参见本书上一版；Langheid/Rixecker/Rixecker VVG § 31 Rn. 10）。联邦最高法院现在驳斥这一观点，其认为，《保险合同法》第 31 条第 1 款旨在使保险人能够确定评估赔付义务所需的事实基础。因此，该条款的核心目的是使保险人能够对其支付保险金的义务做出正确的评估。换言之，联邦最高法院认为《保险合同法》第 31 条第 1 款第 1 句包含对合同有效性的审查（BGH BeckRS 2017，103376；受到 Wandt VersR 2017，458 的批评）。

《保险合同法》第 31 条的目的是通过确定损害的原因和程度，使保险人能够正确地审查，其给付义务的先决条件是否得到满足。这当中包括与损害事件相关的（比如根据《保险合同法》第 81 条）可以导致免于给付投保人的事实的查明（BGH VersR 2016，793；r＋s 2006，185）。

（b）在回答内容上，与其说是投保人要回答保险人的问题，毋宁是投保人有义务就相关事实进行无限制的披露。这就意味着投保人有提供完整与真实回答的单方义务，如同有自发披露义务一般：在特定情形，即便保险人不询问，投保人也应该提供信息（OLG Köln r＋s 1990，284）。

**例如：**

— 投保人发现保险人的事实认定出错的，应当告知保险人（OLG Hamm VersR 1983，1124）；

— 投保人有保护现场和防止欺诈的义务（BGH VersR 1962，1193）；

— 如果对表格问题的回答显然不能涵盖关键事实，则投保人有义务提供补充说明（OLG Köln r＋s 1996，7；比如，保险人没理由想到询问，投保火险的大楼是否有拆除令）。

— 在未被询问的情况下，投保人也有义务告知家庭财产保险公司，他在保险事故发生前 6 个月进行的消费者破产程序（BGH r＋s 2011，421）。

联邦最高法院认为，（只有）在"显而易见"情形下，投保人才有自发的信息提供义务（参见 Looschelders/Pohlmann/Looschelders VVG §31 Rn. 15 的"显著的案例情形"）：原则上，投保人无须提供未被询问的信息，例如关于他经济状况的信息。他可以等到保险人要求时再提供信息（BGH r＋s 2006，185）。只有在极少数特殊情形，投保人才有基于诚实信用的自发信息提供义务。异乎寻常和特别重要的信息就属于这种情形，这些信息从根本上影响到保险人的释明利益，以至于即使保险人没有询问，法律也将披露要求强加给投保人（BGH r＋s 2011，421）。就像合同订立前的自发先合同告知义务一样（参见 OLG Hamm r＋s 2017，68 并且关联边码 181 及其以下各边码），保险事故发生后的自发信息提供义务仅在极少数例外情形才会成立。在这些例外情形，未被询问的投保人保持沉默，将被指控为不诚实。

（c）具体的问题：

— 即便保险人可以**通过其他方式获知相关事实**，原则上投保人的释明义务（也即信息提供义务）也不会因此消除。但是，如果保险人已经对所询问的事实有了可靠的认知，则投保人可能就不（再）有释明的义务（OLG Hamm NJW 1991，

303；r＋s 1993，442）。例如：投保人在车损后没有披露先前的车损，但是因为保险人不久前刚刚处理过这辆车的车损，对其先前损害有着现实并且直接的认知。这里投保人没有违反释明义务，因为没有释明的需要（BGH VersR 2007，1267），或者，至少在这种情形下，不存在《保险合同法》第 28 条第 3 款第 1 句规定的因果关系（关联边码 232 和 Prölss/Martin/Armbrüster VVG §31 Rn. 35）。另一方面，如果保险人有的只是通过查看数据材料获知的可能性，则不等于保险人明知（OLG Saarbrücken r＋s 2005，322；OLG Düsseldorf r＋s 1997，227；另见 Langheid/ Rixecker/Rixecker VVG §31 Rn. 8ff. ）。因为投保人不能指望保险人去查看与损害相关的所有档案或电脑数据（OLG Saarbrücken r＋s 1998，139；OLG Bremen VersR 1998，1149；OLG München r＋s 2000，392；KG r＋s 2003，354；整体内容见 HK-VVG/Muschner VVG §31 Rn. 15ff. ）。

　　—— 对不正确告知的嗣后更正：司法判决迄今为止认为，投保人可以嗣后更正错误信息以避免义务违反，前提是更正与错误属于同一个进程（参见 BGH VersR 1968，137）。科隆地区法院（LG Köln r＋s 1997，228）驳回了保险人对旧《保险合同法》第 6 条第 3 款的援引，理由是该案投保人更正其关于先前损害的错误告知是"完全出于自愿"，而不是因为担心被保险人发现。在投保人（一开始）故意提供虚假信息的情形，保险人没有追问的义务（如果投保人是因为保险人追问才更正信息，则不满足自愿的要求，见 OLG Hamm r＋s 1998，233）。—— 另外参见哈姆高等地区法院的判决（OLG Hamm NVersZ 2000，179）：投保人告知保险人对外雇员错误的信息，但在该雇员将错误信息转达公司的理赔经办人之前，投保人更正了信息，此时不构成释明义务违反。因为投保人完全自愿地更正之前故意提供的虚假信息，基于诚实信用原则，保险人不再能援引免于给付条款（见 BGH r＋s 2002，51；OLG Jena r＋s 2003，232）。这个判例在新法不再有任何意义。因为故意的情形，《保险合同法》第 28 条第 3 款第 1 句同样要求因果关系。如果投保人一开始提供虚假信息，但随后更正，只要这样没有影响到保险事故查明，投保人的不当行为就不会受到法律的制裁。相反，如果保险人因为投保人一开始提供的虚假信息失去了进一步查明的机会，则存在因果关系，保险人可以依据《保险合同法》第 28 条第 2 款第 1 句的规定主张免于给付（整体内容见 Langheid/Rixecker/Rixecker VVG §31 Rn. 19；MüKoVVG/Wandt VVG §31 Rn. 82）。

　　**例如：**投保人先是声称他的车因被盗受损。一天后，他承认自己说了谎，事故发生时是他驾驶这一辆汽车。这个时候保险人已经无法查明，事故发生时投保人是否处于醉酒状态。此时，满足《保险合同法》第 28 条第 3 款第 1 句的因果关系要求。根据《保险合同法》第 28 条第 2 款第 1 句的规定，保险人可以完全免于给付。

　　—— **明显的错误：**对于明显的错误，保险人必须追问（如书写错误，参见 BGH VersR 1980，159，160）。如果投保人提供的信息明显不完整、不明确或相互矛盾，保险人同样有追问义务（《民法典》第 242 条；参见 OLG Brandenburg r＋s 2008，325；Langheid/Rixecker/Rixecker VVG §31 Rn. 24；Looschelders/Pohlmann/Looschelders VVG §31 Rn. 21 附有每种情形的进一步参考文献）。但是，如果投保人的主观为恶意，则其不值得保护，错过追问的保险人仍然可以拒绝给付（关联边码 191）。

— **没有回答某个问题**不等于拒绝回答这个问题。如果保险人放任投保人不回答，只能说明答案对他不重要。只有在保险人追问而投保人还是没有回答的时候，才应该考虑免于给付的法律后果（OLG Köln r＋s 1997，354）。然而，对于这种情形，通说并不认为保险人有追问义务，而是认为，投保人违反了他的信息提供义务（MüKoVVG/Wandt VVG §31 Rn. 77 附带更多参考文献）。这一观点值得商榷。因为如果投保人在回答栏中留白，保险人可以清楚地认识到投保人提供的信息不完整，根据诚实信用原则，保险人就有义务进行追问。既然保险人违反追问义务，那么他就不能主张投保人违反信息提供义务（可能的相同结论见 Langheid/Rixecker/Rixecker VVG §31 Rn. 24）。

— **投保人向警察提供虚假信息**，原则上不构成对保险人的不真正义务违反。在过去，如果保险人值得保护的利益同时受到影响，司法审判有时会采取不同的观点（参见 LG Gießen VersR 1997，998 附带更多的参考文献）。但在现在《保险合同法》第 31 条和第 28 条的背景下，不同的观点不再能够站得住脚。现在，只有在保险人要求投保人向警方提供信息，并且已经根据《保险合同法》第 28 条第 4 款对投保人进行劝告的情形下，投保人向警察作出的虚假陈述才会构成对保险合同法规定的信息提供义务的违反（Langheid/Rixecker/Rixecker VVG §31 Rn. 13）。

— 即便事故责任明确，**肇事逃逸**也构成向保险人提供信息的义务的违反（BGH r＋s 2000，94；OLG Nürnberg r＋s 2001，14；KG r＋s 2003，447；OLG Hamm r＋s 2003，449）。当前版本的《机动车保险一般条款》明确规定了机动车驾驶人留在事故现场的义务［《机动车保险一般条款》（AKB）第 E.1.3 条第 2 句］。这究竟是一项独立的不真正义务（支持意见 Knappmann VersR 2009，18），还是仅仅是提供信息义务的一个子类别，仍有争议（参见 HK-VVG/Halbach E 5/6 AKB Rn.14）。但无论如何，《机动车险一般条款》关于在事故现场进行调查的规定对投保人的要求不应高于《刑法典》第 142 条的要求（根据 OLG Munich r＋s 2016，342）。关于肇事逃逸，关联边码 232。

— **保险人拒绝理赔后，投保人对信息提供义务的违反**：如果保险人不再愿意调查和理赔，则投保人不再有信息提供义务（BGH r＋s 2013，273；r＋s 1989，108；OLG Karlsruhe VersR 2009，923；OLG Hamm r＋s 1992，97；BGH VersR 1992，302ff. 及其注释 Bach；Lücke VersR 1992，182f.；批评见 Langheid r＋s 1992，109）。在保险人拒绝理赔后，投保人伪造单据恶意欺诈的情形，还可能导致

一般的民事或刑事制裁（OLG Köln r＋s 1997，179；KG r＋s 2003，140；整体内容参见 HK-VVG/Muschner § 31 Rn. 7ff. ）。保险人有可能基于《民法典》第 823 条第 2 款结合《刑法典》第 263 条的规定请求赔偿（Römer/Langheid/Rixecker § 31 Rn. 21）。

230　　　　（3）原则：基于《保险合同法》第 28 条第 2 款免于给付。如果合同中约定了**免于给付**条款，那么在投保人故意违反不真正义务的情形，保险人有权完全免于给付；在重大过失的情形，保险人有权根据投保人过错的严重程度减少给付（关于保险代表人、知情代理人以及知情表示代理人的过失责任问题，关联边码 275 及其以下各边码）。法律推定投保人有**重大过失**（《保险合同法》第 28 条第 2 款第 2 分句；关联边码 224）。如果投保人只有一般过失，则不受法律制裁。

　　**减少给付**（Leistungskürzung）：在重大过失的情形，保险人有权按照投保人的过错程度减少给付（《保险合同法》第 28 条第 2 款第 2 句）。确定比例的因素见参见边码 214。多重比例给付：如果投保人在重大过失违反在保险事故发生前应履行的不真正义务（例如安全规定）和/或重大过失招致保险事故的发生（《保险合同法》第 81 条第 2 款）之外，又重大过失违反信息提供义务，则在减少给付时必须同时考虑这两个义务违反情形。如果只按照给保险人带来最高免责比例的那一个义务违反进行减少给付，并将较低比例的那个义务违反视为已"消耗"（参见 Veith VersR 2008，1580；1589），将会导致不公平的结果，因为它使那些同时违反了多个指向于不同利益的不真正义务的投保人和只违反了一个（最高额的）不真正义务的投保人被等同对待。因此，这种"消耗模式"应当被否定（HK-VVG/Felsch § 28 Rn. 204）。但是，如果将比例进行简单的相加也是有问题的，因为这种方法会导致两个中等程度的不真正义务违反（各自可以产生 50％ 的比例减少）的保险给付减少至零（例如，参见 LG Kassel zfs 2011，33；Marlow/Spuhl/Marlow Rn. 347 持反对意见）。因此，在投保人重大过失同时损害保险人不同利益的时候，比如同时疏忽保险事故发生前与发生后应履行的不真正义务，应当进行综合评价（LG Dortmund VersR 2010，1594；Rixecker ZVersWiss 2009，3，9；Looschelders ZVersWiss 2009，13，30；HK-VVG/Felsch § 28 Rn. 206）。

231　　　**因果关系要件**：在故意和重大过失的情形，只有违反保险事故发生后应履行的不真正义务对保险事故的确定或者对保险人给付义务的确定或范围有影响时，保险人才有权免于给付（《保险合同法》第 28 条第 3 款第 1 句）。

　　**例如**：在责任保险中，如果投保人（重大过失）违反及时告知保险事故的不真正义务（比如《责任保险一般条款》第 25.1 条，超过一周），并且迟延告知对责任保险人调查的可能性和调查结果的可靠性造成了影响，则构成《保险合同法》第 28 条第 3 款第 1 句意义上的因果关系。比如在保险事故发生后，投保人尝试修复并且继续使用，并且清洁了（受损）地板，以至于保险人无法确定是否出险（参见 LG

Bonn r＋s 1998，276），则不仅影响了保险人调查的<u>程序</u>，而且影响了保险人调查的结果。

投保人可以提供**因果关系不存在的证明**。在刚才讨论的案例中，如果损失情况、损失过程等都有全面的记录，以至于即使责任保险人获得及时通知，也不能做更多的事情，这样投保人就成功地证明了因果关系不成立。又比如，财产保险的投保人向保险人报了盗窃案，并寄送了一份被盗财产清单，但违反了同时向警方提供**丢失财产清单**的义务［《家庭财产保险一般条款》（VHB 2008）第 8 条第 2 项 a 目 ff 子目］。如果投保人能够证明，即使及时通知了警方，警方也不会进行任何适当的调查，则成功地进行了反证（参见 LG Berlin r＋s 2013，231）。— 关于劝告要求，关联边码 233。

（4）根据旧《保险合同法》第 6 条第 3 款第 1 句的规定，投保人故意违反保险事故发生后应履行的不真正义务，保险人的免于给付不以因果关系为构成要件。这样一来，个案的法律后果有时会被认为过于严厉。作为应对，实务中发展出了<u>相关性要件判决</u>（Relevanzrechtsprechung），其基于诚实信用原则（《民法典》第 242 条），对个案情形的法律适用进行软化（BGH VersR 1984，228；r＋s 1993，308）。在保险事故发生后，如果投保人故意违反应履行的不真正义务但结果并不严重，则保险人只有能够满足进一步要件要求的情况下才能免于给付。这一判例法现今不再重要，因为《保险合同法》第 28 条第 3 款第 1 句将"相关性原则"同样适用于故意的情形，而且法律对因果关系的要求超出了以往的判例法。根据相关性要件判决，要构成不真正义务的违反需要<u>切实地危及保险人</u>的利益；例如，如果投保人提供的信息可能会妨碍到保险人核实所称索赔的原因和金额，那么就可以认为违反义务的行为已经严重危及保险人的利益。但是，根据《保险合同法》第 28 条第 3 款第 1 句的规定，这种程度是不够的，在相同情形，违反义务的行为（本案：错误告知或者不告知）必须事实上确实影响了保险人的调查结果或赔付义务的范围［参见 Schirmer r＋s 2014，533（536）］。

**例如**：根据先前的司法判决，隐瞒先前的损害一般可以被认定为切实危及保险人利益，因为如果保险人获得在此之前频繁发生损害的信息，就会更加细致地核实投保人提供的信息是否准确（OLG Saarbrücken r＋s 1998，139，140）。然而，根据《保险合同法》第 28 条第 3 款第 1 句，隐瞒先前的损害需要对给付义务的确定和范围产生实际影响。若仅仅只是可能产生影响，是不足够的。这意味着，如果是保险人已经意识到的（比如理赔过）先前损害情形，则《保险合同法》第 28 条第 3 款第 1 句要求的因果关系没有得到满足（参见 KG r＋s 2011，15）。毋宁是，保险人必须实际遭受可度量的（金钱）损失（OLG Oldenburg VersR 2011，1437 见 Weitzel 的评论）。

如果投保人**恶意欺诈**，则即使没有因果关系，保险人也可以完全免于给付

232

《保险合同法》第 28 条第 3 款第 2 句）。当投保人故意提供错误信息，意图以此影响保险人的决定，则构成恶意欺诈。比如，投保人谎报（少报）其被盗车辆的里程数，通常可以构成恶意欺诈（参见 OLG Saarbrücken VersR 2008，1643）。即便投保人没有不当获利的意图，也可能被认定为恶意欺诈。例如，投保人明明对询问情况一无所知，仍"信口雌黄"，作出那些他认为能够帮助他获得保险人给付的陈述。

**肇事逃逸**构成不真正义务违反（关联边码 229）。在多数情形，这可以认定故意（《保险合同法》第 28 条第 2 款第 1 句），通常也能满足因果关系的要求（《保险合同法》第 28 条第 3 款第 1 句），因为保险人的调查因此无法完成，比如无法确定驾驶员在事故当时是否属于醉酒状态（OLG Frankfurt a. M. r＋s 2016，70）。但认为交通事故逃逸必然构成恶意欺诈的观点（例如，见 AG Wetter SP 2012，301）是站不住脚的。"通常"构成恶意欺诈，这种观点（见 AG Trier Urt. v. 7. 12. 2016 - 6 C 73/16，参见 Schwartz jurisPR-VersR 3/2017 Anm. 3；另见 AG Wesel Urt. v. 30. 6. 2016 - 5 C 25/16）也没有道理。很多没有留在事故现场等待处理的驾驶人的目的不是影响保险人的决定。在个别情况下，这取决于在这方面负有二阶主张责任的投保人如何解释其动机。根据经验，并没有一个一般经验规则支持评价者下此论断：投保人明知有义务等待，却仍然选择离开事故现场，那么他的意图就是影响保险人的决定（见 LG Offenburg zfs 2013，36）。欺诈性违反信息提供义务的前提是，投保人追求的目的与保险人的利益相悖，并且知道他的行为可能会影响理赔（参见 BGH r＋s 2009，295）。即使在肇事逃逸的情况下，投保人的行为也必须逐案考虑〔BGH r＋s 2013，61；Schirmer r＋s 2014，533（539）〕。

233　　　根据旧《保险合同法》第 6 条第 3 款的相关性要件判决，保险人拒绝提供保险保障还需要以保险人已经对投保人进行了**劝告**为前提，也即，需要告知投保人违反不真正义务则保险人免于给付。2008 年的新法延续了这一构成要件——《保险合同法》第 28 条第 4 款规定了保险人提示投保人免于给付为作为可能法律后果的一般提示义务，但限于信息提供或释明义务的情形。法律上要求的是**单独**通知。这不意味着劝告必须放在"额外的表单"上作出，不可以和其他意思表示放在一起。"额外的表单"并非必须，因为重要的是要让投保人及时清楚地意识到，他应该履行提供信息的不真正义务，否则可能会丧失请求权。因此，不能引起投保人注意的，印在产品信息单、一般保险条款或者保险单上的劝告，以及投保人在保险中介人的电脑屏幕上阅读的提示，都是不足够的〔参见 HK-VVG/Felsch VVG §28 Rn. 218f.；PK-VVG/Schwintowski §28 Rn. 110，114；Tschersich r＋s 2012，53（60f.）〕。

　　在对劝告进行设计的时候，必须注意到司法判决在旧《保险合同法》第 6 条第 3 款中提出的原则：劝告必须"外观醒目"，尤其是必须在字体与字号方面要与通常的书写形式相互区分（参见 OLG Hamm r＋s 1997，178；BGH r＋s 2013，114 关于《保险合同法》第 28 条第 4 款的内容）。

下列情形，劝告**不是必要的**：

—— 保险人确定投保人**欺诈**的时候（关于旧法参见 OLG Hamm r＋s 1992，S. 41f.）。这个结论（也）来自《保险合同法》第 28 条第 4 款，该款援引了《保险合同法》第 28 条第 2 款；但该款文义不涉及恶意欺诈违反的规定（HK-VVG/Felsch VVG § 28 Rn. 214；Knappmann VersR 2011，724，725 观点不同，理由是法律文义中并没有对劝告要求设定例外）。

—— 在投保人**违反告知义务**（旧法时期见解见 OLG Saarbrücken r＋s 1991，14）以及违反其他在保险事故发生时应当**自发履行**的不真正义务的时候（例如在事故地点等待的义务；OLG Karlsruhe r＋s 1997，406）。这可以从《保险合同法》第 28 条第 4 款的表述清楚地读出来。自发履行的义务还包括，建筑物保险中保护受损现场的不真正义务（见 OLG Saarbrücken r＋s 2012，543）。

有争议的是，对于承保盗窃风险的财产保险，究竟是保险人需要劝告投保人，在保险事故发生后他有提交**被盗财物清单**的不真正义务，还是投保人需要自发履行提交被盗财物清单这一不真正义务。本书认为，向保险人转交被盗财物清单属于信息提供义务的履行，因此适用《保险合同法》第 28 条第 4 款。至于同时向警察提供被盗财物清单的不真正义务，法律上的规定并不明确。文献当中有观点认为，这种情形保险人无须劝告，因为这一不真正义务起着减少损失的作用，属于《保险合同法》第 82 条的一个子集（参见 OLG Köln r＋s 2014，555；Langheid/Rixecker/Rixecker VVG § 28 Rn. 110；Günther VersR 2011，1561）。然而，将被盗财产告知警察不仅有助于减少损失，而且有助于保险人最终查明给付义务范围（所谓的"被盗财物清单不真正义务的第二目标"，见 Looschelders/Pohlmann/Looschelders VVG § 31 Rn. 42）。因此，应当肯定保险人具有《保险合同法》第 28 条第 4 款的劝告义务（参见 OLG Karlsruhe r＋s 2011，517；另见注释 Knappmann 519；OLG Celle VersR 2015，1124）；另一种观点（Langheid/Wandt/Rixecker VVG § 28 Rn. 110）则认为，只在个别情形（例如保险人具有误导行为），才能根据《民法典》第 242 条否定保险人免于给付的主张）。联邦最高法院因为其他原因驳回了针对科隆高等地区法院（OLG Köln r＋s 2014，555）的上诉，没有处理《保险合同法》第 28 条第 4 款能否适用于向警方提交被盗物品清单义务的问题（BGH VersR 2015，1121 及其注释 Wandt）。因此，最高法院的态度仍不明确。—— 关于因果关系，关联边码 231。

保险人将包含着充分劝告的表格发送给投保人，就满足了法律要求。阅读理解表格内容或者让他人帮忙理解表格内容，是投保人的事情（OLG Hamm r＋s 1997，1）。

在损害报告表中进行单次劝告就足够了，保险人原则上不需要在之后发送的文件里进行重复劝告（OLG Köln r＋s 1997，227；不同见解见 OLG Oldenburg r＋s 1997，228；1997，450），除非经过了很长一段时间（比如一年），并且和之前回答过的问题没有事实关联（参见 BGH VersR 2011，1121）。

如果实际的操作过程是，保险代理人提出问题，代填表格，最后交给投保人签字，那么，根据先前的司法判决，写在损害报告表当中的劝告是不充分的，在这种情形，保险代理人需要进行口头劝告（OLG Karlsruhe NVersZ 2000，337；类似见解见 OLG Hamm r＋s 2001，12）。这在今天仍然是正确的，因为在这种情形，投保人没有机会注意到劝告，表格只是简单地交给他签字，然后马上被收走了。当然，现在的《保险合同法》第 28 条第 4 款要求文本形式，只进行口头劝告也是不够的。

234　　　除了相关性要件判决，关于旧《保险合同法》第 6 条第 3 款的司法判例在欺诈只影响到一小部分损失，但如果拒绝理赔将会威胁到投保人的生存的情形，根据《民法典》第 242 条否定了保险人主张免于给付的权利（BGH r＋s 1992，420；1993，348；OLG Karlsruhe NVersZ 2000，345）。随着《保险合同法》第 28 条第 3 款第 1 句引入了因果关系要求，这一由判例发展而来的 "社会紧急锚"① 已经变得没有那么重要了：例如，如果家庭财产保险的保险人已经知道投保人夸大火灾中被毁财物的购买价格，那么这一错误信息并不会影响保险人赔付的确定。当然，在个案情形，投保人故意影响保险人决定可能构成恶意欺诈，此时无须考虑因果关系要件即可发生保险人免于给付的后果（《保险合同法》第 28 条第 3 款第 2 句）。是否存在一种例外可能，根据对个案情况的总体评估，完全免于给付的制裁后果对欺诈投保人而言也是不合比例的，从而应当根据《民法典》第 242 条否定保险人主张完全免于给付的权利呢（见 MüKoVVG/Wandt VVG § 28 Rn. 306）？这是值得怀疑的，因为恶意行为根本不值得保护。应当考量的是**恶意的认定标准**。根据当前的通说，恶意不以投保人有任何不当得利的意图为要件，因此如果投保人提供虚假信息只是为了（更轻松地）获得他合理的赔付，或者投保人只是因为担心如实提供信息会影响保险保障而没有妥当履行信息提供义务，也会被评价为恶意（参见 Langheid/Rixecker/Rixecker VVG § 28 Rn. 104 附带更多参考文献）。对此，本书认为，只有当投保人的行为是应受谴责的，也即，他有伤害保险人的意图的时候，才应该被评价为恶意。

235　　　**行为和知情归属**：根据法律规定，履行约定不真正义务是投保人的义务（参见《保险合同法》第 28 条第 2 款：该条只规定了投保人）。但是除此之外，还应当考虑被保险人的行为（《保险合同法》第 47 条第 1 款，关联边码 86）。最后，司法判

① 德文原文 "Notanker"，是指通常放在船上，在紧急情况下才抛出去提供额外的锚点的船锚。——译者注

决还将保险代表人、知情表示代理人以及知情代理人的行为归属于投保人（关联边码 275 及其以下各边码）。

　　**保险人未重置一般保险条款**：如果保险人没有根据 2008 年《保险合同法》重置旧法时期拟定的合同条款，仍然保留着重大过失情形完全免于给付，以及故意违反不真正义务不以因果关系为要件的内容，则保险人不能援引这些规则主张免于给付（关联边码 216）。这具有相当大的实践意义，尤其是在信息提供义务的情形，因为此时合同约定不生效力却没有任意法规则可以替补发生法律效力。在缺失有效的免于给付条款的背景下，即便投保人故意或者重大过失违反信息提供义务，也不会引发《保险合同法》第 28 条第 2 款第 1 句和第 2 句规定的法律后果（关于健康保险中的不真正义务，参见 LG Heidelberg BeckRS 2017，105324）。

　　如果保险人没有重置旧的一般保险条款，是不是即便投保人**恶意欺诈**，保险人（也）不能作出相应主张？这一点存在很大争议（参见 BGH r＋s 2015，347；OLG Dresden r＋s 2015，233）。这个问题的回答对实践，尤其是对信息提供义务的实践，非常重要。决定性因素是，是否支持“**整体不生效力理论**”：根据这一理论，未重置的不真正义务规则整体，包括构成要件和法律后果，都不生效力。由于这时候没有（不再有）不真正义务，投保人自然不会构成不真正义务的恶意违反。相反，“**分割理论**”则假定，旧条款未得到重置仅仅意味着法律后果的条款不生效力，不真正义务的构成要件条款还是有效的。因此，在投保人恶意欺诈的情形，保险人当然还可以援引其构成要件条款的约定［参见 OLG Köln r＋s 2015，150；Langheid/Rixecker/Rixecker VVG § 28 Rn. 8；Armbrüster VersR 2012，9 (12f.)；Günther/Spielmann VersR 2012，549；Neuhaus MDR 2013，1201 (1202)；Fuchs jurisPR-VersR 8/2015 Anm. 8］。如果遵循整体不生效力理论，要想以恶意欺诈为由拒绝给付只能考虑投保人失权的进路（见 Schimikowski r＋s 2015，350，351）。相比较而言，分割理论有着更好的论据支持。首先，《保险合同法施行法》第 1 条第 3 款规定的是，保险人有权调整因为新法导致的偏离，因此调整落在不真正义务的法律后果上（因为有偏离），而不落在构成要件上。此外，在现实的一般保险条款约定中，不真正义务的构成要件和法律后果在文本中通常明确分开［参见《责任保险一般条款》（AHB）第 25 条和第 26 条］。如果法律后果条款不生效力，那么应当保留可以理解且有意义的其他条款（Langheid/Rixecker/Rixecker VVG § 28 Rn. 8）。

　　**d）减损义务**

　　**参考文献**：Armbrüster PrivVersR Rn. 1209ff.；Beckmann r＋s 1997，265ff.；Büchner VersR 1967，628ff.；Herbst VersR 1996，9ff.；Hofmann VersR 1981，108f.；Holzhauser VersVertrR Rn. 218ff.；Kassing，Aufwendungsersatz bei Verhinderung des Versicherungsfalls，2009；Knappmann VersR 1989，113ff.；ders. VersR 2002，129ff.；Koch FS Wälder，2009，163ff.；Looschelders FS Deutsch，

2009，835ff.；Mayer VersR 1989，1128ff.；Möller/Schmidt ZVersWiss 1960，59ff.；Prahl VersR 2014，1426ff.；Rixecker zfs 2007，255ff.；Schimikowski r＋s 1991，145ff.；ders. r＋s 2003，133ff.；ders. jurisPR-VersR 3/2007 Anm. 4；Siebeck，Schadenabwendungs-und-minderungspflicht，1963；Stange，Rettungsobliegenheiten und Rettungskosten im Versicherungsrecht，1995；Tehrani VersR 2015，403ff.；Wandt VersR Rn. 923ff.；Wilkens，Die Rettungspflicht，1970；Woesner ZVersWiss 1960，399ff.

236 　　《保险合同法》第 82 条第 1 款规定了投保人避免和减少损失的不真正义务。投保人在减损问题上必须遵循保险人的指示（《保险合同法》第 82 条第 2 款）。这是一项法定不真正义务，其法律后果在《保险合同法》第 82 条第 3 款有着完整的规定。如果保险人通过合同约定避免和减少损失义务，则为约定不真正义务，适用《保险合同法》第 28 条。避免与减少损失义务规则适用于各类损失填补保险。

237 　　**aa）规范目的和内容概述。**（1）投保人的减损义务，即避免与减少损失义务，是《民法典》第 242 条诚实信用原则的具体体现：投保人被期待如同他没有保险时那样行动。因此，在火势初起的时候，投保人不应该因为他的家庭财产已经投保而袖手旁观，而是应该及时扑灭火势。又比如，在发生交通意外的时候，他不应该因为自己购买了保险，让撞到他的司机轻易离开，而是应该记下对方车牌，以便在必要时请求责任损害赔偿。法律在《保险合同法》第 82 条规定将减损规定为不真正义务，目的就在于维护保险共同体的利益。

　　　　《保险合同法》第 82 条的规定是《民法典》第 242 条禁止矛盾行为原则在保险合同当中的具体体现，该原则在《民法典》第 254 条第 2 款第 1 句亦有体现。

238 　　（2）法律规定，投保人有义务避免与减少损失（《保险合同法》第 82 条第 1 款）。保险人可以在投保人不履行这一不真正义务的时候，根据《保险合同法》第 82 条第 3 款的规定，对投保人施加完全或者部分免于给付的制裁，也可以在投保人履行减损义务的时候，对投保人给予《保险合同法》第 83 条规定的费用赔偿奖励。投保人必须按照保险人的指示，避免和减少损失，但如果保险人没有指示或者数个保险人作出了互相矛盾指示，则投保人应当按照符合义务的方式斟酌行事（《保险合同法》第 82 条第 2 款）。如果投保人违反遵循指示的义务，则可能需要承担《保险合同法》第 82 条第 3 款规定的法律后果。

　　对于违反义务的法律后果，法律遵循了适用于整个不真正义务法的规则（先合同告知义务除外）：如果投保人故意违反减损义务，则保险人有权免于给付（《保险合同法》第 82 条第 3 款第 1 句）。保险人承担故意的证明责任。如果投保人重大过失违反减损义务，则保险人有权按照投保人的过错严重程度减少保险给付（《保险合同法》第 82 条第 3 款第 2 句）。法律推定投保人具有重大过失，由投保人承担自己只有更轻过错程度的证明责任。因果关系仍然是保险人部分或者全部免于给付的前提要件（《保险合同法》第 82 条第 4 款第 1 句），除非投保人主观为恶意（《保险合同法》第 82 条第 4 款第 2 句）。现实中很少发生恶意违反减损义务的情形，但也不是完全不可想象［示例见 Schirmer r＋s 2014，533（540）］。可以比较 Rn. 247 及其以下边码的总结。

　　**bb）减损义务的开始。**减损义务开始于保险事故发生时（《保险合同法》第 82 条第 1 款）。法条的这一表述的确切含义在过去的很多年里一直存在争议。按照《保险合同法》第 82 条第 1 款的立法理由，不真正义务在保险事故发生时产生，而不是在保险事故即将发生时产生（Begr. RegE, BT-Drucks. 16/3945，S. 80）。也就是说，减损义务不会提前发生。法条文义虽然不能得出这一结论，但如前述，官方的立法理由说得很清楚。我们要完整地理解这个问题，就必须了解文献中关于这一论题的争论以及既往司法判决的发展。

　　*初始案例：*一栋公寓的走廊上经常有大块的天花板灰泥砸落。注意到这一问题的房东非常恼怒，但没有采取任何措施。某日，一大块灰泥掉落，不仅砸伤承租人头部，还弄花他的外套。承租人向房东索赔人身与财产损失。房东向其保险人报告了此事。—— 这里的问题是，保险人是否可以基于投保人重大过失没有履行其避免损失的义务而（完全或者部分）拒绝给付（旧《保险合同法》第 62 条第 2 款，《保险合同法》第 82 条第 3 款第 2 句）。如果认为可以，那么就预设了当投保人第一次注意到天花板灰泥脱落的时候，就已经有旧《保险合同法》第 62 条第 1 款或者《保险合同法》第 82 条第 1 款意义上的减损义务，尽管这一个时间点还没有任何第三人受损。如此一来，减损义务的开始时间被提前。

　　（1）对于旧《保险合同法》第 62 条的减损义务提前，联邦最高法院曾经在一个**责任保险**判决中予以否定［BGHZ 43，88（94）＝VersR 1965，325（326f.）］。据此，在责任保险情形，减损义务在保险事故（本案：损害事件）发生时才产生。放在我们前述例子中，只有在灰泥脱落造成承租人人身伤害和衣服划损的时候，减损义务才产生。但是，联邦最高法院判决的真实理由是建立在对旧《保险合同法》第152 条（现行《保险合同法》第 103 条）的考虑的基础之上。根据旧《保险合同法》第 152 条，保险人只有在投保人故意并且违法招致保险事故时才能免于给付。与之相比较，投保人（仅）因重大过失未能履行减损义务，保险人即可根据旧《保险合同法》第 62 条第 2 款保险人免于给付，或者根据现今《保险合同法》第 82 条第 3 款第 2 句减少给付。联邦最高法院在该案中希望保护责任保险的投保人：如果将投保人的行为评价为招致保险事故的行为，那么该行为就不应再被视作违反不真正义务的行为，因此不会适用旧《保险合同法》第 62 条第 2 款（也即现今的《保险合同法》第 82 条第 3 款），而是适用旧《保险合同法》第 152 条（也即现今《保险合

239

240

同法》第 103 条），后者的法律后果对投保人更为有利。

241　　　（2）在**财产保险**情形，不存在旧《保险合同法》第 152 条（或现今《保险合同法》第 103 条）在责任保险情形确立的特殊规则，原因在于：不论是基于投保人招致保险事故，还是基于投保人不履行减损义务，保险人得以免于给付的权利所要求的构成要件都是相同的（参见旧《保险合同法》第 61 条、第 62 条第 2 款、第 81 条、第 82 条第 3 款第 2 句）。因此，旧法时期的司法判决毫无犹豫地承认，在保险事故发生之前存在减损义务。这些判决所持的理由是，如果等到保险事故发生时再去采取措施，在大部分情形，损失已经完全无法避免。因此，在关于旧《保险合同法》第 62 条第 1 款的判例中，**提前理论**在责任保险之外的情形盛行。根据该理论，在保险事故即将<u>发生</u>时，减损义务已经存在。

　　　**例如**：建筑企业 B 受 F 市委托，承担地铁工程当中的排水设施的建设工程。合同约定，施工方在地铁坑道外另挖深井以降低地下水水位。施工开始时，企业 B 查明该市水文地质条件恶劣，需要进行额外的施工，尤其是需要在地铁坑道内增设抽水机。此后，另一家施工公司负责的化学品密封出了问题，其内容物泄漏并渗入土壤。随着地下水被逐渐抽掉，这些化学物质部分进入了地铁坑道的抽水机里面，导致抽水机功率下降。为了避免地下水回灌地铁坑道，企业 B 临时决定，在地铁坑道之外新增水泵，以稳定抽水功率。对于因此产生的额外费用，企业 B 要求市政府补偿。联邦最高法院（VersR 1985，656，658）指出，企业 B 的行为是根据旧《保险合同法》第 62 条进行的避免损失行为，市政府应根据旧《保险合同法》第 63 条偿还其费用。保险事故不一定已经发生，只要即将发生就足够了。增加水泵提高功率是有必要的，这样可以避免随后需要付出更高的代价，例如，因为地下水回灌导致的地铁坑道被淹和抽水机浸泡的损失。

242　　　通过这个判决和1991年的<u>野兽伤害案</u>判决（BGH，r＋s 1991，116），联邦最高法院承认了**财产保险情形的提前理论**。据此，应当认为，除责任保险外，旧《保险合同法》第 62 条第 1 款的减损义务开始于保险事故<u>即将发生</u>之时。即将发生，意思是损害发生具有高度盖然性并且时间和空间上接近。应该指出的是，这一判例规则有利于投保人，因为如果投保人在保险事故发生之前采取防损措施，产生相应的费用，那么这些费用可以作为旧《保险合同法》第 63 条（《保险合同法》第 83条）意义上的费用，请求保险人偿还。

　　　有人反对财产保险的提前理论，认为它可能（也）使投保人处于不利地位：因为旧《保险合同法》第 62 条第 2 款推定投保人违反减损义务时具有主观故意，而旧《保险合同法》第 61 条则要求保险人证明投保人有过错，而提前理论导致本来适用旧《保险合同法》第 61 条的案情同样落入旧《保险合同法》第 62 条第 2 款的适用范围，因此产生对投保人不利的问题。所以，该学说主张，将减损费用偿还请求权与减损义务成立这两个问题相<u>分离</u>〔参见 Prölss/Martin/Voit/Knappmann

(27. Aufl.) VVG §62 Rn. 5ff.]。

（3）在**责任保险**领域，主要是在减损费用偿还请求权（旧《保险合同法》第63 　243
条；关联边码250）的讨论中会论及减损义务的提前。在文献中，很多学者主张，
在将旧《保险合同法》第152条（《保险合同法》第103条）的规定纳入考虑的前
提下，责任保险中也可以谨慎地适用提前理论［参见Beckmann r＋s 1997，265
（268）；Wriede VersR 1998，178；Holzhauser VersVertrR Rn. 220；Döring, Haf-
tung und Haftpflichtversicherung als Instrumente einer präventiven Umweltpolitik,
1999，S. 210ff.；anders Kaufmann VersR 1999，551ff.；Thürmann NVersZ 1999，
145ff.；Krause NVersZ 1999，153ff.］。一些文献赞成，（包括责任保险在内的）减
损费用请求权（而非减损义务）在时间上提前［见Knappmann VersR 2002，129
（131）；Schimikowski r＋s 2003，133ff.］。

改革立法者考虑了这些讨论，制定出如下解决方案：

**《保险合同法》第82条第1款规定了减损义务的开始**：在所有领域，减损义
务的开始时点都是保险事故发生时，即保险事故（例如家庭财产保险或者建筑物保
险中的火灾、责任保险中的损害事件（《责任保险一般条款》（AHB）第1.1条）
等）正在开始发生。因此，投保人在保险事故发生之前的行为只有符合《保险合同
法》第81条的构成要件才会被制裁。《保险合同法》第81条和第82条的适用范围
是分开的，不会重叠。

——**《保险合同法》第90条针对财产保险规定了与减损义务相分离的减损费用偿
还请求权**：对于**财产保险**，法律"提前"了减损费用偿还请求权（而非减损义务）
的时点。因此，投保人可以根据《保险合同法》第90条规定的要件，要求保险人
补偿在保险事故发生之前采取的措施的费用（关联边码255及其以下各边码）。

——**在《保险合同法》第83条规定了保险事故发生后采取措施的费用偿还规则**：
在财产保险以外的领域，由于担心产生"不可预见的后果"，改革立法者没有引入
与减损义务相分离的费用偿还请求权（Begr. RegE，BT-Drucks. 16/3945，S. 83）。

**cc）减损义务的内容**。（1）自我负责的原则。（a）根据《保险合同法》第82 　244
条的规定，投保人应当像没有投保那样行动，尽一切可能采取适当的措施避免或控
制损失（自我负责的原则）。

**例如**：莱斯先生驾驶游艇从马略卡岛前往伊比沙岛。半夜，他发现船身些许倾
斜，检查后发现机舱进水。他是经验丰富的游艇驾驶员，他判断可能是冷却软管破
损或爆裂所致。他和妻子迅速带上狗、行李箱、最重要的文件以及海上求生弹登上
救生艇。当莱斯的救生艇安全抵达仅十海里外的伊比扎时，他那艘漂亮的船沉没
了。莱斯的船损保险人拒绝赔偿，依据是旧《保险合同法》第62条第2款。汉堡
高等地区法院（OLG Hamburg，VersR 1984，1088f.）作出了有利于保险人的判
决：莱斯至少应该尝试拯救他的船只。例如，他可以尝试关闭阀门，阻止发动机舱

继续进水，他还可以发射海上求生弹，寻求附近船只的救助。但他什么都没做，违反了旧《保险合同法》第 62 条第 1 款规定的不真正义务。—— 本案的投保人显然是故意违反减损义务，因此保险人也可以根据《保险合同法》第 82 条第 3 款第 1 句主张完全免于给付。如果保险人无法证明故意，则还可以根据《保险合同法》第 82 条第 3 款第 2 句减少给付。

245　　　（b）投保人不仅需要不迟延地采取一切可能并可以被合理期待的减损措施，而且应当基于生活交往中必要的谨慎实施这些措施（参见 BGH VersR 1973，809）。

246　　　（2）保险人的指示。（a）投保人应当遵循保险人关于避免与减少损失的指示，只要指示是可以合理期待的（《保险合同法》第 82 条第 2 款第 1 半句）。保险人的指示是一种需受领的单方意思表示，它使投保人的减损义务具体化。但保险人没有指示义务。可以合理期待的指示是指，与投保人的正当利益不冲突的指示。比如，车损险的保险人指示投保人，不要在原厂授权的修理厂修理汽车，这对投保人来说就可能是不合理的，因为危及他的保修请求权（Begr. RegE，BT-Drucks. 16/3945，80）。

　　　如果情况允许，投保人有征求保险人指示的义务（《保险合同法》第 82 条第 2 款第 1 句第 2 种情形）。如果投保人已经向保险人充分地报告了损害，则他履行了这一义务。

　　　（b）如果投保人遵循保险人给定的指示，保险人就不能再援引免于给付的规定，因为投保人已经不再可能构成减损义务违反。此时，投保人不再需要自我负责。但如果保险人的指示与减损目的明显不符，或者指示是基于投保人过错提供的错误信息，则另当别论。

　　　如果投保人无视保险人指示，一方面他可能完全或者部分地丧失保险金给付请求权（《保险合同法》第 82 条第 3 款），另一方面保险人可能会向其收取保险人采取减损行动的费用（《民法典》第 683 条）或者减少其减损费用的偿还比例（《保险合同法》第 83 条第 2 款）。

247　　　dd）**违反减损义务的法律后果。**（1）如果投保人**故意**违反减损义务或者指示遵循义务，则保险人免于给付（《保险合同法》第 82 条第 3 款第 1 句）。当然，这以满足《保险合同法》第 82 条第 4 款第 1 句规定的因果关系要件为前提。

　　　**例如：**投保人在开车撞倒行人后因为惊慌继续行驶，直到事故发生 10 分钟之后才折返，这构成了减损义务的违反。只要投保人没有因为震惊而丧失驾驶能力，则通常可以认定故意的成立。尽管保险人需要证明投保人故意，但投保人也需要在二阶主张责任范围内解释他的行为。如果投保人（如实地）承认他离开是因为害怕撞人可能带来的后果，则故意的证明成立。但是，假设在这个案例中，有第三人目击了事故过程并电话联络医院，使受害人得到及时的医疗救助，那么投保人违反不真正义务就不会影响到机动车强制责任保险人对事故受害人的保险给付的义务范围。因为投保人即便留在现场也无法比已经提供了救助的目击者所做的更多。因此，机动车强制责任保险人不能向投保人追偿〔相反，如果肇事逃逸为受害人的故意欺诈行为提供了机会，分析则不同，参见 Schirmer r＋s 2014，533（540）；关联边码 232 最后部分〕。

（2）如果投保人因为<u>重大过失</u>违反了避免或者减少损失义务，或者违反遵循保险人（合理的）指示义务，根据《保险合同法》第 82 条第 3 款第 2 句的规定，保险人可以按照过错的严重程度减少给付。这里还要求有《保险合同法》第 82 条第 4 款第 1 句规定的义务违反<u>因果关系</u>。

　　248

如果投保人对减损义务违反只有一般过失，则不会遭受不利的法律后果。

（3）不存在重大过失的证明责任由投保人承担（《保险合同法》第 82 条第 3 款第 2 句第 2 分句）。如前所述，故意的证明责任由保险人承担。另一方面，不存在因果关系的证明责任由投保人承担，因为根据《保险合同法》第 82 条第 4 款第 1 句的例外规定，投保人在完成这一有利证明之后，就能够获得保险保障。因此，投保人需要证明，即便他正确行动，损害同样会发生（关联边码 247 示例）。

　　249

ee）**减损费用的补偿。**与减损义务配套的是减损费用的补偿规则。法律在《保险合同法》第 83 条建立了一个公平的利益平衡：保险人（原则上）可以从减损措施中获益，因此他需要承担支出的费用。即便是减损没有成功，投保人避免以及减少损失的尝试也应当得到鼓励，因为他是以被期待的方式行事（关联边码 237）。根据《保险合同法》第 83 条第 1 款第 1 句的规定，保险人必须偿还投保人在履行《保险合同法》第 82 条第 1 款和第 2 款规定的减损义务时支出的基于当时实际情况认为有必要的相关费用。

　　250

（1）费用（Aufwendungen）指的是，投保人因减损措施而遭受的所有<u>财产损失</u>。首要的是<u>自愿</u>的财产牺牲。

　　251

**例如：**投保人用毯子灭火，毯子在灭火过程中受损。

可偿还的费用还包括<u>非自愿</u>的财产牺牲。

**例如：**在减损过程中，例如在灭火过程中，意外毁损或灭失财产就会发生非自愿的财产牺牲。如果投保人根据委托法（《民法典》第 670 条）需对帮助人的损失负责，则<u>帮助人</u>在灭火时遭受的损失也属于《保险合同法》第 83 条规定的保险人应补偿费用。—— <u>非保险标的物</u>遭受的损害同样包含在内。比如，在船舶轮机舱灭火过程中，灭火用水不知不觉进入机器，与机油混合，致使机油失去润滑性，严重损坏机器。因此产生的维修费用，投保人可以根据《保险合同法》第 83 条要求保险人偿还（BGH VersR 1977，709）。此外，土壤修复费用（由于灭火剂渗入造成的损害）也可作为减损费用报销（在火灾保险范围内）（LG Berlin r＋s 2004，113）。

对费用概念的这种广义理解契合损害赔偿法的一般规则。根据损害赔偿法的一般规则，旨在避免或最大限度减少即将发生的损失的费用，应作为具有相当因果关系的损害得到赔偿。这样的法律思想也可以在无因管理的法律规则中找到（《民法典》第 677 条及其以下各条）。

252 　　（2）《保险合同法》第 83 条规定的减损费用偿还以减损义务客观存在为前提。减损义务与减损费用偿还是一枚硬币的两面，换言之，根据《保险合同法》第 83 条的减损费用偿还请求权和减损义务的成立是相关联的问题。这意味着，投保人只能根据《保险合同法》第 83 条对保险事故发生后采取的措施提出费用补偿要求。保险事故<u>发生前</u>的费用不适用《保险合同法》第 83 条。

　　因此，减损费用必须是在保险事故发生后发生的，并且客观上是为了避免或减少损失或执行保险人的指示而发生的，换言之，这里的费用是"<u>按照《保险合同法》第 82 条第 1 款和第 2 款</u>"发生的费用。投保人不需要一定有减损的意图，这意味着，即便投保人不知道某物上投有保险，支出施救费用的投保人事后同样可以请求保险人偿还。

253 　　（3）只有投保人根据当时情况<u>可以认为有必要</u>支出的费用，才是可请求保险人补偿的费用。投保人追求的减损结果和支出的减损费用之间需要符合合理比例关系。费用必须相称。合比例是这一请求权的客观构成要件。即便是第三人支出的减损费用，只要是非必要的，费用偿还请求权也不会成立，因为这不是第三人的过错是否应当归属于投保人的问题，因此保险代表人责任的相关讨论（关联边码 275 及其以下各边码）在这用不上（OLG Hamm r＋s 1998, 53; BGH r＋s 2003, 406）。

　　**减少权**：如果保险人有权减少给付，那么他也有权相应地减少费用的偿还（《保险合同法》第 83 条第 2 款）。例如，如果投保人让蜡烛在无人看管的情况下燃烧，<u>重大过失</u>造成家庭财产的损失，则保险人可以将赔付给付限缩一定比例（例如 50%）。此时，投保人也只能请求保险人偿还所发生的救火措施费用的 50%。

　　根据《保险合同法》第 75 条的规定（关联边码 314 及其以下各边码），在**不足额保险**情形，保险人有权减少给付，因此也能够根据《保险合同法》第 83 条第 2 款减少费用偿还。这也适用于遵循保险人指示而产生费用的情形（参见 MüKoVVG/Looschelders VVG §83 Rn. 43；不同观点见 Prölss/Martin/Voit/Knappmann, 27. Aufl., VVG §63 Rn. 31）。

254 　　（4）对于没有保险人指示的减损情形，如果保险赔偿与减损费用之和超出保险金额，则保险人有权以保险金额为上限补偿投保人的费用支出［例外：《保险合同法》第 135 条第 1 款；《家庭财产保险一般条款》（VHB 84）第 18 条第 6 项第 3 句］。对于有保险人指示的减损情形，则没有上限限制，也即，保险人必须偿还减损费用，即使损害赔偿与减损费用之和超出保险金额（《保险合同法》第 83 条第 3 款）。

　　减损义务和减损费用补偿规则都是半强制性条款（《保险合同法》第 87 条）。

255 　　（5）对于财产保险，《保险合同法》第 90 条规定了**扩张的**费用偿还请求权。这一规定将投保人因避免损失而支出的费用的偿还请求权进行了<u>提前</u>（但没有提前减<u>损义务</u>）。在此，立法者并非接受了先前的提前理论（关联边码 242），即将减损义务提前到保险事故发生前的某个时间点，而是针对财产保险作了特别规定，给予投保人一项扩张的费用偿还请求权。这一请求权的前提是，投保人避免<u>即将发生的保险事故</u>或者试图减少其影响。这种情形准用《保险合同法》第 83 条第 1 款、第 2 款和第 3 款的规定。

> 如果投保人的车因躲避路上的野生动物翻到沟里，他可以依据《保险合同法》第 90 条请求车损部分险的保险人偿还他所遭受的财产牺牲。早期司法判决处理此类案件则需借助提前理论〔联邦最高法院（BGH r＋s 1991，116）对旧《保险合同法》第 63 条的判决〕。

> 车辆与野生动物（在某些情况下也包含家畜）相撞属于车损部分险的承保范围。如果投保人根据《保险合同法》第 90 条和第 83 条的规定，请求保险人补偿因躲避野生动物（或家畜）急转弯导致的车损，他应当承担碰撞即将发生的**主张与证明责任**（Darlegungs- und Beweislast）。司法判决拒绝给予投保人证明责任减轻的优待。这一证明在双方争议难断时可能起着定胜负的作用。如果有目击者能够证实投保人主张的事实，而且他的证词可信，那么投保人获得车损赔偿的机会就很大（见 AG Lörrach SP 2014，134；分析见 Maier jurisPR-VersR 8/2014 注释 6）。如果证人证词不可信，索赔会被驳回（见 OLG Rostock SP 2016，312；分析见 Schwartz jurisPR-VersR 1/2017 注释 2）。当然，投保人在个案中提供的信息也可以作为法官在《民事诉讼法》第 286 条框架内自由心证的充分依据（OLG Saarbrücken r＋s 2011，380；关于证据问题，见 Bonn r＋s 2016，232）。

主观上的**减损意图**（在这里）同样不是必要的。但是，避免损失不能仅仅是投保人行为的反射效果。

> **例如：**投保人开车时（他的车投保了车损部分险）避让迎面而来的违章汽车，其意图在于自保，保护自己的身体和生命不受损害，而不是为了避免（保险保障的）玻璃破碎造成的损失（BGH r＋s 1994，326）。

《保险合同法》第 90 条援引了《保险合同法》第 83 条第 1 款第 1 句，即，可补偿的费用必须是投保人**根据当时情况可以认为有必要**的费用。

> **例如：**如果投保人因为前方窜出兔子急刹车，导致车体打滑撞到树上，此种非自愿财产牺牲就不能被认为有必要。减损目的与减损成本必须相称。在涉及《保险合同法》第 90 条规定的减损费用偿还的时候，即便是狐狸或者貂也不能构成导致汽车严重损害的紧急避让的正当理由。关于旧《保险合同法》第 63 条的司法判决认为，在投保人重大过失误判减损的客观必要性的情形，保险人没有偿还费用的义

务（BGH r＋s 1997，98；OLG Jena r＋s 1997，279；OLG Nürnberg r＋s 1997，359；OLG Bremen r＋s 2003，276；整体内容见 Lücke NVersZ 1999，61ff.）。这可能诱使人们推论，保险人现在根据《保险合同法》第 90 条结合第 83 条第 2 款的规定，在这种情形可以减少费用偿还。这是有问题的。根据《保险合同法》第 83 条第 1 款第 1 句，费用的适当性是一项客观构成要件。如果不符合这一要件要求，本书认为应当导致《保险合同法》第 90 条中的请求权不成立（相同见解见 Marlow/Spuhl VVG kompakt/Spuhl Rn. 599；Prölss/Martin/Voit VVG §83 Rn. 9）。与本书见解相反，理论和司法通说认为，在投保人重大过失误判减损支出的必要性的情形，保险人（仅）有权减少费用补偿（例如，参见 HK-VVG/Halbach VVG §90 Rn. 6；OLG Saarbrücken r＋s 2011，380；批评观点见 Armbrüster PrivVersR Rn. 1221）。科布伦茨高等地区法院（OLG Koblenz r＋s 2012，67）甚至否定了保险人的费用补偿减少权，理由是保险人放弃重大过失抗辩（这是"现代"车损险中通行的做法）。这样做是有问题的，因为保险人的这一抗辩放弃通常仅仅指向投保人招致保险事故的情形。在投保人一般过失误估必要性的情形，法律不规定不利的法律后果（LG Limburg SP 2010，190；分析见 Schimikowski jurisPR-VersR 12/2010 注释 6）。

如果投保人造成危险交通状况（例如严重超速），随后为避让街道路口处的鹿，撞到树上，他当然可以认为这一"费用"是必要的。但是，根据《保险合同法》第 83 条第 2 款的规定，投保人基于《保险合同法》第 90 条的费用偿还请求权需要被减少，因为是他本人的重大过失导致了（即将发生的）保险事故。

有疑问的是，是否在每种情况下都必须客观上存在即将发生的保险事故才能适用《保险合同法》第 90 条。乍一看，《保险合同法》第 90 条的文义支持肯定回答，但是，该条的目的，即为投保人提供一项与减损义务相分离的费用偿还请求权，却与此背道而驰。因此，如果投保人主观上有减损意图，即便客观上并不存在即将发生的保险事故，也是足够的（相同结论见 MüKoVVG/Looschelders VVG §83 Rn. 18）。

**例如：** 房间天花板上窜出的 10 厘米长火焰，被投保人持灭火器扑灭了。在灭火过程中，灭火泡沫损坏了贵重物品。后来专家证实，这是一场无害的电缆火灾，既不会蔓延，也不可能导致保险损失。在这个案例中，不能因为客观上不存在现实临近的保险事故，而否定《保险合同法》第 90 条规定的费用偿还。投保人主观上具备减损意图，并且对投保损害的紧迫性的错误判断没有重大过失，就足够了。这一结果可以通过《保险合同法》第 90 条的意义和目的得以论证：该规定旨在鼓励投保人，使他如同没有保险那样行事；这样的态度对整个风险共同体都是有利的（另可参见 Prölss/Martin/Voit VVG §83 Rn. 8 附带更多的参考文献；BGH r＋s 1990，206 关于旧《保险合同法》第 63 条）。

除上述特殊性外，限制费用偿还请求权的最重要的标准是：保险事故**即将发生**（unmittelbare Bevorstehen）。这是一个不确定法律概念，其决定性因素是，根据个案情况，保险事故是否有紧迫发生的危险。如果所采取的减损措施是防止不可避免的保险事故发生或者减少其影响的唯一和最后手段，则应当认定为具有"即将发生"的紧迫性（另外可参见 BGH r＋s 2004，499；与此处不同的是 PK-VVG/Hammel §90 Rn. 12ff. ）。

**例如**：即便屋顶大量积雪，保险合同承保的房屋损害也不一定满足"即将发生"。但如果房屋已经有塌垮的迹象，则属于即将发生。— 又或者，如果让工业锅炉改为不满负荷运行，即可避免烧毁，则保险事故不属于即将发生（参见 BGH r＋s 2004，499）。

个案中可能产生是否满足即将发生要件的争议。决定性标准是："在最后一刻"避免损失的费用根据《保险合同法》第 90 条的规范目的应当由财产保险人承担；在此之前的一般性的损失防止费用由投保人自己承担。

**财产保险之外的适用**：《保险合同法》第 90 条是否应作反对解释，认为在财产保险领域之外没有适用提前费用偿还请求权规则的可能，这一点在法律和立法理由中都没有明确说明（虽然提到担忧"不可预见的后果"，关联边码 243 最后部分）。在文献当中，学者基于不同的理由论证了在财产保险领域之外（如果合同没有对此约定）适用提前减损费用偿还规则的可能性（参见 Wandt VersR Rn. 935；Kassing，Aufwendungsersatz bei Verhinderung des Haftpflichtschadenfalls，2009；PK-VVG/Kloth/Neuhaus §82 Rn. 6；Looschelders/Pohlmann/Schmidt-Kessel VVG §90 Rn. 2）。但本书认为，立法者的意愿必须得到尊重，也即，在保险事故发生之前没有减损义务（关联边码 239 和边码 243），且保险人仅在财产保险情形有义务偿还提前的减损费用（相同结论见 Armbrüster PrivVersR Rn. 1216）。

# 第二节　风险排除条款

保险合同通过尽可能精确地描述被保风险，把保险人是否以及何时承担赔付义务确定下来。初始风险界定（primäre Risikoabgrenzungen）指的是，详细地描述被保风险、损害和利益来型塑保险人的产品的条款（关联边码 291）。而风险排除条款则属于二阶风险界定（sekundäre Risikoabgrenzungen），其包含着对初始风险界定的例外界定和修正，从而将特定的风险、利益或者损害明确排除在保障范围之外。关于风险排除和不真正义务/"隐藏的"不真正义务之间的区分，关联边码 178 和边码 179。

256

如果发生的事故正好落入风险排除范围，则不构成保险事故，也就不会产生"保险事故发生后"终止合同的权利（例如《保险合同法》第 92 条规定的终止权）（见 Armbrüster PrivVersR Rn. 1172f.）。但是，通说认为，主观风险排除（关联边码 262）情形还是会产生终止权（OLG Düsseldorf r＋s 2001，379；FAKomm-VersR/Hormuth VVG § 92 Rn. 3）；部分支持终止权的观点认为，（《保险合同法》第 92 条意义上的）"保险事故"只需按照"非专业的、非技术性的理解"已经发生（MüKoVVG/Staudinger VVG § 92 Rn. 7）。按照后一观点，无论投保人是否有权请求赔偿，都有权终止合同。

合同实践中，有些风险排除条款被视为"绝对的"，即，不能通过特别约定予以偏离。比如，《责任保险一般条款》（AHB）第 7.1 条的约定：责任保险的投保人故意造成的损害不予保障。但在多数情况下，一般保险条款的排除条款只是一般地排除保险人的赔付义务，双方完全可以通过特别约定将某些风险（再次）引入。当然，这通常会附带着保险费的一并增加。

**例如：** 对于《责任保险一般条款》（AHB）第 7.9 条排除的因境外损害事件引起的索赔，具体的投保人可以通过和保险人进行特别约定，将该风险再次纳入保险保障范围。

### 1. 客观风险排除

**参考文献：** Armbrüster PrivVersR Rn. 1118ff.，1172ff.；Deutsch/Iversen VersVertrR Rn. 146f.；Martin SachVersR F Ⅰ，Ⅱ；Sieg VersVertrR S. 149ff.；Werber/Winter Grundzüge VersVertrR Rn. 115ff.

257 　客观风险排除是指，其排斥不取决于投保人的行为和过错，只取决于是否落入保险人划定的希望排除在承保范围之外的某些事实范围内。

**例如：**《责任保险一般条款》（AHB）第 7.7 条规定了与活动相关的损害除外条款，将投保人使用物品进行经营或专业活动造成的第三人财产损害，以及这些物品本身的损害赔偿责任排除在保险保障范围之外。无论投保人的活动充满意义，还是毫无价值，都不影响这里的判断（参见 BGH r＋s 1998，58）。

如果一般保险条款作出这样的约定〔例如《责任保险一般条款》（AHB）第 7.6 条和第 7.7 条这样的规定〕，则投保人在一些情形也可能因为非投保人的第三人满足构成要件而失去保险保障。这不属于法律禁止的保险代表人条款（关联边码 404），因为这里并不是将他人行为归属于投保人。

258 　客观风险排除条款非常普遍，例如，火灾保险〔参见《火灾保险一般条款》（AFB 2010）A 部分第 2 条〕和其他险种（参见 Ehlers r＋s 2002，133ff.；Schubach r＋s 2002，177ff. 关于出于政治动机的暴力行为）中的战争、类似战争的事件、内战、革命、叛乱或暴动、内乱以及核能事件、核辐射或放射性物质的风险排除条款，意外保险中的特定原因事故的风险排除条款［参见《意外保险一般条款》（AUB 2010）第 5 条］，医疗保险中的特定类型治疗的风险排除条款［参见《医疗费用及每日住院津贴保险一般条款》（MB/KK2009）第 5 条第 1a 项］，环境责任保险中的先前负担和先前损害（"遗留废品"）造成损害的风险排除条款［《环境责任保险特别条款与风险界定》（UmwHB）第 6.3 条至第 6.5 条］都是典型的例子。

特别的疑难之处主要落在于对风险排除条款的<u>解释</u>之上。　259

**例如：** 邻居临时借用割草机是否属于《责任保险一般条款》（AHB）第 7.6 条约定的<u>出租、出借或用益出租</u>情形？投保人在迪厅蹦迪时，被激光灯射到眼睛，是否属于<u>辐射</u>致健康损害（见 BGH r＋s 1998，348）？

应该注意的是，对风险排除条款应该作<u>狭义解释</u>，对其解释无论如何也不应超出考虑到该条款的经济性目的和文义时所能得出的意义范围［BGH r＋s 1995，45；1999，192；2000，449（450）］。从投保人的利益出发，风险排除带来的保险保障缩减不应超出其条款可识别的目的所要求的范围。投保人不必承担保险缺口的风险，除非保险人已经让他充分意识到这些缺口（稳定性判决，BGH r＋s 2009，243；2007，319；2003，194 附带更多参考文献）。

另外一个难点在于<u>因果关系</u>。普遍的认知是，共同原因（Mitursächlichkeit，　260
促成原因）也是满足因果关系要求的一种原因（早在 1957 年就有这种见解，见 BGH VersR 1957，509）。例如，喝酒后意识障碍后发生保险事故的情形［参见《意外保险一般条款》（AUB 2010）第 5.1.1 条］。如果保险人证明投保人喝酒导致意识障碍，则通常可以根据生活经验推断出喝酒与事故的发生有因果关系（<u>表见证明</u>）。当然，即便没有与酒精相关的意识障碍，事故同样可能发生（理论上），但这并不能使这里的表见证明失效（参见 BGH r＋s 1991，35；OLG Celle 2010，340；Kloth FS Heidrich，2014，87ff. 附带更多参考文献）。

正如民法的其他领域，判断因果关系以<u>相当性理论</u>为标准。<u>相当因果关系</u>是一　261
个由责任法判例发展出来的概念，其意味着，一个作为或者不作为通常——而不是在极特殊、极不可能情况下按照事物正常的发展进程可以不考虑的情况——构成导致后果发生的原因（RGZ 133，127；BGHZ 3，267）。相当性理论在法律上应用广泛。其适用需要进行价值补充。在责任法中，<u>规范保护目的说</u>（die Lehre vom Schutzzweck der Norm）在因果关系的判断中得到贯彻。这对保险法也是有意义的。在对风险排除条款进行检验的时候，需要对其中包含的保护保险人的规范的目的进行考察（对此参见 Looschelders/Pohlmann/Schmidt-Kessel VVG §81 Rn. 30）。

**例如：** a) 个人责任保险中的"汽油条款"① 约定，使用机动车造成的损失不在

---

① 个人责任保险中通常包含"汽油条款"，排除因为使用汽车造成的损失，因为这类风险由专门的汽车责任保险处理。——译者注

保障范围内。卡丁车属于《道路交通法》意义上的机动车，但使用卡丁车显然不在汽油条款的保护目的范围内，因为汽油条款所针对的特定风险是：靠自身发动机动力启动和保持运动的机动车作为一重物，在启动之后，不能始终得到充分的控制。这一特别风险在卡丁车的使用过程中是不存在的，因为卡丁车一般都有速度限制（或准确地说，设置节流），车重也有限，而且与公路交通不同，卡丁车在封闭的赛道上行驶，赛道上安装有观众保护设施。因此，被保险人使用卡丁车造成的责任索赔不应该被汽油条款排除（OLG Köln r＋s 1992，157）。此外，这种排除会造成不必要的保险缺口（因为卡丁车情形不能从机动车强制责任保险那边得到保障；亦可参见 OLG Hamm r＋s 1993，210），与汽油条款的保护目的也不一致。现代的个人责任保险条款明确规定，排除条款不适用于那些不受强制保险约束的车辆；此外，排除条款也不适用于在非公共道路、小径和广场上行驶的机动车。

b) 投保人 R 被吊销驾驶执照，但他还是继续开车。一天，他与他人相撞，原因是对方无视了 R 的先行权。R 没有过失。对方肇事逃逸去向不明。投保人 R 因撞车受伤，他是否可以要求他的个人意外保险的保险人理赔？此种情形应认定，投保人无证驾驶与事故发生具有相当因果关系（参见 BGH r＋s 1982，93），尽管他在事故发生时没有过失。只有在违法行为与事故之间纯属巧合的情况下，才需要做不同的评估，而本案显非如此（有关该问题的更多详情 HK-VVG/Rüffer AUB 2010 Ziff. 5 Rn. 25 附带更多参考文献）。

保险人承担风险排除条款的构成要件的主张与证明责任。对于因果关系问题，如上所述（关联边码 260），可以通过表见证明得以解决。

### 2. 主观风险排除

**参考文献**：Armbrüster PrivVersR Rn. 1180ff.；Baumann r＋s 2005，1ff.；Bruns PrivVersR § 20 Rn. 45ff.；Büsken EWiR 1989，511ff.；Günther r＋s 2009，492ff.；Günther/Spielmann r＋s 2008，133ff.，177ff.；Heß r＋s 2013，1ff.；Hiort, Das Alles- oder-nichts-Prinzip im Privatversicherungsrecht und die Neuregelung durch die VVG-Reform，2010；Kläver, Quotenbildung im Versicherungsvertragsgesetz，2014；Looschelders VersR 2008，1ff.；Martin SachVersR O I Rn. 61ff.；Lorenz FS Deutsch 2009，855ff.；Menzel, Verhaltensabhängige Risikoausschlüsse der Versicherungsbedingungen im Lichte des AGBGesetzes，1992；K. Müller VersR 1985，1101ff.；Nugel MDR 2007，23ff.；Pinkernelle, Die Herbeiführung des Versicherungsfalls，1966；Rixecker zfs 2007，15f.；Römer VersR 1992，1187ff.；ders. VersR 2006，740ff.；Rokas VersR 2008，1457ff.；Scheidler DAR 2016，66ff.；Schirmer ZVersWiss 1984，553ff.；Schmid VersR 2009，49ff.；Sieg VersVertrR S. 150f.；Veith VersR 2008，1580ff.；Weidner/Schuster r＋s 2007，363ff.

主观风险排除的特点是，其着眼于发生原因在于投保人自身的风险情形。　262

### a) 损失填补保险中的招致①保险事故（《保险合同法》第 81 条）

损失填补保险中的招致保险事故情形规定在《保险合同法》第 81 条。如果投　263
保人重大过失或者故意招致保险事故，则保险人可以部分或者完全地免于给付。在
第三人构成投保人的<u>保险代表人</u>（Repräsentante）的情形，第三人的过错归属于投
保人（关联边码 276 及其以下各边码）。根据通说观点，《保险合同法》第 81 条规
定的是主观风险排除（另有观点认为，是法定的不真正义务，见 Bruns PrivVersR
§20 Rn. 47）。这一定性同样适用于《保险合同法》第 81 条第 2 款，尽管保险人依
此款只能部分免于给付，因此又被称作"有限的主观风险排除"或"主观风险的限
制"（见 MüKoVVG/Looschelders VVG §81 Rn. 7 附带更多参考文献）。

《保险合同法》第 81 条不以任何违反法律或合同规则的（不当）<u>行为</u>为构成要
件（对此参见 Langheid/Rixecker/Langheid VVG §81 Rn. 14）。根据其条文文义，
《保险合同法》第 81 条的目的也不在于确立一项投保人对保险人的损害防止义务
（对此的部分批评见 MüKoVVG/Looschelders VVG §81 Rn. 10ff. ）。

保险人（完全或部分）免于给付需要满足两个独立的构成要件：一个是招致保
险事故，另一个是主观上故意或者重大过失（BGH VersR 1986，962，963；1989，
582，583）。因此需要分两个阶段进行审查：在讨论<u>过错要件</u>之前，需要先讨论投
保人是否（在客观上）<u>招致</u>了保险事故。

aa) **客观构成要件。** 投保人招致保险事故的行为可以分为：**积极作为**（比如纵　264
火）和**不作为**（比如疏于看顾烛火，或者钥匙被盗后未及时更换门锁等）。在实践
当中，不作为是主要的情形。《保险合同法》第 81 条要求的客观构成要件是，投保
人容忍了被保风险的实现，尽管他手中有保护保险利益的适当手段，并且有能力对
其利益采取可合理期待的保护措施。这里的衡量标准始终是，投保人应当如同他没
有保险那样行事。如果在涉及保险利益的时候，投保人完全疏于注意甚至不当行事，
则构成以不作为的方式招致保险事故。这取决于**合同要求的安全标准是否因此被显著
地降低**（BGH r+s 1997，489；HK-VVG/Karczewski VVG §81 Rn. 5）。

**例如：** 如果投保人将备用钥匙留在车里，就会增加汽车被盗的风险，与此同
时，车损险合同中预先设定的安全标准也会被大大降低（关联边码 265）。

除了合同中预先设定的安全标准会被大大降低之外，还必须满足《保险合同　265
法》第 81 条的构成要件，即投保人行为是保险事故发生的<u>原因</u>，因为只有这样才
满足**招致**（Herbeiführung）这一要件要求。

**例如：** 将行驶证（或者车钥匙）留在车里通常会因为不满足因果关系要件而使

---

① 招致"Herbeiführung"还可以翻译为"造成"。比如投保人重大过失造成保险事故，显然比投保人重大过失招
致保险事故更为通俗易懂。但是考虑到"投保人招致保险事故"作为一个客观要件，不单纯是考虑行为和保险事故的
因果关系，而是包含了评价性衡量因素。因此译者选用"招致"这一特别表述。——译者注

《保险合同法》第 81 条不能适用，因为偷车贼意外发现行驶证（车钥匙）通常不是引发盗窃行为的原因。只有在盗贼原本只是想偷取车内财物，但因为意外发现机动车证件（车钥匙），诱使他开走车辆的情形，才可以认定满足因果关系要求。对此，保险人需要承担证明责任（LG Köln r＋s 2010，14）。

266

bb）**过错**。《保险合同法》第 81 条的适用前提是投保人有故意或者重大过失。在投保人故意情形，根据《保险合同法》第 81 条第 1 款的规定，保险人完全免于给付。故意分为直接故意和间接故意，直接故意以对违法后果的知道和追求为前提，而间接故意是指投保人放任结果的发生。在重大过失的情形，保险人有权按照投保人过错的严重程度减少给付（比例给付，《保险合同法》第 81 条第 2 款）。重大过失有客观和主观两个方面。当投保人严重违背交往中必要的注意，忽视了非常简单、明显的考虑因素，没有考虑到在特定情况下对每个人而言都显而易见的事情，则可认定**客观上的重大过失行为**（更详细内容见 Beckmann/MatuscheBeckmann VersR-HdB/Marlow § 13 Rn. 89ff.）。

例如：

—— 如果投保人将汽车（投了车损险）停放在不安全的商业大楼下，既没有锁车（钥匙还插在点火开关上），也没有让车留在自己的视线范围内，数分钟后车被盗，则保险人有权根据新《保险合同法》第 81 条第 2 款基于投保人重大过失招致保险事故减少给付（OLG Koblenz NVersZ 2001，23 还根据旧法肯定了保险人完全免于给付）。

—— 大雾天气以时速 120 公里驾驶的同时使用手机，构成重大过失（参见 OLG Köln NVersZ 2001，26）。

—— 点燃蜡烛后无人看管，通常构成重大过失（AG Eisenhüttenstadt r＋s 2003，22）。

—— 卡车司机在驾驶过程中瞌睡打盹，也可构成重大过失招致保险事故（LG Stendal r＋s 2003，104；OLG Düsseldorf r＋s 2003，10）。

投保人不一定需要知道风险，低估乃至因为疏忽没有意识到风险，都不影响要件的构成（BGH VersR 1988，474）。此外，重大过失的构成以**不当行为在主观上不可原谅**为前提（BGH r＋s 2011，290；VersR 1989，840）。这主要适用在无意识的过失行为的情形。其目的是通过考虑主观因素实现个案的公平性。特别是，像一时疏忽这样的概念在车险实务中就发挥着相当重要的作用，例如，投保人驾驶汽车（投了车损全险）因为漏看红绿灯，闯了红灯。但需要注意的是，并非任一无意识过失都能够使重大过失的指控不成立，仅在那些存在特殊个人情况的情形，才能正当化过错的减轻（BGH r＋s 1992，292）。因此，除了注意力不集中之外，还必须加上其他主观状况：比如生理或心理特征（如年龄迹象）、缺乏个人经验甚至注意力分散，在后一种情况下，必须考虑到注意力分散的原因和行为的危险程度（进一步内容参见 Römer VersR 1992，1187，1189f.；HK-VVG/Halbach VVG § 81

Rn. 9ff.）。因此，主观上可以原谅的情形是，投保人偶尔犯下即便是小心谨慎的人都无法避免的在特殊主观情况下的错误（参见 Langheid/Rixecker/Langheid VVG §81 Rn. 47ff.，86ff. 附带相当数量的证明和判例；对司法实践的批评见 Haberstroh VersR 1998，943ff.）。相反，如果投保人抱着"不会出事"的想法侥幸行事，则他违反注意义务的行为在主观上是不可原谅的。

**例如：**

—— 投保人在阳光强烈导致视线干扰的情况下缓慢驶入十字路口，尽管他无法辨别交通灯是"绿灯"还是"红灯"：这不构成不可以原谅的不当行为（与相同情况下不减速驶入十字路口不同；参见 OLG Köln r＋s 2003，451）。—— 关于"闯红灯"，参见 BGH r＋s 2003，144。

—— 投保人点燃了客厅里面的降临节花环蜡烛，并准备好了早餐，然后走进卧室，在那里他被同居女友"羁绊"。他没有留意到烛火在客厅引发火灾：这构成主观上可以原谅的不当行为（OLG Düsseldorf NVersZ 2000，281）。

—— 投保人晚上做饭时热油过度导致火灾。在这里，烹饪经验不足是其不当行为可以原谅的原因（BGH r＋s 2011，290）。

在过去的这些年，司法判决非常重视重大过失的主观方面，目的是为个案的投保人争取保险保障，因为法院认为，在这些案子中，如果允许保险人完全拒绝赔付是不公平的。在保险合同法改革的过程中，立法者抛弃了旧法在重大过失情形的"全有或者全无"规则（旧《保险合同法》第61条），转而根据过错的严重程度分级减少给付。按照《保险合同法》第81条第2款的规定，法院不需要像以往那样，在个案中（过分）强调重大过失的主观方面以避免投保人完全丧失给付。可以想象，未来的判决会减少对个案中的不可原谅问题的强调。

就《保险合同法》第81条第2款的**比例安排**而言，以50％作为减少给付的基准点是妥当的［关于中值模式，关联边码214；另一观点见 Rixecker ZVersWiss 2009，3（6）］。保险人承担投保人有过错的证明责任。如果投保人希望将减少的份额降低到50％以内，则需要负担二阶主张责任，即投保人必须说明能够证明他的过错程度较轻的情况。在这里，投保人负担的是证明责任还是二阶主张责任，存在争议［参见 Pohlmann VersR 2008，437ff.；Looschelders ZVersWiss 2009，13（28f.）］。但本书认为，法律对于这个问题的态度是清楚的：因为第81条是一项主观风险排除的条文，其构成要件由保险人负责证明，因此投保人承担的只会是二阶主张责任。投保人的轻率与鲁莽，考虑他的不当行为类型和严重程度在内，可能导致减少给付比例超过50％。如果不当行为给他人带来了特殊风险（例如，在绝对不适合驾驶的状态下驾驶汽车），还可以例外地认定减少100％给付（BGH r＋s 2011，376；整体内容见 HK-VVG/Karczewski §81 Rn. 95ff.）。除了《保险合同法》第81条第2款规定的减少给付，还可考虑因风险升高（《保险合同法》第26条第1款第2句）

或违反约定不真正义务（《保险合同法》第28条第2款第2句）而减少给付的权利（关联边码215最后部分）。只有在特殊情况下，才可以进行多重的比例计算，例如，投保人不仅重大过失招致保险事故，而且在保险事故后重大过失提供不完整的信息。但在这种情况下，不应该进行简单的比例相加，而应当进行综合评价（关联边码230）。

267     cc）**证明问题**。保险人承担《保险合同法》第81条的构成要件（即，客观方面的招致保险事故和主观方面的过错）的主张与证明责任。

    保险人必须首先主张并且证明保险事故是由投保人招致的。由于可以选择的证明方法（证人等）很少，在大部分情形只剩下（困难的）间接证明可用。这就很困难，比如在保险人以投保人纵火为由拒绝理赔的情形（参见 Langheid/Rixecker/Langheid VVG §81 Rn. 106f.）。对于**因果关系要件**，保险人必须证明，如果没有投保人的行为或不作为，保险事故就不会发生（Looschelders/Pohlmann/Schmidt-Kessel VVG §81 Rn. 66）。

    **例如**：投保人的汽车被盗，一段时间后又被找到。在手套箱里发现了行驶证。在这种情形下，车损险的保险人很难证明，行驶证放手套箱与失窃之间的因果关系（关联边码265）。但如果在手套箱里发现了车钥匙，并且能够确定汽车是连同钥匙一起被盗的，情况则不同。

    在个别情况下，可以借助<u>表见证明</u>实现对因果关系的证明。

    **例如**：如果能够查明事发时投保人绝对不适合驾驶（血液酒精浓度高于1.1‰），则保险人完成了事故是由驾驶员饮酒造成的表见证明（OLG Hamm r＋s 1992，42）。如果能够查明事发时投保人相对不适合驾驶（血液酒精浓度低于1.1‰），则保险人需要提供更多的能够证明饮酒导致事故的证据（BGH r＋s 1991，404；OLG Hamm r＋s 1993，172；OLG Köln r＋s 1993，267；HK-VVG/Karczewski VVG §81 Rn. 33）。

268     保险人还必须进行**过错要件证明**。司法判决不允许作为证明责任减轻的表见证明在此的运用。但是，法官可以从某些<u>间接证据</u>（Indizien）——行为或者其他外部事实——得出关于某些内部事实和经过的结论。

    **例如**：如果投保人在绝对不适合驾驶的状态下驾驶汽车（该车投了车损险）造成车损，此时无须增加其他事实即可认定为重大过失（BGH r＋s 2011，376附带更多参考文献）。

    对于重大过失的主观方面，也即对主观上不可原谅的不当行为的指控，同样由保险人承担主张与证明责任（BGH VersR 1986，254；1989，582；Prölss/Martin/Armbrüster VVG §81 Rn. 67）。保险人必须反驳那些使投保人的行为"显得较为轻微"的明显可能性（BGH VersR 1986，254；OLG Düsseldorf r＋s 1998，424）。而投保人需要主张那些能使自己过错程度更轻的要件事实（BGH r＋s 2003，144，二阶主张责任)。

最后，如果保险人根据《保险合同法》第 81 条第 2 款行使减少给付权，他还有义务主张和证明投保人过错的严重程度（关联边码 266）。

**b) 责任保险中的招致保险事故（《保险合同法》第 103 条）**

aa）结合《保险合同法》第 103 条标题和内容可知，在责任保险中，（只有）在投保人故意招致保险事故的时候，才能免除保险人的给付。这一规则作为特别法优先于《保险合同法》第 81 条第 2 款适用。

但《保险合同法》第 103 条的标题本身不够全面。《保险合同法》第 103 条的条文内容更加清楚：其以不法且故意招致第三人损害为构成要件。尽管责任保险合同当中的"保险事故"可能被约定为"第三人提出索赔"（所谓的"<u>索赔</u>"原则，„claims-made"-Prinzip），但显而易见，条文规定的招致保险事故指的不是这种保险事故（即，第三人索赔），而是指造成第三人损害的事故。《保险合同法》第 103 条明确地表达了这一点，《责任保险 般条款》第 7.1 条也是如此。

根据《保险合同法》第 103 条和《责任保险一般条款》（AHB）第 7.1 条的规定，投保人仅仅故意实施招致保险事故的<u>行为</u>，尚不满足风险排除的全部构成要件。确切地说，投保人还应当在主观上对损害后果持有故意（直接或者间接）（BGH VersR 1980，915；参见 Prölss/Martin/Lücke AHB Ziff. 7 Rn. 5）。因此，如果投保人主观上认为不可能发生，或者投保人在主观上对损害后果持反对态度，则不满足要件要求。投保人必须（同时）对损害有所了解。因此，那些与他的想法存在显著偏离的事件进程不在风险排除规则的范围内。对于主观要件，保险人承担证明责任。因为这里涉及的是个体的行为方式，所以《保险合同法》第 103 条和《保险合同法》第 81 条（关联边码 268）一样，排除了作为证明责任减轻的表见证明，但是，可以通过外部事实来确定投保人的意识和意愿。

**例如：** a）根据攻击的强度和危险性，可以推断，行为人至少放任了造成对方身体伤害的结果发生（参见 Späte/Schimikowski/HarsdorfGebhardt, Haftpflicht-versicherung, 2. Aufl. 2015, Ziff. 7 AHB Rn. 10）。例如，任何用手中的啤酒杯砸向别人面部的人都知道，啤酒杯碎裂后的碎片可能会划伤他人的面部和眼睛。因此，用啤酒杯砸人的人在主观上至少是不反对这些伤害后果的。但如果是行为人为了防卫反射性地挥舞啤酒杯的情形，则分析不同（LG Dortmund r＋s 2012，114）。

b）关于犯规和故意伤害对手，卡尔斯鲁厄高等地区法院（r＋s 2012，592）指出，原则上，足球比赛的严重犯规是对外在行为的判罚，并不意味着犯规者一定有伤害他人的故意，因此不能直接基于此适用《保险合同法》第 103 条的责任保险人免于给付。这同样适用于，球员跑出 20 米到 30 米后，从对手身后铲球，未能触球的情形。但是，如果该球员事先威胁过对方，下次会直接铲断他的腿，则例外地可以认定，他至少有造成伤害的间接故意。

269

c）投保人猛击一拳，打在受害人下巴和嘴唇之间的位置。这样的情况可以作出合理的推论，投保人在主观上既不反对对受害人面部造成伤害的结果，也不反对造成其他伤害的结果，比如后脑勺磕在路缘石上造成的颅骨伤害。因为他应当考虑到，这样的打击很可能会使受害人向后摔倒。该案法院还特别考虑到，该案的投保人看到对方躺在地上一动不动，并无任何惊讶的反应（OLG Hamm r＋s 2004，145）。

d）一个 12 岁的孩子（他是他父亲的个人责任保险的附随被保险人）闯入一所中学，砸碎窗户玻璃，堵塞水槽后打开水龙头。水满溢出后造成相当大的损害。学校不得不停课数周。杜塞尔多夫地区法院认为，孩子对这里的损害存在故意。因为怎么用水以及不当使用的后果已经是这个年龄段的孩子的基本生活经验。故意不以对损害量级的知晓为前提（LG Düsseldorf r＋s 2000，233；OLG Düsseldorf r＋s 2001，500）。

270　　bb）在责任保险的很多案例中，证明损害的故意极其困难。

**例如：** a）投保人与旅馆老板 G 产生争执。被 G 一拳打脸之后，投保人掏出小刀捅 G。7 厘米长的小刀直接插进了 G 的胸口。捅入的力度如此之大，以至于刀身刺穿第六肋骨的软骨，直接插到 G 的心脏上。G 当场死亡。他的遗属提出了损害赔偿请求。哈姆高等地区法院（r＋s 1993，209）在本案中没有适用故意风险排除，因为保险人未能证明，投保人对于 G 的死亡结果至少有着放任的主观心态。

b）投保人在家里已经喝了半箱啤酒，随后参加聚会，在那里，他又喝了三杯啤酒，以及至少五杯威士忌可乐鸡尾酒。聚会过程中，因为投保人对 G 的女友"动手动脚"，G 质问他做什么，投保人就用手打了 G 的脸。一下子打碎了 G 的左边镜片，划伤 G 的左眼，最终导致 G 左眼失明。在此案中，哈姆高等地区法院（r＋s 1997，103）认为，这些事实尚不足以证明投保人有故意，并最终认定，投保人错误估计了他打人的后果。这个案件中还需要考虑，投保人大量饮酒的事实（本案：血液酒精浓度 2.3‰～3.3‰），它也是否定主观故意认定的一个因素（BGH r＋s 1998，367；OLG Hamm r＋s 1999，102）。

271　　cc）对于商业和工业责任保险，应当注意的是，根据《责任保险一般条款》第 7.2 条的约定，如果投保人对交付或制造的货物、产品或者工程的缺陷或者有害性知情，则该知情等同于故意（所谓的**知情条款**，Kenntnisklausel）。在这种情况下，故意不一定与损害后果有关；相反，投保人只需要意识到他的货物或工作有缺陷或具有有害性即可（参见 OLG Karlsruhe，r＋s 2003，281）。这样的加重型故意排除条款在法律上是允许的，因为和《保险合同法》第 81 条一样，《保险合同法》第 103 条不属于强制性或者半强制性条款，因此，对该规则可以作不利于投保人的偏离约定（参见《保险合同法》第 87 条、第 112 条）。

272　　和商业和工业责任保险一样，在职业责任保险当中，所谓的**义务违反排除条款**（Pflichtwidrigkeitsausschlüsse）也很常见。

**例如：** 在环境责任保险中［《环境责任保险特别条款与风险界定》（UmwHB）第 6.9 条、第 9.10 条］，一般保险条款约定，保险人不承担投保人/附随被保险人故意违反法律、法规、官方命令/指令，或者故意不遵守指导原则、使用说明，或不进行检查、检验、维护、必要的修理所造成的损害的赔偿责任。

对于这类条款，司法通说认为，其实质为风险排除条款（Ausschlusstatbestände）（BGH VersR 1987，174；OLG Hamm r＋s 1996，96；另一观点见 OLG Koblenz VersR 1982，1089f.；不同的是，OLG Hamm r＋s 1996，51 将区分取决于，违反义务排除条款是否包含投保人脱责的可能性）。这一点并非完全没有疑问，因为这些条款着眼点于投保人的行为，只有投保人未能履行其损害防止义务，才会导致保险保障的丧失。因此，似乎也可以将其认定为（隐藏的）<u>不真正义务规定</u>（关联边码 178 和边码 179）。尽管如此，将义务违反行为条款理解成风险排除条款，与既定判例相一致（仅见 KG Berlin VersR 2008，69）。

> 至于火灾和爆炸条款，根据这些条款，持有或使用易燃、有毒或者易爆物质的人故意违反法律、政府、行业协会或其他安全规定造成的损害，不在保险保障范围内。与前者相反，此类条款被普遍认为属于隐藏的不真正义务规定［参见 OLG Hamm r＋s 1994，50；OLG Oldenburg r＋s 1994，211；OLG Stuttgart r＋s 1994，452（453）］。

dd)《保险合同法》第 103 条也适用于机动车强制责任保险。如果投保人故意造成损害，则保险人免于给付，例如，意图自杀的"逆行司机"情形。在这种情形，不仅在内部关系中，保险人无须向投保人承担给付义务，在外部关系中，对受害人的保险保障同样被排除（KG VersR 2004，325 附带更多参考文献）。

**c) 定额保险中的招致保险事故**

《保险合同法》第 81 条和第 103 条是对损失填补保险情形的规定。《保险合同法》第 81 条也适用于人身保险情形，只要它属于损失填补保险。[①] 至于定额保险，首先是在《保险合同法》第 161 条第 1 款有一项**人寿保险**的特别规则。根据该规定，如果被保险人<u>自杀</u>，保险人可以免于给付（但保险人必须偿还现金价值，《保险合同法》第 161 条第 3 款）。但如果行为人在自杀时处于精神失常、无法自由形成意志的状态，则不适用这一风险排除规定（《保险合同法》第 161 条第 1 款第 2 句）。当然，前述情形应满足《民法典》第 104 条第 2 项的要件要求。自杀的证明责任由保险人承担。表见证明（也）不适用于这种情形，因为个体的意志决定并没有典型的事实过程（BGH VersR 1989，758）。间接证明是常态（进一步讨论见

273

---

① 比如，医疗保险虽然属于人身保险，但合同中不同风险的保障，依具体情况分别属于损失填补保险和定额保险。其中，医疗费用的赔付由实际产生的费用损失所决定，属于损失填补保险。误工费（每日津贴）的赔付赔偿的是抽象损失，金额是实现约定好的固定数额，属于定额保险。——译者注

HK-VVG/Brambach VVG § 161 Rn. 18ff. ）。[1]

间接证据可以是：安置好的朝心脏射击的长枪；数个拧开的煤气阀；黏连在铁轨上的死者脖颈；事故车辆上的遗书。

《保险合同法》第 161 条第 1 款第 2 项的除外要件，由索赔人承担证明责任。

例如，索赔人证明，投保人患有严重的抑郁症，并在急性抑郁发作期间自杀（OLG Nürnberg VersR 1994，295）。

《保险合同法》第 161 条第 1 款第 1 句规定，三年"等待期"经过之后，自杀同样被纳入保险范围内。这一期间可以通过合同约定延长（《保险合同法》第 161 条第 2 款）。

如果投保人为他人购买人寿保险，随后杀死了该他人，则保险人免于给付（《保险合同法》第 162 条第 1 款）。如果人寿保险合同指定某人为受益人，而该人故意不法地杀死了被保险人，此时保险给付请求权依然存在，但合同被拟制为未指定该受益人（《保险合同法》第 162 条第 2 款），由不存在该受益人时的权利人获得保险合同上的给付请求权（例如继承人）。

274

在意外保险中，事故以非自愿性（Unfreiwilligkeit）为构成要件［《意外保险一般条款》（AUB 88）第 1 条第 3 款］。除非有相反证据，法律推定事故的非自愿性（《保险合同法》第 178 条第 2 款第 2 句）。只有在故意招致保险事故的情形，才会产生对投保人不利的法律后果（《保险合同法》第 183 条）。

在医疗保险中，因为故意行为造成的疾病和事故及其相应的后果均被排除出保险范围（《保险合同法》第 201 条）。保险人对此承担证明责任。

# 第三节　第三人行为与知情的归属

**参考文献：**Armbrüster PrivVersR Rn. 1508ff. ；Bach VersR 1990，235ff. ；Bruns PrivVersR § 5 Rn. 21ff. ；Deutsch/Iversen VersVertrR Rn. 228ff. ；Cyrus，Repräsentantenhaftung des Versicherungsnehmers，1998；HK-VVG/Felsch VVG § 28 Rn. 109ff. ；HK-VVG/Karczewski VVG § 81 Rn. 67ff. ；Kampmann VersR 1994，277ff. ；ders.，Die Repräsentantenhaftung im Privatversicherungsrecht，1996；Knappmann NJW 1994，3147ff. ；Looschelders VersR 1999，666ff. ；ders. r ＋ s

---

[1]　间接证明与表见证明之间的区别在于：间接证明允许从关于主要事实的个别事实得出结论，而表见证明允许从关于法定事实存在的典型事实得出结论。——译者注

2015，581ff.；Römer in Homburger Tage 1992，1993，42ff.；Schimikowski VP 1993，217ff.；ders. VW 1996，626ff.；Schirmer，Der Repräsentantenbegriff im Wandel der Rechtsprechung，1994；Wandt VersR Rn. 628ff.；Winter FS E.Lorenz，1994，723ff.；Wussow VersR 1993，1454ff.

不真正义务的规定（参见《保险合同法》第 19 条第 1 款、第 30 条第 1 款、第 31 条第 1 款、第 23 条第 1 款、第 82 条第 1 款、第 86 条第 2 款）是针对投保人的规则，其意味着，如果投保人不想失去保险保障，就必须以某种方式行事。此外，根据主观风险排除规则的规定（参见《保险合同法》第 81 条），如果投保人故意或重大过失招致保险事故，则保险人可以完全或部分免于给付。但是，如果涉及的是另一个人的行为（例如他人故意招致保险事故，比如纵火），就会产生这样的问题：这种行为是否以及在多大程度上可以归属于投保人。如果是另一个人而不是投保人向保险人提供了不正确的信息（例如有关交通事故的过程的错误信息），则需要考虑，该不当陈述是否可以算到投保人的头上。

《民法典》第 278 条规定了一种为他人过错负责的可能情形。反对在保险合同法规定的义务中适用这一归责标准的一个论点是，保险合同法规定的是不真正义务，并非《民法典》第 278 条指向的真正的法律义务。更为重要的论点是，适用《民法典》第 278 条可能会危及保险目的的实现，例如，员工的过错很容易导致投保人失去保险。因此，司法判决发展出了自己的一套保险法归属体系（HK-VVG/ Felsch VVG § 28 Rn. 109；Armbrüster PrivVersR Rn. 1509ff.；FAKomm-VersR/ Nugel VVG § 28 Rn. 24）。判例发展的这一系列法律制度（Rechtsfigur）的目的在于，避免投保人通过诸如将保险标的物委任他人的方式逃避其保险法上的不真正义务，使他人的行为、意思表示和知情在严格的要件得到满足的前提下，得以归属于投保人。

### 1. 保险代表人责任

根据联邦最高法院的判例（r＋s 1993，201＝VersR 1993，276 828），保险代表人（Repräsentant）是指，基于代理或者类似关系在被保风险所对应的范围内替代投保人的人。单纯地将保险标的物交给第三人照管，尚且不够；保险代表人还必须被授权，能够在某个相当的、并非无关紧要的范围内，替代投保人独立行事（这是风险管理的情形）。但不要求第三人在事实上已经行使，或已经承担投保人在保险合同上的权利和义务。此外，如果第三人基于代理或类似关系独立负责保险合同的管理，那么无论保险标的物是否交给他，都能够表明他的保险代表人地位（这是合同管理的情形）。一旦一个人被认定为保险法上的保险代表人，则其行为和过错都可以归属于投保人，例如，在他故意违反不真正义务的时候，保险人就可以援引《保险合同法》第 28 条第 2 款第 1 句拒绝给付，即使投保人自己什么都没有做。

275

276

保险代表人责任尤其在财产保险中发挥着重要作用。它在商业和工业风险责任保险中也很重要。

一般保险条款中的保险代表人条款，关联边码 404。

### a）风险管理

277　在通过判例发展保险代表人责任的过程中，如下评价观点具有决定性作用：保险人不应因为投保人将被保风险完全转移给第三人而仅在形式上保留投保人的地位而受到不利影响（Langheid/Rixecker/Rixecker VVG §28 Rn. 38 附带更多参考文献）。这一思想主要在风险管理中发挥作用。这就要求投保人已经将对保险标的物的**照管**（Obhut）委任他人，由该他人承担着对保险标的物进行**独立负责的照顾**（eigenverantwortliche Sorge）的责任。这些严格的要求，限制了保险代表人概念的适用范围。这样做是有道理的，因为保险代表人不是法律规定的制度。

对相当多的案例而言，认定成立保险代表人责任并不妥当。

— 例如，物的<u>承租人</u>通常不应被认定为保险代表人。尽管投保人将保险标的物交由承租人照管，但承租人并不会因此独立负责<u>照顾</u>工作。在大部分情形，承租人承担的只是风险管理当中的"一小块碎片"，尤其是在住房租赁的情形（对此，参见生动形象的案例：OLG Hamm r＋s 1995，325；OLG Köln r＋s 2002，22）。

— <u>配偶身份</u>本身也不足以证立保险代表人地位（BGH r＋s 1990，242＝VersR 1990，732，稳定性判决）。投保人的配偶虽然<u>也会使用</u>被保机动车，但既没有单独照管，也没有独立负责的照顾，因此不属于保险代表人（又参见BGH r＋s 1994，285）。这同样适用于配偶共同所有的家庭财产（不过，这里还需要考虑《保险合同法》第 47 条的适用，关联边码 285）。

— 单独的转交照管或使用关系都不能证成保险代表人地位（BGH r＋s 1989，262）。决定性因素不在于第三人对物的使用，而在于其对保险标的物的**独立负责**；向保险代表人转移的风险管理不能附带重大限制或保留（BGH r＋s 2003，367，368）。

278　重要的是，该他人对**投保人地位的替代**。

例如：

— **用于工作和私人生活的汽车的判断**：公司的对外雇员 A 从其雇主（投保人）那里获得了一辆汽车用于工作和私人生活（该车投保了车损全险），卡尔斯鲁厄高等地区法院（OLG Karlsruhe r＋s 1995，442）正确地认定这里不构成保险代表人关系。决定性理由是 A 与雇主之间的合同约定：

— 投保人有权随时收回提供给 A 的汽车，无须提供理由；

— A 仅在有限的范围内有汽车交由第三方使用的权利（限于其妻子和成年儿子）。

　　高等地区法院认为，以上两项约定均与单独的照管转移不符。此外，虽然合同约定，A 负责保养、维护和维修（雇主出资），但并不排斥雇主自行维护的权利。

　　法院认为，这些都无法认定被保车辆的完全照管转移和完全照顾承担。

　　总之，在很多情形下，雇主（即车损险投保人）向雇员提供商业和私人用途的车辆，并不使雇员成为保险法上的保险代表人（另参见 OLG Hamm r＋s 1995，41；根据雇主和雇员之间协议的具体情况，在个别情况下会有所不同，参见 OLG Köln r＋s 1995，402）。决定性因素是，雇主（投保人）是否完全舍弃对被保车辆的处置和负责权利（OLG Frankfurt r＋s 2003，146）。

　　这些原则也适用于**汽车租赁情形**。即使是在长期的汽车租赁情形，也不意味着承租人一定会构成保险代表人。只有当承租人对车辆的运行和道路安全负责，必须承担进行规定的检查、必要的维修、年检等工作时，才构成风险管理（LG Hamburg BeckRS 2016，18189）。

　　——**家庭成员作为投保人**：出于节约保险费的原因，父母通常会作为其子女汽车的投保人。如果父母不实际使用汽车，（成年）子女自己独立负责汽车，那么父母实际上就是保险法上的"稻草人"，而子女则应当被视为保险代表人。如果子女在使用投了车损险的汽车的时候，重大过失招致保险事故或者违反不真正义务，则其行为归属于（"纸面的"）投保人（参见 OLG Oldenburg r＋s 1995，331；OLG Frankfurt a. M. r＋s 1994，367；OLG Karlsruhe VersR 1995，696；LG Gießen r＋s 1997，235，OLG Saarbrücken r＋s 2003，147）。这也适用于，投保人将汽车交给兄弟长期使用，兄弟全权负责车辆，而兄弟违反使用条款［《机动车保险一般条款》（AKB）第 D. 1.1 条，第 D. 3.1 条］的情形（OLG Celle BeckRS 2016，20656）。

　　——**工厂经理**并不一定是投保人的保险代表人（BGH VersR 1992，265）。这取决于他是否被授权代替投保人独立自主地作出决定，例如，在运营中断的情况下是否有权决定采取各种应对措施。

　　——**建筑工程承包人**可能构成投保人的保险代表人，工地经理则与工头类似，不属于投保人的保险代表人，因为他们都需要按照上级指示展开工作（OLG Celle VersR 2001，453）。

　　——即使是**船长**，在没有航运公司指示的情况下，也无权就委托给他的船舶完全便宜行事，因此通常也不被认为是保险代表人（参见 Looks VersR 2003，1509ff.；另一见解见 LG Hamburg VersR 2003，1438）。——关于船长的地位，参见 OLG Köln VersR 2003，991 附带注释 Roos S. 1252f.

　　——代表人责任原则不适用于经济损失责任保险（即职业责任保险）（BGH r＋s 2011，430）。因此，**一个律所的数个合伙人**之间的关系不考虑保险代表人责任的适用。

279

—— 就法律保护保险（Rechtsschutzversicherung）[①] 中的费用避免义务而言，**律师**不是投保人的保险代表人（OLG Celle，r＋s 2011，515）。只有在极少数情况下，律师才会单独照管保险标的，也只在极少数情况下，律师才会单独承担合同管理（见下文）责任（参见 FAKommVersR/Nugel VVG §28 Rn 32）。

—— 看管空置房屋的**物业经理**可能被认定为负责风险管理（OLG Brandenburg r＋s 2013，24）。

### b）合同管理

合同管理（Vertragsverwaltung）是第三人被认定为投保人的保险代表人的另一个理由。它是指投保人向第三人**让与保险合同上的权利和义务**的情形。即便第三人既不负责保险标的物的照管，也未承担保险标的物的照顾，都不会妨碍这一过错归属理由的适用，只要第三人受投保人委托，得以独立负责保险合同的管理（FA-Komm-VersR/Nugel VVG §28 Rn. 31）。例如，在被保汽车被盗后，投保人委任第三人处理理赔定损事宜，就属于委托他人进行合同管理。因为这当中至少包含了保险合同义务（信息提供义务）的转移；如果第三人还有权代受赔偿给付金，则进一步包含了保险合同权利的转移（参见 OLG Köln VersR 1989，1073，法院在作出该判决时，"合同管理人"一词尚未得到普遍使用；另参见 OLG Bremen VersR 1998，1149）。在本案和很多类似案件中，第三人同时还构成知情表示代理（关联边码 281）。如果投保人到国外定居，他委托物业经理管理他的住宅并使其有权独立处理所有保险相关事宜，则该物业经理是合同管理人（OLG Brandenburg r＋s 2013，24）。

合同管理人违反不真正义务的行为归属于投保人。但就《保险合同法》第 81 条意义上的招致保险事故行为而言，单纯的合同管理并不足以使管理人的行为归属于投保人（BGH VersR 2007，673；分析见 Römer/Langheid/Römer §81 Rn. 22）。

### c）保险代表

280在机动车强制责任保险情形，如果满足前述条件的第三人酒后驾驶造成事故并且逃逸，联邦最高法院的立场是，其并不能**代表**投保人（BGH VersR 1969，695）。就结果而言，这是妥当的，因为此时的第三人不是代替投保人履行其在责任保险合同项下义务的行为，而单纯是违反驾驶员义务的行为。

科隆高等地区法院（OLG Köln r＋s 1995，402）尝试将这一理论应用于车损险，但遭到联邦最高法院反对（BGH r＋s 1996，385）。这样一来，在车损险情形，如果某人被认定为保险代表人，则他所有类型的义务违反行为都可以归属于投保人。本书认为，科隆高等法院在判决中提出的观点值得赞同，也即，司机的肇事逃

---

[①] 法律保护保险指的是，保险人为维护投保人的法律利益而提供给付的保险，比如承担投保人聘请律师应对他人起诉或起诉他人产生的费用。——译者注

逸行为与保险标的物照管和照顾在实质上没有任何关联（不同意见 Römer/Langheid/Langheid §81 Rn. 25）。

如前所述，在机动车强制责任保险中，保险代表人责任规则不适用。因此，第三人在诸如不适合驾驶的情况下造成事故的，即便他符合前述保险代表人条件，保险人也无权根据保险代表人责任规则在赔偿受害人之后向投保人追偿［OLG Nürnberg NVersZ 2001，44；OLG Köln NVersZ 2001，44（45）；LG Karlsruhe r＋s 2000，361（362）附带 Münstermann 的注释；OLG Köln r＋s 2003，446）］。

### 2. 知情表示代理人

知情表示代理人（Wissenserklärungsvertreter）是指，受投保人委托，为投保人履行不真正义务的人。知情表示代理人作出的意思表示，通过类推适用《民法典》第 166 条，归属于投保人（BGH r＋s 1993，281；有观点认为应当类推适用《民法典》第 164 条第 1 款，因为这里不是意思归属，而是意思表示的表示行为的归属，见 Looschelders/Pohlmann/Pohlmann VVG §28 Rn. 94）。

因此，配偶并非当然的知情表示代理人。换言之，即便是投保人的配偶，也需要得到投保人的委托，替他向保险人作出意思表示（BGH r＋s 1993，381）。

**例如：**

—— 在汽车被盗后，投保人的丈夫向保险人申报损失时，将汽车购买价格多报了 18 500 马克。投保人只在法国生活，不会说德语，也没有和德国机动车辆保险公司联系。此外，汽车登记在投保人丈夫名下，通常也是他处理所有保险事务，并且投保人对此没有提出过异议。科隆高等地区法院（OLG Köln r＋s 1994，245）认定，投保人的丈夫构成知情表示代理人。

—— 如果投保人委托他的儿子作为他的知情表示代理人，代为履行《机动车保险一般条款》（AKB 2008）第 E.1.3 条规定的释明不真正义务，则他的儿子在车损全险的损害告知书上对事故发生时的饮酒情况（该告知书明确询问了饮酒情况）的隐瞒，应当准用《民法典》第 166 条归属于他，也即，认定投保人故意违反了不真正义务（OLG Köln r＋s 2015，131）。

与保险代表人的认定相比，知情表示代理人的构成要求少得多，当中最为核心的是，投保人委托他人，为他作出对保险人的意思表示。具体而言，是代替投保人履行他对保险人的告知和释明不真正义务。委托可以是明示，也可以是默示。

**例如：**

—— 如果投保人与儿子达成协议，儿子代为进一步处理保险合同，那么儿子就是知情表示代理人。如果儿子在损害发生后准备了一份（伪造的）带有错误里程信息的买卖合同，那么这一行为应归属于投保人（OLG Hamm r＋s 1997，279）。

—— 如果投保人让证人（该证人在宣称的盗窃案发生之前停放的投保车辆）代

为填写并签署了提交保险人的损害报告表，则该证人构成投保人的知情表示代理人（OLG Köln r＋s 2000，448）。

—— 如果投保人的妻子向保险人提供了关于（宣称的）家庭财产损坏的信息，经保险人查证后确定有误，面对保险人的追问，投保人为他的妻子辩护，她肯定是在细节方面犯了糊涂，那么可以由此得出结论，投保人至少默许了他的妻子替他作出陈述，因为他根本没有就她与保险人联系一事提出抗议（参见判例中的例证：OLG Köln VersR 1989，1073；关联边码 279）。

如果第三人填写损害报告表，随后投保人签字予以确认，则第三人是投保人的辅助人而非知情表示代理人（OLG Hamm r＋s 1997，1）。在此，投保人自己作出了意思表示，而第三人仅仅是**"书写助手"**。重要的也仅仅是投保人自己的知情，第三人的知情并不归属于投保人（OLG Köln r＋s 1998，399f.）。这是因为在这里，投保人自己作出了表示（HK-VVG/Felsch VVG §28 Rn. 118 附带更多参考文献；FAKomm-VersR/Nugel VVG §28 Rn. 37；另一观点见 OLG Frankfurt a. M. r＋s 2002，37：本案的投保人在空白处签名，让他人代为填写；结果类似的案例 OLG Saarbrücken r＋s 2011，325）。

**其他个案：**

—— 投保人的律师也可能被视为投保人的不真正义务履行（比如信息提供义务）的知情表示代理人。然而，在法律保护保险情形，投保人的**律师**在不必要费用避免义务的履行方面，不属于投保人的知情表示代理人（通说，OLG Celle r＋s 2011，515；HK-VVG/Felsch §28 Rn124；anders OLG Köln, r＋s 2003，414）

—— 科隆高等地区法院认为（OLG Köln r＋s 2012，243），投保人在保险事故发生之后将建筑物保险的赔偿请求权让与建筑承包商，则该公司后面的欺诈行为归属于投保人。建筑承包商为了达到"价值新高峰"，向保险人提供了虚假信息。投保人是否"委托"建筑承包商作出意思表示似乎值得怀疑。但这个案例至少表明，当投保人容许他人向保险人作出表示行为时，在保险保障方面可能会产生多么重大的影响。

—— **保险经纪人**也可以是投保人的知情表示代理人。例如，保险经纪人为投保人填写投保申请表，然后在投保人不知情的情况下对风险重要事实进行了隐瞒。保险经纪人就风险重要事实作出的欺诈行为根据《民法典》第166条第1款规定归属于投保人（BGH VersR 2008，809；MüKo-VVG/Langheid VVG §19 Rn. 19；关联边码 198）。但这仅适用于，经纪人在与保险人的对外关系中，是以意思表示行为人，而非单纯的"书写助手"的身份出现的情形。

### 3. 知情代理人

知情代理人（Wissensvertreter）是指，投保人委托了解相关事实的、不完全从属于投保人的人（BGH VersR 2005，218；1971，538；1977，739）。这里的相关事实是指，对保险关系具有法律意义的事实，例如，能够证明保险事故发生的事实。

**例如：**某家企业的水保护官（Gewässerschutzbeauftragter）发现石油管道发生了泄漏，他进一步查明，泄漏的石油污染了土壤和地下水，并且对相邻的他人土地造成了损害。由此，他知道了环境责任保险意义上的保险事故的相关事实。

实践当中，另一类主要情形是对风险升高情况的知情。

**例如：**负责工厂经营的经理发现，员工没有遵守官方技术性安全要求。

保险法意义上的知情代理人主要会发生在企业内部全权委派特定主体的情形，比如任命劳动安全官（Sicherheitsbeauftragter）。因为劳动安全官对任何安全缺陷的知情均归属于投保公司，因此投保人就不能声称，他不知道这些事实。如果公司是法人实体，则公司机关（如董事会成员、总经理）也应被视为知情代理人（FA-Komm-VersR/Nugel VVG § 28 Rn. 43）。

如果知情代理人知道保险事故的发生，但投保人方面却未报案或者迟延报案，则保险人可以拒绝给付（《保险合同法》第 30 条结合第 28 条第 2 款）；如果知情代理人知道他人实施了风险升高行为，而投保人方面却没有采取补救措施或者通知保险人，则保险人可以依据《保险合同法》第 24 条终止合同，或者根据《保险合同法》第 25 条调整合同，或者根据《保险合同法》第 26 条免于给付。

**例如：**投保人把投保车辆交给儿子使用，从此不再过问。他儿子知道汽车轮胎存在问题，驾驶有安全隐患。因为投保人默示地委托儿子注意汽车风险状态相关的事实，所以儿子的知情归属于投保人，适用《保险合同法》第 23 条及其以下规则（OLG Saarbrücken r＋s 2003，147；这个案子里也完全认定儿子的保险代表人地位；类似案例：LG Saarbrücken BeckRS 2016，17416）。

和知情表示代理人情形一样，委托（Betrauung）并不一定要构成法律行为意义上的代理（Vertretung），明示或默示的任务转移就足够了（BGH r＋s 2000，490）。**保险经纪人**也可能被视为知情代理人（BGH r＋s 2000，490）。这源于经纪人作为投保人利益管理人的地位（FAKomm-VersR/Nugel VVG § 28 Rn. 42；关联边码 110 和边码 145）。

### 4. 法定的归属规范

《**民法典**》第 **278 条**是过错要件的法定归属规范，但很少有保险法案件能够满足该条的要件要求（关联边码 275）。相比之下，《**民法典**》第 **166 条**更经常地发挥作用。

**例如：** 由于投保人的律师很少能够满足风险或者合同管理的要件，他通常不构成保险法意义上的保险代表人（关联边码 279）。但根据委托合同的授权范围，律师的行为可能根据《民法典》第 166 条规定归属于投保人，例如，投保人的律师在未事先征得保险人同意的情况下与索赔人签订不可撤销的和解协议的行为。在旧法时期，这样的行为构成投保人对责任保险不真正义务（禁止自行承认和清偿）的违反，导致保险保障的丧失 [《责任保险一般条款》（AHB）第 5 条第 5 项；OLG Bamberg r＋s 1993，173]，而在现行新法中，投保人的自行承认和清偿已经不再被禁止（《保险合同法》第 105 条）。

285　　　最后，还应当注意《保险合同法》第 47 条第 1 款（关联边码 79）的规定。该规范的目的同样（参见保险代表人责任，关联边码 277）在于，使保险人不会因为他人保险（Fremdversicherung）的构造，也即，可以主张权利的人（投保人《保险合同法》第 45 条）和实质享有权利的人（被保险人，《保险合同法》第 44 条）相互分离，而处于更加不利的地位（参见 MüKoVVG/Dageförde VVG §47 Rn. 1；Langheid/Rixecker/Rixecker VVG §47 Rn. 1）。根据《保险合同法》第 47 条第 1 款的规定，被保险人违反不真正义务的行为同样要被纳入考量。根据可能的通说，这条规定是一种**归属规则**（MüKoVVG/Dageförde VVG §47 Rn. 2 附带更多参考文献），但还存在另一种观点认为，《保险合同法》第 47 条第 1 款同样是**被保险人的自己责任规则**（Looschelders/Pohlmann/Koch VVG §47 Rn. 2 附带更多参考文献）。无论归为哪一类，本书认为，都过于机械（见 Prölss/Martin/Klimke VVG §47 Rn. 4）。法律的规定是，在保险保障的是他人利益的情形，该他人的行为和知情就具有决定性。就合同订立前的告知义务而言，这意味着，被保险人对风险的知情归属于回答投保问题的投保人，保险人可以基于不如实告知解除合同或者基于恶意欺诈撤销合同（参见 Looschelders/Pohlmann/Koch VVG §47 Rn. 23）。被保险人知情被法律如此对待，如同投保人知情一般（Langheid/Rixecker/Rixecker VVG §47 Rn. 2）。但与此同时，被保险人的任何不当行为通常只能对其自身造成损害，也即，减少他自己享有的保险金权利（《保险合同法》第 44 条）。只有在第三人同时构成投保人的保险代表人或者知情代理人或者知情表示代理人的情况下，第三人的行为才能对投保人造成损害（FAKomm-VersR/Schramm/Kassing VVG §47 Rn. 3）。

**例如：** 在**家庭财产保险**中，投保人往往为自己的利益和他人的利益同时投保（参见《保险合同法》第 89 条第 2 款第 2 句）。例如，在投保人的妻子故意或重大过失招致保险事故的情形（例如入室盗窃），则保险人是否可以完全或者部分免于给付取决于具体标的物的所有权归属：如果被盗物品属于投保人的个人财产，那么，除非配偶是投保人的保险代表人（实践中几乎不存在构成保险代表人的情形，关联边码 277），否则保险人依然需要给付。如果被盗物品属于夫妻共同财产（按份共有所有权），则对应于妻子份额的那一部分，保险人在故意情形可以完全免于给付，重大过失情形可以部分免于给付。如果被盗物品属于妻子个人财产，则对应为全部或部分免于给付（参见 OLG Hamm VersR 1994，1097；OLG Oldenburg r＋s 2000，425；至少具有误导性的 OLG Saarbrücken VersR 1998，883）。在既有自我保险又有为他人保险的情形（比如家庭财产保险和**家庭个人责任险**），附随被保险人的违反不真正义务或者招致保险事故的行为，不会影响到投保人的保险保障，只要附随被保险人不同时构成投保人的保险代表人。附随被保险人的故意或重大过失行为，只会导致他自己的保险金请求权被消灭或者被削减。

在**机动车融资租赁**的情形，投保人投保的车损全险构成为他人保险。在科隆高等地区法院的一个案件（OLG Köln r＋s 2014，347）中，承租人的妻子购买了车损险，此时，出租人连同作为承租人的丈夫都是被保险人。在此种为租赁车辆投保的车损险，既保障了出租人的财产维持利益，也保障了承租人的财产赔偿利益（关联边码 79）。因为一旦作为承租人的丈夫损坏租赁车辆，他就需要按照租赁合同约定向出租人承担赔偿责任，而这一风险通过车损险得到转移，因此他是被保险人。科隆高等地区法院最终的结论是，根据《保险合同法》第 47 条第 1 款的规定，丈夫（被保险人）重大过失招致保险事故归属于妻子（投保人）。根据上述讨论，这种表述不完全正确：这并不是一个归属问题，而是被保险人因为他的行为，丧失了根据《保险合同法》第 44 条他享有的保险金权利（当然，这些权利根据《保险合同法》第 45 条的规定只能由作为投保人的妻子主张）。当然，结果是一样的：由于丈夫被测出血液内酒精含量超标，保险人得以完全免于给付（又参见 Nugel jurisPR VersR 5/2014 注释 5）。

如果**投保人自己**故意或重大过失违反了不真正义务和/或招致保险事故，则自然会损害到被保险人（参见 Langheid/Rixecker/Rixecker VVG §47 Rn. 3）。如果投保人的知情和行为导致自己失去保险保障，附随被保险人同样也会失去保险保障，即使他们没有任何过错行为（FAKomm-VersR/Schramm/Kassing VVG §47 Rn. 11；Looschelders/Pohlmann/Koch VVG §47 Rn. 27 区分不同不真正义务情形）。因此，对投保人的义务违反行为，被保险人很大程度上无法进行自我保护（见 MüKoVVG/Dageförde VVG §47 Rn. 9）。

# 第六章
# 保险人的给付义务

## 第一节 风险承担、金钱给付或者事务处理

**参考文献**：Adams NVersZ 2000，49ff.；Armbrüster PrivVersR Rn. 1087ff.；Braeß ZVersWiss 1970，1ff.；Bruns PrivVersR §14；HK-VVG/Brömmelmeyer VVG §1 Rn. 32ff.；Bruck/Möller/Baumann VVG §1 Rn. 27ff.；BK/Dörner/Schwintowski VVG Einl. Rn. 50ff.，§1 Rn. 29ff.；Dreher，Versicherung als Rechtsprodukt，1991；PK-VersR/Ebers VVG Einf. Rn. 22ff.；Eszler VW 1997，150ff.；Hartwig/Möhrle VersR 2001，35ff.；Hesberg/Karten NVersZ 1999，1ff.；Leverenz VersR 1997，652ff.；Lobscheid NJW 1964，1254ff.；Looschelders in Koch/Werber/Winter，Der Forschung-der Lehre-der Bildung. 100 Jahre Hamburger Seminar für Versicherungswissenschaft und Versicherungswissenschaftlicher Verein in Hamburg e. V.，2016，209ff.；Möller ZVersWiss 1962，268ff.；Reichert-Facilides FS Sieg，1976，421ff.；Schmidt-Rimpler VersR 1963，493ff.；Schmidt-Salzer FS Lorenz，1994，621ff.；Schünemann JZ 1995，430ff.；ders. NVersZ 1999，345ff.；ders.，Der Geschäftsbesorgungsversicherer-die juristische Perspektive，in：Basedow/Meyer/Rückle/Schwintowski（Hrsg.），Beiträge zur 12. Wissenschaftstagung des Bundes der Versicherten，2003，107ff.；Schwintowski JZ 1996，702ff.；Wälder，Das Wesen der Versicherung，1971.

　　1. 几十年来，关于保险人给付义务的内容是什么，一直存在着理论争议（关联边码29）。

**风险承担理论**（Gefahrtragungstheorie）：根据风险承担理论，保险人的给付在于承受风险，也即，风险承担。承受风险的结果是，保险人必须采取必要措施，以应对将来可能发生的保险事故（见 Looschelders/Pohlmann/Pohlmann VVG §1 Rn. 13）。

**例如**：建立偿付保障机制，提取准备金，订立再保险合同。

保险人在保险事故发生时提供给付（仅仅）是风险承担诸多结果的一种体现。

根据**修正的风险承担理论**，保险人作为投保人所付保险费的对待给付（对价）是，以保险事故为条件的附条件给付（风险承担），自投保人视角观之，则为以保险事故为延缓条件的债权（Beckmann/Matusche-Beckmann VersR-HdB/Lorenz §1 Rn. 136）。

**金钱给付理论**（Geldleistungstheorie）：这一理论的主张者认为，保险人只有在保险事故发生时才真正地负有给付义务。给付通常表现为支付金钱，但也可能表现为其他形态，比如在责任保险中，给付就表现为，保险人为投保人抗辩第三人的不合理索赔（参见《保险合同法》第 100 条）。与风险承担理论不同，金钱给付理论将保险人采取的应对财务负担的组织层面举措评价为单纯的准备措施，而不是给付。金钱给付理论的主张者同样认为，保险合同属于双务合同，但是，合同当中的一方负有不附条件的保险费支付义务，另一方面负有附条件的给付义务：条件是保险事故的发生（完整内容见 Bruns PrivVersR §14 Rn. 4）。287

**修正的金钱给付理论**的主张者将保险人作出的在保险事故发生时提供给付的承诺，视为保险人的给付（Looschelders/Pohlmann/Pohlmann VVG §1 Rn. 19 附带更多参考文献）。

支持金钱给付说/反对风险承担说的主要理由（对此参见 Prölss/Martin/Armbrüster VVG §1 Rn. 121，132ff. 附带更多参考文献）在于，并不会有人真的会去考虑，赋予投保人干预保险人管理的权利，而这一点恰恰是风险承担说导向的必然结果，因为该说对保险人给付义务的界定包括了应对保险事故的组织举措。金钱给付说坚持，只有保险事故发生，才会触发保险人的给付义务。对金钱给付说的一种简单反驳是：其强调金钱给付，但在保险事故后，保险人提供给付的形态不限于金钱，也可能是法律保护或者援助服务。此外，风险承担说具有一个优点：其关于保险合同关系中相互义务的观点与人们所熟悉的交换合同相吻合：投保人支付保险费的合同义务恰好与保险人承担风险的义务构成给付和对待给付关系（参见 Deutsch/Iversen VersVertrR Rn. 174；相反见解见 Prölss/Martin/Armbrüster VVG §1 Rn. 129）。除了无效合同在不当得利法下的回溯清算这一议题之外，上述理论争议几乎没有任何实际意义（Wandt VersR Rn. 649；Langheid/Rixecker/Rixecker VVG §1 Rn. 4；FAKomm-VersR/Staudinger/Richters VVG §1 Rn. 5；关联边码 29）。288

2. 新的思路是，将保险合同理解为**具有信托性质的事务处理合同**［相关讨论参289

见 Karten/Werber/Winter（Hrsg.），Lebensversicherung und Geschäftsbesorgung.Kolloquium in memoriam Karl Sieg，1998；论证见 Prölss/Martin/Armbrüster VVG § 1 Rn. 124]。按照这一观点，投保人作为"风险共同体"，将资金托管给保险人；保险人支付保险金仅仅是对这一资金的重新分配。但这个思想与《保险合同法》第 1 条的措辞不一致（另参见 Bruns PrivVersR § 14 Rn. 12）。在《保险合同法》的规范视角下，保险合同仍然是一个个相互分离的个别保险合同关系，当前法律规则也没有直接规定再分配的内容。此外，这种观点也会引发质疑，在风险共同体所缴纳的资金不足以清偿损害的时候，无资金可用于再分配的保险人是否不再负有给付义务（参见 Prölss/Martin/Prölss § 1 Rn. 85）。— 改革立法者认为，并无将事务处理说的内容规定到《保险合同法》当中去的理由〔对改革过程中的讨论见 Schimikowski r＋s 2000，353（354）；详细内容见 Hartwig/Möhrle VersR 2001，35ff.〕。

290

3. 抛开理论争议，《保险合同法》第 1 条第 1 句规定：保险人通过保险合同负担在约定的保险事件发生时，提供约定的给付以保障投保人或第三人免于特定风险的义务。保险事故发生之后，保险人应当向投保人履行上述给付。

先前常见的财产保险（Schadenversicherung）和人身保险（Personenversicherung）二分法（旧《保险合同法》第 1 条规定）已经过时：因为有一部分人身保险和财产保险一样，按照损失填补的逻辑运行（例如：医疗费用保险）。现如今，法律贯彻的是损失填补保险（Schadenversicherung）和定额保险（Summenversicherung）二分法。在损失填补保险中，保险人对投保人的具体财产损失进行补偿；而在定额保险中，保险人的给付与投保人具体损失的填平无关，而是一旦发生合同约定的情况，保险人即支付事先约定的特定保险金额。《保险合同法》第 74 条至第 99 条，尤其是当中的第 74 条和第 78 条，不适用于定额保险。

# 第二节　保险人承担赔付义务的要件前提（保险事故）

**参考文献：** Armbrüster PrivVersR Rn. 1112ff.，1168ff.；Bruns PrivVersR § 13；Deutsch/Iversen VersVertrR Rn. 144f.；Fenyves VersRdsch 1984，79ff.；Hofmann PrivVersR § 7 Rn. 1ff.，§ 16 Rn. 1ff；Martin SachVersR B I；Prölss/Martin/Armbrüster VVG § 1 Rn. 179ff.；BK/Schauer VVG Vor § § 49 - 68a Rn. 5ff.，65ff.；R. Schmidt VersR 1956，266ff.；Wandt VersR Rn. 875ff.；Wriede VersR 1950，30ff.

**1. 被保风险的界定**

通过尽可能精确地描述被保风险，合同得以确定保险人是否以及何时承担赔付义务。

**a) 初始风险界定**

保险人通过详细地描述被保风险、损害以及利益来设计公司的产品。如果被保风险的确定相对困难（比如人寿保险情形就可以很简单，其以死亡或生存事件为给付条件），那么保险人就不得不进行抽象描述。这种抽象描述可以在相关一般保险条款中可以找到。

**例如：**

——根据《责任保险一般条款》（AHB）第 1.1 条的规定，责任保险承保的是投保人因为造成他人人身或者财产损害应负的法定责任的私法部分。这意味着，公法上的请求权（例如支付税款、行政费用等）以及所有类型的纯粹经济损失都不包括在内。[①] 如果投保人希望将这些责任纳入保险范围，则需要与保险人进行特别约定。

——意外保险中的意外事故是指，突发的外部的作用于被保险人身体致使其健康受到非自愿损害的事件 [《意外保险一般条款》（AUB 61）第 2 条第 1 款；《意外保险一般条款》（AUB 88）第 1 条第 3 款；《意外保险一般条款》（AUB 2008）第 1.3 条]。不满足上述风险界定的其他事件就不是构成被保风险的适格事件 [除非双方进行特别约定，扩展保险范围。比如，《意外保险一般条款》（AUB 88）第 1.4 条将因过度用力导致的关节脱白视为意外事故]。

——火灾保险中的火灾被定义为，非可控火源引发的或者脱离可控火源的、能够自行蔓延的火 [《火灾保险一般条款》（AFB 2010）A 部分第 1 条第 2 项]。

**b) 二阶风险界定**

二阶风险界定指的是风险排除条款。保险人通过这样的条款构建例外情形并且修正初始风险描述，从而明确地将特定的风险、利益或者损害排除在承保范围之外。

**例如：**

——合同约定，战争或内战事件直接或间接造成的事故不在意外保险范围内 [《意外保险一般条款》（AUB 2010）第 5.1.3 条第 2 句]。

——《责任保险一般条款》（AHB）第 7 条当中的风险排除条款，比如《责任保险一般条款》第 7.1 条规定的，故意招致的损害不在保险范围内。

风险排除条款也可以这样设计：原则上排除保险人在某一事项上的赔付义务，

291

292

---

[①] 因为《责任保险一般条款》（AHB）第 1.1 条规定，造成人身或财产损害，限于权利损害，排斥了纯粹经济损失。——译者注

然后通过特别约定（有时与提高保险费条款结合在一起）将其选择性纳入。通过这种方法，部分被排除风险得以重新被纳入保险范围（三阶风险界定）。

例如：

—— 战争或内战事件直接或间接造成的事故，原则上被排除在保险范围外，但合同约定，被保险人在国外旅行时受到此类事件的影响，包含在保险范围内 [《意外保险一般条款》（AUB 2010）第 5.1.3 条第 2 句]。

——《责任保险一般条款》（AHB）第 7 条排除的大多数风险，例如境外损害事件和相关责任索赔，可以通过相应的合同约定再次纳入保险范围。比如《责任保险一般条款》（AHB）第 7.6 条规定，租赁物损害导致的赔偿责任被排除在保险范围外（二阶风险界定）。但个人责任保险的特别条款与风险界定条款（BBR-PHV）又将为私人目的租赁的房屋的损害赔偿责任（某些特别条款与风险界定条款还包括了动产损害赔偿责任）纳入保险范围（三阶风险界定）。

### c）扩张条款

293　　扩张条款是指，将保险范围扩大到某些由于二阶风险界定而没被承保的事项的条款。

例如：《意外保险一般条款》（AUB 2010）第 1.4 条规定，即便不是外部事件导致的投保人四肢或脊柱用力（过度）造成的脱臼、拉伤等也属于意外保险的保险范围。

### d）阐释条款

294　　阐释条款是指，在初始风险界定未能足够清楚地划定保险风险的范围的时候，通过它们使初始风险描述更加精确的条款。这些条款只有解释性意义。

例如：

—— 通过合同当中的阐释条款的运用，将因为怀孕和分娩进行的检查和必要医疗措施，明确地包含在私人医疗保险的保障范围内 [《医疗费用及每日住院津贴保险一般条款》（MB/KK）第 1 条第 2 款第 3 句第 2a 项]。缺少这样的条款可能会引发关于怀孕和分娩是否属于疾病的争议。

——《责任保险一般条款》（AHB）第 1.2 条规定，合同履行或者继续履行等请求权不在责任保险的保险范围内。这在部分情形——在该条的请求权指向的是合同上的债务履行请求权（比如保修义务）而非损害赔偿请求权的情形——（仅）构成阐释条款。原因是，这类不指向损害赔偿的请求权已经被《责任保险一般条款》第 1.1 条的界定排除在保险范围外。但是，在该条的请求权指向的履行之外的损害赔偿情形（比如迟延的损害赔偿），《责任保险一般条款》（AHB）第 1.2 条构成真正的风险排除条款 [有争议，参见 Schimikowski FS Schirmer，2005，545（552f.）附带更多参考文献]。

## 2. 保险事故的发生

a）保险人的赔付义务发生于**被保风险实现之时**，也即，保险事故发生之时。对于单次或多次发展进程迅速的事件（死亡、坠落、两车相撞），确定保险事故的发生通常不会构成问题。

**例如：**在意外保险中，证明被保事件的发生并不总是那么容易。在这里，投保人必须证明对健康的损害/死亡是由意外事故（即影响身体的突发外部事件）引起的（参见 HK-VVG/Rüffer VVG §178 Rn. 19 附带更多参考文献）。但如果其他非外部事件也是可能的原因，则会产生问题（例如，参见 OLG Hamm r＋s 2003，31）。

特别是在责任事故中，损害行为与损害结果之间通常会有时间差。在这些年，联邦最高法院先是认为，责任保险的保险事故，也即其条款所用的"事件"（Ereignis）指的是直接造成损害结果的事件［结果事件说（Folgeereignistheorie）；BGHZ 25，34ff.］。但是，在因使用除草剂导致森林损害的案件中，联邦最高法院改变了立场，在该案中，法院考虑的是导向损害的不当行为的发生时点［原因事件说（Kausalereignistheorie）；BGHZ 79，76ff.］。在这一判决之后，保险人修订了《责任保险一般条款》，在其旧《责任保险一般条款》第 5 条第 1 项中，把保险事故定义为，可能导致投保人被责任索赔的损害事件。这样的定义是否明确了，责任保险中适用的是结果事件说，非常值得怀疑（相同质疑见 Langheid/Rixecker/Langheid VVG §100 Rn. 61）；或者说，按照普通投保人对该表达字面意思的理解，这一规定有多种不同的解释可能：这构成《民法典》第 305c 条第 2 款意义上的歧义概念（关联边码 388），应当适用对投保人有利的解释［相同见解见 Schwintowski VuR 1998，35（37ff.）］。这使责任保险的实务审判工作面临着解释保险事故概念的大问题（参见 OLG Karlsruhe r＋s 2004，104）。在最近的《责任保险一般条款》中，上述模糊之处已经被基本消除：《责任保险一般条款》（AHB 2008）第 1.1 条中按照结果事件说定义了损害事件，即直接造成第三人损害结果的事件；另外还补充规定，原因事件的时间点无关紧要。— 个别类型的责任保险按照义务违反理论（Verstoßtheorie）定义保险事故。例如，在建筑师责任保险和经济损失责任保险中，保险事故发生于不当行为［即"义务违反"（Verstoß）］发生时。而在环境责任领域，与特定（原因或结果）事件的联系越来越被证明是不合适的。因此，该责任领域选用首次可核实的查明结果作为保险事故［表现说或查明说；见Breining VW 1991，1327（1330）］。

b）被实现的风险与发生的损害之间必须存在**因果关系**。正如责任法的其他部分，并非所有遥远的原因都会被认为构成充分原因。确定是否有因果关系需要借助相当性概念，其取决于，导致这种损害发生的究竟是一个相当特殊的、完全不可能的、考虑到事物正常进程这种情况无须考虑的事实，还是相反的情形。责任法中的

295

296

其他的归因理论，尤其是规范保护目的说，也必须纳入考虑（参见 Römer/Langheid/Römer，2. Aufl.，§49 Rn. 3）。

在风险排除中因果关系的判断尤为重要（关联边码261）。

判断已发生的事件是否落入初始风险描述的范围，可能需要用到相当性概念或者规范保护目的理论。

**例如**：投保人被人追杀，躲到自己的车里面，但还是被发现了，被枪击后身负重伤。这就产生疑问，这种情形是否属于现有的机动车乘客意外保险的保险保障范围。按照相当性理论，此种对机动车乘客的暴力行为属不属于完全不同寻常的意外事件，答案不容易确定，换言之，相当性理论在这种案例不容易得出明确的结论。如果规范保护目的角度进行分析，则更为有效：乘客意外保险覆盖的是典型的机动车风险，对车内（这或多或少是一种偶然，不在车内也同样会发生）的投保人所进行的暴力行为，与机动车作为交通工具的典型风险毫无关系。在本案中，出于保护目的理论否定保险保障，是合理的。

### 3. 证明责任

如果投保人希望在保险事故发生后能够获得保险人赔付，则他必须就请求权的构成要件进行主张并在必要时证明。如果保险人援引风险排除条款拒绝赔付，则他需要按照民事诉讼法的基本原则承担主张与证明责任：任何援引对其有利事实的一方，必须对此进行相应主张并在必要时予以证明。当相关主张具有接近确定的盖然性（mit an Sicherheit grenzender Wahrscheinlichkeit）时，则可以认为完成了证明。

因此，投保人必须主张并且证明**保险事故**已经发生。在争议性的保险案例中，这种证明往往不容易达成。对于盗窃险，判例通过**双阶段理论**减轻投保人的保险事故证明责任（参见 BGH r＋s 1992，221；1995，288；Kollhosser NJW 1997，969ff.；Römer NJW 1996，2329ff.；ders. NVersZ 1998，63ff.；Bach/Günther，Der Entwendungsnachweis in der Kfz-Kaskoversicherung，1997；Brockmöller zfs 2017，184ff.；Schade r＋s 2017，292 ff.）。

**例如**：2012年7月10日，E将其汽车（投保了车损全险）停放在租屋的地下车库里。7月14日晚上，他发现车不见了。如果某个可信的证人能够为E就这两方面事实作证：E停了车，以及自某个特定时点开始E找不到车，则E完成了机动车被盗的<u>外在证明</u>。但如果没有证人，在诉讼中法官可以考虑听审投保人或者考虑当事人讯问这一证据方法（根据《民事诉讼法》第448条），但这只有在投保人绝对可信的情况下才能适用（KG Berlin r＋s 2004，99；OLG Köln r＋s 2004，186）。所谓的证明责任减轻存在于，法院认为，如果投保人能够证明<u>一些</u>能从外在支持汽车被盗的具有<u>相当</u>盖然性（hinreichende Wahrscheinlichkeit）的事实，就足够了

（"第一阶段"）。反证则由保险人负责。在这方面，保险人同样享有证明责任减轻：他只需要主张并证明一些情况，从中得出保险投保人伪造保险事故的**显著盖然性**（erheblicher Wahrscheinlichkeit）即可（"第二阶段"；参见 OLG Frankfurt/M. r＋s 2004，496）。例如，（在后来找到的已经毁损的汽车上）没有找到任何撬车痕迹、投保人之前有过保险欺诈的前科、关于车钥匙数量投保人提供了错误信息、车钥匙上有复制痕迹，等等。这里的盖然性标准是分级的：相比于保险事故发生的**相当盖然性**，法院对保险人证明的要求更高，其证明事故系伪造需要达到**显著盖然性**的程度（BGH r＋s 1995，345；OLG Düsseldorf r＋s 2003，55）。一旦保险公司反证成功，投保人必须进行完整的证明，这通常是不可能完成的（具体问题分析见 Maier/Biela，Die Kasko-Versicherung，1998，Rn. 34ff.）。

证明责任减轻规则是在机动车车损险中的盗窃案件和部分险种的**盗窃案件**（比如家庭财产保险中的入室盗窃）的适用中发展起来的（参见 OLG Köln r＋s 2003，154；OLG Hamm r＋s 2003，276）。它们不能用到其他类型的险种中［BGH r＋s 1990，297；Wälder Anm. zu LG Köln，r＋s 1990，56（57）］。投保人证明，房舍已空，并有入室盗窃的痕迹，即已完成入室盗窃的外在证明。相反，如果没有入室盗窃的痕迹的证据，虽然理论上确实有进入投保房屋而不留下痕迹的可能性（实际上不太可能），但不足以完成入室盗窃的外在证明（KG r＋s 2004，240）。到第二阶段，保险人必须主张并证明伪造入室盗窃具有显著盖然性（见 OLG Hamm Urt. v. 2. 12. 2016 – 20 U 16/15）。

司法判例始终拒绝将针对机动车辆盗窃和入室盗窃案件的证明责任减轻扩展到其他的案例类型，即使投保人难以证明保险事故已经发生。两个示例：

—— 如果**车损部分险**的投保人根据《保险合同法》第90条和第83条请求保险人偿还，因为**躲避野生动物急转弯**造成的车损这一减损费用，他必须完成完全证明（Vollbeweis），也即，证明保险事故即将发生以及减损行为是必要的。投保人不享受任何证明责任减轻的便利（参见 AG Bad Segeberg r＋s 2015，10 及其注释 Bonn r＋s 2016，231；Langheid/Rixecker/Langheid VVG §90 Rn. 14 附带更多参考文献）。

—— **金钱及贵重物品运输保险**的投保人必须主张并且证明，他主张的损害在保险合同的保护范围内（BGH VersR 2012，566 Rn. 30）。一方面，运输委托人与投保人签订了运输合同，比运输保险公司更了解约定的运输流程。另一方面，运输委托人有责任通过制定适当的合同协议并监督其遵守情况来保护其在运输货物保全方面的利益。基于这些原因，联邦最高法院拒绝背离保险金请求人必须对保险事故进行主张和证明的原则。所以结果与其他情形一样：投保人必须对所运输的货物没有到达目的地或者没有完好无损地到达目的地，承担主张与证明责任。

对于**风险排除条款**的构成要件，保险人承担主张与证明责任。如果一般保险条款另有约定，另有约定无效（《民法典》第 309 条第 12a 项，第 307 条第 2 款第 1 项）。再次纳入条款（也即风险排除条款的例外约定）的要件满足，由投保人证明。

保险人应当主张和证明**不真正义务违反**的客观构成要件。在违反先合同告知义务的情形，法律推定投保人主观为故意，投保人需要推翻这一推定。此外，法律推定有因果关系，投保人需要反证其不存在（《保险合同法》第 21 条第 2 款第 1 句；关联边码 196 最后部分）。对于法定和约定的不真正义务（《保险合同法》第 23 条及其以下各条、第 28 条、第 82 条、第 86 条第 2 款），法律推定投保人主观为重大过失，投保人需要证明只有更轻程度的过错或者没有过错。相反，如果保险人想"享受"完全免于给付的权利，则需要证明投保人主观为故意〔但在无意识的主观风险升高和客观风险升高情形，按照《保险合同法》第 26 条第 2 款第 2 项的规定，投保人需要证明自己没有故意——这应该是立法者的编纂错误（关联边码 208）〕。此外，法律推定有因果关系，投保人需要反证其不存在。但即使不存在因果关系，保险人仍然可以援引恶意欺诈免于给付，此时保险人需要完成对恶意欺诈的证明（关联边码 198）。

关于比例给付（例如根据《保险合同法》第 28 条第 2 款第 2 项和第 81 条第 2 款）的证明责任分配，关联边码 266。

如果保险人已经提供给付，但随后发现自己可以免于给付（例如，投保人违反约定的不真正义务），则在退还程序中，保险人根据《民法典》第 812 条第 1 款第 1 项向投保人请求保险金的时候，他需要对投保人不真正义务违反中的过错以及因果关系要件承担完全的证明责任。

# 第三节　给付义务内容与范围的确定因素

298　　保险的给付范围首先是通过《保险合同法》第 1 条第 1 句和合同中的相关约定确定。在定额保险中，给付范围的确定通常不成问题，但在损失填补保险中，情况则往往不同。因此，法律就这一领域的给付确定因素作出了特别的规定。

## 1. 保险利益

**参考文献**：Armbrüster PrivVersR Rn. 1227ff.；ders.，Der Schutz von Haftpflichtinteressen in der Sachversicherung，1994；BK/Schauer VVG Vor §§4968a Rn. 46ff.；Bruck/Möller/Baumann VVG §1 Rn. 65ff.；Bruns PrivVersR §20 Rn. 6ff.；Deutsch/Iversen VersVertrR Rn. 245ff.；Heinicke，Sachversicherung und

fremde Interessen，2002；Hofmann PrivVersR §13；Krause，Der Begriff des ver-
sicherten Interesses und seine Auswirkungen auf die Versicherung für fremde Rech-
nung，1998；Martin VersR 1974，821ff.；Prölss/Martin/Armbrüster VVG Vor
§74 Rn. 23ff.；Schirmer ZVersWiss 1981，637ff.；Schweizer，Das versicherte In-
teresse，1990；Wandt VersR Rn. 652ff.

### a）基本原理

在定额保险中，保险利益这一概念毫无意义；而在损失填补保险中，保险利益 299
构成对被保对象的抽象描述：损害乃利益之否定。这一利益的目的可以是维持某些
物或债权的价值。这就是所谓的**积极（财产）保险**情形。这一利益的目的也可以是
保护财产免于某种债务负担。这也就是所谓的**消极（财产）保险**情形。保险利益的
确定，对于判断被保风险是否发生以及对谁发生非常重要。虽然在消极财产保险
（主要是责任保险）中，一般保险条款通常能够准确地描述，谁的何种风险因保险
合同获得保障，但在财产保险中，这一点往往不那么明确。一个经常出现的核心问
题是，受损财产是否属于某人的被保利益。一个简单的判断公式是，保险利益存在
于，如果没有这个保险合同，则该人必须承担损失的情形。

**例如：**

—— 将被保财产让与担保（Sicherheitsübereignung）给贷款人：此时，投保人丧
失所有权，而担保权人（贷款人）享有担保物上的变价利益。此时构成为他人保险
（《保险合同法》第43条；关联边码77及其以下各边码）[参见《火灾保险一般条
款》（AFB 2010）第3条第3c项，第5项]。担保权人有权获得保险人以其担保债
权数额为上限的赔偿给付（BGHZ 10，376）。

—— 所有权保留买卖：在这种情形，不仅在最后一期货款支付之前保留所有权
的出卖人，而且通过分期支付获得标的物期待权的买受人，都会因为标的物的损毁
而遭受经济上的不利益。如果买受人为所有权保留的标的物购买了财产保险，也应
视为投保人"为"保留所有权的出卖人在投保人尚欠金额范围内"投保"了财产保
险[1][见《火灾保险一般条款》（AFB 2010）第3条第3b项，第5项]。

—— 如果某个企业订立车损险框架协议中包含了对经理的私家车的保障，则构
成为他人保险（OLG Köln r+s 2003，409）。

上述各例均为同一标的物上存在多种不同利益的情形。这就需要根据相关一般
保险条款的措施或者通过解释来确定，何种利益或者谁之利益受到保障。

### b）积极财产保险中的保险利益

在积极财产保险中，保险利益指的是权利人与特定财产之间的"价值关系"。 300
这种"价值关系"可以存在于所有权、占有、担保或者用益物权关系之中。这里的

---

[1] "为"他人"投保"，即为他人保险。——译者注

财产可以是物也可以是债权。

在<u>财产保险</u>中，保险利益在于财产的维持与免受损害。

**例如**：火灾险、入室盗窃险、动物险、冰雹险、机械险、运输险、玻璃险、家庭财产险、住房险、风暴险以及供水管道险。

在<u>债权保险</u>中，债权人的保险利益在于债权的实现。

**例如**：信用保险（Kreditversicherung）通常用来保障卖方交货之后的价款请求权。— 瑕疵担保保险（Garantieversicherung）则用来保障买方的瑕疵担保请求权，比如业主对建筑公司的瑕疵担保请求权。

301　　　　积极财产保险中的其他保险利益：

— 保障作为债权人和土地担保物权人的投保人（被保险人）应对债务人被强制执行后其债权仍然不能得到足额清偿的风险；

— 保障投保人对实现预期利润的期待；

— 保障投保人应对停产的损失后果（<u>营业中断险</u>在火灾或机器损坏情形发挥的作用）。

**c）消极财产保险中的保险利益**

302　　　　消极财产保险的保险利益可能是免于法定义务带来的经济负担。当中的法定义务的来源可能是不法行为（比如《民法典》第 823 条及以下各条），也可能是危险责任的规则要求（例如《水资源法》第 89 条）。<u>责任保险</u>就是一种典型的消极财产保险。此外，保险人通过购买<u>再保险</u>获得的债务保障也属于消极财产保险。还有投保人为了应对将来可能产生的住院或医疗费用购买的保险，同样属于消极财产保险（这里特指医疗保险当中属于损失填补保险，非定额保险的那一部分）。

**2. 保险给付、保险损害、保险价值、保险金额**

**参考文献**：Armbrüster PrivVersR Rn. 1297ff.；Deutsch/Iversen VersVertrR Rn. 253ff.；PK-VersR/Hammel VVG § 88 Rn. 4ff.；Hesse VersR 1963, 698ff.；Hofmann PrivVersR § 14；Kisch, Die Taxierung des Versicherungswertes，1940；Looks VersR 1991，731ff.；Martin SachVersR S I；BK/Schauer VVG Vor § § 49 - 68a，Rn. 61ff.

303　　　　在保险事故发生后，**定额保险**（Summenversicherung）的保险人有义务（一次性或按周期）支付合同约定的特定金额或者提供约定的给付；**损失填补保险**（Schadenversicherung）的保险人有义务按照合同约定的<u>标准</u>赔偿财产损失。从这一视角来看，在保险事故发生后，保险人的义务以金钱给付的形式被"耗尽"（<u>金钱给付理论</u>）。相反，<u>风险承担理论</u>的视角更多地放置在双务合同的给付和对待给付的对应关系之上（批评见 HK-VVG/Brömmelmeyer § 1 Rn. 34ff.；关联边码 287 和边码 288）。

损失填补保险的保险人承担何种赔付义务，在何种范围内承担义务，是法律需要处理的问题。为此，《保险合同法》进行了特别规定，下文详述。**损失填补保险**的保险人的给付义务的内容与范围如何由**保险损害、保险价值**以及**保险金额**这几个概念共同确定。

a）原则上，保险法中的**损害概念**与债法中的损害概念相同，但是，作为比较对象的是保险利益在无保险事故情形的价值与保险利益受损后的现实价值，而不是两种情形下的整个财产价值。—— 这里同样以保险事故与损害之间存在相当因果关系为前提。

304

在一般保险条款中，这一点通常用"<u>由于</u>"（durch）一词来表述。例如，《机动车险一般条款》第 A.2.2.2 条规定，车损部分险为"<u>由于</u>盗窃"造成的损害提供保险。"<u>由于</u>"一词表明，两者必须存在因果关联。和民法的其他部分规则相同，这里同样需要满足相当因果关系的要求。根据相当因果关系理论，关键在于某一事实是否通常（而非特别不可能）会导致损害。因此可以得出结论，诸如小偷为了盗窃汽车或车载收音机，将车窗砸碎的损失属于保险范围，因为这里的因果关系并非特别不可能。这同样适用于小偷驾驶汽车造成汽车损害的情形。此外，小偷因为盗窃车载收音机失败，恼羞成怒，划烂了汽车座椅，这种因果关联也不是特别不可能［对此参见 Maier r＋s 1998，1ff. 附带更多参考文献；这一观点令人信服，但与联邦最高法院判例中的意见不一致（r＋s 2011，63）；当前通说见 Prölss/Martin/Knappmann AKB A.2.2 Rn.7］。

如果一般保险条款在表述中使用了"<u>直接</u>"（unmittelbar）一词［例如"由于洪水的直接影响"，见《机动车险一般条款》（AKB）第 A.2.2.3 条第 1 句变型 4］，则根据通常的语词用法，意味着该原因必须是唯一或者最终原因（参见 OLG Hamm r＋s 2017，7 附带更多参考文献）。

除相当因果关系外，还必须考虑损害是否在初始风险界定的规范保护目的内（关联边码 296）。

原则上，保险人的给付义务还包括减损费用和损害调查费用（关联边码 250 和边码 339）。

b）**保险价值**这一概念只适用于**财产保险**。根据《保险合同法》第 88 条的规定，保险价值（Versicherungswert）是指，投保人在保险事故发生后，重新购置新物或者恢复旧物至全新状态，扣减因新旧差异造成的价值缩水之后，所需要支出的金额。因此，决定性因素是**当前市场价格**（Zeitwert），即（假如未发生保险事故，则）该物品根据其客观性质在当前市场上所具备的价值；情感利益则不在考虑范围之内。一般来说，市场上的交易价格是<u>重新购置新物的价格扣减折旧</u>之后的价格，即投保人购买相同类型和质量的物品需要支出的费用（<u>购入价格</u>）。但如果投保人

305

已经不再继续使用相关物品，则保险价值不以购入价格，而是以市场上可实现的卖出价格来定［参见，例如《家庭财产保险一般条款》（VHB 92）第 18 条第 2 项第 2 句；《火灾保险一般条款》（AFB 2010）第 7 条第 2a 项 cc 目］。

大多数建筑物保险条款都规定，满足特定前提，保险人将会按购置新物的价格（Neuwert）进行赔偿（关联边码 306），但如果旧物的当前市场价格低于新物价格的 40％，则按照当前市场价格赔偿。如果新物价格的计算依行业惯例包括建筑师费用以及其他建设、规划和建设附随费用在内，那么在确定当前市场价格的时候，同样必须考虑这些费用（BGH r＋s 2017，17）。

306 　　《保险合同法》第 88 条包含的（仅仅）是解释规则（Prölss/Martin/Armbrüster VVG §88 Rn. 1）。合同和法律都可以对其进行偏离规定。在建筑物保险实践中，就普遍有**新价保险**的约定。当中的新价（Neuwert）指的是，不进行折旧扣减的重新购置新物的价格。也即，赔付取决于，在损害发生时重新购置新物的成本（BGH VersR 1986，177）。在很长时间里，人们基于保险法上（所谓的）利得禁止原则[①]，对这种确定保险价值的合同安排持怀疑态度，但后来人们将这种做法视为习惯法，并在许多保险条款中引入了这种安排［参见《家庭财产保险一般条款》（VHB 84）第 18 条第 2 项第 1 句，《住房保险一般条款》（VGB 2010）A 部分第 10 条第 1a 项第 aa 目，《火灾保险一般条款》（AFB 2010）A 部分第 7 条第 2a 项第 aa 目，《盗抢保险一般条款》（AERB 87）第 5 条］。根据联邦最高法院最近的判决，保险法当中并不存在一般化的利得禁止原则（关联边码 312）。

新价条款也出现在其他一般条款当中，例如在家庭财产保险、车损险中。其条款表述为，"我们会支付超过重置价值的保险赔偿，前提是投保人在赔偿金确定之后的一年之内将赔偿金用于修理车辆或购买另一辆车"，当中的一年期间在赔偿金确定之后开始计算（BGH r＋s 2017，133）。

307 　　保险价值并不一定以交易价值为准。《保险合同法》第 76 条的规定，保险价值可以通过**协议价值**（Taxe）的方式确定。这样做的目的是避免在保险价值的金额方面产生争议，比如艺术品的情形。估定的保险价值可以高于实际的保险价值，但不得"显著地"高于实际的保险价值。

　　　通说认为，如果协议价值超过实际保险价值 10％，则通常构成显著高于（进一步内容参见 Prölss/Martin/Armbrüster VVG §76 Rn. 3 附带更多参考文献）。

《保险合同法》第 136 条对**运输保险**的规定则包含了对《保险合同法》第 88 条的法定偏离：其以货物发出时间点确定保险价值。在这里，法律拟制货物的保险价

---

① 也即，旧物损失之后，投保人却能够得到新物价值的赔偿，从损失中反而能够得到利益。——译者注

值在保险期间内保持不变、不受保险事故发生时点影响。

c）**保险金额**（Versicherungssumme）指的是，保险人赔付的金额上限。在损
失填补保险中，保险金额起到<u>赔偿限额</u>的功能。但这并非绝对规则，也有例外
情况。 308

在**减损费用**情形，即使投保人遵循保险人指示产生的费用与其他赔偿相加
超过保险金额，也无碍于获得补偿（《保险合同法》第 83 条第 3 款；关联边码
254）。对于责任保险，法律同样规定，如果保险人进行抗辩时产生的费用与责
任赔偿相加超过保险金额，保险人也必须予以补偿（《保险合同法》第 101 条
第 2 款）。在责任保险中，法律是否允许保险人通过约定费用计入条款（Ko-
stenanrechnungsklauseln）偏离《保险合同法》第 101 条第 2 款的规定，存在
争议（对此参见 HK-VVG/Schimikowski VVG § 101 Rn. 4 包含不同观点的论
证；另参见 Repgen, Die Wirksamkeit von Kostenanrechnungsklauseln in der
D&O-Versicherung，2017）。[①]

在消极财产保险情形，例如**责任保险**中，人们用<u>保障金额</u>（Deckungssumme）
指代保险金额。就多少保障金额能够满足投保人的保险利益（关于不足额保险，关
联边码 314 及其以下各边码）（也即，能够应对他的责任风险）这一问题而言，科
布伦茨高等地区法院（OLG Koblenz, r＋s 1998，190）认为，这方面的估量原则
上是投保人自己的事务。这一见解基本正确。但需要注意的是，在 2008 年修改之
后，《保险合同法》规定了保险人（第 6 条第 1 款）和中介人（第 61 条）的（投保
人）需求探求义务（关于建议义务关联边码 132）。因此，在评估责任风险的时候，
保险人或中介人将此事推脱为单纯的投保人自己事务也是不可以的。

责任保险中通常还会有一类条款，规定内部存在关联的多个保险事故合并作为
一个保险事故［**系列损害条款**，《责任保险一般条款》（AHB）第 6.3 条］，如此一
来，保险金额用于限制该合并后的保险事故的赔偿（关于此类条款的法律效力关联
边码 408）。 309

双方也可以根据变化的情况<u>调整</u>保险金额。这原则上需要合同双方达成变更合
意，但也可以在合同中事先约定**保险金额与保险费调整条款**，例如，家庭财产保险
中将调整与生活成本变化关联起来的条款；住房保险中将调整与建筑成本和集体工
资的变化关联起来的条款。这些调整往往以联邦统计局公布的指数作为调整依据
（更多细节参见 Prölss/Martin/Armbrüster VVG Vor § 74 Rn. 3ff.）。—— 关于定期
日保险和保险价值追加条款，参见下文边码 315。 310

---

① 合同中约定费用计入条款，使责任保险人进行抗辩时支出的抗辩费用（如诉讼费、律师费）得以计入保险金
额，换言之，抗辩费用与责任赔偿"共用"同一个保险金额。如此一来，自然不再可能发生保险人的抗辩费用与责任
赔偿相加超过保险金额的情况。——译者注

### 3. 保险法上（所谓的）利得禁止原则

**参考文献**：Armbrüster PrivVersR Rn. 1328ff. ；Bartholomäus, Das versicherungsrechtliche Bereicherungsverbot，1997；Bruns PrivVersR § 20 Rn. 4f. ；Gärtner, Das versicherungsrechtliche Bereicherungsverbot，1970；Holzhauser VersVertrR Rn. 249；Looks VersR 1991，731ff. ；Meinert, Das Bereicherungsverbot im deutschen Seeversicherungsrecht，1998；Sieg VersR 1997，649ff. ；Winter FS Wälder，2009，103ff.

311　　损失填补保险的目的在于，对保险利益遭受的损害进行填补。早期理论上由此推导出利得禁止原则。而根据今天的通说，一般性的利得禁止原则是不存在的（参见 MüKoVVG/Möller/Segger VVG § 86 Rn. 27ff. ）。

312　　与之前的法律（旧《保险合同法》第 55 条）不同，《保险合同法》并没有明确规定利得禁止原则。旧《保险合同法》的相关规则也不是强制性规定（Prölss/Martin/Armbrüster VVG Vor § § 74‐99 Rn. 25），法律和合同实践允许投保人在个案中获得高于实际发生的损害的赔偿：

　　—— 通过**协议价值**方式确定保险价值使投保人拥有（些许）获利的可能，当然，协议价值不能显著超过保险利益的实际价值（参见《保险合同法》第 76 条，关联边码 307）。

　　—— 长期以来，**新价保险**一直被认为是习惯法所认可的（BGH VersR 1967，674）。本书赞同的观点是，新价保险的正当性基础不在于（习惯）法律本身，而在于当事人的合同自由约定［Kollhosser VersR 1997，521（522）］。基于合同，投保人可以获得高于当前市场价值的补偿。

　　—— **运输保险**（《保险合同法》第 136 条）的保险价值恒定拟制也会导向事实上的获利（关联边码 307）。

　　—— 有约束力的**专家确定**（Sachverständigenfeststellung）也可以在某种程度上使投保人获利，当然，这同样以该确定与实际情况没有重大偏离为前提（《保险合同法》第 84 条第 1 款第 1 句）。

　　因此，作为法律基本原则的获利禁止规则是不存在的，尤其是，保险人并未被禁止通过合同方式承诺，在保险事故发生时提供高于实际损害的赔偿（例外：《保险合同法》第 200 条）。

　　即便是旧《保险合同法》第 55 条也没有对新价保险的合法性与界限作出规定。[1]

---

　　[1]　旧《保险合同法》第 55 条（利得禁止）规定："即使保险金额高于保险事故发生时的保险价值，保险人也没有义务赔偿投保人超过损失的金额。"——译者注

例如：联邦最高法院认为，即便是毁损建筑的当前市场价格低于新物价格的10%，也不能用旧《保险合同法》第55条否定以新价为标准进行赔付的合同约定。既然保险人承诺了新价保险，他就应该受到相应的约束。保险人不得援引（所谓的）利得禁止原则。旧《保险合同法》第16条及其以下各条（《保险合同法》第19条及其以下各条）已经保护保险人免受不诚信投保人的侵害（BGH r＋s 1998，118ff.）。

### 4. 不足额保险与超额保险

**参考文献：** Armbrüster PrivVersR Rn. 1319ff.；Blank，Die Entschädigungsberechnung in der Sachversicherung，4. Aufl. 1977；Bruns PrivVersR §20 Rn. 14ff.；Holzhauser VersVertrR Rn. 250ff.；Martin SachVersR S Ⅱ；Risthaus，Die Unterversicherung §56 Versicherungsvertragsgesetz，1999；Sieg BB 1970，856ff.；Wandt VersR Rn. 745ff.

在财产保险中，保险价值与保险金额之间的关系决定了保险保障是否足够。如果保险价值低于保险金额，则构成超额保险（Überversicherung）；如果保险价值高于保险金额，则构成不足额保险（Unterversicherung）。 　313

定额保险不涉及不足额或者超额保险的问题，因为定额保险的理赔与保险价值无关。在积极财产保险中，不足额和超额都可能发生。在消极财产保险中，例如在责任保险中，如果保险金额低于投保人应负的责任，他就不能获得充分的赔偿，不得不以自己财产承担一部分责任；如果保险金额高于（投保人）应负的责任，则意味着投保人支付了过多的保险费。[①]

超额保险与不足额保险是财产保险领域中引发保险人和投保人争议的常见原因。特别是在投保人有意或者无意地设定了较高或较低的保险金额，导致保险价值与保险金额之间存在差距的情形。

#### a）不足额保险

aa）保险金额是计算保险费的基础。这是一些投保人[②]设定（过）低的保险金额的原因（保险人的建议义务关联边码132，边码135及其以下各边码，见 Langheid/Rixecker/Langheid VVG §75 Rn. 2 附带更多参考文献）。但是，保险金额达不到保险价值的情况也可能在无意间发生，例如，在为存货量波动很大的仓库投保的时候，不足额保险带来令人不愉快的后果：如果保险金额显著低于保险事故发生　314

---

[①] 在消极财产保险中，比如责任保险情形，理赔也与保险利益无关，而与损害（责任）大小有关。在消极财产保险情形，没有保险价值概念的适用余地。——译者注

[②] 投保人有向保险人压低财产价值的动机，这是因为现实中出现全损的概率远低于部分损失，这种操作既能确保部分损失时获得全额赔付，又能节省保险费。例如，某台机器实际价值100万欧元，但投保人仅申报60万欧元。若发生保险事故导致机器部分损坏（修理费40万欧元），投保人则基于其"足额投保"获得全额赔付。对此，法律的应对是：查明实际保险价值后，保险人仅需按比例赔偿（本例中赔付24万欧元）。——译者注

时的保险价值，则保险人仅有义务按照保险金额与保险价值的比例提供给付（《保险合同法》第 75 条）。这是因为投保人支付的保险费和保险价值相比太低，他能获得的保险赔偿也必须相应降低。人们将之称为《保险合同法》第 75 条中的比例规则。

与旧《保险合同法》第 56 条的规定不同，现在的法律规定，如果保险金额仅仅略低于保险价值，则不会带来任何不利的法律后果。法律确立了<u>显著性要求</u>（参见《保险合同法》第 75 条）。一般而言，如果保险金额比保险价值低 10% 以下，就不存在显著性。当然，这仅仅是一个参考值。在保险金额非常高的情形，低于 10% 的偏差也可能被认为是显著的（PK-VersR/Neuhaus/Kloth §75 Rn. 6）。

在不足额保险中，保险人的给付义务按照以下公式扣减：

$$保险赔付 = \frac{保险金额 \times 实际损害}{保险价值}$$

除保险赔付以外，保险人的从给付也要相应减少，比如减损费用以及损害调查费用（《保险合同法》第 83 条第 2 款、第 85 条第 3 款）。

如果发生了<u>全损</u>，则保险人的给付不需要减少，因为这时候保险人直接支付合同约定的保险金额，当然，此时相较于实际损害仍属不足额。[①]

315　　保险业发展出各种方法来应对不足额保险问题。

**例如：**火灾险中的定期日保险（Stichtagsversicherung）制度。假设保险金额没有一定的弹性，一旦库存增加，就可能产生不足额保险。为了避免这种情况发生，投保人可以在每月的定期日起的 10 天之内报告存货（变化后）的保险价值（关于法律上的可行性见 BGH r+s 1991, 206；Wälder r+s 1998, 31ff.）。——同样，建筑物和生产设备的<u>保险价值追加条款</u>也是为了避免不足额保险（见 Martin SachVersR S Ⅱ 129，S Ⅳ）。

316　　bb）为了确定是否构成不足额保险，需要比较保险价值和保险金额。在财产保险中，单个物保险的情形，确定保险价值通常不会有问题。但**集合物**保险的情形（《保险合同法》第 89 条）则不同。集合物是指，多个因共同目的而联系，形成一个经济单位的物的组合。与民法一样，保险法的集合之内包含哪些单个物取决于交易观念。

**集合物示例：**家庭财产、生产设备、库存、藏书等（参见 HK-VVG/Halbach VVG §89 Rn. 2）。

<u>保险地点</u>往往起着决定性的作用，特别是对家庭财产或仓库的保险而言：如果物被带入保险地点，它就成为集合物的一部分。问题在于，如果物被带出保险地点，会发生什么法律后果。本书的观点是，暂时性移出不影响价值确定，确定价值

---

① 比如 100 万欧元的财产，按 60 万欧元投保，保险金额为 60 万欧元。假如部分损失 50 万欧元，投保人只能获赔 30 万欧元；如果全损 100 万欧元，投保人能获赔 60 万欧元（保险金额）。——译者注

时仍需要考虑该物。

cc）合同约定的**自担额**（Selbstbehalt）在经济上等同于不足额保险。在这种情 317
形，投保人放弃了部分保障。设置自担额，是为了避免投保人在损害微小情形提出
赔偿请求，避免以相对较高的行政开销解决非常小的索赔。自担额有两种约定形式
（详见 Prölss/Martin/Armbrüster §75 Rn. 9ff.）：

— **部分免赔额约款**（Abzugsfranchise）：此类条款设定固定的扣除数额或者扣
除比例，在每次损害中投保人需要自行承担该额度内的损失。自担额将从无自担额
时应付赔偿中扣除。每次保险事故都需要考虑自担额。因此，在多次损害的情况
下，需要多次扣除自担额。而构成一次损害还是多次损害，则取决于交易观念。

— **整体免赔额约款**（Integralfranchise）：此类条款规定，一定限度内的损害不
受保障，高于该限度则可以获得全额保障，换言之，小额损害不予保障。

dd）《保险合同法》第75条属于任意性规定（参见《保险合同法》第87条）； 318
合同双方可以约定放弃《保险合同法》第75条不足额保险规范的适用。以此为内
容的约定有以下变体（详见 Prölss/Martini/Armbrüster §75 Rn. 19ff.）：

— **第一风险保障约款**（Versicherung auf erstes Risiko）：双方约定，如果发生
部分损害，不需要按照保险金额和保险价值的比例减少赔偿给付，相反，投保人能
够获得全额损害赔偿，但以合同约定的保险金额为上限。这种约定排除了《保险合
同法》第75条在整体财产部分出险时的适用。例如，仓库盗窃保险当中这种条款
就很常见，因为通常不会发生仓库库存整体被盗的事故〔参见《盗抢保险一般条
款》（AERB 87）第11条第4项〕。

— **最高额约款**（Maxima）：这种条款同样偏离《保险合同法》第75条，其以
约定的流动保险的保险金额为赔付的最高额。流动保险（见《保险合同法》第53
条及其以下各条的规定）指的是，保险利益根据物的种类来确定的保险。在流动保
险中，这种合同设计有其实际必要性，比如，仓库保管员需要为不断变化的存货投
保火灾险。因此，确定了最高额，也就确定了每次新出现风险的赔偿上限。此外，
比如在环境责任保险中，保险人为了确保风险的可计算性，在合同中确定年度赔付
总和的最高额的做法也很常见。

**b）超额保险**

超额保险——这一概念我们只会在损失填补保险情形碰见——并不罕见，因为 319
随着保险期间的经过，保险标的物的保险价值可能会不断丧失。当然，也有从合同
关系一开始就发生的超额保险，通常发生在投保人有欺诈意图的情形（关联边码
321）。— 在汇总保险（summarischen Versicherung）情形，尤其是集合物保险情形
（《保险合同法》第89条），集合物的整体价值的确定有时比较困难（关联边码316）。

类似定期日保险（关联边码315）的特别约定（也）可以预防超额保险。

320　　　　aa) 如果产生**无欺诈意图的超额保险**，合同任何一方都可以要求减少保险金额，并按照相应比例降低保险费（《保险合同法》第 74 条第 1 款）。减少意思表示到达相对方的时候，减保发生效力。减少意思表示是一项单方形成权性质的意思表示，请求减少属于保险合同中单方形成权的行使（通说，参见 Prölss/Martin/Armbrüster §74 Rn. 10）。

321　　　　bb) 如果投保人**基于欺诈意图超额投保**，则保险合同无效。但保险人有权保有直到他知道导致合同自始无效的相应法律事实之时止的保险费（《保险合同法》第 74 条第 2 款）。投保人无权请求保险人理赔。已经支付保险金的保险人有权根据《民法典》第 812 条第 1 款第 1 句请求返还。

　　　　《保险合同法》第 74 条第 2 款的适用，以投保人<u>有意识地</u>进行超额保险为前提。此处的有意识必须包含从超额保险中获取<u>不法利益</u>的意图。对于<u>这种故意</u>的证明责任由保险人负担（参见 BGH VersR 1963，77）。

322　　　　cc) 超额保险的超额必须是**显著的**（《保险合同法》第 74 条第 1 款）。这里很难划分显著与非显著的界限，但可以以超过保险价值的 10% 以上为参考值。

323　　　　dd)《保险合同法》第 74 条适用于<u>单一</u>保险合同的情形。如果投保人和多个保险人分别订立了多个保险合同，则适用《保险合同法》第 77 条和第 78 条（关联边码 331 及其以下各边码）。此外，在法律拟制保险价值恒定的运输保险情形（《保险合同法》第 136 条；关联边码 307），即使货物价值在合同期间显著降低，也不应认定构成《保险合同法》第 74 条意义上的超额保险。

# 第四节　多数保险人的赔付义务

**参考文献**：Armbrüster PrivVersR Rn. 1250ff.；Bruns PrivVersR §20 Rn. 23ff.；Hofmann PrivVersR §5 Rn. 21ff.；Holzhauser VersVertrR Rn. 293ff.；Hübener, Die Führungsklausel in der Mitversicherung, 1954；Kisch, Mehrfachversicherung, 1935；Lange/Dreher VersR 2008, 289ff.；Kretschmer VersR 2008, 33ff.；Lorenz-Liburnau VersRdsch 1975, 203ff.；Martin VersR 1973, 691ff.；ders. SVR S V I, II；Prölss/Martin/Armbrüster VVG Vor §77 Rn. 8ff.；Scholaske VersR 2008, 734ff.；ders., Folgerungen aus der Dornbracht-Entscheidung für die Praxis der offenen Mitversicherung, 2013；Vogel ZVersWiss 1973, 563ff.；Voigt VW 1972, 1514ff., 1583ff.

## 1. 共同保险

324　　　　a) 有些风险重大，以至于需要多个保险人共同承保。在工业保险、火灾与营业中断保险以及责任保险中，经常出现多数保险人共同协议承担风险的情形。这就是所谓的开放式共同保险（offene Mitversicherung），它属于有意识的并存保险（bewusste Nebenversicherung）（关联边码 331）。

开放式共同保险需要与保险池区分开来。人们往往将保险池（Versicherungspool）称为"不公开的"（内部）共同保险，这容易引起误解，因为实际上，保险池属于再保险：在外部关系，投保人只和一个保险人签订了合同，但因为风险太大，该保险人又与其他保险人订立合同，将自己承担的风险分摊出去。 325

**例如：** 就某药品责任而言，其投保规划义务高达 1.2 亿欧元。单个保险人不可能承担如此高的单一风险，但他可以通过保险池的方式达到目的。建立保险池意味着，对外，该保险人向投保人提供保险金额为 1.2 亿欧元的保险保障；对内，他联合其他保险人形成保险池：其中，600 万欧元的基本保障由他独自承担，剩余的 1.14 亿欧元保险保障由制药保险共同体承担。这样就把风险分散了，在外部关系中，投保人只需要和一个保险人打交道，而在内部则由多人分担风险。

b）而在开放式共同保险中，每一个共同保险人直接承担一定份额的损害风险，并获得相应份额的保险费作为回报。在大多数情况下，份额最大的保险人被约定为领保人（Führende）（关联边码 327）。在财产保险中，如果各个保险人承担的份额加在一起达不到保险价值，则构成不足额保险；如果超过保险价值，则构成超额保险。 326

共同保险通常记录在同一份保险单上。共同保险的事实必须清楚可辨认，否则单独签字的那个保险人会被视为唯一的保险人。如果附注了"获得其他参保经营者授权"，那就足够清楚，因为这说明了，保险人并非单一保险人，而是作为全部参保经营者的代理人签署了保险单（OLG Hamburg VersR 1984，980）。

在分担计划中，各方会确定参与的经营者、其风险分担、保险金额和保险费份额。

c）为了简化业务，通常会约定**领保条款**（Führungsklausel），主要作用是方便投保人履行不真正义务（对此又参见 HKVVG/Brambach VVG §77 Rn. 24ff.）。 327

**例如：** 其他所有参保保险人可以授权领保保险人，受领投保人对所有参保保险人的告知与意思表示（告知条款）。如果投保人没有告知保险事故，但领保保险人知道损害事件发生的，则这一知情同样归属于其他保险人；在这个意义上，领保保险人是其他保险人的知情代理人（关联边码 283）。告知条款只授权保险人受领意思表示，并不授权他作出积极行动（拒绝赔付、解除合同等）。

对于开放式共同保险的实践而言，非常重要的一点是，领保的保险人可以被视为对风险承担具有重要意义的情况的知情代理人［根据 OLG Hamm r＋s 2011，198（202）—— Dornbracht 案］。因此，如果领保保险人知道风险重要事实，而承保共同体中的某个保险人不知道的时候（例如，该情况没有告知或者错误地告知他），领保人的知情根据《民法典》第 166 条归属于共同体成员。其结果是，这种情况下不知情的保险人不能援引违反先合同告知义务的规则（《保险合同法》第 19 条）。

得到其他保险人的特别授权委托的领保人有权代收保险费，他可以根据《保险合同法》第 38 条第 1 款催告投保人付款。

328　　合同中还可以约定诉讼实施条款（Prozessführungsklausel）。根据这一条款，在发生争议的时候，投保人只能向领保人主张其权利，而不能向其他保险人主张权利；与此同时，其他的参与保险人也承诺，领保人作出的具有法律约束力的决定对他们也具有约束力。

诉讼实施条款可以达到合理化和节约成本的效果。投保人有义务不对其他共同保险人提起诉讼。如果违反这一义务，则投保人需要承担因此产生的额外费用损失。—— 投保人将诉讼实施权交给保险经纪人或者代理机构的情况并不少见。这种情况属于任意诉讼担当：实体权与诉讼实施权分属不同主体，受委托的经纪人或者保险代理人以自己名义行使第三人权利（参见 OLG Hamm VersR 1984，149）。

329　　领保人的权利和义务源于法律中关于委托的规定：根据《民法典》第 666 条，领保人有义务通知其他共同保险人诸如风险升高之类的信息，如果还约定了保险费托收，则领保人有义务根据《民法典》第 667 条转交保险费。根据《民法典》第 670 条，领保人有权请求其他共同保险人偿还费用。

如果约定为有偿服务，则领保人可以从其工作中获得佣金，此时适用《民法典》第 675 条。

330　　如果没有约定领保条款，则投保人必须向每一个共同保险人分别履行保险费支付义务以及其他不真正义务；如果发生争议，则对全体保险人提起诉讼。—— 在没有领保条款情形，参保的各个共同保险人之间没有法律关系，特别是，没有相互提供诸如关于风险升高、投保人对个别共同保险人的欺诈等信息的义务（有争议）。

开放式共同保险也可以从卡特尔法（也即竞争法）角度探讨（参见 Dreher VersR 2008，15ff.；Scholaske VersR 2007，606ff.）。

### 2. 并存保险

331　　a）如果投保人与多个保险人分别成立保险关系，则构成并存保险（Nebenversicherung）（《保险合同法》第 77 条；边码 331）或者双重保险（Doppelversicherung）（《保险合同法》第 78 条）。《保险合同法》不（再）使用上述概念，而是表达为"多数保险人"（mehreren Versicherern）（《保险合同法》第 77 条）和"重复保险"（Mehrfachversicherung）（《保险合同法》第 78 条）。如果投保人向多个保险人分别投保了针对同一风险的特定利益保险，那么用"并存保险"一词就是直观且形象的，因此本书下文沿用这一术语，指代《保险合同法》第 77 条项下的规则。而《保险合同法》第 78 条和第 79 条规定的"双重保险"（"重复保险"）则特指，并存保险中数个保险的赔偿金额加起来超过损害金额的情形（关联边码 335 及其以下各边码）。

有些人为了将并存保险和多数保险人有意识地共同承担的共同保险（Mitversi-cherung）区分开来，将并存保险称为"重复保险"，但如前所述，这一表述已经被《保险合同法》第 78 条采用，用作标题，专门指代数个保险的赔偿金额加起来超过总损失的情形。

b）《保险合同法》第 77 条第 1 款明确要求，数个保险必须是为同一利益而成立。有些时候，确定是否构成同一保险利益是比较困难的。

**例如**：在所有权保留买卖的卖方与买方各自为交易物品投保财产保险的情形，不存在并存保险，因为保障的是不同的保险利益：所有权保留的卖家的利益在于未付货款债权的保障，而所有权保留的买家的利益则在于获得完整的物品价值。

被保风险必须至少部分相同（参见 OLG Stuttgart VersR 2009，206）。

**例如**：机动车强制责任保险与驾校教练责任保险的被保风险就可能部分相同（BGH VersR 1969，125ff.）。

相反，投保人并不要求同一。因此，并存保险也可以发生在自我保险和为他人保险并存的情形（关联边码 335）。

c）投保人（仅）有义务不迟延地告知（《保险合同法》第 77 条第 1 款）保险人存在并存保险的信息。这究竟是一项真正的法律义务，还是一项在保险事故发生前应履行的不真正义务（类似于《保险合同法》第 30 条的不完全法条）存在争议（主张构成真正法律义务的观点参见 Prölss/Martin/Armbrüster VVG §77 Rn. 17 附带更多参考文献）。这一争议对于实践的影响很有限，因为无论性质是什么，要想使保险人在投保人义务违反时能够援引合同约定主张完全或者部分免于给付，都以合同对该法律后果有约定为前提。换言之，如果合同中的条款约定，保险人可以援引它主张免于给付和终止合同［比如《火灾保险一般条款》（AFB 2010）B 部分第 11 条第 2 项］，则构成保险事故发生前应履行的不真正义务，适用《保险合同法》第 28 条。唯一的区别是，如果构成真正的法律义务，即使一般保险条款中未就法律后果作出相应规定，也会产生法律后果，也即，投保人在不履行义务时需要承担损害赔偿责任（参见 HK-VVG/Brambach VVG §77 Rn. 15）。

如果相关的一般保险条款中包含了免于给付的条款，则在投保人未告知保险人的情况下，可以适用《保险合同法》第 28 条。但保险人此时（完全或者部分）拒付，以存在《保险合同法》第 28 条第 3 款第 1 句意义上的因果关系为前提。但只有少数未告知并存保险情形，能够满足因果关系要件要求。然而在极少数情况下，还可能构成恶意欺诈。

法律没有规定告知的形式，合同中可以对此进行约定。就内容而言，投保人应当告知其他保险人，新保险的种类和保险金额，以便其他保险人确定是否构成同一利益的同一风险。一旦合同订立导致并存保险的产生［形式上的合同开始（关联边码 87）］，即产生通知义务。通知应当不迟延地（关联边码 152）作出。

332

333

334

### 3. 双重保险（重复保险）

335　　　　a）与并存保险一样，这也是同一利益的同一风险被多个保险人承保（利益同一且风险同一）的情形。

　　　　**例如**：投保人在保险人 X 处投保了个人责任保险。他的妻子现在投保了经营责任保险中，其中包括免费的个人责任保险，他作为附随被保险人享有保障：这种情形构成双重保险。

　　　　在双重保险的情况下，<u>同一个投保人</u>不一定要投保几份保险；相反，双重保险也可以成立于自我保险与为他人保险并存的情形。

　　　　**例如**：机动车在修理工厂内受到损害，在这一机动车之上，通常既有车主购买的车损险，也有修理厂为受照管车辆购买的车损险。这里存在着同一利益[①]；这种情形构成双重保险。如果修理厂的车损保险人对车损进行定损理赔，则获得对车主的车损保险人的补偿请求权（BGH VersR 1974，535f.）。

　　　　构成《保险合同法》第 78 条、第 79 条的双重保险还需要满足以下要件：

　　　　— 保险金额加起来超过保险价值，或者

　　　　— 每一个保险人在没有其他保险人时所应当支付的赔偿的总和，超过了总损害。

　　　　前一种适用于积极财产保险情形，后一种适用于消极财产保险情形，之所以分开表述，是因为在消极财产保险情形，没有保险价值这一概念的适用余地（关联边码 305）。

　　　　与超额保险（《保险合同法》第 74 条第 1 款）不同，双重保险不要求<u>显著性</u>。即便是微小获利，法律也力求消除。

336　　　　b）双重保险的法律后果因投保人是基于<u>欺诈意图</u>的双重保险，还是没有这种意图的双重保险（简单双重保险）而有所不同。

　　　　aa）在<u>简单双重保险</u>的情况下，保险人作为<u>连带债务人</u>承担责任。每个保险人都对其合同约定的金额负责。上限：投保人的获赔总额不得超出损害数额（《保险合同法》第 78 条第 1 款）。超出数额的部分，投保人无权请求。

　　　　在多个保险人的<u>内部关系</u>中，根据《保险合同法》第 78 条第 2 款，各个保险人按照各自的合同应向投保人支付的金额在内部按比例分担。在此，承担责任较小的保险人获益。— 如果某个保险人在保险事故发生时已经有权免于给付，则无须承担对其他保险人的补偿义务（BGH VersR 1986，389）。

　　　　投保人可以通过<u>协议结束</u>（Aufhebung）[②]后面订立的合同或者通过<u>减少保险费</u>

---

[①]　修理厂为受照管车辆购买的车损险同样是以车主为被保险人，保障的同样是车主对汽车的所有权。　　——译者注

[②]　也有人翻译为废止。其与撤销、解除和终止的区别在于，需要双方协商一致，合意结束合同关系。对应着我国的协议解除（合意解除）制度。由于我国之解除为广义，对应德国之解除和终止概念，本书作为德国教科书亦严格区分解除与终止两个概念，为了避免混乱，本书弃用合意解除，选用协议结束替代。——译者注

《保险合同法》第 79 条第 1 款；合同调整）的方式消除双重保险。

bb）存在欺诈意图的双重保险合同<u>自始无效</u>（见《保险合同法》第 78 条第 4 款）。保险人已经实际履行的（部分）保险给付可以根据《民法典》第 812 条第 1 款的规定主张返还。是否存在欺诈意图必须逐案审查：这取决于投保人是否在明知双重保险的情况下出于获利的意图<u>签订</u>了这个合同。 337

例如，如果投保人只是在签订下一份合同时才有了欺诈的意图，那么前一份合同仍然有效。

c）保险合同中经常会出现偏离《保险合同法》第 78 条第 1 款、第 2 款规定的**备位条款**。其中，**简单备位条款**（einfache Subsidiaritätsklausel）规定，只要相同的利益能够从另一份保险合同中得到赔偿，投保人就不得向本合同的保险人请求赔偿给付。**加重备位条款**（qualifizierte Subsidiaritätsklausel）规定，只要针对损害还有另一份保险合同，不论该合同的保障是否能够现实实现，就排除保险人的给付义务（详见 HK- VVG/Brambach VVG § 77 Rn. 30ff.）。[1] 偏离约定通常是允许的，因为《保险合同法》第 78 条第 1 款、第 2 款并不是强制性条款［但有旧《一般交易条款法》（AGBG）第 9 条（对应《民法典》第 307 条）内容控制规则适用的余地，参见 Winter VersR 1991，527ff.］。但如果备位条款相互之间发生冲突，情况就会变得困难起来。这时候必须通过解释来确定哪个保险人的条款优先适用。在大多数情况下，加重备位条款优先于简单备位条款适用。如果是两个简单备位条款，根据司法通说和学术通说，两者相互作用，因此适用《保险合同法》第 78 条（BGH r＋s 2010，150 附带更多参考文献；BGH VersR 2014，450）。如果是两个加重备位条款，根据通说，则两个保险人都不需要赔付。主要的理由在于合同自由原则（整体论述参见 Prölss/Martin/Armbrüster VVG § 78 Rn. 35；Looschelders/Pohlmann/von Koppenfels-Spies VVG § 78 Rn. 19 附带更多参考文献）。当然，这对投保人而言，可能构成《民法典》第 305c 条第 1 款意义上的令人惊讶条款[2]（FAKomm-VersR/K. Schneider VVG § 78 Rn. 39）。 338

# 第五节 损害调查费用

**参考文献**：Holzhauser VersVertrR Rn. 264ff.；Klimke，Erstattungsfähigkeit

---

[1] 有时，加重备位条款可能导致投保人无法获得任何赔偿。例如，假设投保人同时拥有 A 和 B 两份构成双重保险的保险合同。A 保险合同中包含加重备位条款。现在，投保人违反了 B 保险约定的不真正义务，导致 B 保险公司不需要进行赔偿，同时 A 保险公司也可以援引加重备位条款，从而免去赔偿责任。——译者注

[2] 令人惊讶条款的讨论详见下文边码 386 及以下内容。——译者注

von Anwaltskosten im Zuge außergerichtlicher Schadenregulierung，1977；Kuhn VersR 1983，317ff. ；Martin SachVersR W I, IX.

339　　　　对于损失填补保险，法律规定，除了需要填平物自身的损失之外，还需要赔偿财产上的间接损失（Vermögensfolgeschäden）。后者包括减损费用（关联边码 250 及其以下各边码）和损害调查费用（Schadenermittlungskosten）。

　　　　有些一般保险条款还会将其他费用纳入赔偿范围，例如火灾保险将清洁费用和拆除费用纳入赔偿范围（《火灾保险一般条款》（AFB 2010）A 部分第 5 条第 1a 项）。

　　《保险合同法》第 85 条规定，保险人应当偿还投保人在调查损害过程中支出的费用。在意外保险中，准用《保险合同法》第 85 条第 1 条和第 3 条的规定（《保险合同法》第 189 条）。虽然法律规定中区分了损害确定（Schadenfeststellung）和损害调查（Schadenermittlung），但通常使用"损害调查费用"统称两者。

### 1. 规范目的

340　　　　通过对损害调查费用的规定，法律的目的一方面在于补偿投保人因损害事故遭受的全部经济损失，另一方面也在于限制附随成本，即限制必要费用的范围，特别是将专家费用排除在外（参见《保险合同法》第 85 条第 1 款第 1 句、第 2 款）。这一部分的赔偿义务的支付不受保险金额的限制，即使保险金额耗尽，损害调查的费用也由保险人承担（《保险合同法》第 85 条第 1 款第 2 句）。

### 2. 损害调查和确定

341　　　　法律对损害调查和损害确定作了区分。

　　a）损害调查（Schadenermittlung）是指，对技术性事实的调查（参见 FA-Komm-VersR/K. Schneider VVG §85 Rn. 8），例如建筑物或机器的损害原因、供水管道保险中的管道锈蚀损害、库存产品因烟熏而不可用的调查。

　　这还包括对损害进行评估，以便进行专业、适当和具有成本效益的修复。这里可能存在两方面重叠：一方面，由此产生的费用可能正是主要损失；另一方面，如果支出费用是为了确定可修复性或尝试修复以澄清是否（确实）存在全损，则可能与《保险合同法》第 83 条重叠。

342　　　　b）损害确定（Schadenfeststellung）是指，投保人为了确定损害原因和损害金额而采取的会计或商业措施，以及与保险人进行的交涉。这包括为证明损害原因和损失金额而进行的所有"行政工作"（参见 HK-VVG/Rüffer VVG §85 Rn. 3 附带更多参考文献）。

　　这可以是投保人为确定损害而与保险人进行的全部通信，也可以是投保人企业的自行维修的费用报表制作，还可以是财物丢失时对损害（按照货物的类型和数量）的列表说明。

**具体问题：**

343

—— 公司职员在公司"指导下"进行的损害调查，产生的费用可以计入总体费用。

—— 如果是投保人以<u>个人</u>行为进行自己的工作，只有在例外的情形才能获得补偿，也即，需要是投保人在<u>商业</u>或者<u>专业领域</u>的活动，尤其是在投保人自己的业务范围内进行的工作。这些活动必须是那些对于普通投保人而言过于困难或者过于危险。这意味着：如果投保人因为特殊的专业知识或技能而有能力进行损害调查，则其损失调查费用可以报销（参见 MüKo/Halbach VVG § 85 Rn. 8）。例如：作为投保人的建筑师记录了自己住宅楼的损坏情况。

—— 相反，投保人在个人生活中进行的、没有任何特殊专业或商业资格的个人行为，应划定在《保险合同法》第 85 条的补偿给付范围之外。这也适用于<u>投保人购买第三方服务</u>的情形，即投保人为了方便没有亲自行动的情形。但如果是投保人<u>不得不</u>购买第三方服务的情形，保险人是否有义务偿还这一费用，则有争议。例如：投保人因病无法进行通常由他个人承担的损害调查。在一些一般保险条款中，这种情况的费用补偿请求权会被明确排除。这种排除在法律上不应被指摘（进一步内容见 Prölss/Martin/Voit/Knappmann，27. Aufl.，VVG § 66 Rn. 8）。

—— 保险人（也）不偿还投保人<u>自己做的</u>机动车鉴定的费用。投保人不能作为自己财产的鉴定人，因为它缺乏必要的<u>客观性</u>。鉴定人的工作需要得到所有相关人员的信任，即信任其能够进行客观的评估。将这种情况与律师在诉讼中对自己事务的代理相比是不合理的，因为律师的活动通常就是<u>主观地</u>维护己方的利益（AG Bonn r＋s 1991，22）。

提供证据的费用原则上属于损害调查费用。

344

**例如：** 保险人拒绝赔偿风暴造成的损失。于是投保人支出一定费用从气象局那里获取了一份当天狂风的证明，这一费用应该根据《保险合同法》第 85 条进行补偿。

即便投保人的行为同时构成不真正义务的履行行为，它也仍然构成保险人应承担费用的损害调查行为。这样做是有道理的，尤其是因为这一不真正义务的履行也符合保险人的利益，诸如保护保险人免受不合理的索赔请求。

**例如：** 根据一般保险条款的规定，投保人可能有提交土地登记册摘录、受损害影响的财产清单等的不真正义务。这一规定不排斥投保人根据《保险合同法》第 85 条的费用偿还请求权（Martin SachVersR W IX 11）。

c）损害调查费用必须是<u>根据情况是必要的</u>，即具有<u>客观必要性</u>。在这一点上，

345

《保险合同法》第 85 条和《保险合同法》第 83 条的减损费用补偿有很大的不同。在减损费用情形，仅投保人认为有必要支出损害避免或减少费用即可。而在损害调查费用情形，如果费用支出没有客观必要性，投保人（仅）因一般过失或者无过失误以为费用支出是必要的，则不满足费用偿还要件。

346　　　《保险合同法》第 85 条的请求权以**应赔偿损害**确实存在为前提。如果只是<u>怀疑</u><u>有</u>损害，但后来证明是<u>没有根据</u>的，则损害调查费用请求权不能成立。

　　　　如果保险人因风险排除条款或者投保人违反不真正义务而**免于给付**，则不适用《保险合同法》第 85 条；如果保险人有权**减少给付**，则其同样有权相应减少费用赔偿（《保险合同法》第 85 条第 3 款）。

　　　　如果投保人<u>不能证明</u>保险人应当承担保险给付，则投保人也无法请求保险人承担《保险合同法》第 85 条的费用偿还（OLG Köln r＋s 1993，71）。

　　　　尽管《保险合同法》第 85 条是一项任意性规定（参见《保险合同法》第 87 条），但一般格式条款中**完全排除费用的承担**与法律确立的指导规则相矛盾，因而有可能根据《民法典》第 307 条第 2 款第 1 项不生效力（参见 MüKo/Halbach VVG §85 Rn. 18；关于特别的费用规定，关联边码 350）。

### 3. 专家费用除外

347　　　根据《保险合同法》第 85 条第 2 款的规定，聘请专家或者法律顾问的费用原则上保险人不予偿还。这一规则的目的是使费用相对于保险人透明可控。此外，保险人通常配备有受过专业培训的人员，他们可以确保损害的充分评估，因此投保人（通常）不需要另行聘请专家（BGH VersR 1982，482）。

　　　　有鉴于此，如果保险人的调查不正确或者不完整，则不再满足《保险合同法》第 85 条第 2 款的构成要件。投保人可以自行委托专家，并有权请求保险人偿还费用（参见 Langheid/Rixecker/Langheid VVG §85 Rn. 11 附带更多参考文献）。

348　　　a）根据绝对通说，法律专家和技术专家尤其应当归入排除范围（Prölss/Martin/Voit VVG §85 Rn. 10 附带更多参考文献）。具体来说，这意味着投保人不能委托律师处理理赔事务，然后根据《保险合同法》第 85 条要求保险人偿还费用。

　　　　只有在保险人给付<u>迟延</u>或者过错<u>违约</u>，由此使投保人求助于律师的时候，**律师费用**才可以报销（LG Bochum VersR 2004，1552；AG Köln VersR 1977，29f.；LG Hamburg VersR 1977，365）。但是，如果投保人在保险人违约之前已经委托了律师，则与保险人的给付迟延或者违约没有相当因果关系。此外，如果投保人委托律师的目的是使保险人陷入迟延，则律师费用也不能报销（参见 HK-VVG/Rüffer VVG §85 Rn. 11；FAKomm-VersR/K. Schneider VVG §85 Rn. 14 Fn. 30）。

b）按照（对旧《保险合同法》第 66 条第 2 款的）少数意见，技术专家不应被 349
排除在外（Martin SachVersR W IX Rn. 17）。其理由在于，如果没有技术专家的参
与，通常甚至无法确定损坏，特别是在建筑物或机器损坏的情形。在实践中，建筑
物和机械保险中使用的技术专家事实上确实是旧《保险合同法》第 66 条第 1 款
（《保险合同法》第 85 条第 1 款）最重要的应用领域。

支持这一解释的人指出，《保险合同法》在旧第 66 条第 2 款的出发点是，
投保人首先应当赋予保险人作为合同相对方的信赖，因此法律不允许投保人不
假思索地使用顾问。但如果进行合理评估在客观上确实需要技术专业知识，旧
《保险合同法》第 66 条第 2 款的排除就不适用。例如，在建筑物、机器、邮
票、艺术品、古董、壁毯的评估情形（进一步参见 Martin SachVersR W IX
Rn. 15ff.）。

但是，旧《保险合同法》第 66 条第 2 款或者现今的《保险合同法》第 85 条第
2 款的文义并不支持这样的解释。上述观点"技术专家不是旧《保险合同法》第 66
条第 2 款文义的专家"的理解几乎是武断的。因为法律规范的措辞表明，专家费用
不属于保险人根据《保险合同法》第 85 条应负担的费用（HK-VVG/Rüffer §86
Rn. 8 附更多参考文献）。本书认为，专家鉴定费用在合适的情形可以归为修理费用
（Römer/Langheid/Langheid §85 Rn. 7）。

先前的文献观点，即，技术专家不属于《保险合同法》第 66 条第 2 款专
家的观点，过于迂回曲折。例如，在车损和船损险中，首先认定对技术专家适
用该排除规定，投保人必须先等待车损或船损保险人的专家进行损害鉴定，尽
管这个专家主要是为保险人服务的。然后，在不完整或者不正确的鉴定结果破
坏了投保人对保险人的信赖的时候，再不适用这一规则〔Stiefel/Hofmann
（17. Aufl.）§15 Anm. 7；Prölss/Martin/Voit，26. Aufl.，VVG §66 Rn. 18；
AG Köln r＋s 1998，408〕。而本书主张的解决方案避免了这种迂回曲折（又
参见 PK-VersR/Kloth/Neuhaus VVG §85 Rn. 10，11）。

c）如果保险合同中约定了聘请专家的义务，则不适用《保险合同法》第 85 条 350
第 2 款的排除条款。《保险合同法》第 84 条中规定的正式专家程序就属于这种情
形。如果专家程序是合同约定的，则存在《保险合同法》第 85 条第 2 款意义上的义
务。有时合同会为专家程序制定单独的费用承担规则，此时需要遵守《保险合同法》
第 85 条第 2 款的规定（FAKomm-VersR/K. Schneider VVG §85 Rn. 15）。保险公
司也可以单方面要求投保人聘请专家。在这种情况下，《保险合同法》第 85 条第 2
款规定，保险公司有义务承担费用。偏离这一规定的费用承担规则根据《民法典》
第 307 条第 2 款第 1 项不生效力（参见 HK-VVG/Rüffer VVG §85 Rn. 10 附带更
多参考文献）。

## 第六节　赔偿请求权向保险人转移

**参考文献**：Armbrüster PrivVersR Rn. 1345ff. ；Bayer VersR 1989，1123ff. ；Bost VersR 2007，1199ff. ；Bruns PrivVersR §20 Rn. 60ff. ；Deutsch/Iversen VersVertrR Rn. 284ff. ；Ebel VersR 1978，1083ff. ；Fuchs JZ 2012，134ff. ；Günther，Der Regress des Sachversicherers，6. Aufl. 2015；Hofmann PrivVersR Rn. 1ff. ；Holzhauser VersVertrR Rn. 268ff. ；Honsell VersR 1985，301ff. ；Kamps JURA 1981，410ff. ；Klimke VersR 1999，19ff. ；K. Müller VersR 1989，317ff. ；Neeße VersR 1976，704ff. ；Reinicke NJW 1954，1103ff. ；Rischar VersR 1998，27ff. ；Schwintowski WuM 2007，305ff. ；Sieg ZVersWiss 1974，334ff. ；Staudinger/Kassing VersR 2007，10ff. ；Wandt VersR Rn. 952ff.

351 根据《保险合同法》第 86 条第 1 款第 1 句的规定，只要保险人赔偿了投保人的损失，投保人对加害人的损害赔偿请求权就转移给保险人。这使保险人能够向加害人追回他赔偿给投保人的保险金（也即<u>追偿</u>）。

《保险合同法》第 86 条适用于损失填补保险。因此，私人医疗保险当中属于损失填补保险（例如医疗费用）的那一部分也适用这一规则（关联边码 290 和边码 353）。此外，《社会法典 X》第 116 条对法定医疗保险有特别规定。由于本书主题是私人保险法，在此只考虑《保险合同法》第 86 条的规定。

### 1. 法定规则的目的

352 a）在损害事故发生时，投保人有权向（损失填补保险的）保险人请求理赔，也有权向造成损害的人请求赔偿。

**例如**：投保人将一套自有公寓租给了 M。M 疏忽大意引发火灾，导致墙壁、窗户和地板严重受损。在这种情形，投保人既可以根据保险合同请求保险人理赔，也可以根据租赁合同请求 M 承担违约损害赔偿责任（《民法典》第 280 条），还可以根据《民法典》第 823 条第 1 款请求 M 承担侵权损害赔偿责任（关联边码 358）。

但是，投保人不能同时获得保险人的给付和加害人的赔偿——这将导致投保人<u>不当得利</u>——因此《保险合同法》第 86 条第 1 款第 1 句规定，如果投保人获得保险人的给付，则他对损害人的请求权转移给保险人。这是法定的债权转移规则（《民法典》第 412 条）。债权转移在保险人向投保人履行给付时发生（Looschelders/Pohlmann/von Koppenfels-Spies VVG §86 Rn. 31），在此之前，投保人仍然是其损害赔偿请求权的权利人。投保人不得放弃对损害人的请求权，如果投保人放弃权利，则其违反《保险合同法》第 86 条第 2 款第 1 项的不真正义务，此时保险人可以全部或者部分免于给付（《保险合同法》第 86 条第 2 款第 2 句、第 3 句）。

这一法定的债权转移规则可以避免投保人获得多重赔偿，从损害事件中获得利 353
益。这一原则只适用于损失填补保险（财产保险和责任保险）情形，不适用于定额保险情形。例如，受害人可以在伤残时，一边请求意外保险合同中约定的残疾赔偿金，另一边还可以要求事故责任方全额赔偿人身损失。这里必须仔细区分：《保险合同法》第 86 条也适用于那些被设计为损失填补保险的人身保险情形。例如，医疗费用保险或者事故救援费用保险就属于这类情形。在文献中，有人呼吁将该条款也适用于收入损失每日津贴和住院每日津贴保险，因为这类情形中约定金额的支付同样取决于某种损害的发生（如收入损失）（见 Wilmes/MüllerFrank VersR 1990，354）。法院在旧《保险合同法》第 67 条的相关判决中拒绝了在这种情形的类推适用（参见 BGH VersR 1984，690；OLG Köln r＋s 1993，242）。改革的立法者只为损失填补保险规定了请求权转移，对此不能认为构成计划外的法律漏洞，因此排除了类推适用的可能性。因此，当今的《保险合同法》第 86 条不能适用于定额保险的其他领域，因为损失填补原则不适用于这些领域。收入损失每日津贴和住院每日津贴保险不能直接适用《保险合同法》第 86 条的规定（完整内容见 Looschelders/Pohlmann/von Koppenfeld-Spies VVG §86 Rn. 3 附带更多参考文献）。

《保险合同法》第 86 条规定的债权转移受其规范目的限制：首要是防止受害的投保人不当得利。因此，这一规定仅适用于财产保险和责任保险，以及旨在对损失进行填补的那部分人身保险（比如意外保险中医疗费用、医疗保险中的医疗费用，参见《保险合同法》第 194 条第 3 款）。此外，这一规则仅适用于私人保险。非私人保险，例如，法定（医疗）保险和公务员津贴赔偿的情形，债权转移根据《社会法典 X》（SGB X）第 116 条以及《公务员基准法》（BRRG）第 46 条第 4 项、第 52 条进行。不同于私人保险法，依据《社会法典 X》（SGB X）第 116 条的债权转移也适用于法定医疗保险人支付的疾病津贴。

b）《保险合同法》第 86 条的目的还在于，防止加害人从（财产）保险人（例如 354
车损险的保险人）对投保人（即受害人）的给付中获益。保险人（例如车损险的保险人）对受害人的赔付不应该免除加害人的责任（Armbrüster PrivVersR Rn. 1347）。

c）《保险合同法》第 86 条规定的法定债权转移适用民法上的债权转移规则 355
（参见《民法典》第 412 条）：特别是，投保人应当按照保险人的要求，出具有关债权人变更的公证证书（《民法典》第 403 条）。如果债务人因为不知道债权转移而向原始债权人（通常是受害人）赔偿，其赔偿发生清偿效力（《民法典》第 407 条第 1 款；进一步完整内容参见 Looschelders/Pohlmann/von Koppenfels-Spies VVG §86 Rn. 32f.）。

## 2. 转移的客体

356 　　a)《保险合同法》第86条第1款第1句的表述是，损害赔偿的请求权转移至保险人。这里所指主要是基于合同和侵权的损害赔偿请求权（例如基于《民法典》第280条；第823条及其以下各条）以及基于危险责任的请求权〔例如《责任法》（HPflG）第1条，《水资源法》（WHG）第89条〕。此外，将《民法典》第906条第2款第2句的请求权（类推）作为《保险合同法》第86条第1款的转移对象也是正确的。虽然前者都是赔偿请求权（Ausgleichsansprüche），后者是牺牲补偿请求权（Aufopferungsanspruch），但是判例已经将《民法典》第906条第2款第2句的民事牺牲补偿请求权（类推）建构成准损害赔偿请求权（参见 OLG Stuttgart r＋s 2004，110f.）。——连带债务人内部的补偿请求权也可以根据《保险合同法》第86条转移给保险人。

　　**例如**：A和B共同对X的损害负责。如果A的责任保险人完成了理赔，则A对共同损害人B基于《民法典》第840条和第426条的请求权按照《保险合同法》第86条的规定转移给保险人。OLG Frankfurt r＋s 1996，18提供了一个（相当复杂的）示例。

357 　　b) 只有那些与保险人的赔付具有同样目的的损害赔偿请求权才能转移给保险人，保险人提供的赔付与加害人所欠的给付必须属于同一类损害。保险请求权和赔偿请求权在范围上需要相等。这就是所谓的**一致原则**（Kongruenzprinzip）。

　　**例如**：车损全险赔付汽车的价额损失和修理费用〔《机动车险一般条款》（AKB）第A 2.6.1条，第A 2.7.1条〕，即车辆的实质损害，但不包括间接损失，比如使用损失和修理期间租用替代车辆的费用。因此，投保人对加害人的使用损失和租用替代车辆费用的请求权不会转移给保险人（BGH VersR 1963，340）。一致原则源于《保险合同法》第86条第1款第1句的措辞，即"在……的范围内"（soweit）。

358 　　c) 此外，只有对第三人的损害赔偿请求权才可以转移（《保险合同法》第86条第1款第1句）。这里的第三人指的是保险合同之外的人。因此，如果加害人同时是保险合同的附随被保险人，则请求权不发生转移。

　　**对承租人的追偿权**：财产保险中最常讨论的问题是，建筑物保险的保险人能否对造成出租公寓或房屋损坏的承租人进行追偿。本书认为，就出租人的损失而言，保险人必须赔偿，因为承租人不是投保人（即出租人）的保险代表人（关联边码277），投保人不必为承租人过错负责。就承租人而言，如果他只是一般过失造成损害，按照联邦最高法院的观点，应当认定建筑物保险的保险人默示放弃了对承租人的追偿权。

　　具体而言：长期以来，是否应当将实际支付了建筑物保险的保险费的承租人视为附随被保险人——因而不属于"第三人"——一直存在争议。联邦最高法院正确地否定了这一点，因为财产保险保障的是所有权人的财产维持方面的利益，而不是保障承租人免于承担法律责任风险的利益（BGH r＋s 1991，96；1994，3）。但是，司法判例认为，如果租赁合同约定"承租人承担住房保险的费用"，则应视为存在默示约定，将承租人的责任限制在故意或重大过失造成的（火灾）损害（BGH r＋s 1996，98；责任法上的解决方案）的情形。按照这一思路，如果付了保险费的承租人只有一般过失，建筑物险的保险人就不得追偿（参见 Schwartzer r＋s 1996，86）。对于承租人过错的证明责任，包括涉及违反监护照管义务的情形，比如承租人的孩子在玩火柴时造成火灾损害，（例外地）由保险人承担。这是因为，如果承租人自己购买（火灾）保险，则保险人应当证明承租人（投保人）有故意或者重大过失（旧《保险合同法》第61条）。没有什么理由让保险人在面对不是投保人但实际支付保险费的承租人时处于更好的地位。因此，对租赁合同进行的合同漏洞填补可以按照所有权人和保险人之间（旧《保险合同法》第61条、第81条）的证明责任分配来进行［OLG Hamm r＋s 1998，514（515）］。也即，如果父母违反了监护照管义务，则产生一项根据《民法典》第832条的可转移的请求权。此时应由保险人负责证明，承租人的行为存在故意或者重大过失的主观过错（对判例法的批评见 Ihne r＋s 1999，89ff.）。——另一方面，最新的联邦最高法院判例在一例房屋承租人因一般过失造成火灾损害的案件中，通过合同的补充解释认定，建筑物保险人在这种情形**放弃了追偿权**。此外，联邦最高法院宣布，承租人的物的损害赔偿（也）可以包含在单纯的财产保险条款中，尽管这一点必须在合同中显而易见（BGH VersR 2001，94 及其注释 Lorenz und Wolter）。这一保险法上的解决方案（充分理由的批评见 Günther VersR 2017，39）假定保险人放弃对投保人仅有一般过失的承租人的追索权，并不取决于承租人是否（按比例或全额）支付财产保险费。更确切地说，只要承租人没有故意或者重大过失，则其与出租人谁负担的保险费不影响责任的承担。承租人是否购买了责任保险也无关紧要（参见 BGH r＋s 2006，458）。根据联邦最高法院的观点，如果承租人有责任保险，建筑物保险的保险人即可类推旧《保险合同法》第59条第2款获得补偿请求权。立法者并未对这一特殊问题作出规定，立法理由中也未提及，因此根据新法，类推（《保险合同法》第78条第2款）应该也是可以接受的（关于疑难点见 Piepenbrock VersR 2008，319ff.）。

上述判例中赋予了一般过失的承租人特权。如果承租人故意，则保险人可以根据《保险合同法》第86条全额追偿。如果承租人有重大过失，那么就会出现能否对其适用比例给付规则的问题（参见《保险合同法》第81条第2款）。按照法律的文义，新法放弃"全有全无"原则是为了减轻投保人以及其他作为被保险人的实质性权利所有人的负担。而过去判例的意图很显然是将承租人视作投保人或者被保险人——至少在其承担保险费的情形下（对此又参见 HK-VVG/Muschner §86 Rn. 99ff.）。因此，有充分理由让承租人"享受"比例给付。与此相反，联邦最高法院［r＋s 2017，73（74f.）］最近指出，其无意通过承租人追索权的判决将为支付建筑物保险保险费的承租人完全等同于投保人，相反，自始至终只有一般过失的承租人才应该被免除责任。因此，联邦最高法院认为，承租人重大过失的，建筑物保险的保险人可以全额追偿。—— 至于车损险的保险人针对机动车驾驶员（非投保人）的追偿权［《机动车险一般条款》（AKB）第 A. 2. 15 条］，不存在支持比例给付的理由，因为通常情况下驾驶员并不支付保险费。

具体问题的进一步讨论：

—— 即便承租人投保了个人责任保险，放弃追索权规则同样适用（BGH VersR 2006，1533）。在此，联邦最高法院的判例法似乎并不完全一致，因为如果加害人自己有责任保险，法院根本没有必要再给他责任特权（关于情谊行为造成损害见 BGH r＋s 2016，424 及其注释 Günther 426；Spanillo VersR 2016，1224；Schimikowski jurisPR-VersR 7/2016 注释 5）。

—— 被禁止追偿（因为承租人的一般过失行为）的建筑物保险人，有权从承租人的责任保险人处获得比例补偿（对应旧《保险合同法》第 59 条第 2 款第 1 句；BGH VersR 2006，1536）。建筑物保险的保险人通常可以获得当前市场价值损失的 50％（BGH VersR 2008，1108），但必须考虑责任保险人的合同内的限制（Harsdorf-Gebhardt r＋s 2010，309ff.）。从 2009 年 1 月 1 日开始，建筑物保险人和责任保险人签订的关于承租人追偿的分担协议（Teilungsabkommen）开始生效。该协议不再区分一般过失与重大过失。责任保险人承担 50％的赔偿金。

### 3. 《保险合同法》第 86 条第 1 款第 2 句与投保人的份额优先权

359　　a) 请求权向保险人转移不得损害投保人的利益（《保险合同法》第 86 条第 1 款第 2 句）。在只有部分请求权被转移给保险人，投保人对加害人还有剩余责任请求权的情形，如果责任人的财产不足以同时清偿两个债权，则保险人相对于投保人在清偿上顺位劣后，也即，受害人仍然像保险人赔付之前那样保有其债权。这被称为投保人的**顺位保留**（Rangvorbehalt）。

**例如**：三岁儿童 K 划了 N 的汽车。当时他的母亲 M 站在 5 米开外，看到了孩子手里拿着石头，正在摆弄 N 的汽车。她意识到孩子可能会造成损害，但还是自言"不会怎么样的"，继续和邻居聊天。N 不得不给汽车重新喷漆，花费 2 000 欧元。此外，N 有 5 天无法用车，使用损失为 300 欧元。在这种情况下，N 有权根据《民法典》第 832 条向 M 索赔 2 300 欧元。N 的车损保险人理赔了 2 000 欧元（假设未约定自担额）。由于车损险的保障范围不包括使用损失的赔偿，因此 N 有 300 欧元的损失没有得到赔偿。如果 M 是单身学生，身无分文，也没有个人责任保险，那么 N 和他的保险人就很难实现同时实现他们的请求权。在这种情况下，《保险合同法》第 86 条第 1 款第 2 句保护作为投保人的 N，他的剩余 300 欧元可以优先于保险人受偿。

b）投保人的**份额优先权**（Quotenvorrecht）并非直接出自《保险合同法》第 86 条第 1 款第 2 句，而是基于其中表达的法律思想：未能通过保险给付所保障的损害份额，应当被排除在应转移至保险人的请求权之外（参见 BGH VersR 1982，283）。因为《保险合同法》第 86 条第 1 款第 2 句中的规定仅仅是，所转移的请求权不应以不利于投保人的方式实现，而这里讨论的份额优先权部分地排除了请求权转移。在投保人没有从其保险人那里获得全额损害赔偿的情形，这一点尤其重要。因此，请求权只在保险人已支付赔偿金的范围内转移给保险人，投保人仍可就剩余金额提出损害赔偿要求。换言之，受害人仍然可以向加害人索赔剩余金额。这也被称作**差额理论**：对于保险人所给付之赔偿与实际发生的损害之间的差额，仍由投保人作为损害赔偿的债权人，并就该债权优先于保险人受偿。

**例如**：投保人与 S 发生交通事故。投保人有 50％过失。投保人的车辆损失共计 5 000 欧元。他的车损保险人在扣除 500 欧元的自担额后进行了赔付。在这种情况下，投保人原则上有权依据《民法典》第 823 条和《道路交通法》第 7 条向 S 索赔 2 500 欧元，即 5 000 欧元扣减去 50％的与有过失数额。保险人总共支付了 4 500 欧元，因此，如果在这里适用《保险合同法》第 86 条第 1 款，相应减少 50％，那么将有 2 250 欧元的请求权转移给他。与此相对应的是，投保人还剩下 500 欧元（自担部分）没有得到赔偿，也可以向 S 索赔。然而，S 应当负责的赔偿总共只有 2 500 欧元。投保人就 500 欧元的份额优先权意味着，根据《保险合同法》第 86 条第 1 款，只有相应减少的金额（在本例中为 2 000 欧元）转移给保险人。

份额优先权根据《保险合同法》第 86 条的规范目的得以证立：保险人收取了保险费，那么他的给付就是对价；只在避免投保人不当得利的必要范围内，保险人才应获得赔偿请求权的转移。然而，只有当保险金和第三人的赔偿合计超过损害时，才会出现这种情况。因此，《保险合同法》第 86 条第 1 款应当被限缩解释成，只有在损害赔偿与已支付的保险赔偿之和超过投保人实际损害的时候，超过部分才会转移给保险人（BGHZ 13，28ff.）。份额优先权在理赔中发挥着重要作用，尤其是在汽车保险中（更多细节参见 Lachner ZfS 1998，161ff.；Maier/Biela，Die Kaskoversicherung，1998，Rn. 447ff.；Prölss/Martin/Armbrüster VVG §86 Rn. 46ff. 附带更多参考文献；对通说的批评见 Langheid/Rixecker/Langheid VVG §86 Rn. 41ff. 附带更多参考文献；整体内容另见 Bost VersR 2007，1199ff.）。

**4. 协助义务**

《保险合同法》规定，投保人应当注意相关的形式和期限规定，维持赔偿请求

360

361

362

权或者维持为保障该请求权而设的权利，并且在保险人代位行使请求权时，提供必要的协助，从而保障保险人的代位求偿权（《保险合同法》第 86 条第 2 款第 1 句）。特别是，投保人不得轻易放弃对加害人的赔偿请求权，不得通过弃权等方式抛弃债权。如果投保人违反维持与协助义务，则产生不真正义务法的通常后果：在投保人故意违反不真正义务的情形，如果保险人因此失去基于请求权或权利本来能够获得的赔偿，则保险人可以免于给付（《保险合同法》第 86 条第 2 款第 2 句）。在投保人重大过失违反不真正义务的情形，保险人有权减少给付。这里必须满足因果关系的要件要求（《保险合同法》第 86 条第 2 款第 3 句）。一般过失不产生制裁后果。如果事后查明投保人故意或者重大过失违反《保险合同法》第 86 条第 2 款第 1 句的不真正义务，则保险人已经支付的全部或者部分保险金没有法律上的原因，保险人可以依据《民法典》第 812 条第 1 款第 1 句请求退还全部或者部分保险金。

这一规定的主要法律政策理由是，加害人不应因保险的存在而受益（关联边码 354）。和旧《保险合同法》第 67 条第 1 款第 3 句一样，这一规定的目的是**请求权维持**。仅此而言，协助义务产生于保险事故发生时，持续到请求权转移给保险人的时候。维持赔偿请求权的不真正义务还包括，禁止投保人放弃对加害人的赔偿请求权（HK-VVG/Muschner VVG §86 Rn. 42）。《保险合同法》第 86 条第 2 款还要求，投保人**采取措施请求赔偿**。因此，它（也）制裁投保人的不作为（例如投保人没有采取措施，导致错过最后期限）（参见 FAKomm-VersR/K. Schneider VVG §86 Rn. 27）。

就请求权维持义务而言，这一不真正义务自保险事故发生时开始（Prölss/Martin/Armbrüster VVG §86 Rn. 69），而就协助追偿义务而言，这一不真正义务自请求权转移至保险人时开始（Langheid/Rixecker/Langheid VVG §86 Rn. 46）。由于这是一项不真正义务，因此，如果投保人的保险代表人故意或重大过失违反维持赔偿请求权义务和协助义务，保险人同样可以拒绝给付全部或部分保险金。

《保险合同法》第 86 条第 2 款的规则取代了以前的弃权禁止规则（旧《保险合同法》第 67 条第 1 款第 3 句）。但相关的判例法和文献可能仍然适用。因此，《保险合同法》第 86 条第 2 款不仅适用于保险事故发生后的弃权表示，也适用于保险事故发生前作出的弃权表示，比如，投保人和加害人事先约定在一般过失侵权情形放弃索赔，但前提是这种放弃并非习惯做法 [BGHZ 22, 109 (119ff.); 33, 216; 更进一步参见 Tribess, Die Leistungsfreiheit des Versicherers aus §67 I 3 VVG im Falle des Vorausverzichts, 1991；不同意见见 Langheid/Rixecker/Langheid VVG §86 Rn. 49ff.；PK-VersR/Kloth/Neuhaus VVG §86 Rn. 42]。如果投保人在保险合同订立之前放弃索赔，则不产生任何后果，因为投保人在合同成立前没有不真正义务（Römer/Langheid/Langheid §86 Rn. 50）。

《保险合同法》第 86 条第 2 款毫无疑问超越了（先前的）弃权禁止规则。

例如：投保人怀疑某人是入室盗窃的嫌疑犯，但未向家庭财产保险的保险人或警察报告，则违反了《保险合同法》第 86 条第 2 款规定的义务。在这种情况下，他可能会完全或部分丧失给付请求权。

### 5. 家庭关系中的优待

a）如果被转移的请求权指向的是和投保人在同一家庭共同体（häusliche Gemeinschaft）之内生活的人，则保险人不得代位求偿（《保险合同法》第 86 条第 3 款）。但故意造成损害的情况不在此优待范围内；又因为其被规定为但书规则（《保险合同法》第 86 条第 3 款后半段），因此保险人需要证明故意要件。

这一规则背后的实质理由是，如果允许保险人对和投保人在同一个家庭共同体生活的人进行追偿，在很多情形，则意味着损失最终将由投保人再次承担（参见 BGH VersR 1969，1036）。应防止保险因追偿而丧失保障投保人的功能。

例如：投保人家里的小孩对投保的房屋造成了损害。这个小孩虽然是限制侵权能力人但具备《民法典》第 828 条第 3 款意义上的"必要的判断力"。如果保险人可以依据《民法典》第 823 条第 1 款和《保险合同法》第 86 条第 1 款在理赔之后向其代位追偿，那么实际上还是投保人支付了损害赔偿金。

b）《保险合同法》第 86 条第 3 款的规定一方面保障了投保人在家庭共同体内的和谐利益，另一方面也确保投保人不会在保险人承担赔付义务之后间接遭受经济损失。

c）他们是否为亲属并不重要。如同旧《保险合同法》第 67 条第 2 款，这一优待并不限于夫妻关系、血缘或者姻亲关系（《民法典》第 1589 条，第 1590 条）以及养子女关系（BGH VersR 1980，526）的情形，而是及于所有在家庭共同体之内的人。这一家庭共同体必须在损害事件发生之时已经存在。立法者已明确表示，与保险人理赔的时间点无关（见 Prölss/Martin/Prölss，27. Aufl.，VVG，§ 67 Rn. 39 关于旧法的论述；另见 OLG Köln VersR 1991，1237 对旧《保险合同法》第 67 条第 2 款的判决），防止有人为了适用《保险合同法》第 86 条第 3 款，在损害事件发生后建立家庭共同体。法律借此预防操纵的风险（参见对旧《保险合同法》第 67 条第 2 款已有的判决 BGH VersR 1971，901）。

鉴于社会生活的变化，旧《保险合同法》第 67 条第 2 款规定的家庭优待（Familienprivileg）已经变得值得怀疑。在先前就一直有争议，能否将这一规定准用于未婚生活伴侣（判决仍有怀疑，见 BGH VersR 1988，253ff.）和同性生活伴侣情形（反对意见见 OLG Hamm NJW-RR 1993，1443；OLG Koblenz VersR 2003，1381）。在社会现实层面，"家庭"的存在与结婚证无关的观念早已被广泛接受。重要的是，是否"以家庭的方式共同生活"（BGH r＋s 2009，230；还包括此前的 OLG Naumburg VersR 2007，1405；分析见 Dahm NZV 2008，280f.）。改革

363

364

365

366

立法者最初打算通过《保险合同法》第 86 条第 3 款，将优待扩大到两个人抚养子女的生活情形，无论两人是否结婚。但法律最终更进一步将此项优待扩张至家庭共同体内的所有成员，无论是父母、子女、祖父母、其他血亲，甚至只是朋友或熟人。这是一项影响非常深远的规定。在解释《保险合同法》第 86 条第 3 款时，必须考虑上述法律目的（关联边码 363）：应当避免由投保人来承受最终的损害结果。这就要求造成损害的一方至少在经济上对投保人有一定的依赖性。因此，"松散"的、基于特定目的的**居住共同体**（Wohngemeinschaften），尤其是（学生）合租（见 Schirmer DAR 2007，2ff.）不符合《保险合同法》第 86 条第 3 款的要求。因此，有些文献对《保险合同法》第 86 条第 3 款的优待将不得不同时授予居住共同体的成员的担忧（见 Looschelders/Pohlmann/von Koppenfels-Spies VVG §86 Rn. 71，该文主张应当对《保险合同法》第 86 条第 3 款进行限缩解释）毫无根据。居住共同体通常缺乏共同的生活和经济管理。居住共同体的成员，出于各种实际原因，通常会在同一屋檐下居住一段时间（例如学习期间），但他们之间并不构成家庭共同体。

成立家庭共同体的先决条件是**长期共同的生活和经济管理**（Lebens-und Wirtschaftsführung）（参见 BGH VersR 1986，333 以及 PK-VersR/Kloth/Neuhaus VVG §86 Rn. 46ff.；HK-VVG/Muschner VVG §86 Rn. 51f.）。光有共同的经济管理是不够的，还必须加上共同的生活管理。一般来说，这将表现为共同生活的人之间的个人联系，即共同生活（这方面内容见 FAKomm-VersR/K. Schneider VVG §86 Rn. 35）。如果只有经济依赖，例如学生对父母只有经济依赖的情形，则不足以构成家庭共同体。一起生活、共同住所也很重要。但这里并不要求所有成员的主要时间都必须在共同的住所居住，因为可能出于某些外部原因（这些外部原因并没有使家庭纽带变得松懈）导致其不能实现。当然，如果成年子女独自或者与第三人搬入自己的公寓，并且这一分离不是暂时的，而是对独立生活的长期决定，则共同的生活管理不再成立（令人信服的见解见 KG zfs 2014，31）。

如果家庭共同体的成员在不知道法律规定的优待的情况下，因为保险人向加害人追偿而承担了赔偿责任，则其可以基于不当得利请求权请求保险人退还（《民法典》第 812 条第 1 款第 1 句）。

应当注意的是，机动车强制责任保险的保险人追偿不适用《保险合同法》第 86 条第 3 款（也不能类推适用，KG zfs 2014，31 附带更多参考文献）。

### 6. 损害分担与追偿弃权

367　　《保险合同法》第 86 条是半强制性条款（《保险合同法》第 87 条）；合同可以约定偏离，但偏离不得不利于投保人。这类偏离约定经常出现在同一事故牵涉多个保险公司（例如财产保险公司、医疗保险公司和责任保险公司）的情形。在这种情况下，许多保险公司会签订追偿弃权协议和损害分担协议（Regressverzichts- und Schadenteilungsabkommen）。这样做的目的是节约行政和诉讼成本。

a）例如，在损害分担协议中，责任保险保险人、车损保险保险人和社会保险保险人可以商定，他们各自如何承担投保人应负责的损失，只要不超过一个固定的限额或数额，就不去审查投保人的责任乃至过错的问题。因此，对责任的因果关系、义务违反的客观要件和过错都不予审查。其中，责任的因果关系不仅包括责任成立因果关系，也包括责任范围因果关系（BGH r＋s 2007，401；LG Trier Urt. v. 19.8.2016－5 O 98/15）。协议的各方承诺，他们不向投保人或其他保险人主张超出各自应承担赔偿责任的部分。

这种做法是基于追偿程序往往很困难的经验。在追偿程序完成后，往往会发现，即使不对出现的所有法律问题进行耗时的审查，同样可以实现整体经济结果。如果保险人基于现有数据可以作出判断，未来也会这样子，那么和其他保险人订立损害分担协议就是一个很好的选择。因此，责任法就成为一揽子谈判的基础，失去了其原本在个案中确定损害赔偿的意义。

在实践中，划定这些协议的实际适用范围的边界有时是困难的。决定性因素是损害事故和责任保险的风险领域之间是否存在某种内在关联。只有在毫无疑问不可能承担责任的情况下，分担协议才不适用：所谓的怪诞案件被排除在外，在这些案件中，鉴于清楚的事实，没有人会想到向责任保险人请求赔偿（BGH VersR 1979，1093；1982，774；1984，158；对此参见 Looschelders/Pohlmann/von Koppenfeld-Spies VVG § 86 Rn. 80）。 368

**例如：**轻便摩托车与汽车相撞，骑手 M 被撞飞，砸在路边一辆停放妥当的汽车上。社会保险机构在向 M 支付赔偿金之后，要求停放车车主的责任保险公司根据现有的分担协议按约定的金额分担赔偿金。在这种情况下，停放车辆的车主方面明显没有赔付义务，因此不适用分担协议。

协议通常会约定，如果损害是受害人的故意造成的，则不适用分担协议。这里的故意指自然意义上的故意，受害人是否有责任能力并不重要。

b）在**追偿弃权协议**中，保险公司事先承诺的是，损害事故发生后不再追偿。 369一些保险公司之所以放弃追偿权，一种可能的合理解释是，保险公司担心追偿可能带来负面宣传效果。

**例如：**在延伸损害事件（übergreifende Schadenereignisse）情形，火灾保险人放弃对有责任保险的加害人的追偿权，以避免保险人之间的追偿程序[①]〔火灾追偿权的放弃，参见 VerBAV 1978，137；关于新版本的火灾保险人追索权放弃参见

---

[①] 甲、乙是邻居，甲房不慎失火，火烧了甲房后，蔓延烧掉了乙房。乙的火灾保险人赔付之后，还可以找甲的责任保险人追偿。但如果乙的火灾保险人和甲的责任保险人之间签订有追偿弃权协议，则不追偿。——译者注

GDV Rundschreiben Nr. RV 93 vom 1. 8. 1997 (VdS 1700)。—— 如果第三人在索赔范围内对附随被保险人有追偿权，则追偿弃权的效力参见 BGH NJW 1992，1507；r＋s 1992，147]。该协议于 2017 年年底到期。其原因是，现在有充分的手段通过责任保险来保障那些可能涉及追偿弃权协议的案件。

关于建筑物保险人对于一般过失造成损害的承租人的默示追偿弃权，关联边码 358。

就其法律性质而言，损害分担协议和追偿弃权协议都是框架协议，也即，当事人达成的通过和解而非诉讼的方式实现将来的追偿请求权的协议（pactum de non petendo，<u>不索债简约</u>）。这是一种利他合同，即有利于个案中的加害人的合同（《民法典》第 328 条）。

在保险人支付了约定份额的款项之后，根据《民法典》第 363 条、第 364 条第 1 款的规定，加害人的债务在追偿权的整体额度范围内消灭［BGH NJW-RR 1993，1111（1112）附带更多参考文献］。

# 第七节　保险给付的到期

参考文献：Armbrüster PrivVersR Rn. 1393ff. ；Asmus NVersZ 2000，361ff. ；Deutsch/Iversen VersVertrR Rn. 175ff. ；Hofmann PrivVersR § 12 Rn. 6ff. ；Holzhauser VersVertrR Rn. 173ff. ；Looschelders/Danga VersR 2000，1049ff. ；Martin Sach-VersR Y I Rn. 1ff. ；ders. VersR 1978，392ff. ；Beckmann/Matusche-Beckmann VersR-HdB/Schlegelmilch § 21 Rn. 5ff. ；Veenker, Die Fälligkeit von Geldleistungen des Versicherers，2008.

### 1. 基本问题

370　　按照《民法典》第 271 条，债务人的给付即时到期。通常而言，合同双方当事人会进行特别约定，对此予以偏离。在《保险合同法》中，其第 14 条包含了一项明显偏离《民法典》债务到期条款的规则。

a）一旦<u>保险事故确定并且保险人的保险金给付义务的范围确定</u>，保险人的金钱给付义务到期（《保险合同法》第 14 条第 1 款）。这是任意性规则。一些一般保险条款接受了《保险合同法》第 14 条的规则［例如《火灾保险一般条款》（AFB 2010）A 部分第 9 条第 1a 项］，但还有很多一般保险条款进行了偏离约定。

例如：《火灾保险一般条款》（AFB 87）第 16 条第 1 项第 1 句，其规定保险人应在<u>查明后</u>的两个星期内支付保险金［另见《火灾保险一般条款》（AFB 30）第 17

条第 1 款第 1 句；另见 OLG Hamm r＋s 1992，184f.]；《机动车险一般条款》（AKB）第 A.2.14.1 条，《意外保险一般条款》（AUB 2010）第 9.2 条规定，保险人的给付在确定后两个星期到期。

《保险合同法》第 14 条第 1 款是任意性规定，因此允许一般保险条款中作出偏离规定。偏离约定并不违反一般交易条款法（参见 Looschelders/Pohlmann/C. Schneider VVG §14 Rn.60）。

《保险合同法》第 14 条第 1 款或者一般保险条款当中的类似规则，都有一个共同的特点：债务的到期日由保险人的行为决定。保险人被置于特别地位，明显区别于"普通"债务人。

b)《保险合同法》第 14 条仅适用于金钱给付情形，也即，保险金支付请求权，并不适用于责任保险中的责任赔偿请求权和抗辩请求权。[①]

　　投保人享有的抗辩请求权在第三人向投保人的不合理的损害赔偿请求提出时立即到期；投保人享有的责任赔偿请求权则在投保人清偿第三人后或者保险人的责任确定工作完成后两个星期到期（参见《保险合同法》第 106 条）。

　　责任保险中的责任确定以债务承认、和解或者具有法律约束力的判决为前提［另见《责任保险一般条款》（AHB）第 5.1 条］。如果投保人进入破产程序，根据《保险合同法》第 110 条规定，受害人具有别除权，但责任确定适用同一规则（参见 BGH r＋s 1992，192f.）。

《保险合同法》第 14 条也不适用于法律保护保险。保险人在这里承担的仅仅是法律费用的清偿。

　　一旦利益保护的需要变得如此具体，以至于能够预计到必定会产生法律保护费用的时候，法律保护保险人的给付义务就到期（OLG Schleswig r＋s 1998，158）。

如果保险人终局拒绝给付，保险人的给付义务立即到期（BGH VersR 2007，537；NVersZ 2000，332）。这里的拒绝是指，认真地终局地拒绝履行（另见《民法典》第 286 条第 2 款第 3 项）。

**2. 调查**

a) 根据《保险合同法》第 14 条第 1 款的规定，必要的调查结束之日，即为保险人金钱给付义务的到期日。其中，必要的调查包括搜集相关材料、查阅警方档案

371

372

---

① 德国责任保险的给付分为两个部分：一部分是对第三人合理请求权的赔偿给付，另一部分是对第三人不合理请求权的抗辩给付（《保险合同法》第 100 条）。两者统称为责任免除请求权，也即，保险人承担将投保人从第三人请求（有可能是有理请求，也可能是无理请求）中解脱出来的给付义务。——译者注

等。除了审查事实和法律问题之外，还必须给保险人一段考虑时间。考虑的范围尤其包括保险事故、应当支付的金钱范围以及受益人的个人情况，既包括事实的研究，也包括法律问题的审查。

b）具体什么是个案情形中的"必要的"，以相关险种尽到平均审慎水平的保险人的做法为判断标准（OLG Saarbrücken r＋s 2006，385）。

**例如：** 查阅官方调查记录（OLG Köln r＋s 2007，488；LG Hamburg VersR 1986，803）；等待提交继承证明（OLG Karlsruhe VersR 1979，564）；要求提供医疗保险中主治医生的确切信息（AG Köln VersR 1982，461）。

多长时间是合适的，则取决于个案情形。保险人在收到保险事故通知后花费两到三周的时间进行调查，通常而言是正常的，投保人应当接受（OLG Köln ZfS 1983，56；又参见 PK-VersR/Ebers VVG §14 Rn. 11 附带更多参考文献），斯图加特高等地区法院（OLG Stuttgart，VersR 2010，1074）提到了"数周"，并在一个简单案情的案件中将调查期的"下限"设定为4周。在这个案件中，事故各方都被警方警告，机动车强制责任保险人不得不申请查阅警方的记录。在通常情形，审查时间应为4周到6周（参见 OLG Karlsruhe SP 2003，391）。

如果保险人没有进行任何调查、不必要地进行调查、拖延或进行无关调查，则以在行为适当的情况下完成该过程所需的时间为基础（OLG Saarbrücken r＋s 2006，325；OLG Hamm NVersZ 2001，163；OLG Köln VersR 1983，922；LG Köln r＋s 1986，49）。即使保险人不必要地拖延调查，则到期日仍然是按照假设得到妥当处理的情形发生（OLG Hamm r＋s 2001，263）。也可以说保险人有加速处理的义务。如果保险公司未履行这一义务，则可能需要承担赔偿责任〔Asmus NVersZ 2000，361（363f.）〕。当然，前提是保险人已经陷入迟延（Looschelders/Pohlmann/C. Schneider VVG §14 Rn. 25）。

在《保险合同法》第14条第1款的含义范围内，为确定保险事故和保险人给付范围而进行的必要调查也包括，对投保人在合同订立时是否履行了《保险合同法》第19条第1款规定的先合同告知义务的调查（BGH r＋s 2017，232；关联边码 227）。

### 3. 一个月后的部分款项先行支付

373

如果保险人在保险事故通知后一个月内仍未完成调查，为保护投保人，法律规定投保人有权请求保险人先行支付部分款项，数额为保险人预估的最低金额（半强制性条款；《保险合同法》第14条第2款第1句结合第18条）。这样做的前提是请求权成立没有疑问（BGH VersR 1986，77）。投保人只有理由要求保险人支付金额没有争议的那一部分款项。通过这种方式，法律减轻了《保险合同法》第14条第1款赋予保险人的特殊地位：他不能无限制地花时间进行调查。此外，例如在材料未齐全的情形，保险人还有义务检查，是否可以先就部分损害进行赔付（OLG Hamm r+s 1994，23）。

但是，调查延迟不可归责于投保人，否则期间中止计算（《保险合同法》第14条第2款第2句）。

**例如：** 投保人不向保险人提供他手中的证书、拒绝回答保险人询问等。

### 4. 不及时支付保险金的后果

如果保险人未按时履行支付保险金的义务，则需要支付**迟延利息**（参见《保险合同法》第14条第3款结合《民法典》第286条、第287条、第288条）。

374

a）**构成给付迟延**以未及时给付可归责于保险人为构成要件。这通常需要投保人催告。然而，在保险人<u>认真</u>和<u>终局</u>地拒绝履行给付的情况下，催告可有可无（参见 BGH NJW 1986，661；另见《民法典》第286条第2款第3项）。

**例如：** 如果保险人（无正当理由）拒绝给付，则在拒绝时立即陷入迟延（参见 BGH VersR 1954，388）。此时，投保人根据《民法典》第286条第2款第3项无须催告。

因此，（过早）拒绝理赔将会给保险人带来风险。

在保险法中，《民法典》第288条关于债务人应付迟延利息的规定同样适用。《保险合同法》第14条第3款禁止保险合同约定更低的利率〔Looschelders/Danga VersR 2000，1949（1055）；PKVersR/Ebers VVG §14 Rn. 26〕。

b）**可归责性（过错）** 始终是需要仔细考察的要件。法律推定保险人有过失（《民法典》第286条第4款），保险人可以证明推翻推定从而免责。在保险人的无理终局拒绝理赔是基于<u>无过失的法律错误</u>的情形，不构成迟延。例如，保险人对事实和法律情况进行仔细审查后，认为不应理赔，后面却败诉了，则为一种无过失的法律错误情形。

375

**例如：** 如果保险人拒绝理赔火灾损失，理由是根据保险代表人规则，投保人前雇员 N 放火行为的归属于他，那么这里不构成无过失的法律错误，保险人不能免了迟延。因为关于保险代表人这一法律概念已经有明确的司法判决（关联边码276及其以下各边码）。在本案中，需要澄清的不过是该劳动关系给予 N 多大的独立决定空间。这意味着这里只有正常的诉讼风险，保险人不得将其转嫁给投保人（BGH r+s 1990，58；1991，37）。

在评价中，必须区分基于法律原因的拒绝和基于对事实的怀疑的拒绝：

——基于<u>法律原因</u>的拒绝：对于迄今尚未形成通说的棘手法律问题，如果保险人已经足够谨慎地形成其观点，则保险人无过失（BGH VersR 2007，537；NJW 1951，398）。

——基于<u>可疑事实</u>而拒绝：如果保险人的拒绝履行有足够的事实依据，他就没有过失。特别是，如果保险人预计法院的证据调查有助于自己的履行义务判断，他就可以选择等待刑事诉讼的结果（BGH VersR 1991，331；OLG Frankfurt a. M. VersR 1980，682）。正如无过失的法律错误的认定要求一样，对于无过失的事实错误的认定同样有着严格的要求（参见 Looschelders/Pohlmann/C. Schneider VVG §14 Rn. 49）。

# 第七章
# 保险请求权的诉讼时效与失权

**参考文献**：Armbrüster PrivVersR Rn. 1399ff.；Bach VersR 1958，817ff.；Holzhauser VersVertrR Rn. 233ff.；Hueskes VersR 1961，676ff.；Hofmann PrivVersR §12 Rn. 23ff.；Muschner/Wendt MDR 2008，609ff.；Neuhaus r＋s 2007，177ff.；Uyanik VersR 2008，468ff.；Beckmann/Matusche-Beckmann VersR-HdB/Schlegelmilch §21 Rn. 72ff.

旧《保险合同法》第 12 条第 1 款、第 2 款规定了保险合同请求权的诉讼时效。此外，    376
旧《保险合同法》第 12 条第 3 款还规定了行使保险请求权的除斥期间；如果未在除斥期间内行权，则请求权消灭（批评见 Römer/Langheid/Römer，2. Aufl.，VVG §12 Rn. 32）。这些规定在重要方面不同于一般民法的规则。改革的立法者不再认为有必要维持这些不同。


# 第一节　时效期间

根据旧法，人寿保险合同请求权的时效**期间**为 5 年，所有其他保险合同为 2 年    377
（旧《保险合同法》第 12 条第 1 款第 1 句）。新《保险合同法》完全取消了这方面的特别规定，在保险法中适用《民法典》的一般时效规则，时效期间为 3 年（《民法典》第 195 条）。

### 1. 普通时效期间

a）根据旧《保险合同法》第 12 条第 1 款的规定，规则适用者必须首先考察请    378

求权是不是保险合同上的请求权。哪些请求权属于保险合同，则有争议。在新法下，这一问题已经得到解决。《民法典》第 195 条规定的普通 3 年时效期间适用于投保人对保险人的给付请求权、保险人的保险费请求权、退还请求权（《民法典》第 812 条）、迟延损害赔偿请求权、投保人基于保险人建议义务违反的损害赔偿请求权（《保险合同法》第 6 条第 5 款）或者（其他）保险合同上的义务的违反产生的损害赔偿请求权（《民法典》第 280 条）。对于损害赔偿请求权，适用最长时效期间规则（见《民法典》第 199 条第 3 款；关联边码 380）。

379　　b）诉讼时效期间届满，则相对人获得抗辩权。但如果相对人恶意行使抗辩权，请求权人可以以权利滥用为由予以抗辩。

　　**例如**：如果保险人的意思被投保人理解为，他承诺了，只要进行其他先行程序，则不再行使时效抗辩权，那么，保险人事后主张时效抗辩的行为构成权利滥用。因为基于对保险人的信赖，投保人失去了提前起诉中断时效的机会［BGH VersR 1981，328（329f.）］。—— 另一方面，投保人需要自行留意法律状况。保险人没有提示投保人时效即将届满的义务（OLG Hamm r＋s 1986，273）。

### 2. 时效期间的起算

380　　诉讼时效期间从当年年末起算，前提是请求权在该年度内发生并且债权人知道或无重大过失应当知道使请求权成立的情况（《民法典》第 199 条第 1 款第 1 项和第 2 项）。因此，第一个决定性因素是请求权的发生时间，即给付的到期日。

　　最重要的到期日规定：

　　—— 投保人应在收到保险单后的两周后不迟延地支付第一期保险费或一次性保险费（《保险合同法》第 33 条第 1 款）；按合同约定支付后续保险费（通常约定在每个保险周期开始时；关联边码 148）。

　　—— 保险人应在确定工作完成时支付保险金（《保险合同法》第 14 条第 1 款；关联边码 370 及其以下边码）。

　　—— 责任保险中的责任赔偿给付和责任抗辩给付的到期：如果第三人的赔偿请求是合理的，则保险人责任赔偿给付在投保人清偿第三人后（前提是该清偿具有责任确定约束力）的两周到期，或者是在对保险人有约束力的责任确定工作完成后的两周到期（《保险合同法》第 106 条）。《保险合同法》第 106 条未对抗辩给付的到期进行规定。一旦第三人提出不合理的索赔主张，抗辩给付即应到期（关联边码 371）。时效期间起算的第二个前提是，投保人知道或因重大过失而不知道使其请求权成立的情况。知情代理人（关联边码 283）的知道归属于投保人（有争议，参见 PK-VVG/Ebers §15 Rn. 19 附带更多参考文献）。

　　不论投保人是否知道或因重大过失而不知道，投保人的损害赔偿请求权［例如因保险人建议错误（《保险合同法》第 6 条第 5 款）而产生的损害赔偿请求权］最迟在其发生（损害发生，《民法典》第 199 条第 3 款第 1 句第 1 项）的 10 年后时效期间届满，或者在自引发损害的事件发生（例如建议错误）的 30 年后时效期间届满（《民法典》第 199 条第 3 款第 1 句第 2 项；对此参见 FAKomm-VersR/Wendt VVG § 15 Rn. 10）。

### 3. 时效期间的中止

法律在《保险合同法》第 15 条中作出了特殊规定：如果投保人已经请求理赔（即已经在保险人处"登记"），则时效期间中止计算，直至收到保险人的最终决定。在许多情况下，投保人报告保险事故的行为就构成理赔请求的默示提出。当然，投保人或被保险人的请求需要是能够被辨别的，但不一定需要包含具体的金额请求（对于具体问题的解答参见 Looschelders/Pohlmann/Klenk VVG § 15 Rn. 14ff.）。中止的后果是时效期间暂停计算。

　　《保险合同法》第 15 条规定，保险人的决定需到达请求人。这里的请求人可以是投保人，但也可以是其他人，比如可以设想，人寿保险的受益人或为他人保险的被保险人提出请求的情形。

　　但如果受害人向加害人的机动车强制责任保险人索赔，那么他行使的是对保险人的直接请求权，而不是同时行使对投保人的赔偿请求权。如果受害人直接向保险人请求赔偿，则其时效期间中止，直至保险人向受害人发送文本形式的决定（作为特别法，《保险合同法》第 115 条第 2 款第 3 句优先于《保险合同法》第 15 条适用）。

保险人的决定必须明确无误地说明赔偿的理由和范围。作为例外，如果投保人在保险人的要求下仍未提供必要的信息，则保险人可以不提供前述说明。在这种情况下，保险人可以告知投保人，他还不能根据目前的信息来决定最终的声明（参见 OLG Düsseldorf r＋s 2000，93）。这一通知具有取消中止的效力。

**例如：**投保人于 1986 年报告了一起汽车损害事件。尽管保险人一再要求投保人提供文件，但投保人的授权代理人直到 1991 年才向保险人提供了车辆文件和钥匙。此时，不发生旧《保险合同法》第 12 条第 2 款规定的中止，两年时效到 1988 年到期（OLG Hamm r＋s 1991，289；OLG Hamburg r＋s 1986，55f.；详见 PK-VersR/Ebers VVG § 15 Rn. 40ff.）。

如果保险人表示即将重新审查保险金给付义务，则时效期间中止，直至保险人作出的新决定以文本形式送达投保人后再继续计算（参见 FAKomm-VersR/Wendt VVG § 15 Rn. 25 附带更多参考文献）。

381

## 第二节　不复存在的失权期间

382 　　《保险合同法》不（再）包含失权规则。根据旧《保险合同法》第 12 条第 3 款的规定，在保险人拒绝给付之后，可以为投保人设定 6 个月的期间。投保人必须在这 6 个月内起诉，否则他会失权（法律后果：保险人免于给付），当然前提是满足旧《保险合同法》第 12 条第 3 款的其他构成要件（特别是投保人必须就此得到劝告）。这一规定偏离了民法的一般规则，对保险实务尤为重要。因为根据民法的债法规则，时效期间经过只会产生可以对抗请求权的抗辩权（《民法典》第 214 条），但在保险法这里，请求权却因为法律的规定——在满足旧《保险合同法》第 12 条第 3 款的具体构成要件的前提下——而消灭。这是法定的失权规则，其目的在于让保险人能够尽快地明确其给付义务的范围。就法政策而言，这一规定当然是有问题的，在民法的其他领域也难以找到类似规定。改革的立法者删除了旧《保险合同法》第 12 条第 3 款，并且不增补类似规定。如果保险人在一般保险条款中约定与旧《保险合同法》第 12 条第 3 款内容相同的条款，则是法律不允许的，因为法律确立的指导规则很清楚：在保险合同中适用《民法典》的诉讼时效规则（除了关于诉讼时效中止的规定有一个必要的例外）。通过一般保险条款将《保险合同法》第 12 条第 3 款的起诉期间内容重新引入的企图，必将被《民法典》第 307 条第 2 款第 1 项挫败。

## 第三节　过渡安排

383 　　如果截至 2008 年 1 月 1 日，请求权的诉讼时效期间尚未届满，则适用《民法典》第 195 条（《保险合同法施行法》第 3 条第 1 款）。只有在具体案件中《民法典》第 195 条的 3 年期间长于旧《保险合同法》第 12 条第 1 款规定的期间时，《民法典》第 195 条才不适用（《保险合同法施行法》第 3 条第 2 款）。如果在具体案件中，《民法典》第 195 条规定的时效期间短于旧《保险合同法》规定的一般情形的 2 年或者人寿保险的 5 年，则应适用较短的期间（《保险合同法施行法》第 3 条第 3 款第 1 句）。同样，如果在具体案件中，旧《保险合同法》第 12 条第 1 款规定的较长期间早于《民法典》第 195 条期间届满，则适用旧《保险合同法》第 12 条第 1 款（《保险合同法施行法》第 3 条第 3 款第 2 句）。因此，整体而言，诉讼时效适用较短的法定期间，除非已经开始的较长期间在较短期间之前届满（更多内容参见 PK-VersR/Ebers VVG § 15 Rn. 4ff. ）。

# 第八章

# 通过一般交易条款法对一般保险条款进行的控制

**参考文献**：Adelmann，Die Grenzen der Inhaltskontrolle Allgemeiner Versicherungsbedingungen，2008；Armbrüster PrivVersR Rn. 535ff.；ders. NJW 2015，1788ff.；Bach（Hrsg.），Symposion AGBG und AVB，1993；Bruck/Möller/Beckmann VVG Einf. C Rn. 199ff.；Bruns PrivVersR § 10 Rn. 21ff.；Evermann，Die Anforderungen des Transparenzgebots an die Gestaltung von AVB，2002；Fausten VersR 1999，413ff.；Hübner，Allgemeine Versicherungsbedingungen und AGB-Gesetz，5. Aufl. 1997；Langheid GS Hübner，2012，137ff.；Langheid/Rixecker/Rixecker VVG § 1 Rn. 16ff.；Looschelders/Pohlmann/Pohlmann VVG Einl. B Rn. 52ff.；Präve，Versicherungsbedingungen und AGB-Gesetz，1998；ders. NVersZ 1998，49ff.；ders. NVersZ 2001，7ff.；ders. ZfV 2003，472ff.；ders. VW 2009，98ff.；Prölss/Martin/Armbrüster VVG Einl. Rn. 19ff.；Prölss VersR 2000，1441ff.；Römer FS Lorenz，1994，449ff.；ders.，Der Prüfungsmaßstab bei der Missstandsaufsicht nach § 81 VAG und der AVB-Kontrolle nach § 9 AGBG，1996；ders. NVersZ 1999，97ff.；ders. r+s 2000，177ff.；Schaffrin，Die Kontrolle von Allgemeinen Geschäftsbedingungen und Allgemeinen Versicherungsbedingungen：Ein Vergleich，2016；Schirmer ZVersWiss 1986，509ff.；Schwintowski NVersZ 1998，97ff.；Terno r+s 2004，43ff.；Beckmann/Matusche-Beckmann VersR-HdB/Beckmann § 10；Wandt GS Hübner，2012，341ff.；Werber VersR 2003，148ff.；ders. VersR 2010，1253ff.

## 第一节　基本问题

384　　　　　一般来说，保险中使用的不是单独磋商形成的条款，而是使用一般交易条款，适用一般交易条款法。

　　　　如果客户通过经纪人参与了合同的起草，例如，他提出了一个关于"保险代表人"的条款，保险人接受了，那么这个条款就是经过单独磋商后形成的条款，而不是一般交易条款（《民法典》第 305 条第 1 款）。就这个"保险代表人条款"而言，不适用一般交易条款法，但保险人所提供的剩余的合同条款仍然应当适用一般交易条款法。

　　　　工业交易中使用的**经纪人措辞**（Maklerwordings）通常是经过磋商形成的，至少通常不是保险人单方面提供的交易条款（参见 BGH r＋s 2010，100）。但是，如果经纪人起草的文本包含了取自保险人的条款文本，并且在市场上这些条款是不可协商的，情况则不同（关联边码 19）。

　　《民法典》第 305 条第 2 款规定了保险合同的一般交易条款的订入规则（关联边码 27 和边码 40）。下文的重点是，法律如何通过一般交易条款法对一般保险条款进行控制。这种控制是通过法院实现的：例如，如果消费者保护协会通过团体诉讼［《不作为诉讼法》（UKlaG）第 3 条］诉请保险人停止使用特定一般交易条款，法院必须对相关的一般保险条款进行审查。在投保人和保险人之间的保险纠纷情形，法院也可能需要附带审查一般保险条款（例如不真正义务条款或风险排除条款）的适法性。由于监管机构取消了对保险条款的预防性控制，一般保险条款的司法控制的重要性一直在稳步增加。[①] —— 尽管联邦金融监管局有权在《保险监管法》第 294 条框架内对一般条款进行<u>后续</u>审查，但适用的实际上还是一般交易条款法的标准（内容控制，《民法典》第 307 条）。

385　　　　　一般交易条款法的控制手段主要规定在《民法典》第 305c 条第 1 款、第 2 款，《民法典》第 307 条及其以下各条。

　　　　如果一般交易条款中的某一条款令人惊讶（《民法典》第 305c 条第 1 款），则该条款不成为合同的一部分；如果某一条款的内容违反《民法典》第 307 条及其以下各条的规定，则该条款不生效力。原则上，这意味着合同的其他部分仍然有效（《民法典》第 306 条第 1 款）。不生效力的条款将被相关法律规则取代（《民法典》

---

　　① 德国 VAG 1901 规定了德国 AVB 的官方批准义务。1994 年 7 月 27 日，在德国实施第三代指令，该预防性预检被废除。——译者注

第 306 条第 2 款）。只有在极少数特殊情况下，也即，如果维持合同效力将会给一方当事人带来不合理的困难，整个合同才会不生效力。

如果由于《民法典》第 305 条第 1 款的规定，部分一般保险条款未能订入合同，或者不生效力，则可能导致保险人法律地位恶化，例如，不能援引某些约定的不真正义务条款，但不会导致合同整体不生效力，尽管当前的合同不完整是由于保险人的疏忽造成的。—— 即使一般保险条款的订入总体失败，也不必然适用《民法典》第 306 条第 3 款（参见 BGH NJW 1982，824）；只有当由于缺少一般保险条款，合同的给付和对待给付如此不相称，以至于继续合同显得不合理时，才会适用《民法典》第 306 条第 3 款。例如，在所谓的扩展产品责任保险的情形，就可能构成这种情形，因为假如缺失了关于拆除和安装费用、加工和混合损害等一般保险条款规则，保险人几乎无法执行此类保险。当然，这里的讨论以已经对合同进行了补充解释为前提（关联边码 27）。

对含义不明的一般保险条款的判断规则（《民法典》第 305c 条第 2 款）仅对合同解释而言有意义。

随着 2002 年《债法现代化法》的颁布，先前《一般交易条款法》（AGBG）的绝大部分内容被纳入了《民法典》，但几乎没有任何实质性的变化，因此关于《一般交易条款法》（AGBG）的司法判例至今仍然具有现实意义。下面阐述一般交易条款法的基本原则，特别是一般交易条款的控制手段。当然，重点落在和保险相关的一般交易条款法的判例实践之上。

# 第二节 令人惊讶的一般保险条款（《民法典》第 305c 条第 1 款）

根据《民法典》第 305c 条第 1 款的规定，令人惊讶的一般交易条款不能成为合同的一部分。此乃<u>订入障碍规则</u>（Einbeziehungshindernis）。评估一个条款是否构成《民法典》第 305c 条第 1 款意义上的<u>令人惊讶条款</u>，重要的不是条款的不合理性或事实上的不适当性，而是该条款就其合同类型和合同订立情况而言，是否<u>不同寻常</u>，以及是否令人惊讶；客户应当被保护免遭保险人条款偷袭。《民法典》第 305c 条第 1 款（也）保护客户对合同<u>范围</u>的合理预期；就此而言，该条款也包含了<u>内容相关</u>的因素。  〔386〕

对于一般保险条款当中的不寻常内容，决定性因素是投保人的预期与条款内容之间是否存在着，投保人无法合理预期到的显著落差（参见 BGH r＋s 2012，192 附带更多参考文献）。  〔387〕

比如在形式方面，保险人将风险排除条款放到了比较隐藏的位置，此时可以根据《民法典》第 305c 条第 1 款否定它（例如，不放在"风险排除"标题下，而是放在与保险费规定相关的其他地方，参见 LG Dortmund r+s 2009，410）。

如果一个常见的条款并没有显著减少保险范围，因为它是保险人基于被保风险和法律的指导规定设计的，此外，该条文既没有乔饰为其他条款也没有被放置在不寻常的位置，则这一条款不令人惊讶（当然，如果在合同谈判期间，投保人方面已经向保险人提出了与该条款相矛盾的期望，则另当别论，参见 Hamm VersR 1986，55；OLG Saarbrücken VersR 1994，720；OLG Düsseldorf r+s 2003，194）。

比如，《家庭财产保险条款》的风险排除目录的规定，"自来水保险不保障**地下水**、静止或流动**水域**、**洪水**、**涨水**、**降水**或者由它们造成的回水作为单独或者共同原因所造成的损害"[另参见《家庭财产保险一般条款》（VHB 2010）A 部分第 4 条第 3 项第 a 目第 cc 子目]，并不令人惊讶（OLG Hamm zfs 2016，449；r+s 2014，357）。它所排除的内容并不奇怪。投保人应当能够预料得到，这些风险对保险人来说是特别的具有爆炸性的风险，在保险范围上保险人自然会对它进行宽泛的限制。此外，这一条款也没有被隐蔽起来。

同样，科隆地区法院（LG Köln，r+s 1993，51）并不认为建筑师责任保险中的**外国损害排除条款**是令人惊讶的，除其他因素外，这是因为该条并没有被放在隐藏位置，而且措辞清晰且含义易于理解。— 同样，司法判例（LG Hagen r+s 1993，389）中：**玻璃保险**的一个条款不被认定为令人惊讶的条款。该条规定，如果被保玻璃损坏，保险人只会通过交付和安装替换玻璃的方式进行赔偿。如果保险人在保险单中对该条款以醒目的方式予以提示，并在随附的注释中以通常可以理解的方式解释其内容，那么该条款就不是令人惊讶的条款。

产生偷袭效果的前提是投保人对条款内容缺乏了解，如果投保人是业内人士并且在该领域的商业经验丰富，这一点就有可能不成立（参见 BGH r+s 1993，397）。— 慕尼黑高等地区法院（OLG München，r+s 1999，146）认为，排除**环境责任**风险的条款（旧《责任保险一般条款》（AHB）第 4 条第 1 款第 8 项）并不令人惊讶。— 责任保险中常用的**汽油条款**将使用机动车造成的损害排除在承保范围之外，也不令人惊讶（OLG Köln，r+s 1999，272；OLG München r+s 2013，492）。— 美因茨地方法院（AG Mainz，VersR 2000，45）认为，旧《责任保险一般条款》第 4 条第 1 款第 5 项将**渐进性损害**（Allmählichkeitsschäden）排除在外并不令人惊讶（关联边码 401）。— 耶拿高等地区法院（OLG Jena，NVersZ 2001，31）认为，如果个人家庭财产保险将**商业往来现金**排除出保障范围，并不令人惊讶。— 杜塞尔多夫地方法院（AG Düsseldorf，r+s 2003，463）认为，《海外医疗保险一般条款》第 1 条第 2a 项将旅行开始前已知的不适、疾病或伤害排除在外，并不令人惊讶。

被认定为令人惊讶条款的情形则有如：不伦瑞克地区法院（LG Braunschweig，r＋s 2001，406）认定的《机动车保险一般条款》第 13 条第 5 项第 2 句，因为该条规定，保险人只补偿投保人实际缴付的增值税。这在客观上令人惊讶，因为它偏离了联邦最高法院关于实体责任法的司法判例；在主观上也令人惊讶，因为在印制条文时并没有对其进行醒目的标注。但这一认定在其他法院实践中并没有得到普遍的支持（参见 BGH r＋s 2010，12 附带更多参考文献）。—— 如果责任保险合同约定，如果投保人或受害人拥有另一份保险（本案：建筑物火灾保险），则本合同不再提供保险保障，这样的规定构成《民法典》第 305c 条第 1 款意义上的不寻常条款，因为它与通行的条款非常不同，并且在条文印刷方面却没有获得区分于剩余条款的特别强调（OLG Dresden r＋s 2003，237）。

然而，一个条款并不会因为没有其他保险人提供类似条款而令人惊讶；必要的前提乃宁定，投保人自己感到惊讶（BGH r＋s 2001，300）。

从上述判决中可以推断出一种趋势：如果保险人的一般条款偏离了市场标准，就可能会造成投保人惊讶，对此，保险公司可以通过强调、提示等方式来应对。例如：在德国，经济损失责任保险中的保险事故通常被定义为义务**违反**。只要投保人的义务违反行为是在保险合同期间内发生的，他就能够获得保险保障，即使损害是在保险合同期间届满之后才发生或者才发现。相比之下，为企业董监高提供保障的经济损失责任保险（董监高责任保险）将保险事故定义为第三人索赔的提出（"**索赔**"原则）。根据这种保险事故的定义，投保人何时违反义务并不重要，关键在于第三人是否在保险期间提出损害赔偿请求。如果现在某个保险人偏离市场的通常做法，在其他责任保险合同中引入索赔原则，则必须跟投保人充分说明这一点（关于一般交易法下的"索赔"原则的有效性，见 LG München I r＋s 2009，11 及其注释 Schramm；Schimikowski VersR 2010，1533）。

因此，业内不常见的条款有可能构成《民法典》第 305c 条第 1 款的令人惊讶条款。但反过来说，单独依靠某一条款在**业内常见**的事实，并不足以证立其并不令人惊讶的结论（OLG Hamm r＋s 2012，185；分析见 Steinborn jurisPR-VersR 5/2012 注释 3）。

## 第三节　内容不明确的一般保险条款（《民法典》第 305c 条第 2 款）

根据《民法典》第 305c 条第 2 款的规定，如果保险人提供的一般保险条款含义不明确，则应作对使用者作不利的解释。这一条规定的不是订入障碍规则（《民

388

法典》第 305 条第 2 款和第 305c 条第 1 款可能构成这种障碍），而是<u>不利解释规则</u>。如果一般保险条款只是本身不易理解，其规范内容无法立即被人们掌握（不幸的是，这种情况经常发生），尚不足以构成含义不明。如果只是双方对解释有争议，也不至于直接适用不利解释规则。这一个规则的适用前提毋宁是：在用尽可能的解释方法之后（关联边码 24 及其以下各边码），不可消除的解释疑义不仅存在，而且在法律上存在至少两种可能的合理解释（BGH r＋s 1996，169）。对《民法典》第305c 条第 2 款的这种限制性处理，导致在一般保险条款的司法实践中这一规定很少得到适用。

**例如：**

389    a)《民法典》第 305c 条第 2 款的一个应用示例是个人和经营责任保险中的"<u>损害事件</u>"（Schadenereignis）一词。比如，当它出现在旧《责任保险一般条款》（AHB）第 1 条第 1 项，它可能被通常的投保人——他们对这一个词的理解构成解释的出发点——理解为损害的原因事件，也可能被理解为损害的结果事件。在解释时，不应考虑保险人通过该术语引入结果事件理论的企图，因为从投保人的视角出发，条款的措辞无法读出这一企图。这时候，对于损害事件存在数种可能的解释，而《民法典》第 305c 条第 2 款强制解释者选择对投保人最为有利的解释（参见OLG Hamm VersR 1985，463；Schwintowski VuR 1998，35，37f.）。在产品责任保险情形，结论则有所不同，对此，参见卡尔斯鲁厄高等地区法院在判决（OLG Karlsruhe r＋s 2004，104）的论证。

b) 无论如何，自 2004 年起使用的《责任保险一般条款》（AHB）采用了新的条款，当中包含了对损害事件的进一步的解释。在此之后，联邦最高法院不再认为"损害事件"条款的含义不明。

c) 联邦最高法院（BGH，r＋s 1995，24）将《住宅火灾、水灾和风暴损坏新价保险一般条款》（VGB 62）第 8 条、第 9 条［类似条款：《火灾保险一般条款》（AFB 87）第 7 条第 2 项］归类为《民法典》第 305c 条第 2 款［先前的《一般交易条款法》（AGBG）第 5 条］意义上的含义不明条款。该条规定："如果投保人违反其中一项不真正义务，保险人有权根据《保险合同法》第 6 条终止合同或免于给付……但如果义务违反既不是基于故意，也不是基于重大过失，则保险人不能免于给付。"然后进一步规定："如果义务违反导致风险升高，则适用《保险合同法》第23 条至第 30 条。此后，保险人有权终止合同或免于给付。"而根据关于风险升高的旧法规定（旧《保险合同法》第 25 条；关联边码 206），即便投保人只有一般过失，也可能导致失去保险保障的后果。基于此，联邦最高法院认为，这一条既可以解释为，在风险升高情形，同样适用前句的违反保险事故发生前不真正义务的主观至少是重大过失的要求，也可以解释为，主观为一般过失就足以导致保险人免于给付，两种解释都是合理的。

d)《火灾保险一般条款》（AFB 30）第1条第2款第1句将火灾定义为"非可控火源引发的或者离开可控火源能够自行蔓延的火"。这一规定不明确，因为不清楚"能够自行蔓延"这一要求是否同时适用于两种情形。该条款的文义支持两种解释（参见 OLG Hamburg VersR 1987，479；BGH r＋s 1990，287 将这一问题搁置；对此参见 Schimikowski，Übungen im Versicherungsvertragsrecht，4. Aufl. 2009，Rn. 70ff.）。这一解释疑义在后面的条文版本中［《火灾保险一般条款》（AFB 87）第1条第2项］得到消除。

e)《意外保险一般条款》（AUB 88）第7条第1款2a项被联邦最高法院认定为含义不明（BGH r＋s 2003，427）："手的关节缺失或功能丧失"这一表述允许两种解释。它可能被理解为，"功能丧失"指的是手关节，只要关节的功能丧失，而不需要整个手的功能丧失，即满足了条件；它也可能被理解为，"功能丧失"指的是整个手（功能丧失）。这一解释疑义无法通过文本本身解决；对其应当采取有利于投保人的解释。

f)"与《家庭财产保险一般条款》（VHB）第24条、第25条、第26条和第31条不同，在不超过2 500欧元的损害事件范围内，我们放弃以重大过失为由进行抗辩，即不主张这些规则提到的有关减少给付的份额规则。"法院认为这一表述内容不明确，因为可以理解为，这一规则预设了总损害不超过2 500欧元作为它的适用前提，也可以理解为，同样可以适用在超过2 500欧元的情形，但以2 500欧元为基数放弃在这一范围内的减少给付主张（KG Berlin r＋s 2015，240）。

g)《家庭财产保险一般条款》（VHB 74）第6条第3项，外部保险限于"欧洲"，这一规定也是不明确的，应选择对客户最有利的解释。例如，保险事故发生在加那利群岛，则是否适用前述规定是不明确的。因为一方面，加那利群岛地处非洲大陆边缘，地理上属于非洲，但另一方面，它又是西班牙的一部分，落在政治欧洲的范围，因此，最终结论是，基于它属于政治欧洲，认为该地发生的保险事故在保险保障范围内（LG Berlin r＋s 2008，476；Weidner jurisPR 5/2007 注释3 的批评性评论）。

如果一个条款存在《民法典》第305c条第2款意义上的多义，则通常也会构成《民法典》第307条第1款第2句意义上的<u>不透明条款</u>。应该指出的是，如果是在《不作为诉讼法》（UKlaG）规定的团体诉讼程序中，例如在消费者协会起诉一家保险公司请求停止侵害的情况下，通常应当按照对客户①最为不利的解释进行考察。如果某一解释将会导致条款根据《民法典》第307条不生效力，则不再考虑《民法典》第305c条第2款的适用。根据学界通说，在投保人与保险人之间进行的个人诉讼中，也必须放在《民法典》第307条的框架内考察对客户最不利的解释。

---

① 在消费者语境，作者往往用"经营者—客户"这组概念。这里的客户是指投保人。——译者注

如果有超过一种解释可能，并且它们都能够通过《民法典》第 307 条的内容控制和透明性控制规则的检验的时候，才有《民法典》第 305c 条第 2 款适用的余地（见 Jauernig/Stadler BGB，16. Aufl. 2015，BGB §305c Rn. 7；HK-BGB/Schulte-Nölke，8. Aufl. 2014，BGB §305 Rn. 5）。

## 第四节　一般保险条款的内容控制

### 1. 内容控制的界限

390　　《民法典》第 307 条及其以下各条对一般保险条款的内容控制规则作出了规定。根据《民法典》第 307 条第 3 款第 1 句，原则上只允许对那些偏离或补充法律规定的条款的内容进行审查。如果一般保险条款符合《保险合同法》的规定，甚至更加符合投保人的利益，则《民法典》第 307 条及其以下各条没有适用的余地。此外，那些直接定义合同的主给付的一般保险条款也免受内容审查。单纯的给付描述，即确定给付类型、范围和质量的条款，也不受控制，因为它们与法律规定无涉。但是，如果这些条款限缩、调整、改变或重新安排合同的主给付义务，法院可以根据《民法典》第 307 条及其以下各条进行审查。

　　**例如：**《意外保险一般条款》（AUB 88）第 1 条是确定保险范围的条款，其内容不受《民法典》第 307 条及其以下各条控制。但是，一般保险条款中的合同期间条款应当接受控制，因为这些条款对主给付义务作出了更进一步的规定（BGH r＋s 1994，363，365）。同样，限制保险人的给付的风险排除条款也应当接受控制〔《意外保险一般条款》（AUB 88）第 2 条，《意外保险一般条款》（AUB 2008）第 5 项〕。

　　联邦最高法院（BGH，r＋s 2014，228）认为，保险事故的定义〔即该案的《责任保险一般条款》（AHB）第 1.1 条中的损害事件〕属于给付描述的核心内容，因此不适用一般交易条款的内容控制。根据《民法典》第 307 条第 3 款第 1 句的规定，给付描述条款不受（考察内容是否妥当的）内容控制规则的管控。因为保险人的主给付通过这类条款得到确定，如果合同缺失此类给付描述，则其基本内容缺乏确定性或可确定性，不能认为是有效的合同。

### 2. 根据《民法典》第 308 条、第 309 条不生效力

391　　与《民法典》第 307 条的一般规定相比，《民法典》第 308 条和第 309 条包含了特殊规则，其将条款区分为有评价可能性的条款和无评价可能性的条款：前者可进行利益权衡（《民法典》第 308 条）；后者无须进一步评估即可得出不生效力的结论（《民法典》第 309 条）。《民法典》第 308 条和第 309 条仅适用于与非经营者客

户签订的合同（《民法典》第 310 条第 1 款）。在保险合同法迄今为止的司法实践中，《民法典》第 308 条、第 309 条［先前的《一般交易条款法》（AGBG）第 10 条、第 11 条］尚未发挥重要的作用。下面介绍一些规则和示例。

**a) 拟制的意思表示**

根据《民法典》第 308 条第 5 项［《一般交易条款法》（AGBG）第 10 条第 5 项］的规定，如下拟制条款不生效力：如果合同相对人实施或不实施某种行为，则视为合同相对人向条款使用人作出或者不作出某一意思表示。除非，条款使用人给予合同相对人作出明示意思表示的合理期间，并且，在期间开始之前，条款使用人特别提示了合同相对人，他的行为被赋予的意义。这样的规则符合民法一般原则，即沉默不构成意思表示。一般交易法表达了这样一个事实：这一民法一般原则只能在满足相当严格条件的前提下通过一般交易条款来改变。《民法典》第 308 条第 5 项在保险合同中有适用的余地（另参见 Prölss VersR 1996，145ff.）。

**例如：**保险公司 X 为他人的技术设备提供维修费用保险。根据一般保险条款的表述，符合特定的前提后，投保人有权请求新购补助，替代维修费用。在保险人发放补助后，投保人有义务在 4 个星期之内购买一台全新的设备，并告知保险人设备的详细信息。该条还接着规定："新设备将替代先前设备成为当前的保险合同的保险标的物。"联邦最高法院［NJW 1995，2710 (2712)］认为这构成被禁止的意思表示拟制：无论是在签订合同时，还是在保险事故中选择新购补助时，投保人都没有声明他同意将保险范围扩大到新购设备。

《民法典》第 308 条第 5 项并不一般地禁止"合同订立条款"［根据这类条款，在保险人发送保险单（订立合同的要约）之后，只要投保人没有提出反对，则合同订立］，而是要求满足上述的有效性要件要求［详见 Schimikowski r＋s 1997，89 (90)］。在合同订立采取要约邀请模式（关联边码 47）的情形，如果合同约定，在保险人事先指定的期间经过后，拟制投保人作出承诺意思表示，这样的条款根据《民法典》第 308 条第 5 项是否有效，存在争议（对此见 Schimikowski VW 2007，715ff.）。

**b) 违约金条款**

根据《民法典》第 309 条第 6 项的规定，这类违约金条款不生效力：其约定，在合同相对人不受领或迟延受领给付、支付迟延，或者条款使用人解除合同的时候，合同相对人承诺支付违约金。实务中的一般保险条款没有这类条款约定。因此，即便保险合同中命名为违约金条款的条款，也不应该用《民法典》第 309 条第 6 项来处理。例如，《责任保险一般条款》（AHB）第 13.1 条第 4 句规定的，如果投保人没有遵守在被保风险升高或保险扩大情形向保险人报告的要求，保险人有权收取违约金。同样还有机动车保险合同的约定：如果投保人已经不符合相应的费率标准（比如车辆在车库停放、限于投保人和配偶或生活伴侣使用等），则保险人有权收取违约金。

392

393

394

然而，违约金条款可能会因为《民法典》第 307 条不生效力（参见 Knappmann VersR 1996，401，407f.；Präve VW 2009，98ff.）。在斯图加特高等地区法院（OLG Stuttgart，r＋s 2014，61）的一个案例中，投保人未按照《机动车险一般条款》第 K.4.1 条的要求，履行告知保险人计算费率的关联指标已发生变化（本案为年行驶里程）的义务，保险人诉请违约金赔偿，而法院认为，保险合同中的违约金条款不生效力，因为保险人自始至终都可以援引风险升高的规则来保护自己（《保险合同法》第 23 条及其以下该条）。倘若保险人一方面可以收取违约金，另一方面还能够终止合同（《保险合同法》第 24 条）并且完全或部分免于给付（《保险合同法》第 26 条），那么投保人处于不合理的不利益地位。

### c) 证明责任的规定

395　根据《民法典》第 309 条第 12 项的规定，条款使用人对证明责任所作的不利于合同相对人的变更，不生效力。

aa)《民法典》第 309 条第 12a 项提供了第一种标准示例，即条款使用人将属于自己责任范围内的情况的证明责任转嫁给合同相对人承担。

**例如：**在一般保险条款中，不得将故意或重大过失招致保险事故的证明责任（《保险合同法》第 81 条）转嫁给投保人承担，因为风险排除条款可适用这一证明责任由保险人承担（关联边码 267）。

这也适用于有时在环境责任保险合同中出现的条款："在合同开始时已经发生的或者开始发生的环境影响，导致的既存损害或者将来损害，不在保险保障范围内。如果对损害是否或在多大程度上可归因于合同开始时已经发生或开始发生的环境影响存在疑问，则保险仅适用于投保人有证据证明的可归因于保险有效期内环境影响的那部分索赔。"这是需要保险人主张并在必要时证明的风险排除条款，与《民法典》第 309 条第 12a 项不相容。然而，这里应该指出的是，环境责任保险是经营者购买的保险，因此《民法典》第 309 条不适用（参见《民法典》第 310 条第 1 款）。不过，这里可以适用《民法典》第 307 条第 2 款第 1 项，构成与法律规定基本思想存在偏离。

396　bb)《民法典》第 309 条第 12b 项提供了第二个标准示例，涉及的是一般保险条款当中使合同相对人确认特定的事实的条款。一般保险条款中的事实确认条款不生效力。

**例如：**在保险人的投保单中，诸如"客户确认已收到一般保险条款"的条款，根据《民法典》第 309 条第 12b 项不生效力（参见 OLG Oldenburg VersR 1996，400）。但如果是客户单独签署的受领确认书，则有效。然而，如果当中不仅仅确认了事实（例如已经收到某些给付）而且同时对这些事实进行法律评价（比如客户对"关键的"一般保险条款已经清楚明了），则不构成《民法典》第 309 条第 12b 项意义上的客户单独签署的受领确认书。此外，确认受领的签名要在空间或印刷上与其他一般交易条款的文本区分开来才能满足《民法典》第 309 条第 12b 项的要求（OLG Köln r＋s 2000，137）。

客户必须点击确认的在线表格条款，"我已阅读并打印或保存撤回劝告"，也是不生效力的（BGH VersR 2014，838）。

### d）特殊的到达要求和形式要求

根据《民法典》第 309 条第 13b、c 项的规定，保险人不得将告知或意思表示的形式规定得比文本形式更为严格，也不得规定特殊的到达要求。因此，保险人可以在一般保险条款中要求，投保人以文本形式提交损害报告，但不可以在一般保险条款中要求，投保人必须采用保险人的损害报告表提交损害报告，这一形式要求不生效力。然而，如果一般保险条款规定，投保人在合同订立之后的告知和意思表示都必须由保险人受领，保险代理人无受领代理权，则被认为是法律允许的（BGH VersR 1999，565；关联边码 126 和边码 130）。在新法中，这一点有所不同，因为新法规定保险代理人有在合同存续期间受领投保人意思表示的受领代理权（《保险合同法》第 69 条第 1 款第 2 项），并且该法定代理权不容一般保险条款限缩（《保险合同法》第 72 条）。

### 3. 对投保人构成不合理的不利益（《民法典》第 307 条）

《民法典》第 307 条第 1 款第 1 句包含一项**一般规则**：如果一般交易条款的规定违反诚实信用原则，使得条款使用人的合同相对方遭受不合理的不利益，则这一规定不生效力。法律规定了两个**标准示例**，使得任一情形在有疑义的时候，只要落入这两个示例的范围之内，即可推定其构成不合理的不利益（**《民法典》第 307 条第 2 款**）：

—— 如果该条款与其所偏离的法律规则的重要的基本思想不一致（《民法典》第 307 条第 2 款第 1 项），或

—— 如果该条款对基于合同性质的基本权利和义务进行了足以危及合同目的实现的限制（《民法典》第 307 条第 2 款第 2 项）。

《民法典》第 307 条的规定在实践中非常重要。它同样适用于客户是经营者的情形（参见《民法典》第 310 条第 1 款）。又比如大型风险情形，《保险合同法》的（半）强制性规定不适用，但这里的不合理控制规则可以适用（参见《保险合同法》第 210 条；关联边码 6 和边码 429）。如果是非大型风险的情形，则其检索顺序是，首先讨论一般保险条款的规则与《保险合同法》（半）强制性条款是否相容，然后根据《民法典》第 308 条、第 309 条进行审查，最后才是根据《民法典》第 307 条进行审查。

需要注意的是，解释一般保险条款的时候必须遵守**维持有效之限缩的禁令**（Verbot geltungserhaltender Reduktion）。根据这一禁止规定，在进行内容审查的时候，不得对过于宽泛或没有充分界定的措辞进行解释，从而将其缩减为一般交易

397

398

399

条款法所允许的规则内容（BGHZ 92，312）。相反，一般保险条款应按照普通投保人可能会理解的"最坏的情况"进行解释。

### a) 违反《民法典》第 307 条第 1 款的规定

400　　与《民法典》第 308 条和第 309 条不同，《民法典》第 307 条第 1 款第 1 句的一般规则规定是一条兜底条款（堵截构成要件，Auffangtatbestand），同时它（也）是内容审查的核心。它要求评价者权衡合同双方的利益，如果一般交易条款的使用人利用条款，单方面贯彻他的利益，那么这样的条款就是不合理的不利益条款。

　　联邦最高法院（BGH，r＋s 1994，363；1995，169）遇到的预先约定 10 年期间的条款（牵涉一份 1991 年前订立的合同）就是一个单方面贯彻保险人利益的情形。法院认为，这一合同的长期约束主要服务于保险人的利益，没有考虑到投保人的财务、社会或类似情况的变化。请注意：即使投保单给予数种期间的选择可能，投保单中预先约定的合同期间条款也属于一般交易条款（BGH r＋s 1997，272）。期间约定受内容控制，不属于不能进行内容控制的核心条款（参见 BGH r＋s 1996，122 和关联边码 402）。但是，如果投保单没有预先拟定任何具体条款，而当事人手写了一个 10 年期间，则不构成一般交易条款（BGH r＋s 1996，214）。—— 不过，联邦最高法院认为，5 年期合同并不会对投保人造成不合理的不利益，尤其是在涉及维修费保险的时候，因为保险通常在几年后才会发挥作用（BGH NJW 1995，2710；相同见解见 BGH r＋s 1996，41；VersR 1997，685；OLG Karlsruhe r＋s 1996，293）。—— 如今，法律事实上规定最长期间为 3 年，超过 3 年，投保人有法定的终止权（《保险合同法》第 11 条第 4 款）。

　　如果合同中关于约定不真正义务的法律后果条款，没有根据 2008 年《保险合同法》进行调整，因此与《保险合同法》第 28 条第 2 款第 2 句的规定不一致，其规定，在投保人重大过失时保险人可以完全免于给付，则联邦最高法院认为投保人处于《民法典》第 307 条第 1 款第 1 句意义上的不合理的不利益地位（BGH r＋s 2012，9；关联边码 64 和边码 216 和边码 235）。

401　　司法判例和学术通说还从旧《一般交易条款法》（AGBG）第 9 条第 1 款推导出了**透明性要求**（Transparenzgebot），认为如果在内容方面存在对客户造成不合理不利益的严重风险，则可以以缺乏透明性为由适用旧《一般交易条款法》（AGBG）第 9 条［参见 Heinrichs, FS Trinkner, 1995，157（162）］。自 2002 年起，《**民法典**》**第 307 条第 1 款第 2 句**明确纳入了透明性要求。Heinrichs（同前注，第 163～164 页）总结了以下有关透明性要求的案例群：

　　—— 付款义务或给付范围缺乏透明度的条款。客户有可能在性价比或付款义务方面受到误导，从而无法利用谈判机会或市场机会。在这方面，内容控制有助于提高市场透明度。

　　—— 歪曲法律情况的条款。一般交易条款不得误导客户，特别是不得使条款使用人有机会拒绝客户合理的请求，或者要求承担不合理的义务。

　　—— 为条款使用人保留广泛的单方形成权的条款，而客户无法评估条款使用人将在何种意义上使用其权利。在这种情况下适用《民法典》第 307 条第 1 款第 2 句的理由是，条款使用人实际上可以不当地使用其单方形成权。

　　—— 综上所述：透明性要求<u>尽可能</u>**清晰、透明地呈现合同双方的权利和义务**。特别是，投保人的任何经济劣势和负担都**必须尽可能**清晰可辨（参见 Prölss/Martin/Armbrüster VVG Einl. Rn. 152ff. 附带更多参考文献）。在投保人没有机会或很难有机会理解相关条款的情形，尚不足以构成透明性要求的违反。透明性要求旨在防止投保人无法行使现有权利的风险。只有投保人因一般交易条款不明确而遭受无法行权的风险的情形，才构成《民法典》第 307 条意义上的不合理不利益〔BGH NJW 2010，989（991）；VersR 2013，344；OLG Hamm r＋s 2015，510；BeckOK BGB/Becker BGB § 307 Rn. 45 最后部分〕。

　　**例如**：保险人保留单方面调整保险合同以适应法律、司法判决和行政实践变化的权利，这样的一般保险条款违反透明性要求，不生效力（OLG Düsseldorf ZIP 1997，1845＝r＋s 1998，23；BGH r＋s 1999，205＝VersR 1999，697 及其注释 Präve）。联邦最高法院（BGH，r＋s 1998，4）对相互保险组织章程中的调整条款持同样的态度。诉争条款被认为不透明，因为投保人无法清楚评估保险公司为自己保留的形成权力（另请参阅 Freund Die Änderung Allgemeiner Geschäftsbedingungen in bestehenden Verträgen，1998；Abram NVersZ 2000，249ff.；Römer r＋s 2000，177ff.；Wandt，Änderungsklauseln in Versicherungsverträgen，2000.）。—— 在人寿保险、职业残疾保险和医疗保险情形，则有法定的合同条款调整规定（《保险合同法》第 164 条、第 176 条、第 203 条；关联边码 64）。

　　规定在《民法典》第 307 条第 1 款第 2 句的透明性要求，对一般保险条款的设计要求产生了深远的影响（详见 Schimikowski r＋s 1998，353ff.）。与此同时，法院在审判中也（几乎过于）经常地适用该条款。许多本来也可以通过《民法典》第 307 条第 2 款第 1 项和第 2 项得到解决的案例情形（例如，参见 OLG Celle VersR 2000，47 的判决；BGH r＋s 2001，124），也被法院通过该规则处理。适用透明性要求的重点领域在过去和现在都落在人寿保险的一般保险条款上。特别是在人寿保险方面，联邦最高法院强调透明性要求，要求保险人拟立的合同尽可能清晰易懂地呈现当事人的权利和义务；经济上不利益和负担必须是可识别的（详见 BGH r＋s 2001，433；另见 OLG Brandenburg VersR 2003，1155）。

　　**更多的相关司法判决：**

　　—— 在意外保险中，排除"心理反应"的条款不是不透明的（见 BGH r＋s

2004，385；OLG Saarbrücken r＋s 2003，470；不同见解见 OLG Jena r＋s 2002，304）。

—— 在责任保险中，渐进性损害除外条款被司法判决认为缺乏透明性（OLG Nürnberg r＋s 2002，499；另参见 OLG Saarbrücken VersR 2004，507 关于审计师职业责任保险中的风险排除）。而个人责任保险特别条款中的"汽油条款"（其涵盖投保人、车辆所有人、持有者或占有人因使用机动车辆造成的损害的请求权），法院认为不构成不透明条款。个案中的归类困难（也即归为行业的责任保险一般条款，还是该公司的特殊条款）并不能成为判决不透明的理由（OLG München r＋s 2013，492）。在该判决中，慕尼黑高等地区法院不反对保险人在合同中结合使用行业通行的《责任保险一般条款》（AHB）及其公司特别条款的做法。

在"隐藏的不真正义务"情形，部分学者认为此类条款违反了透明性要求（关联边码 178；激烈的争议见 Koch VersR 2014，283ff.；Wandt VersR 2015，265ff.；Felsch r＋s 2015，53ff.；同样见 HK-VVG，3. Aufl. 2015，VVG § 28 Rn. 19ff.；Rattay VersR 2015，1075ff.；Schimikowski jurisPR-VersR 9/2015 Anm. 4）。

在（极少数）例外情形，条款缺乏透明性可以被"治愈"（另见 Langheid/Rix-ecker/Rixecker VVG § 1 Rn. 90），例如通过在向消费者提供的信息中提供解释。然而，这些内容也必须订入合同。如果保险人没有按照《民法典》第 305 条第 2 款第 1 项规定进行订入提示，则相应的解释不构成一般交易条款内容（BGH Urt. v. 11. 7. 2012 – IV ZR 151/11）。

根据《民法典》第 307 条第 3 款第 2 句，透明性控制适用于所有一般保险合同，特别是，也适用于**纯粹的给付描述条款**。

尽管如此，联邦最高法院（BGH r＋s 2014，228）认为，不能在《一般保险条款》（AHB）第 1.1 条上适用透明性控制，因为一旦适用，合同中的保险事故定义不生效力，而法律本身又没有对责任保险的保险事故作出规定，将会导致无法确定在什么范围应当给予保险保障。如果法律在该领域没有兜底规范，一旦合同的要素被宣布不生效力，则整个合同不生效力。投保人将失去所有的保险保障。因此，**对纯粹的给付描述条款适用透明性控制会导致整个合同不生效力，就合同自由的保障而言，是不可接受的**（批评见 HK-VVG/Brömmelmeyer VVG Einl. Rn. 81；Koch VersR 2014，1277ff.）。

### b) 违反法律确立的指导规则（《民法典》第 2 款第 1 项）

402 　《民法典》第 307 条第 2 款第 1 项是将《民法典》第 307 条第 1 款的一般规定具体化的第一个标准示例。该条款确立了一项可被推翻的推定规则，依其规定，一旦一般交易条款偏离法律规定，即推定其构成不合理的不利益条款。这里所指的被偏离的法律规定，特指那些具有指导功能的法律规则，比如，旨在满足合同当事人特殊保护需求的法律规则。

**例如：**

403

—《保险合同法》第92条和第111条规定了合同双方在**保险事故发生后的终止权**。《保险合同法》的这一规定不是强制性或半强制性规定，也即，原则上是任意性规定。但是，人们可以从中抽出一个基本思想：如果允许在保险事故发生后终止合同，那么这项权利不能仅属于保险人。这一法律规定建立在这一想法之上：在损害发生后，应该允许保险人检查他是否愿意继续与客户的合同关系，也应当允许投保人考虑和决定是否愿意继续与保险人的合同关系，比如，投保人完全可能被保险人的理赔程序惹恼，从而决定退出保险。但如果偏离这一法律指导规则，比如合同中单方面禁止投保人行使终止权，则此种单独损害投保人利益的安排不被法律所允许［参见 BGH r＋s 1991，201 关于《法律保护保险一般条款》（ARB）第19条的判决］。但是，如果合同约定的是"损害事故不导致双方合同终止权的产生"［参见例如《冰雹保险一般条款》（AHagB）第8条第4项］，这种一般保险条款是否同样会被法律否定，则存在疑问。一些学者从《保险合同法》第92条第1款和第3款以及《保险合同法》第111条中抽出的这一法律确立的指导规则，即保险法中的合同当事人应被授予保险事故发生后是否继续合同的审查和决策权，进而认为，这样的规定根据《民法典》第307条第2款第1项不生效力（另见 Langheid/Rixecker/Langheid VVG §92 Rn. 33；PK-VersR/Hammel VVG §92 Rn. 30）。

—如果保险人通过合同中的**保险代表人条款**，使得相较于联邦最高法院判例所确定的范围更加宽泛的人群的行为能够归属于投保人，这一条款不生效力，因为它扩大了人群范围（BGH r＋s 93，308）。法律确立的指导规则是，只有在投保人存在过错的情形，他的不真正义务违反行为或落入主观风险排除范围的情形才会导致保险人完全或部分免于给付（参见《保险合同法》第19条第3款，第26条第1款、第2款，第28条第2款，第81条，第103条）。此外，在其他人例外地满足判例法中对保险代表人概念的严格要件的情形，其他人的过错才可以归属于投保人（关联边码276及其以下各边码）。因此，超出判例法范围的保险代表人条款根据《民法典》第307条第2款第1项不生效力（BGH r＋s 1993，308）。法律的基本思想可以来源于判例和学说形成的法律规则（参见 Langheid/Rixecker/Rixecker VVG §1 Rn. 105）。卡尔斯鲁厄高等地区法院（OLG Karlsruhe r＋s 1997，164）认为，《家庭财产保险一般条款》（VHB 74）第3条B部分第1e项不生效力，因为其保险范围取决于投保人是否能够可信地证明他或保管人都没有因过失行为而为钥匙失窃提供便利。这一决定是正确的，因为并不是每一个钥匙保管人都是投保人的保险代表人。《商业信托职业责任保险一般条款》（AVBW）第11条的规定也是一个被禁止的保险代表人条款，因为根据该条款，在驾驶人重大过失招致保险事故的情况下，保险人通常免于给付（OLG Köln r＋s 2003，296。关于保险代表人条款，参见 Winter FS Lorenz，1994，S. 723ff.；Prölss/Martin/Armbrüster VVG §81

404

Rn. 89ff.）。

405　　　　—— 通过一般保险条款**限制保险代理人的代理权**，例如"我（投保人）对告知的正确性承担全部责任，即使投保表不是我亲自填写的。保险代理人不得……作出任何具有约束力的意思表示"是不生效力的，因为它违反了法律所确立的保险代理人是保险人<u>耳与目</u>的指导规则（对此参见对旧《保险合同法》第 43 条第 1 项的判决 BGH r＋s 1992，76；关联边码 124 和边码 130）。出于同样的原因，以下或类似内容的一般保险条款也是不可接受的："所有对保险人的告知和意思表示都必须以书面形式作出，并应发送至保险公司总部或保险单或其补充条款中指定的负责机构；保险代理人无权接受这些告知和意思表示"或"保险代理人……无权受领口头意思表示和信息，无论是在合同订立之前或之后。因此，所有意思表示和信息必须以书面形式记录，并送呈 XY 保险股份有限公司的总部……"［参见 BVerwG r＋s 1998，447＝NVersZ 1998，24；OLG Karlsruhe r＋s 1997，39 对与《一般交易条款法》（AGBG）第 9 条第 2 款第 1 项/《民法典》第 307 条第 2 款第 1 项的兼容性进行质疑；对书面形式要求没有质疑的则有 LG Stuttgart r＋s 1996，34；另参见 Schirmer r＋s 1995，273 sowie Beckmann NVersZ 1998，19ff.］。然而，联邦最高法院认为，合同订立后告知和意思表示的书面形式和到达要求并不违反《一般交易条款法》（AGBG）第 9 条/《民法典》第 307 条（参见 BGH，r＋s 1999，225＝VersR 1999，565 及其注释 Lorenz。另参见 Rüther NVersZ 2001，241ff.）。—— 哈姆高等地区法院找到了一种规避联邦最高法院的判例的巧妙方法：虽然对合同订立后接收意思表示的代理权的限制是有效的，但保险代理人可以是<u>接受意思表示的信使</u>，起码他受到了保险人的委托，可以收下并向保险人传达意思表示。在正常情况下，投保人在交给保险人的信使意思表示时，就可以预期该意思表示将被转交给保险人。最起码，保险人要对其信使没有以合理的方式转交意思表示负责（OLG Hamm r＋s 2001，399）。—— 2008 年《保险合同法》规定，保险代理人在合同订立前和合同持续期间受领意思表示的代理权不得通过一般保险条款予以更改（《保险合同法》第 72 条，关联边码 398）。

406　　　　—— 旧《保险合同法》第 6 条第 1 款第 3 句规定，保险人因不真正义务违反而主张免于给付时需要首先终止合同，这一**终止义务**是否有法律确立的指导规则在背后，在过去存在争议。根据旧《保险合同法》第 15a 条的规定，在大众交易情形不得放弃旧《保险合同法》第 6 条第 1 款的规定，因为这将损害投保人的利益。即使对于不适用半强制性规定的大型风险情形（旧《保险合同法》第 187 条），文献（如本书第 3 版，边码 418）也认为不生效力：本书曾认为，旧《保险合同法》第 6 条第 1 款第 3 句包含一项法律确立的指导规则，即，即使在一般过失的情况下，保险人也可以免于给付，但他必须慎重考虑是否真的要这样做。因为如果保险人打算这么做，他就必须做好失去这个客户的准备。旧《保险合同法》第 6 条第 1 款第 3 句的这种保护功能是关于保险事故发生前不真正义务的法律规定的基本思想之一。如果遵循这一观点，例如《计算机滥用保险一般条款》（ABCM 84）第 6 条就会不生效力，根据该条规定，在违反旧《保险合同法》第 6 条的约定或法定义务的情况下，保险人免于给付，但无须同时终止保险合同［与 Liebelt-Westphal，Schadenverhütung und Versicherungsvertragsrecht，1997，S. 252 观点不同，但其只提及《一般交易条款法》（AGBG）第 9 条第 2 款第 2 项；与 OLG Frankfurt a. M. VersR 1998，362 观点不同，但其仅涉及商人之间的合同］。认为法律在这里并没有确立指导规则的观点则认为，旧《保险合同法》第 6 条第 1 款第 3 句是一项孤立规定，并未贯彻于整个不真正义务法。另一个理由是，改革立法者认为这一规定是多余的，因而在新法没有延续这一规定。—— 相反，对不真正义务法中的**过错原则的偏离**，毫无疑问构成对《民法典》第 307 条第 2 款第 1 项意义上的法律确立的指导规则的违反（参见 BGH VersR 1984，830；1993，223；KG VersR 2003，500）。因此，像一些一般保险条款规定，只要满足不真正义务违反的客观构成要件（比如迟延报告损害），就足以使保险人免于给付，这样的条款不生效力。

—— 根据《民法典》第 307 条第 2 款第 1 项的规定，责任保险中将保障范围限制在合同订立当时的法定责任的范围内，这样的条款同样是不生效力的。通过这样的条款，保险人试图避免在未来法定责任标准更加严格的情况下承担越来越多的责任。但是这是一种无意识风险升高的情况，对此，《保险合同法》第 23 条第 3 款、第 24 条第 2 款、第 25 条、第 26 条第 2 款提供了法律手段。这些规定确立的指导规则是，如果（立法者）增加的责任使届时风险和现在相比骤然剧升，保险人有权终止合同。这已经提供了足够的保护。 **407**

—— **责任保险中的系列损害条款**偏离了《保险合同法》第 100 条的任意性规定，根据第 100 条的规定，责任保险人必须在受害人提出合理索赔的情况下提供合同约定的保险金额。只要多个保险事故在事实和时间上密切关联，那么通过系列损害条款将它们捆绑并拟制为一个保险事故，这些偏离法律是允许的。但是，如果条款规定，多个"基于共同错误根源的义务违反"导致一栋或几栋建筑物受损，即使这些建筑物不属于同一个建筑项目，那么只提供一次保险金额，这样的条款不生效力［旧《建筑师责任保险特别条款与风险界定条款》（BBR Arch.-Haftpfl）第 1 条第 3a 项］。① 因为这在某种程度上相当于，对投保人多年以来发生的义务违反进行汇总，然后只赔偿当中的一次。这无疑与《保险合同法》第 100 条确立的指导规则相矛盾［BGH r+s 1991，158 关于旧《保险合同法》第 149 条的判决；关于《责任保险一般条款》（AHB）第 3 条第 2 款第 2 项第 1 款第 3 句的系列损害条款，参见 **408**

---

① 比如一位建筑师误解了某种建筑方法的抗震性能，多年来一直使用这一建筑方法。地震来临时，他设计的所有在震区内的建筑都发生了倒塌。保险人的条款约定，对于此种"基于相同错误来源的多次义务违反"情形，保险人只需对当中的一次（某个建筑的倒塌）予以理赔。——译者注

BGH r＋s 2003，106；关于职业责任保险中的系列损害条款，参见 BGH NJW 2003，3705；分析见 Gräfe NJW 2003，3673ff.]。

—— 责任保险条款规定，利息和抗辩费用计入保险金额，即便这些支出是因为遵循保险人的指示才发生的（**费用计入条款**，Kostenanrechnungsklausel），这样的条款同样违反了法律确立的指导规则。尽管《保险合同法》第 101 条第 2 款是任意性规定（参见《保险合同法》第 112 条），但保险合同法当中的指导原则是，应保险人要求而产生的费用在超出保险金额的情况下也应该得到补偿，这一点可以从有关减损费用和损害调查费用的规定（参见《保险合同法》第 83 条第 3 款，第 85 条第 1 款第 2 句）中看出（相关争议关联边码 308 以及 Terno r＋s 2013，577ff.；Repgen，Die Wirksamkeit von Kostenanrechnungsklauseln in der D&O-Versicherung，2017）。

### c）危害合同目的（《民法典》第 307 条第 2 款第 2 项）

409

如果基于合同性质的基本权利和义务受到一般交易条款的限制，危及合同目的的实现，则推定客户处于不合理的不利地位（《民法典》第 307 条第 2 款第 2 项）。该条款的目的是保障客户对合同给付的核心期待，避免一般交易条款使用人利用一般交易条款使合同失去意义（**禁止掏空合同**，Aushöhlungsverbot）。

**例如：**

—— 一般保险条款中的不真正义务规则不得要求投保人做出任何合理人在正常生活中都不会作出的行为［例如，在出门倒垃圾之前**尽数采取家居安全措施**，包括拉低百叶窗以免窃贼偷窥，参见 BGH r＋s 1990，278，关于《家庭财产保险一般条款》（VHB 84）第 14 条第 1c 项］。

—— 联邦最高法院（BGH r＋s 1993，351）认为，如果《医疗费用及每日住院津贴保险一般条款》（MB/KK）中的**科学条款**被理解为只有那些符合现代医学要求的治疗方法和药物的支出才能得到保险人的赔偿，那么这种条款就危害了医疗保险的合同目的。因为保险客户的对这类保险给付的合理期待是，例如，在现代医学无能为力的情形，保险公司能够承担替代治疗的费用。

—— 联邦最高法院（BGH r＋s 1996，285）认为，**临时保险单上的时间限制**会构成《一般交易条款法》（AGBG）第 9 条第 2 款（现今《民法典》第 307 条第 2 款）意义上的危及合同目的。因为客户对临时保险的期望是，为直到主保险合同开始之前的保障空白期提供不间断的保障。联邦最高法院的这一个观点是有问题的，因为既然临时保险合同上有明示的时间限制，就已经限制投保人可能有的给付期待。改革立法者并没有将前述的联邦最高法院观点纳入《保险合同法》第 49 条及其以下各条，由此，可以得出结论，（新）法律允许临时保险附有时间限制（关联边码 97）。

—— 同样被根据《一般交易条款法》（AGBG）第 9 条第 2 款认定为不生效力的是，私人医疗保险中的费率条款，根据该条款，在合同期间内，保险人对**心理治疗**

的赔付以 **30 次治疗或 30 天住院治疗**为限（BGH NVersZ 1999，421）。但是，将保险人提供心理治疗保险金的义务限制在 30 次/每个日历年则不会不合理地损害投保人的利益（根据 LG Berlin r＋s 2004，117）。——在医疗保险中，只报销有执照医生收取的心理治疗费用的条款，同样不被认为危害合同目的（OLG Hamm VersR 2004，321）。

——外国旅行医疗保险规定，如果被保险人进入的外国是其国籍国，则不视为境外，这样的条款被认为危害合同目的（BGH VersR 2001，184）。

——在人寿保险即时保险的（旧）一般保险条款中，曾经有过这样的规定："在投保单签署之前已知的原因所导致的保险事故，即使投保人在投保单已经说明，我们……也不承担支付保险金的义务。"该条款可以理解为，即使是多个原因共同造成保险事故，只要当中一个原因在投保时已知，则这一保险事故被排除出保险范围。这样的条款被认为危及合同的目的（BGH VersR 2001，489）。

——如果责任保险条款约定，如果财产保险人对第三人有追索权，则排除在保险保障的范围之外，这样的条款被认为过度地掏空了保险保障（OLG Dresden r＋s 2003，237）。①

符合标准示例（《民法典》第 307 条第 2 款第 1 项、第 2 项）的要件，并不意味着条款一定会不生效力，还需要是在"有疑义时"时，才会推定不生效力，因此，有必要进行具体的利益衡量。法官必须检查是否存在特殊原因，使投保人的不利地位显得合理，从而使该条款（尽管如此）例外有效〔BGH NJW 1985，914＝BeckRS 9998，101122；关于利益平衡相当清楚的分析见 Terno r＋s 2013，577（581f.）〕。

---

① 在我国保险实践中，部分保险人会在车损险中约定，如果是其他车责任导致的被保车辆损失，则保险人免于赔付。通过这样的条款，保险人试图避免赔付投保人之后向第三人追偿无果的风险。这样的条款经常也被我国法院认定为不生效力。——译者注

# 第九章
# 保险合同的国际私法规定

**参考文献**：Angerer ZfV 1989，4ff.；Armbrüster ZVersWiss 1995，139ff.；ders. VersR 2006，1ff.；ders. FS v. Hoffmann，2011，23ff.；ders. PrivVersR Rn. 2040ff.；Basedow/Drasch NJW 1991，785ff.；Dörner，Internationales Versicherungsvertragsrecht，1997；Fricke IPrax 1990，361ff.；ders. VersR 2006，745ff.；ders. VersR 2008，459ff.；Gruber，Internationales Versicherungsvertragsrecht，1999；Heiss VersR 2006，185ff.；ders. ZVersWiss 2007，503ff.；U. Hübner，Zum Stand der Rechtsvereinheitlichung im Internationalen Versicherungsvertragsrecht，in v. Bar（Hrsg.），Europäisches Gemeinschaftsrecht und Internationales Privatrecht，1990，111ff.；Katschenthaler/Leichsenring r+s 2010，45ff.；Koch VersR 2009，141ff.；Kramer，Internationales Versicherungsvertragsrecht，1995；Looschelders/Smarowos VersR 2010，1ff.；E. Lorenz ZVersWiss 1991，121ff.；Perner IPrax 2009，218ff.；ReichertFacilides IPrax 1990，1ff.；Roth，Internationales Versicherungsvertragsrecht，1985；R. Schmidt VW 1989，28ff.；ders.ZVersWiss 1989，51ff.；Staudinger VersR 1999，401ff.；Beckmann/Matusche-Beckmann VersR-HdB/Roth § 4；Wandt VersR Rn. 161ff.

## 第一节　引　入

410　　　　国际私法（IPR）旨在规定，具有涉外因素的合同适用哪些法律规则。这无论如何都不是一个简单的法律领域。现在，由于各种新规定的出台，情况变得混乱起来：在1986年9月1日之前订立的保险合同，根据不成文的法律规则，通常适用保险人的运营地，即保险人的分支机构所在地的法律〔见 Prölss/Martin/Armbrüster

(28. Aufl.) EGGVG Vor Art. 7 Rn. 5；MüKoVVG/Looschelders（1. Aufl.）In-tVersR Rn. 11；Beckmann/Matusche-Beckmann VersRHdB/Roth §4 Rn. 31 各自附带更多参考文献]。自 1987 年 9 月 1 日起订立的保险合同，适用《**民法典施行法**》**第 27 条至第 37 条**的规定。在此之后，1990 年 6 月 28 日颁布的《**欧共体理事会保险法指令施行法**》（BGBl. I 1249）为《保险合同法施行法》增加了欧洲国际保险合同的章节（《**保险合同法施行法**》**第 7 条及其以下各条**）；在 2009 年 12 月 16 日之前订立的保险合同适用这些规则。这些规范的主题是涉外时适用的法律，例如：保险合同是在国外签订的、投保人是外国公民、被保风险位于国外、保险人所在地在国外、投保人的惯常居所地在国外。这些规范因其复杂性而令人费解。《保险合同法施行法》第 7 条及其以下各条并不代表保险合同国际私法的最终规定；特别是涉及非欧盟成员国的情形，《民法典施行法》第 27 条至第 36 条——其系 1980 年 6 月 19 日《欧洲共同体关于合同义务的法律适用公约》（《罗马公约》，EVÜ）规定的国内法转化——在 2009 年 12 月 16 日之前订立的保险合同中仍然适用。这些法律冲突规范是德国国际私法实践中最重要的规定之一。《罗马公约》的规定（也即《民法典施行法》第 27 条至第 36 条的规定）和保险合同法层面的《损害第二指令》（也即《保险合同法施行法》第 7 条及其以下各条）之间存在着一般与特殊的关系：《罗马公约》作为一般规定，为包含针对保险法特点的法律冲突规则的特殊条款保留了空间。在 2009 年 12 月 17 日之后订立的合同，则统一适用《**罗马条例 I**》（Rom-I-VO）（ABl. EG L 177/6）。

德国立法者将保险合同冲突法规则规定在《保险合同法施行法》是有问题的。国际私法规则的妥当位置应该在《民法典施行法》。现如今，《保险合同法施行法》第 7 条及其以下各条不再适用于新订立的保险合同。

对于 2009 年 12 月 17 日之后订立的保险合同，《欧洲议会和理事会关于合同义务的法律适用条例》（《罗马条例 I》）在第 7 条中包含了新的保险合同法律冲突规则 [参见 Deutsch VersR 2009，1（5）]。《**罗马条例 I**》适用于民事和商业事务中的所有合同义务，当然也适用于保险合同（企业年金除外）[详见 MüKoVVG/Looschelders（1. Aufl.）IntVersR Rn. 6]。下文会对适用的规则进行概述。

需要和国际私法规则相互区分的是，在欧洲保险合同法重述的框架下运作的、旨在统一欧洲各国保险法的项目 [参见 Adelmann, Die Grenzen der Inhaltskontrolle Allgemeiner Versicherungsbedingungen，2008，26ff. 附带更多参考文献；关联边码 11 最后部分。关于《欧洲保险合同法原则》（PEICL）见 Armbrüster ZEuP 2008，775ff.；Brömmelmeyer ERCL 2011，445ff.；关于《欧洲保险合同法原则》2009 年版与和 2015 年版的讨论见 Looschelders/Pohlmann/Loacker/Perner VVG Einl. C Rn. 76ff.]。下文不涉及此主题，而是提供与保险合同相关的国际私法规则的概述，也即，具有跨境联系的保险合同的冲突法规则的概述。

411

保险合同适用的国际私法规则并没有被统一地规定在某部法律之中，具体情况如下：

—— 在 2009 年 12 月 16 日之前（含当日）与"直接保险人"（原保险人，即非再保险人）就欧盟或欧洲经济区范围内的风险订立的合同，适用《保险合同法施行法》第 7 条及其以下各条。

—— 在 2009 年 12 月 17 日之后订立的合同，适用《罗马条例Ⅰ》。

—— 在 2009 年 12 月 16 日之前与原保险人就欧盟或欧洲经济区范围内的风险订立的合同以及与再保险人订立的合同，适用《民法典施行法》第 27 条至第 36 条。

# 第二节　2009 年 12 月 16 日之前承保欧盟/欧洲经济区范围内风险的保险合同（不包括再保险）

### 1. 初步说明

412　　对于 1990 年 7 月 1 日之后与原保险人订立的所有保险合同，无论涉及的是大众风险还是大型风险，都适用《保险合同法施行法》第 7 条及其以下各条的相关规定。唯一的例外是再保险合同。这些规定确立的适用原则是：适用投保人惯常居所地（gewöhnlichen Aufenthalt）或其总部所在地（如果是公司）成员国的法律（参见《保险合同法施行法》第 8 条）。其主要目的在于保护消费者。此时，风险所在地（Risikobelegenheit）的概念居于核心地位：如果投保人或总部的惯常居所地与风险所在地在同一成员国，则不存在选择法律的可能。简而言之，这意味着，原则上，保险客户享有其国家的法律的保护（适用于消费者保险，其基本规则规定在《保险合同法施行法》第 8 条）；除非投保人的惯常居所地或其公司总部所在地与风险所在地在不同成员国，才适用自由选择法律的原则（该原则也适用于大型风险这样的特别情形，参见《保险合同法施行法》第 9 条和第 10 条）。—— 如果当事人没有进行法律选择，则风险所在地再次成为决定性的连结点（参见《保险合同法施行法》第 11 条第 2 款可推翻的推定）。

### 2. 风险所在地作为大众交易的客观连结点

413　　在大多数情况下——强制保险则适用特别规则（关联边码 431）——适用何种法律取决于投保人的惯常居所地或其公司总部是否位于风险所在的成员国境内（参见《保险合同法施行法》第 8 条）。这是法律或客观连结点的情形。这导致的事实后果是，在大众交易情形，适用投保人的惯常居所地或其公司总部所在地的法律；在大型风险情形，则当事人有选择法律的自由（关联边码 416）。

414　　风险所在地（Risikobelegenheit）的法律定义规定在《保险合同法施行法》第

7 条第 2 款，当中列举了三项**特殊规则**和一项**兜底规则**。**特殊规则**涉及建筑物、车辆、旅行和度假保险：

—— 风险所在成员国首先是被保不动产（主要是同一合同保障的建筑物和建筑物内的物）所在国（《保险合同法施行法》第 7 条第 2 款第 1 项）。

—— 风险所在成员国是车辆保险的登记国，这些车辆在那里被登记在册并被赋予识别标记（《保险合同法施行法》第 7 条第 2 款第 2 项）。如果在这种情形下适用通常规范（见《保险合同法施行法》第 7 条第 2 款第 4 项），也即，将投保人的惯常居所地作为连结点，则是完全不切实际的。想想跨境交通就能明白这个道理。

—— 最后，风险所在成员国是投保人作出订立短期旅行和度假保险合同（最长期间 4 个月，《保险合同法施行法》第 7 条第 2 款第 3 项）所需法律行为的国家。这里，合同订立地并不具有决定性，决定性的是投保人作出要约或对保险人要约作出承诺的地点，即投保人法律行为地。这一规定在大多数情况下都会导向适当的结果，因为投保人通常在其惯常居所地发出合同要约。当然，也可以想象特殊情况下可能的偶发事件：例如，一个外国人在外出途中，也即中转德国的时候，签署投保单并发送给一家外国保险公司，这一事实可能会导致德国法律的适用。这是不合适的。有观点从消费者保护的角度出发，对该条款进行限缩解释，即在这种情况下适用《保险合同法施行法》第 7 条第 2 款第 4a 项〔反对见 Basedow/Drasch NJW 1991，785（787）〕。

除了这三种特殊保险以外，风险所在成员国是指，投保人**惯常居所**或其法人分支机构所在成员国（兜底条款，《保险合同法施行法》第 7 条第 2 款第 4 项）。这是风险所在地的标准情形。与惯常居所地的连结是刚性的，在消费者保险的情况下有时会出现问题：如果一个在德国居住了一段时间的外国人向一家外国保险公司投保责任保险，那么只能适用德国法律；合同双方不得另行约定。

**多重所在地**的情形未得到规定。例如：居住在美因茨的投保人在吕根岛、奥地利和西班牙为家人购置了度假屋，并将其合并在一份火灾保险中。在这种情况下，允许自由选择法律似乎是合适的〔对应着《保险合同法施行法》第 10 条第 2 款；参见 Basedow/Drasch NJW 1991，785（788）〕。但将合同按国家拆分成数个合同也是合理的，此时法律的选择将取决于《保险合同法施行法》第 9 条第 1 款在相应部分的适用，单个合同将受各自风险所在地的法律的约束〔参见 E. Lorenz FS Kegel 1987，303（307f.）；Reichert-Facilides IPrax 1990，1（4）〕。 **415**

### 3. 例外：自由选择法律

a）如果商业居所地或总部所在地与风险所在地并非同一地，合同当事人可以在两种可能的法律之间进行选择（《保险合同法施行法》第 9 条第 1 款）。 **416**

在投保人从事商业、采矿和自由职业活动的情形，如果合同涵盖位于不同成员国的两个或两个以上的风险，则合同当事人也可以自由选择法律；《保险合同法施行法》第9条第2款的这一项规定（可能是多余地）具体化了《保险合同法施行法》第9条第1款的规定。

417

b）在下列特殊情形（境外风险、通讯保险和大型风险），如果投保人的惯常居所地或其公司总部所在地和风险所在地不在同一成员国，也允许合同当事人自由选择法律：

—— **境外风险**：如果损害事件不能在风险所在国发生，而是只能在欧共体的另一个成员国发生，则允许合同双方选择该国的法律（《保险合同法施行法》第9条第3款；受限的法律选择）。如果未作此选择，则回复适用《保险合同法施行法》第8条的规定。例如，一家外国公司的生产厂房靠近德国边境，他们担心事故发生后可能要承担德国《环境责任法》[《环境责任法》（UmweltHG）第1条，《水资源法》第89条]上的赔付义务，《保险合同法施行法》第9条第3款就使双方可以协商，选择德国法作为其购买的营业责任保险的准据法。如果该保险是在一家德国保险公司那里投保的，这是合理的，否则这种法律选择的意义就值得怀疑了。

—— **通讯保险**（Korrespondenzversicherung）①：如果惯常居所或总部在德国的投保人与一家保险公司订立保险合同，而该保险公司本身既不在《保险合同法施行法》范围内开展保险业务，也没有通过在《保险合同法施行法》范围内的中介机构开展保险业务，则合同当事人可以任意选择准据法（不受限的法律选择）（《保险合同法施行法》第9条第4款；另参见《保险监管法》第105条）。在这种情况下，自由选择法律的安排很容易理解，因为投保人在国外市场寻求保险，并自愿放弃德国保险监管和合同法的保护。《保险合同法施行法》第9条第4款为法律选择提供了超出《损害第二指令》内容的允许范围。它主要适用在通讯保险情形（企业免受因通信错误或信件丢失而造成的财务损失或损害），但也适用于接受定向投放的国外广告而订立合同的情形。

—— **大型风险**：大型风险包括所有运输和交通责任风险（机动车强制责任除外），以及与投保人的商业、采矿或自由职业活动相关的信用和保证风险，以及风险超过一定量级的损害风险（旧《保险合同法施行法》第10条第1款第1项至第3项，现《保险合同法》第210条第2款）。这里的法律选择也不受限制。但需要注意的是，根据旧《保险合同法施行法》第10条第1款的文义，如果是一个外国人向德国保险公司购买了运输保险的情形，他就无法享有这一条规定的法律选择自由，因为这一条的适用前提是投保人的惯常居所地或其总部机构在德国，并且风险也在德国。如果情况并非如此，则只能根据旧《保险合同法施行法》第9条第1款

---

① 通讯保险合同指的是，投保人与另一个国家的保险人（该保险人在投保人所在国家/地区没有开展业务）订立的保险合同。——译者注

享有受限的法律选择自由。这是有问题的，因为欧盟委员会在《第二损害指令》中意图为大型风险普遍地引入法律选择自由。

c) 如果合同双方未选择法律，则应适用与合同关系<u>最密切</u>的法律（旧《保险合同法施行法》第 11 条第 1 款第 1 句）。根据旧《保险合同法施行法》第 11 条第 2 款的可推翻推定，风险所在地在此处起决定性作用。旧《保险合同法施行法》第 11 条第 1 款第 2 句例外地允许在合同的一部分与另一国家有密切联系的情况下分割合同。这一规范预计不会有重要的实际意义，就像《民法典施行法》第 28 条第 1 款第 2 句的并行规定那样。

**4. 特殊情况：强制保险**

在<u>强制保险</u>的情形，如果该投保义务源于外国法律，且相关欧盟成员国规定适用外国法律，则适用外国法律。如果该投保义务源于德国法律，则必须适用德国保险合同法（详见旧《保险合同法施行法》第 12 条）。只要合同涉及多个欧共体成员国的风险，如果其中至少有一个成员国规定了投保义务，则必须将该合同视为由多个合同组成，各个合同适用对应成员国的法律（旧《保险合同法施行法》第 12 条第 3 款）。根据该条的文义，合同可以分为德国部分和外国部分。这一规则的目的是使各个法秩序下对强制保险的<u>强制性</u>规定能够得到贯彻。

# 第三节　2009 年 12 月 17 日起的保险合同

2009 年 12 月 17 日生效的《罗马条例 I》，适用于所有包含涉外因素的保险合同，尤其是那些风险位于**欧盟境内**的**大众风险**的合同。然而，对于**大型风险**，该条例还涵盖**欧盟以外**的风险（参见《罗马条例 I》第 7 条第 1 款第 1 句）。《罗马条例 I》第 7 条不适用于**再保险合同**；再保险合同的当事人享有不受限制的法律选择自由（《罗马条例 I》第 3 条）。

《罗马条例 I》是可以直接适用的法律，因此无须转化为国内法。欧洲法院拥有解释权。该条例不适用于丹麦［参见 MüKoVVG/Looschelders（1. Aufl.）IntVersR Rn. 3，4］。与《保险合同法施行法》第 7 条及其以下各条不同的是，根据《罗马条例 I》的表述，其也不适用于不位于欧洲经济区的风险［参见 Armbrüster PrivVersR Rn. 2043 援引《欧洲经济区协议》第 4 条的不同见解；另见 Heiss FS Kropholler，2008，459（463）；MüKoVVG/Looschelders（1. Aufl.）IntVersR Rn. 35］。

418

419

420

### 1. 受限的法律选择

421　　对于非大型风险（即**大众风险**）且风险位于欧盟成员国的保险合同，合同当事人可以选择合同订立时风险所在国的法律（《罗马条例Ⅰ》第 7 条第 3 款第 1a 项）或投保人惯常居所地所在国的法律（《罗马条例Ⅰ》第 7 条第 3 款第 1b 项）。

　　就人寿保险而言，只能选择投保人的国籍国的法律（《罗马条例Ⅰ》第 7 条第 3 款第 1c 项）。因此，投保人的本国法在这里得到适用。如果投保人有多重国籍，则可以选择任何国籍国，只要它是欧盟成员国即可 ［MüKoVVG/Looschelders（1. Aufl.）IntVersR Rn. 77］。

　　如果保险合同所承保的风险仅限于在风险所在国以外的国家可能发生的损害事件，则适用损害可能发生国的法律（《罗马条例Ⅰ》第 7 条第 3 款第 1d 项）。例如，只承保在国外发生事故或疾病的外国保险就是这种情形 ［参见 MüKoVVG/Looschelders（1. Aufl.）IntVersR Rn. 80，81］。

　　如果投保人从事**商业、工业或自由职业活动**，并且保险合同涵盖位于不同国家的两种或两种以上风险，则可以选择相关成员国的法律或投保人惯常居所地所在国的法律（《罗马条例Ⅰ》第 7 条第 3 款第 1e 项）。在这里，法律的选择范围扩大了，尽管对非大型风险的经营者而言仍然是受限的（关联边码 425）。

　　如果没有选择法律，则适用风险所在国的法律（《罗马条例Ⅰ》第 7 条第 3 款第 3 句）。

422　　对于**强制保险**，《罗马条例Ⅰ》第 7 条第 4 款 b 项的规则是，欧盟成员国可以选择使规定强制保险的成员国的法律具有约束力。德国立法机关已经利用了这一点。根据《保险合同法施行法》第 46c 条，如果保险合同的风险覆盖德国法律规定的那些具有投保义务的风险，则该保险合同适用德国法律。这是旧《保险合同法施行法》第 12 条的对应规定（关联边码 419）。

423　　《罗马条例Ⅰ》第 7 条第 2 款将其界定的**大型风险排除出**条例的适用范围（术语界定见《保险合同法》第 210 条；关联边码 7、边码 10 和边码 424）。因此，受限的选择自由规则既适用于与消费者订立的合同（《民法典》第 13 条），也适用于与不符合《保险合同法》第 210 条界定的经营者订立的合同，例如，也适用于与中小型企业订立的职业和经营责任保险。

　　《罗马条例Ⅰ》第 7 条不适用于风险地在**欧盟以外**的**大众保险**。此时应考虑为允许自由选择法律 ［MüKoBGB/Martiny（1. Aufl.）Rom I-VO Art. 7 Rn. 12］。

### 2. 自由法律选择

424　　《罗马条例Ⅰ》以自由选择法律为原则（《罗马条例Ⅰ》第 3 条）。

　　**受限的选择自由**：原则上，对于欧盟境内的**大众风险**，允许当事人自由选择法律。对于**消费者合同**则有限制（《罗马条例Ⅰ》第 6 条第 2 款）。如果没有进行法律选择，则适用保险人所在地的成员国的法律，如果是消费者合同情形，则适用消费者的惯常居所地成员国的法律（《罗马条例Ⅰ》第 3 条、第 4 条第 1 款、第 6 条第 1 款）。《罗马条例Ⅰ》第 7 条对保险合同作了特别规定（关联边码 421 及其以下各边码）。

**不受限的选择自由**：如果是**大型风险**的情形，当事人可以自由选择法律（《罗马条例Ⅰ》第 7 条第 2 款第 1 句、第 3 条）。这也适用于风险位于欧盟以外的情形。如果当事人没有选择法律，则适用保险人所在地的法律，即《罗马条例Ⅰ》第 7 条第 2 款第 2 句的规定。如果没有选择法律，则适用保险人惯常居所地所在国的法律。人们将之称为**常规连结点**（Regelanknüpfung）。这通常指向保险人的总部所在地，例外情形指向作为合同订立地的分支机构所在地（参见《罗马条例Ⅰ》第 19 条第 1 款）。如果根据整体情况，合同与另一国家有明显更密切的联系，则适用该国的法律［《罗马条例Ⅰ》第 7 条第 2 款第 3 句；关于这一**避让条款**，参见 MüKoVVG/Looschelders（1. Aufl.）IntVersR Rn. 66，67］。

425

《罗马条例Ⅰ》第 7 条不适用于**再保险**（《罗马条例Ⅰ》第 7 条第 1 款第 2 句）。再保险的当事人可以自由选择适用的法律，不受任何限制。在没有选择法律的情况下，该条例——与大型风险的原保险情形不同（关联边码 425）——没有作任何规定。对再保险合同适用原保险人分支机构所在国的法律似乎是合适的（非常有争议性，参见 MüKoBGB/Martiny，Münchener Kommentar zum BGB，6. Aufl. 2012，Rom-I-VO Art. 7 Rn. 18 以及更多参考文献）。

426

# 第四节　**2009 年 12 月 16 日之前承保欧洲经济区以外风险的直接保险和再保险**

这里原则上适用自由选择的法律（《民法典施行法》第 27 条结合旧《保险合同法施行法》第 14 条），辅助性地适用保险人的法律（《民法典施行法》第 28 条第 2 款）。《民法典施行法》第 27 条及其以下各条适用于所有具有涉外因素的再保险合同——无论其承保的是否是欧共体境内的风险（参见《民法典施行法》第 37 条第 4 款）——以及**风险位于欧盟以外**的所有其他保险合同（后者并非无争议；参见 MüKoBGB/Martiny，Münchener Kommentar zum BGB，3. Aufl. 1998，EGBGB Art. 37 Rn. 183）。

427

如果合同双方未能作出选择，则应适用与合同有最密切联系的国家的法律。这通常是保险人的总部所在地（《保险合同法施行法》第 28 条第 1 款、第 2 款）。

对于**人人可买的保险（消费者合同）**，出于消费者保护的目的，法律限制当事人选择法律的自由（参见《民法典施行法》第 29 条第 1 款）。消费者合同是指那些

428

不是为了<u>经营需要</u>而购买货物或者接受劳务给付的合同。《民法典施行法》第 29 条的消费者保护限制仅限于下述的<u>两种并列情形</u>：

—— 在保险合同订立过程中，既有保险人在投保人的居所国作出的明示的要约或广告，又有投保人在居所国实施的订立合同所需的法律行为（《民法典施行法》第 29 条第 1 款第 1 项）。

—— 即便保险人或其代理人没有作出要约或广告，但他们在投保人居所国对投保人的要约作出了承诺（《民法典施行法》第 29 条第 1 款第 2 项）。

《民法典施行法》第 29 条第 1 款第 3 项规定的是卖方资助的促销旅行期间的商品购买，与保险合同无关。但仍然需要注意《民法典施行法》第 29 条第 4 款第 2 项：除非合同的全部履行都是由保险人在投保人惯常居所地以外的国家完成，否则都适用消费者保护。在消费者保护适用的情形，法律的选择不得导致投保人失去居所国的强制性法律规定的保护。

在当事人没有选择法律的情况下，适用投保人惯常居所地所在国的法律（《民法典施行法》第 29 条第 2 款）。

当前，《民法典施行法》第 27 条及其以下各条已被《罗马条例Ⅰ》的规定所取代，但仍适用于旧案。

# 术语索引 ◀

本索引所示数字指代本书边码。

# 附录：《德国保险合同法》（第1条~第99条）

[2007年11月23日颁布（BGBl. I S.2631），最近一次根据2021年7月11日的《医疗保健发展法》第4条（BGBl. I S.2754）修订]

### 第一编 总 则（第1条~第99条）

#### 第一章 适用所有险种的规定（第1条~第73条）

##### 第一节 一般规定（第1条~第18条）

**第1条 典型合同义务**

通过保险合同，保险人承担在约定的保险事件发生时提供约定的给付，以保障投保人或第三人免于特定风险的义务。投保人承担向保险人支付约定款项（保险费）的义务。

**第1a条 保险人的销售活动**

在面向投保人的销售活动中，保险人必须始终诚实、正直和专业地为投保人的最大利益行事。销售活动包括：

（1）建议的提供；

（2）包括合同建议在内的，为合同订立所做的准备；

（3）保险合同的订立；

（4）在管理和履行保险合同方面的协作，特别是在损害事故发生的时候。

如果投保人可直接或间接通过网站或其他媒介订立保险合同，则第1款也适用于保险人基于投保人通过网站或其他媒介选择的标准而作出的一份或者多份保险合同的信息供给行为，还适用于包括价格和产品比较或者保险合同价格折扣在内的保险产品排名表的建立行为。

保险人向投保人或者潜在投保人提供的所有与销售活动有关的信息，包括广告宣传，都必须真实、明确，不得误导。广告宣传必须始终清晰可辨。

**第2条 追溯保险**

保险合同可以约定，保险保障的开始时点早于合同的订立时点（追溯保险）。

如果保险人在作出缔约意思表示的时候已经知道，保险事故不可能发生，则保险人无权请求保险费。如果投保人在作出缔约意思表示的时候已经知道，保险事故已经发生，则保险人不应承担给付义务。

如果合同通过代理人订立，则第 2 款的适用必须同时考虑代理人的知情和被代理人的知情。

第 37 条第 2 款不适用于追溯保险。

### 第 3 条　保险单

保险人必须以文本形式向投保人递交保险单，如果投保人要求，则需制作成证书形式。

如果合同不是通过保险人的国内营业机构订立的，则保险单上必须注明保险人地址和合同订立的营业机构地址。

如果保险单遗失或毁损，则投保人有权要求保险人签发新的保险单。如果属于需要经过声明才能失效的保险单，则只有在失效声明之后，保险人才有签发新的保险单的义务。

投保人有权在任何时候要求保险人提供，他对保险人作出过的、与合同相关的意思表示的副本。如果投保人需要副本是为了对保险人采取行动，而这一行动有固定期间限制且保险人事先没有提供过相关副本，则前述期间自投保人要求到达保险人时起至副本送达投保人时止，中止计算。

投保人必须承担依第 3 款签发新保险单和依第 4 款提供副本的费用，并且在对方要求时预付费用。

### 第 4 条　附持有人条款的保险单

《民法典》第 808 条适用于附持有人条款的、以证书形式签发的保险单。

如果合同约定，制作成证书签发的保险单被交还时，保险人才负担给付义务，那么在投保人声称无法交还保险单的情形，投保人可以用经过公证认证的、载明债务已消灭的承认替代保险单的交还。如果该保险单已经经过失效声明，第 1 句不适用。

### 第 5 条　内容有偏离的保险单

如果保险单的内容对投保人要约或者双方达成的合意有所偏离，则该偏离在满足第 2 款的要件且保险单到达的 1 个月内投保人没有以文本形式提出异议的情形，视为获得投保人的追认。

保险人递交保险单的时候必须提示投保人，如果投保人在收到保险单的一个月内没有以文本形式提出异议，则被视为追认偏离内容。保险人必须在保险单上通过醒目的提示，使投保人注意到每一项偏离及其法律后果。

如果保险人没有履行第 2 款规定的义务，则合同视为以投保人的要约内容为准而订立。

允许投保人放弃基于错误的撤销权的约定，不生效力。

### 第6条　为投保人提供建议

保险人必须询问投保人的意愿和需求——只要考虑到所提供保险的评估难度或投保人的个人及其相关情况构成相关缘由，并向投保人提供建议——只要在建议提供成本与保险费之间合乎比例关系的范围内，并为投保人就每一项针对特定保险所给出的建议的理由进行说明。保险人必须，在考虑到其所提供保险合同的复杂性的前提下，将上述内容予以记录。

关于上述建议及其理由的递交适用第6a条的规定。

投保人可以通过一份单独的书面声明放弃根据第1款和第2款获得建议与记录的权利，在这一声明当中必须包含这一确认，即，确认保险人已明确提示投保人，此项放弃可能会对其基于第5款向保险人提出损害赔偿请求造成不利影响。如果合同构成《民法典》第312c条意义上的远程交易，则投保人可以通过文本形式放弃权利。

基于第1款第1句的义务同样存在于保险合同订立后的保险合同关系存续期间，只要保险人能够识别出对投保人有进行追问与建议的缘由；准用第3款第2句的规定。投保人在个案情形可以通过书面声明放弃获得建议的权利。

如果保险人违反了本条第1款、第2款或者第4款的义务，则其有义务赔偿投保人因此产生的损害。如果前述义务违反不可归责于保险人，则不适用前句规定。

第1款至第5款不适用于第210条第2款所规定的大型风险情形，也不适用于投保人经由保险经纪人中介而订立的保险合同情形。

### 第6a条　信息提供的具体规定

根据第6条出具的建议及其理由，必须以下列形式递交投保人：

（1）纸质；

（2）以清晰、准确并且投保人可理解的方式；

（3）使用风险所在地或者义务承担地的成员国官方语言，或者双方约定的某种语言；

（4）无偿。

除了第1款第1项规定的形式，还可以通过下列媒介向投保人提供信息：

（1）通过其他类似纸质的持久性数据载体，前提是该持久性数据载体的使用在具体交易当中是合理的，且投保人在纸质文件和其他类型的数据载体的多种信息提供可能中，选择了此种数据载体，或者

（2）通过网站，前提是保险人为投保人定制了访问途径，或者，满足了下列条件：

a）通过网站提供信息在具体交易中是合理的；

b）通过网站提供信息的安排获得投保人同意；

c）网站地址以及信息在网站上的对应位置以电子形式通知了投保人；

d）保险人保证，网站上的信息一直保持可用，只要投保人通过合理方式即可访问。

通过纸质以外的持久性数据载体或者通过网站在具体交易中提供信息被认为构成合理的方式，如果保险人能够证明，投保人能够定期访问互联网。投保人为该交易提供电子邮

件地址的行为，视为此类证据。

如果是电话联络的情形，即使投保人根据第 2 款选择纸质以外的持久性数据载体方式接受信息，保险人也应该在保险合同订立后立即根据第 1 款或第 2 款规定向投保人提供信息。

### 第 7 条　向投保人提供信息

在投保人的缔约意思表示作出之前，保险人必须及时地以文本形式通知投保人包括一般保险条款以及第 2 款条例规定的信息在内的合同条款。该通知必须以与双方通讯方式相适应的方式，清楚且可理解地递交投保人。如果合同依照投保人的要求，以电话或者使用其他通讯方式订立，使相应信息无法在投保人缔约意思表示作出之前以文本方式递交投保人，则相应信息必须在合同订立后不迟延地予以补传；即便投保人通过单独的书面声明，放弃缔约意思表示作出之前获得信息的权利，前述规定也适用。

与联邦财政部协商一致，联邦司法和消费者保护部有权颁布无须联邦议会同意的条例，其基于为投保人提供全面信息的目的，具体规定：

（1）应向投保人通知哪些合同具体事项，尤其是关于保险人、保险人提供的给付和一般保险条款以及投保人拥有的撤回权这些具体事项；

（2）在人寿保险中，应向投保人提供哪些进一步的信息，尤其是关于预期给付的确定与计算、模型计算，以及消耗保险费的缔约和分销费用及管理费用，以及其他费用的信息；

（3）在医疗保险中，应向投保人提供哪些进一步的信息，尤其是关于保险费变化和保险费结构，以及缔约和分销费用及管理费用的信息；

（4）在保险人通过电话联系的情形，应向投保人提供哪些信息；

（5）提供信息必须采取的方式。

确定第 1 句规定的信息需要考虑下列指令的规定：92/49/EWG 指令［全称是：欧洲理事会（Rat）1992 年 6 月 18 日作出的旨在整合直接保险（人寿保险除外）的法律和行政规定，并对 73/239/EWG 指令和 88/357/EWG 指令（第三号指令损害保险）进行修改的 92/49/EWG 指令（刊载于 1992 年 8 月 11 日的 ABl. L 228，第 1 页）］和 2002/65/EG 指令［全称是：欧洲议会和理事会 2002 年 9 月 23 日作出的关于消费者远程金融服务，并对欧洲理事会 90/619/EWG 指令以及 97/7/EG 指令和 98/27/EG 指令进行修改的 2002/65/EG 指令（刊载于 2002 年 10 月 9 日的 ABl. L 271，第 16 页）］。确定第 1 句规定的信息还必须进一步考虑：

（1）欧洲保险和职业养老金管理局，根据（EU）2016/97 指令［全称是：欧洲议会和理事会 2016 年 1 月 20 日作出的关于保险销售（新版）的（EU）2016/97 指令（刊载于 2016 年 2 月 2 日的 ABl. L 26，第 19 页；2016 年 8 月 17 日的 L222，第 114 页）］制定的技术性实施标准，以及欧盟委员会根据（EU）Nr. 1094/2010 条例第 15 条［全称是：欧洲议会和理事会 2010 年 11 月 24 日作出的关于设立欧洲管理局（欧洲保险和职业养老金管理局）、修改 Nr. 716/2009/EG 决议、撤销委员会 2009/79/EG 决议的（EU）Nr. 1094/

2010 条例（刊载于 2010 年 12 月 15 日的 ABl. L331，第 48 页），其最近被（EU）Nr. 258/2014 条例（刊载于 2014 年 4 月 8 日的 ABl. L105，第 1 页）所修改〕颁布的技术性实施标准；

（2）委员会，按照（EU）2016/97 指令第 29 条第 4 款第 b 项和第 30 条第 6 款分别结合（EU）2016/97 指令第 38 条，颁布的被授权的行政法律行为。

第 2 款所述的条例还必须进一步规定，保险人在合同履行过程中必须以文本形式提供哪些信息；这尤其适用于先前信息发生变更的情形，特别是在医疗保险情形，提高保险费和变更费率可能的信息，以及在人寿保险情形，随着投保人请求权的发展而变化的分红信息。

在合同存续期间，投保人有权随时请求保险人将包含一般保险条款在内的合同条款制作成证书递交给他；第一次递交的费用应由保险人承担。

第 1 款至第 4 款不适用于第 210 条第 2 款意义上的大型风险保险合同。如果这类保险合同的投保人是自然人，则保险人必须在合同订立前，以文本形式通知投保人该合同适用的法律和主管的监管机构。

### 第 7a 条　捆绑销售

如果保险产品和非保险的附属产品或附属服务合并作为一个产品包，或者共同作为产品包或相同协议的一部分被提供，则保险人必须告知投保人是否可以单独购买这些组成部分；如果可以，则保险人必须提供该协议或者该产品包的各组成部分的描述，并且就各组成部分的成本和费用提供单独清单。

如果产品包的保险范围与单独购买其各组成部分的保险保障范围不同，则保险人必须向投保人说明，产品包的各组成部分以及它们如何相互作用从而改变保险保障范围。

如果保险产品将一项非保险的服务或物品作为产品包或相同协议的一部分补充进来，则保险人必须向投保人提供单独购买该物品或服务的机会。但如果保险产品补充的是下列对象，则前述规定不适用：

（1）欧洲议会和理事会 2014/65/EU 号指令第 4 条第 1 款第 2 项意义上的证券服务或者投资活动；

（2）欧洲议会和理事会 2014/17/EU 号指令第 4 条第 3 项意义上的信用合同；

（3）欧洲议会和理事会 2014/92/EU 号指令第 2 条第 3 项意义上的支付账户。

在第 1 款至第 3 款情形，保险人必须调查作为产品包或者相同协议的一部分的保险产品的投保人的愿望和需求。

如果剩余债务保险作为附随产品或者作为产品包或相同协议的一部分提供，则必须在投保人作出保险产品缔约意思表示的一周后再次以文本方式就撤回权作出劝告。保险产品的信息表必须与该劝告一起，再次向投保人提供。撤回期间在前述材料到达之前不起算。

### 第 7b 条　保险投资产品的信息

对于（EU）2016/97 号指令第 2 条第 1 款第 17 项意义上的保险投资产品，保险人必须在合同订立前及时地为投保人提供关于保险产品的销售以及总成本和费用的合理信息。这些信息至少包括下列内容：

（1）如果给了建议，则必须根据第 7c 条向投保人提供，他能否获得被推荐的保险投资产品的定期资质评估的信息；

（2）就与基于保险的投资产品或特定建议的投资策略相关的风险提供适当的指导和警告；

（3）包括建议费用和向投保人推荐的保险投资产品的费用的信息在内的、关于保险投资产品销售的信息；

（4）包括第三方支付在内的、关于投保人如何支付的信息。

包括基于保险投资产品的分销且非由基础市场风险引起的成本和费用在内的所有成本和费用的信息，必须以汇总成概要的形式提供；总成本以及它们对投资回报的累积影响必须是可理解的；此外，如果投保人要求，则必须向其提供成本和费用的明细表。上述信息在投资期间内定期提供给投保人，至少每年提供一次。

**第 7c 条　保险投资产品的评估；报告义务**

保险人在为保险投资产品提供建议时，必须询问：

（1）投保人在与特定产品或服务类型相关的投资领域的知识和经验；

（2）投保人的财务状况，包括投保人承担损失的能力；

（3）投资目标，包括投保人的风险容忍度。

保险人只能向投保人推荐适合投保人的，特别是与其风险容忍度与损失承受能力相适应的保险投资产品。如果根据第 7a 条捆绑了服务包或者产品包的，则保险人只能在整个产品包适合顾客的时候，才能在投资建议当中作出推荐。

保险人必须始终评估保险产品是否适合投保人。为了评估产品的合适性，保险人必须要求投保人提供其在与特定产品或服务类型相关的投资领域的知识和经验的信息。如果保险人提供的是符合第 7a 条的产品包，则必须考虑该产品包是否适合。如果保险人认为该产品不适合投保人，则必须向投保人发出警告。如果投保人未能提供第 1 款第 1 项中规定的信息，或者他提供的有关其知识和经验的信息不足，保险人必须警告他，由于信息不足，无法评估所考虑的产品是否适合他。这些警告可以采用标准化文本进行。

在满足以下条件的情况下，保险人可以在没有根据第 1 款规定提供建议的情形，不进行第 2 款规定的检查而销售保险投资产品：

（1）活动涉及的是以下保险投资产品：

a）仅涉及金融商品投资风险的合同，其不符合指令 2014/65/EU 所定义的复杂金融工具且不具有使投保人难以理解投资所伴随风险的结构；

b）其他非复杂的保险投资。

（2）销售活动是在投保人提议下进行的；

（3）投保人已经被明确告知，保险人在进行销售活动时，未评估其所提供的保险投资产品的适合性；这种警告可以采取标准化文本进行；

（4）保险人履行了避免利益冲突的义务。

保险人应将与投保人就当事人权利和义务达成的协议，以及保险人在何种条件下将向投保人提供服务给付的条款，予以记录。合同当事人的权利和义务可援引其他文件或法律文本加以约定。

保险人必须通过持久性数据载体向投保人提供关于其所提供服务的适当报告。这些报告包括对投保人的定期通知——其提供需考虑相关保险投资产品的性质和复杂程度、向投保人提供服务的性质，以及在发生费用的情形，与所进行的交易和所提供的服务相关的成本。如果保险人提供保险投资产品的建议服务，其必须在合同签订前通过持久性数据载体向投保人提供一份说明，说明所提供的建议以及作为依据所考虑的偏好、目标以及该客户的其他特征。这里适用第 6a 条的规定；但是，上述说明不能通过网页形式提供。如果保险合同是使用远程通信方式订立的，并且无法提前交付适合性说明的，则保险人可以在保险合同订立后不迟延地在持久性数据载体上向投保人提供适合性说明，但以满足以下条件为前提：

（1）投保人已经同意此种处理方式；

（2）保险人已向投保人提供双方可以延期订立合同的机会，以便投保人能够事前收到适合性说明。

如果保险人告知投保人，他能够获得保险投资产品的定期资质评估，则定期报告必须包括对基于保险的投资产品如何符合投保人的偏好、目标和该客户的其他特征的最新说明。

### 第 8 条　投保人的撤回权

投保人有权在 14 日内撤回其缔约意思表示。该撤回必须以文本形式向保险人作出，且无须提供理由；及时发出即满足期间要求。

撤回期间在下列材料以文本形式到达投保人之时起算：

（1）保险单，和包括一般保险条款在内的合同条款，以及根据《保险合同法信息义务条例》必须传达的进一步信息；

（2）关于撤回权和撤回法律后果的清晰劝告，该劝告必须采取与其所使用的通讯方式的需求相符的方式使投保人清楚其权利，在内容上必须包含撤回相对人的名称和能够接收材料的地址，以及对撤回期间起算和对第 1 款第 2 句规定的提示。

对于必须以（EU）Nr. 1286/2014 条例［全称是：欧洲议会和理事会 2014 年 11 月 26 日关于打包零售投资产品和保险投资产品的关键信息表单的（EU）Nr. 1286/2014 条例（PRIIP）（刊载于 ABl. L 352，2014.12.9，第 1 页；2014 年的 12 月 13 日的 L 358，第 50 页），其最近被（EU）2019/1156 条例（刊载于 2019 年 7 月 12 日的 ABl. L 188，第 55 页）所修改］制定当前适用版本的关键信息表单（Basisinformationsblatt），或者必须以（EU）2019/1238 条例［全称是：2019 年 6 月 20 日欧洲议会和理事会关于泛欧私人养老金产品（PEPP）的（EU）2019/1238 条例（刊载于 2019 年 7 月 25 日的 ABl. L 198，第 1 页）］第

26 条制定当前适用版本的 PEPP 关键信息表单的保险产品而言，撤回期间直到投保人掌握关键信息表单或者 PEPP 关键信息表单后才起算。第 1 句和第 2 句的材料已到达的证明义务由保险人负担。

在下列情形，投保人无撤回权：

（1）保险合同期间短于一个月；

（2）临时保险合同，除非构成《民法典》第 312c 条意义上的远程交易合同；

（3）与养老基金①根据劳动合同规范订立的保险合同，除非构成《民法典》第 312c 条意义上的远程交易合同；

（4）属于第 210 条第 2 款意义上大型风险的保险合同。

如果在投保人行使其撤回权之前，双方已经按照投保人的明示意愿完全履行了合同，则撤回权消灭。

如果保险人以文本形式使用了本法附件中的范本，则其作出的劝告满足了第 2 款第 1 句第 2 项规定所做的要求。保险人可以在遵守第 2 款第 1 句第 2 项的前提下偏离范本。在遵守第 2 款第 1 句第 2 项的前提下，如果偏离仅限于格式和字体大小，或者仅限于保险人公司名称或保险人标识符等附加内容，第 1 句同样适用。

### 第 9 条　撤回的法律后果

在投保人行使第 8 条第 1 款撤回权的时候，只有当他得到第 8 条第 2 款第 1 句第 2 项规定的劝告，获得了关于其撤回权、撤回的法律后果以及应缴保险费的提示，并且事先同意保险保障在撤回期间结束之前开始的情形，保险人才可以只退还撤回表示到达后的期间对应的保险费；此项退还义务必须不迟延地履行，最迟不得超过撤回表示到达的第 30 日。如果第 1 句规定的提示未得到履行，保险人还必须额外退还投保人所支付的第一年保险费；如果投保人已经请求保险合同的给付，则前述规定不适用。

如果投保人有效地行使了第 8 条规定的撤回权，则其亦不再受与保险合同关联的其他合同的约束。关联的合同是指，与被撤回的合同关联的，并且包含保险人或第三人——基于第三人与保险人之间的协议——提供的服务给付的合同。违约金条款既不得约定也不得请求。

### 第 10 条　保险的开始和结束

如果保险的存续是按日、周、月或数月为期间确定的，则保险期间自合同订立当日零时开始；在最后一日当日 24 时结束。

### 第 11 条　延长、终止

如果定期保险合同关系在合同期间结束之前未被有效终止，则每次自动延长，这样的事先延长约定在延长期间超过 1 年的情形不生效力。

在不定期的保险合同关系中，双方的终止只能在当前保险周期结束时发生效力。双方可以做至多两年的终止权放弃约定。

---

① 根据《保险监管法》（VAG）第 232 条，养老基金是承保劳动收入损失的人寿保险公司。——译者注

双方的终止期间必须一致，不能短于 1 个月，不得长于 3 个月。

如果保险合同的合同期间长于 3 年，则投保人得以在第三年年末或者之后每一年年末以 3 个月为终止期间，终止保险合同。

**第 12 条　保险周期**

除保险费以更短周期计算的情形外，以 1 年为一个保险周期。

**第 13 条　地址和名称的变更**

如果投保人没有通知保险人地址的变更，则保险人向其所知的投保人最后地址发送挂号信，即作出了对投保人的意思表示。该项意思表示在信件发出 3 日后视为到达。第 1 句和第 2 句准用于投保人名称变更的情形。

如果投保人为其营业投保，则在其营业机构搬迁的情形，准用第 1 款第 1 句和第 2 句的规定。

**第 14 条　金钱给付义务的到期**

保险人的金钱给付义务在确定保险事故和确定保险人给付范围的必要调查结束时到期。

如果保险人不能在保险事故告知的 1 个月内完成调查，则投保人有权请求保险人提前支付部分款项，该款项以保险人依推测至少需要支付的数额为限。如果调查因为投保人的过错无法进行，则期间中止计算。

允许保险人免于支付迟延利息的约定，不生效力。

**第 15 条　消灭时效的中止**

如果保险合同上的请求已经在保险人处登记，则消灭时效中止计算，直至保险人的决定以文本方式送达请求人。

**第 16 条　保险人破产**

如果就保险人的财产启动了破产程序，则保险合同关系应在破产程序启动的 1 个月后结束；在此之前，破产财产上的保险合同关系仍然有效。

保险监管法关于破产启动的效果的相关规定不受影响。

**第 17 条　不可扣押物的让与禁止**

如果保险保障的不可扣押物，则只能在投保人的债权人已经提供其他物替代已经灭失或毁损的不可扣押物的时候，保险债权才能转移给投保人的债权人。

**第 18 条　偏离约定**

对本节第 3 条第 1 款至第 4 款、第 5 条第 1 款至第 3 款、第 6 条至第 9 条以及第 11 条第 2 款至第 4 款、第 14 条第 2 款第 1 句和第 15 条的规定，合同约定不得以不利于投保人的方式予以偏离。

**第二节　告知义务、风险升高以及其他不真正义务（第 19 条～第 32 条）**

**第 19 条　告知义务**

投保人在作出缔约意思表示之前，必须将他知道的对保险人的决定重要的，并且保险人以文本形式询问的风险情况告知保险人。如果保险人在投保人作出缔约意思表示之后但在合同承诺之前提出第 1 句意义上的询问，则投保人就这一询问也负有告知义务。

如果投保人违反第 1 款规定的告知义务，则保险人有权解除合同。

如果投保人既非故意也非重大过失违反告知义务，则保险人无权解除合同。在这种情形下，保险人有权附 1 个月终止期间终止合同。

如果保险人即便知道未被告知的情况，依然会愿意以其他合同条款订立合同，则保险人基于投保人重大过失违反告知义务的解除权以及第 3 款第 2 句的终止权均被排除。前句的其他合同条款在保险人要求的情形溯及地成为合同的组成部分，但如果义务违反不可归责于投保人，变更仅追溯到当前保险周期的开始时点。

只有当保险人以文本形式向投保人就违反告知义务的后果作过单独的通知，保险人才享有上述第 2 款至第 4 款的权利。如果保险人事先知道投保人未告知的风险情况或者事先知道投保人告知中的不实之处，则保险人的上述权利被排除。

如果在第 4 款第 2 句的情形，合同变更的结果是保险费被提高 10% 以上，或者保险人将投保人未告知的风险排除出承保范围，则投保人有权在保险人的通知到达之日起的 1 个月内，不附终止期间地终止合同。保险人必须在前述通知中提示投保人，其享有这一终止权。①

### 第 20 条　投保人的代理人

如果投保人通过代理人订立了保险合同，则在适用第 19 条第 1 款至 4 款和第 21 条第 2 款第 2 句以及第 3 款第 2 句时，必须同时考虑投保人的知情及恶意和代理人的知情及恶意。只有在投保人和代理人都没有故意或者重大过失的时候，投保人才可以主张，他对告知义务的违反既没有故意也没有重人过失。

### 第 21 条　保险人权利的行使

保险人必须在 1 个月内以书面方式行使第 19 条第 2 款至第 4 款规定的权利。该期间自保险人意识到因告知义务违反得以行使权利时起算。在行使权利时，保险人必须提供可以支撑其行权的事由；在本款第 1 句规定的期间届满之前，保险人可以嗣后补充进一步事由作为理由。

根据第 19 条第 2 款解除合同的保险人在保险事故发生后，免于承担给付义务，除非告知义务的违反既与保险事故的发生或确定，也与保险人给付义务的确定或范围没有因果关系。在投保人恶意违反告知义务的情形，保险人不应承担给付义务。

保险人第 19 条第 2 款至第 4 款的权利在合同订立 5 年后消灭；前述规定不适用于在此期间届满之前保险事故已经发生的情形。如果投保人故意或者恶意违反告知义务，则前述期间增加为 10 年。

---

① 不附终止期间地终止合同，指的是终止权人行使终止权后，终止立即发生效力。区别于附终止期间的终止权，后者在终止作出后，需待终止期间届满后才发生终止效力。——译者注

### 第 22 条　恶意欺诈

保险人基于恶意欺诈撤销合同的权利不受影响。

### 第 23 条　风险升高

投保人在作出缔约意思表示之后，未经保险人允许，不得实施或者允许第三人实施风险升高行为。

如果投保人嗣后发现自己未经保险人允许实施了或者允许第三人实施了致使风险升高的行为，则必须不迟延地告知保险人风险升高的情况。

如果在投保人作出缔约意思表示之后，发生了与投保人主观意愿无关的风险升高情况，则投保人必须在知情后不迟延地告知保险人。

### 第 24 条　因风险升高而终止合同

如果投保人违反了第 23 条第 1 款规定的义务，保险人有权不附终止期间地终止合同，除非投保人的义务违反既非故意也非重大过失。如果义务违反是基于一般过失，则保险人有权附 1 个月终止期间终止合同。

在第 23 条第 2 款和第 3 款规定的风险升高的情形，保险人有权附 1 个月终止期间终止合同。

如果保险人自知道风险升高情况时起 1 个月内未行使终止权，或者，如果风险状况回复到风险升高之前，则第 1 款和第 2 款规定的终止权消灭。

### 第 25 条　因风险升高而提高保险费

保险人可以自风险升高时点起，请求与承担更高风险的交易原则相适应的保险费或者将这一更高风险排除出承保范围，以代替合同终止权的行使。前句权利的消灭准用第 24 条第 3 款的规定。

如果保险费因风险升高提高 10％以上，或者，如果保险人将该较高风险排除出承保范围，则在保险人的通知到达后的 1 个月内，投保人有权不附终止期间地终止合同。保险人必须在前述通知中提示投保人，其享有此项终止权。

### 第 26 条　因风险升高而免于给付

在风险升高后发生保险事故的情形，如果投保人故意违反第 23 条第 1 款规定的义务，则保险人不应承担给付义务。重大过失违反，则保险人有权按照与投保人的过错严重程度相应的比例减少给付；不存在重大过失的证明责任由投保人承担。

在第 23 条第 2 款和第 3 款规定的风险升高的情形，如果保险事故发生在投保人本应该收到通知的 1 个月之后，则保险人不应承担给付义务，除非保险人在那个时点之前已经知道风险升高。如果投保人违反第 23 条第 2 款和第 3 款规定的告知义务并非基于故意，则保险人负有给付义务；重大过失违反的情形，适用第 1 款第 2 句的规定。

与第 1 款和第 2 款第 1 句的规定相反，下列情形，保险人仍应承担给付义务：

（1）风险升高与保险事故的发生或者与保险人给付义务的范围不存在因果关系；

（2）保险事故发生时，终止期间已经经过而保险人未行使终止权。

### 第 27 条　不显著的风险升高

如果风险升高不显著，或者，如果升高的风险情况在这种情况下必须被视为一并承保，则不适用第 23 条至第 26 条。

### 第 28 条　对约定不真正义务的违反

如果投保人所违反的约定不真正义务，属于投保人在保险事故发生前必须向保险人履行的不真正义务，则保险人有权在知道义务违反的 1 个月内不附终止期间地终止合同，除非投保人对该义务的违反既非故意也非重大过失。

如果合同约定，在投保人违反应履行的约定不真正义务的情况下，保险人不承担合同给付义务，则在投保人故意地违反不真正义务的情形，保险人免于给付。在重大过失违反不真正义务的情形，保险人有权按照与投保人的过错严重程度相应的比例减少给付；重大过失不成立的证明责任由投保人承担。

不同于第 2 款的规定，如果违反不真正义务既不与保险事故的发生或确定，也不与保险人给付义务的确定或给付范围存在因果关系，则保险人必须承担给付义务。第 1 句的规定不适用于投保人恶意违反不真正义务的情形。

如果投保人违反保险事故发生后的信息提供或释明不真正义务，则保险人可以根据第 2 款的规定全部或者部分免于给付，但以保险人已经通过文本形式向投保人发出单独的通知，提示了该法律后果为前提。

允许保险人在投保人违反约定不真正义务时解除合同的约定，不生效力。

### 第 29 条　部分解除，部分终止，部分免于给付

如果保险人本节规定的解除权或终止权的构成要件只在部分物或部分人处得到满足，则只有在可以认定保险人就剩余部分不会以相同的合同条款订立合同的情况下，保险人才有权解除或终止合同的剩余部分。

如果保险人就部分物或者部分人行使了解除权或者终止权，则投保人有权终止剩余部分的保险关系。投保人最晚必须在保险人的解除或者终止发生效力的那个保险周期结束前，作出终止意思表示。

如果保险人因违反风险升高规定而全部或者部分免于给付的构成要件只在部分物或部分人处得到满足，则准用第 1 款规定免于给付。

### 第 30 条　告知保险事故

投保人在知道保险事故发生之后必须不迟延地告知保险人。在第三人有权请求保险人为合同给付的情形，第三人也有义务为告知。

合同可以约定，保险人在投保人违反第 1 款第 1 句告知义务的情形不承担给付义务，但如果保险人已经通过其他方式及时知道保险事故的发生，则保险人不能援引该约定。

### 第 31 条　投保人的信息提供义务

在保险事故发生后，保险人可以要求投保人提供任何必要的信息，以确定保险事故或保险人给付义务范围。保险人可以要求投保人提供相关单据，但以投保人能够合理获取

为限。

在第三人有权请求保险人为合同给付的情形，第三人也有履行第 1 款规定的义务。

### 第 32 条　偏离约定

对本节第 19 条至第 28 条第 4 款和第 31 条第 1 款第 2 句的规定，合同约定不得以不利于投保人的方式予以偏离。对于投保人按照本节规定需要承担的告知义务，允许约定为书面或者文本形式。

### 第三节　保险费（第 33 条～第 42 条）

### 第 33 条　到期

投保人必须在保险单到达的 14 日后不迟延地支付一次性保险费，或者，在约定为分期支付的情形，支付第一期保险费。

如果上一期保险费由保险人前往投保人处收取，则投保人只有在保险人以文本形式要求他送交[①]保险费时，才有义务送交。

### 第 34 条　第三人支付

在为他人保险情形，保险人必须受领被保险人、已获得保险给付受领权的受益人以及担保权人支付的到期保险费或保险人基于合同应得的其他款项，即便根据《民法典》规定，保险人有权拒绝受领支付。

担保权人在支付保险费或者保险人基于合同应得的其他款项后，在保险债权上成立这一款项包括利息在内的金额的担保权。

### 第 35 条　保险人抵销

保险人可以将到期的保险费或者其他根据合同有权获得的到期债权与保险债权相抵销，即便是第三人而非投保人取得了该项保险债权。

### 第 36 条　给付地

保险费的给付地为投保人当时的住所地。但投保人必须自行承担将保险费递交给保险人的风险和费用。

在投保人为其营业投保的情形，如果该营业机构所在地与投保人住所地不一致，则以该营业机构所在地替代住所地。

### 第 37 条　第一期保险费的支付迟延

如果一次性保险费或第一期保险费未被及时支付，只要未支付，保险人就有权解除合同，除非未支付不可归责于投保人。

如果投保人在保险事故发生时未支付一次性保险费或第一期保险费，则保险人不应承担给付义务，除非未支付不可归责于投保人。保险人只有在通过文本形式的单独通知或者保险单上的醒目提示，提请投保人注意不支付保险费的法律后果时，才可以免于给付。

---

① 例如，一直以来，保险人都是根据约定，通过银行自动扣款程序扣取投保人的保险费（此时为往取之债），但如果某一期扣款失败（例如银行账户余额不足），则需要保险人通过文本形式催缴，投保人才负有通过银行向保险人转账的义务（此时为送交之债）。换言之，在保险人以文本形式催缴之前，投保人并未陷入履行迟延。——译者注

### 第38条　后续保险费的支付迟延

如果投保人没有及时支付后续保险费，保险人可以以文本形式为投保人指定一个不短于两周的支付期间，由此产生的费用由投保人负担。只有保险人详细说明了拖欠的保险费、利息和费用的金额，并且按照第2款和第3款规定说明了期间届满的法律后果，其期间指定才是有效的；如果是多个合同合并的情形，则必须分别说明每个合同下的金额。

如果保险事故在指定期间届满之后发生，且投保人此时就保险费、利息或费用的支付陷于迟延，则保险人不应承担给付义务。

指定期间届满后，只要投保人就其所负款项的支付陷于迟延，保险人就可以不附终止期间地终止合同。保险人可以将终止的意思表示结合到支付期间的指定当中，规定，如若投保人指定期间届满仍未完全支付，则在指定期间届满时发生终止效力；就此种终止意思表示的作出，保险人必须向投保人为明确提示。如果投保人在终止后1个月内付款，或者在终止和支付期间指定结合的情形，在该支付期间届满后1个月内付款，则终止不发生效力；第2款的适用不受影响。

### 第39条　合同关系的提前结束

如果保险关系在保险周期结束前提前结束，则保险人仅有权获得该保险周期内与保险保障存在期间相对应的那部分的保险费。如果保险关系因第19条第2款规定的解除或者因恶意欺诈撤销而结束，则保险人有权获得直至解除或者撤销意思表示生效时点为止的保险费。如果保险人根据第37条第1款解除合同，则保险人可以请求合理的业务费用。

如果保险关系基于第16条而结束，投保人可以请求保险人返还自己已支付的、对应着保险关系结束后期间的那部分的保险费，但须扣除为这一期间已经支出的费用。

### 第40条　保险费提高时的终止权

如果保险人根据调整条款提高保险费，却不相应改变保险保障范围，则投保人可以在保险人通知表示到达的1个月内即时生效地终止合同，但生效时间不得早于提高保险费生效之日。保险人必须在通知中告知投保人终止合同的权利。该通知最晚在提高保险费生效的1个月之前必须送达投保人。

如果保险人根据调整条款缩小保险保障范围，却不相应降低保险费，则准用第1款规定。

### 第41条　保险费的降低

如果因为某些风险升高情况约定了较高的保险费，但在投保人要约发出或者在合同成立之后，这些情况消失或变得无关紧要，则投保人可以请求保险人，自其请求到达时起适当降低保险费。这也适用于，投保人的错误导致这些情况的相关信息不正确，导致更高保险费定价的情形。

### 第42条　偏离约定

对本节第33条第2款和第37条到第41条的规定，合同约定不得以不利于投保人的方式予以偏离。

### 第四节　为他人保险（第 43～第 48 条）

### 第 43 条　概念界定

投保人可以以自己的名义为他人订立保险合同，可以列明或不列明被保险人（为他人保险）。

如果投保人为他人订立保险合同，即便该他人已被列明，在有疑义时，仍应认为投保人不是代理人，而是以自己名义为他人投保的投保人。

如果根据情况无法推出保险合同为他人订立的结论，则视为投保人为自己利益订立。

### 第 44 条　被保险人的权利

在为他人保险情形，被保险人享有保险合同所产生的权利。但是，只有投保人才有权请求保险人递交保险单。

只有在被保险人持有保险单的情形，被保险人才有权不经过投保人同意，处分自己的权利并在法庭上主张这些权利。

### 第 45 条　投保人的权利

投保人可以以自己名义处分被保险人根据保险合同享有的各项权利。

如果保险单已经被签发，则投保人只有在持有保险单的情况下，才能不经过被保险人同意，受领保险人的给付以及让与被保险人的权利。

只有在被保险人对保险作出同意的情况下，保险人才有向投保人为给付的义务。

### 第 46 条　投保人和被保险人之间的权利

在投保人对被保险人就保险标的物的请求权未获清偿之前，投保人没有义务将保险单交给被保险人，或者在被保险人的财产启动了破产程序的情形，投保人没有义务将保险单交给破产财团。就上述债权，投保人可以通过向保险人提出赔偿请求，从赔偿金额中扣抵，优先于被保险人及其债权人得到清偿。

### 第 47 条　被保险人的知情和行为

只要投保人的知情和行为具有法律意义，那么在为他人保险情形，必须同时考虑被保险人的知情和行为。

如果合同是在被保险人不知情的情况下被订立的，或者投保人及时通知被保险人是不可能或者不可合理期待的，则不应考虑被保险人是否知情。未经被保险人委托订立合同的投保人，如果在订立合同时没有告知保险人未经委托的事实，则保险人不必接受合同是在被保险人不知情的情况下订立的抗辩。

### 第 48 条　为"相关人"保险

如果保险是为了"相关人"利益，或者，如果可以从其他方式推出，合同在为自己或者为他人的利益投保的问题上保持开放，则在具体情形下能推出其保障的是他人的利益的时候，必须适用第 43 条至第 47 条的规定。

### 第五节　临时保险（第 49 条～第 52 条）

### 第 49 条　合同内容

如果保险合同的实质内容是提供临时保障，则双方可以约定，合同的条款以及根据第 7 条第 1 款结合第 7 条第 2 款的条例指定的信息，仅在投保人要求时再提供，并且最晚可以与保险单一起递交。第 1 句的规定不适用于《民法典》第 312c 条意义上的远程交易合同。

如果保险人在合同订立时未向投保人提供一般保险条款，则其当时通常用于临时保险的条款应成为合同的组成部分，如果没有此类条款，则保险人用于主合同的条款成为合同的组成部分，即便保险人未曾明示提示主合同条款的订入。[①] 如果对合同应适用哪些条款存有疑义，则在合同订立的当时保险人所使用的诸条款中对于投保人而言最有利的那些条款，成为合同的组成部分。

### 第 50 条　主合同没有订立

在主合同未能订立的情形，如果投保人有义务支付临时保险的保险费，则保险人仅有权获得，假设主合同能够订立投保人本应支付的与临时保险期限相对应的那部分保险费。[②]

### 第 51 条　保险费支付

保险人可以把保险保障的开始和保险费的支付关联起来，只要保险人通过文本形式的单独通知或者通过保险单上的醒目提示，让投保人注意到这一要件前提。

第 1 款的规定不得以不利于投保人的方式予以偏离。

### 第 52 条　合同的结束

临时保险合同最迟在，投保人订立的主合同或另行订立的临时保险合同开始提供同类保险保障的时候，结束。如果根据主合同或者另行订立的临时保险合同的约定，保险保障的开始取决于保险费的支付，则临时保险合同在投保人不支付或者迟延支付保险费的时候，与第 1 句规定不同，最迟在投保人的支付陷入迟延时结束，前提是保险人已经通过文本形式的单独通知或者通过保险单上的醒目提示，让投保人注意到这一法律后果。

在投保人与另一保险人订立了主合同或者临时保险合同的情形，也必须适用第 1 款的规定。投保人必须不迟延地将订立新合同的事实通知前一保险人。

如果因为投保人根据第 8 条撤回缔约意思表示或者根据第 5 条第 1 款和第 2 款表达异议，使包含临时保险合同的主合同不成立，则临时保险合同最迟在撤回或者异议的意思表示到达保险人时结束。

在不定期合同关系情形，合同任意一方均可不附终止期间地终止合同。但是，保险人的终止在到达投保人两周后才能发生效力。

第 1 款至第 4 款的规定不得以不利于投保人的方式予以偏离。

---

① 根据《民法典》第 305 条第 2 款第 1 项的规定，一般保险条款订入合同需要满足向投保人明示地提示的要件。——译者注

② 如果只是单纯的临时保险合同，保险人一般按照相对较高的短期费率收取保险费，如果是临时保险与主保险合同一并订立，则往往适用较低的（主合同）长期费率。本条规定基于保护投保人的立场，设定了一项例外规则。——译者注

### 第六节　流动保险（第 53 条～第 58 条）

### 第 53 条　登记义务

如果一类合同在订立时只指定保险利益类型，在具体保险利益发生后再单独告知保险人（流动保险），则投保人有义务不迟延地逐一登记被保风险，或者，如果保险人放弃登记要求，则有义务不迟延地登记双方商定的保险费标准，或者，如果已经商定，则有义务逐一申请保险承诺。

### 第 54 条　登记义务的违反

如果投保人不登记或错误登记被保风险或者商定的保险费基础，或者不申请或错误申请保险承诺，则保险人不应承担给付义务。如果投保人对登记或者申请义务的违反既非故意也非重大过失，并且在知道错误之后不迟延地补救或纠正其登记或者申请，则前述规则不适用。

如果投保人故意违反登记或申请义务，保险人可以不附终止期间地终止合同。除非另有约定，已经承保的个别风险保险在当前流动保险结束后仍然继续有效，直至这些保险的约定期限结束。保险人还可以要求投保人支付，假设在履行登记义务的情况下本应支付的、截至终止意思表示生效时的保险费。

### 第 55 条　个别保险单

如果流动保险的保险人已经签发个别风险的保险单（个别保险单）或者保险凭证，则其仅在对方出示上述证书的情形，才应承担给付义务。向证书持有人为给付后，保险人即免于给付。

如果证书遗失或者毁损，则只有在证书被宣告无效或者担保被提供之时，保险人才应承担给付义务；上述担保不包括保证这一形式。本条也适用于保险人签发替代证书义务的情形。

与第 5 条规定不同，如果投保人在保险人递交个别保险单或保险凭证后，没有对其内容不迟延地提出异议，则视为投保人追认。投保人基于错误撤销其追认的权利不受影响。

### 第 56 条　告知义务的违反

与第 19 条第 2 款规定不同，保险人不得在违反告知义务时解除合同；保险人可以在知道未告知或错误告知的情况后 1 个月内终止合同并拒绝给付。如果未告知或错误告知的情况与保险事故的发生或者给付义务的范围不存在因果关系，保险人仍应承担给付义务。

如果保险人拒绝给付，则投保人有权终止合同。如果投保人在收到保险人拒绝给付决定后 1 个月内未行使终止权，则其终止权消灭。

### 第 57 条　风险变动

投保人必须将风险变动不迟延地告知保险人。

如果投保人未告知风险升高，且保险事故发生在保险人本应收到通知的时点之后，则保险人不应承担给付义务。下列情形，保险人必须承担给付义务：

（1）如果保险人在本应收到告知时已经知道风险升高；

（2）如果告知义务的违反既非故意也非重大过失；

（3）如果风险升高与保险事故的发生或者给付义务的范围不存在因果关系。

与第 24 条的规定不同，保险人无权因为风险升高而终止合同。

### 第 58 条　不真正义务的违反

如果流动保险的投保人过错违反了一个保险事故发生前应履行的不真正义务，则保险人对该义务适用的个别被保风险，不应承担给付义务。

在过错违反不真正义务的情形，保险人可以在知道违反后的 1 个月内终止合同，该终止需附 1 个月终止期间。

### 第七节　保险中介人，保险顾问（第 59 条～第 73 条）

### 第一分节　通知和建议义务

### 第 59 条　概念界定

本法意义上的保险中介人是指，保险代理人和保险经纪人。第 1a 条、第 6a 条、第 7a 条、第 7b 条和第 7c 条的规定准用于保险中介人。保险中介人也指，开展第 1a 条第 2 款所指的销售活动，但不满足本条第 2 款或第 3 款要件要求的人。

本法意义上的保险代理人①是指，受保险人或保险代理人委托，营业性地从事保险合同的促成或订立工作的人。

本法意义上的保险经纪人是指，非受保险人或保险代理人委托，为委托人营业性地从事保险合同的促成或订立工作的人。任何给投保人造成他是根据第 1 句提供保险经纪人服务的外观假象的人，都被视为保险经纪人。

本法意义上的保险顾问是指，不从保险人处获得经济利益或以任何其他方式依赖保险人的、营业性地为投保人就保险合同的协商、修改或审查提供建议，或者在发生保险事故时就实现保险债权提供建议，或者代理投保人在法庭外与保险人对抗的人。第 1a 条、第 6a 条、第 7a 条、第 7b 条和第 7c 条的规定准用于保险顾问。

### 第 60 条　保险中介人的建议依据

保险经纪人有义务，将其建议建立在足够多的市场上保险合同和在足够多的保险人的基础之上，从而能够依据专业标准就哪种保险合同满足投保人的需求做出推荐。但如果在个别情况下，保险经纪人在投保人作出缔约意思表示之前，已经明确提示投保人，他的推荐以范围受限的保险人和合同选项为基础，则前句不适用。

保险代理人以及按照第 1 款第 2 句提示有限选择的保险经纪人，都必须通知投保人，他们的给付所依据的市场和信息基础，以及告知投保人，他们的建议所对应的保险人名称。保险代理人还必须告知投保人，他代理哪个保险人，以及他是否只代理这些保险人。

投保人可以通过单独的书面声明放弃第 2 款规定的通知与告知。

### 第 61 条　保险中介人的建议与记录义务

保险中介人必须询问投保人的意愿和需求——只要考虑到所提供保险的评估难度或投

---

① 保险代理人还可以受另一名保险代理人委托，进行保险合同的促成工作。——译者注

保人的个人及其相关情况构成相关缘由，并向投保人提供建议——只要在建议提供成本与保险费之间合乎比例关系的范围内，并为投保人就每一项针对特定保险所给出的建议的理由进行说明。保险中介人必须，在考虑到其所提供保险合同的复杂性的前提下，根据第 62 条记录上述内容。

投保人可以通过一份单独的书面声明放弃根据第 1 款获得建议与记录的权利，在这一声明当中必须包含这一确认，即，确认保险中介人已明确提示投保人，此项放弃可能会对其基于第 63 款向保险中介人提出损害赔偿请求造成不利影响。如果合同构成《民法典》第 312c 条意义上的远程交易，则投保人可以通过文本形式放弃权利。

### 第 62 条　信息的时间和形式

第 60 条第 2 款规定的信息必须在投保人作出缔约意思表示之前，第 61 条第 1 款规定的信息必须在合同订立之前，清楚且可理解地以文本形式递交给投保人。

在投保人愿意的情况下，或者在保险人提供临时保险的情况下和范围内，第 1 款规定的信息可以以口头形式传达。在这些情形，上述信息必须在合同成立后不迟延地，最晚与保险单一起以文本形式递交投保人；这不适用于强制保险情形的临时保险合同。

### 第 63 条　损害赔偿义务

保险中介人有义务赔偿因违反第 60 条或者第 61 条的义务造成的投保人损害。如果前述义务的违反不可归责于保险中介人，则前句的规定不适用。

### 第 64 条　有利于投保人的支付保障

授权保险中介人受领保险人依保险合同应向投保人提供的给付，需要投保人通过单独的书面声明为之。

### 第 65 条　大型风险

第 60 条至第 63 条不适用于第 210 条第 2 款意义上的大型风险保险合同的中介情形。

### 第 66 条　其他例外

第 1a 条第 2 款、第 6a 条、第 7b 条、第 7c 条、第 60 条至第 64 条、第 69 条第 2 款和第 214 条不适用于根据《贸易条例》第 34d 条第 8 款第 1 项兼职的保险中介人。兼职保险中介人必须在保险合同订立之前，向投保人提供身份和地址信息，以及投保人和其他利益相关方可以提出投诉的程序。他们必须在合同订立前向投保人提供保险产品信息表。

### 第 67 条　偏离约定

对本节第 60 条至第 66 条的规定，合同约定不得以不利于投保人的方式予以偏离。

### 第 68 条　保险顾问

适用于保险经纪人的第 60 条第 1 款第 1 句、第 61 条第 1 款和第 62 条至第 65 条和第 67 条的规定，准用于保险顾问。保险顾问基于委托关系的其他义务不受影响。

## 第二分节　代理权

### 第 69 条　法定代理权

就下列事项，保险代理人视为获得保险人授权：

（1）受领投保人订立保险合同的要约及其撤回，以及在合同订立前应作出的告知和其他意思表示；

（2）受领投保人延长或变更保险合同的要约及其撤回，终止、解除以及与保险关系相关的其他意思表示，以及在保险关系存续期间应作出的告知；

（3）向投保人转交保险人出具的保险单和延长证明。

保险代理人视为被授权，受领投保人向其支付的与促成或订立保险合同相关的款项。保险人对这一代理权的限制，只有在投保人付款时知道或者因重大过失而不知道的时候，才对投保人发生效力。

投保人应承担，第1款第1项和第2项的要约或其他意思表示的作出或内容的证明责任。保险人应承担，投保人违反告知义务或其他不真正义务的证明责任。

### 第70条　保险代理人的知情

只要根据本法，保险人的知情具有重要性，保险代理人的知情就等同于保险人的知情。这一规定不适用于，保险代理人在其作为代理人的职务之外、在与相关保险合同无关的情况下获得知情的情形。

### 第71条　缔约代理权

如果保险代理人被授权订立保险合同，他也被授权协商该合同的修改或延长，以及被授权作出终止和解除意思表示。

### 第72条　代理权的限制

一般保险条款对保险代理人根据第69条和第71条享有的代理权的限制对投保人和第三人不生效力。

### 第73条　保险人的雇员和非营业性中介人

第69条至第72条准用于受保险人委托促成或订立保险合同的保险人雇员，也准用于以代理人身份独立地促成或订立保险合同但非营业性地从事这一工作的人。

## 第二章　损失填补保险（第74条～第99条）

### 第一节　一般规定（第74条～第87条）

### 第74条　超额保险

如果保险金额显著超出被保利益的价值（保险价值），合同任意一方均可要求立即减少保险金额，以消除超额保险，同时按比例降低保险费。

如果投保人基于通过超额保险获取不法财产利益的意图订立保险合同，则合同无效；保险人有权收取直至其知道导致合同无效的情况时点为止的保险费。

### 第75条　不足额保险

如果保险金额显著低于保险事故发生时的保险价值，则保险人仅有义务按照保险金额与上述价值的比例提供给付。

### 第76条　协议价值

保险价值可以通过协议确定为一个具体的金额（协议价值）。协议价值被视为，保险利益在保险事故发生时的价值，除非它显著超出了当时的实际保险价值。如果保险金额低于协议价值，则保险人也只需按照保险金额与协议价值的比例关系赔偿损失，即便该协议价值被设定得明显过高。

### 第77条　多数保险人

如果投保人的同一利益的同一风险由多个保险人分别承保，则投保人有义务不迟延地通知每个保险人存在其他保险合同的事实。通知中必须指明其他保险人的名字和保险金额。

如果就同一利益而言，利润损失在一保险人处投保，而其他损失在另一保险人处投保，则准用第1款的规定。[①]

### 第78条　重复保险中的责任

如果投保人的同一利益的同一风险由多个保险人分别承保，并且保险金额合计超过保险价值，或者出于其他原因，在没有其他保险存在的情况下，每个保险人各自必须支付的赔偿金额的总和超过了总损失（重复保险）[②]，则各保险人应作为连带债务人在各自合同约定的给付范围内承担责任，但投保人有权请求的总额不得超过总损失金额。

各保险人有义务根据各自合同中应支付给投保人的金额，在内部按比例承担相应的份额。如果其中一份保险适用外国法律，则适用外国法律的保险人只有在自己根据适用的外国法律也有内部补偿义务的情况下，才能向另一保险人主张补偿请求权。

在拖车责任保险情形，重复保险的各保险人应根据《道路交通法》第19条第4款的规定，按比例相互分担赔偿责任。

如果投保人基于获取不法财产利益的意图订立重复保险，则每一个以这种意图订立的合同均为无效；保险人有权收取直至其知道导致合同无效的情况时点为止的保险费。

### 第79条　重复保险的消除

如果投保人在不知道会构成重复保险的情况下订立了导致重复保险的合同，则投保人可以请求协议结束后订立的合同，或者要求将后订立的合同的保险金额减少到前保险未覆盖的数额，并按比例减少保险费。

如果重复保险是因为数个保险合同订立后保险价值下降而产生的，则也必须适用第1款的规定。如果在此情形中，数个保险合同是同时订立的，或者在各个保险人都同意的前提下订立的，则投保人只能要求按比例减少保险金额和保险费。

### 第80条　保险利益缺失

如果保险利益在保险开始时不存在，则投保人不承担支付保险费的义务；这也适用于为了未来的企业或者其他未来利益投保，但届时保险利益并不存在的情形。但是，保险人可以请求支付合理的业务费用。

---

① 第77条第2款涉及例如租金损失保险与房屋保险同时存在的情形，或者营业中断保险与企业财产保险同时存在的情形。——译者注

② 前一种是积极财产保险情形，后一种是消极财产保险情形，之所以分开表述是因为在消极财产保险情形，没有保险价值概念的适用余地。——译者注

如果保险利益在保险开始后不复存在,则保险人有权获得直至其得知利益丧失的时点为止的保险费,其按照假设投保人申请直至保险人得知利益丧失的时点为止的保险的保险费计算。

如果投保人基于获得不法财产利益的意图为不存在的利益投保,则合同无效;保险人有权收取直至其知道导致合同无效的情况的时点为止的保险费。

### 第81条　招致保险事故

如果投保人故意招致保险事故,则保险人不应承担给付义务。

如果投保人重大过失招致保险事故,则保险人有权按照与投保人过错程度相应的比例减少给付。

### 第82条　避免和减少损失

投保人必须在保险事故发生时尽可能地避免和减少损害。

投保人必须在合理的范围内遵循保险人的指示,并必须在情况允许时征求保险人的指示。如果参与承保的数个保险人发出了不同的指示,则投保人必须按照合义务的方式行事。

如果保险人故意违反第1款和第2款的不真正义务,则保险人不应承担给付义务。如果投保人重大过失违反义务,则保险人有权按照与投保人过错严重程度相应的比例关系减少给付;重大过失不成立的证明责任由投保人承担。

如果不真正义务的违反既与保险事故的查明,也与给付义务的确定或范围没有因果关系,则偏离于第3款的规定,保险人应承担给付义务。如果投保人恶意违反不真正义务,则第1句不适用。

### 第83条　费用偿还

即便投保人不成功,保险人也必须偿还投保人根据第82条第1款和第2款规定支出的费用,但以投保人根据当时情况可以认为该费用为有必要为限。保险人必须根据投保人的要求,预付其所需的必要金额。

如果保险人有权减少其给付,则其也有权相应地减少根据第1款规定的费用偿还。

投保人遵循保险人指示发生的费用,即便和其他的赔偿加起来超过了保险金额,也必须得到补偿。

在动物保险情形,饲养和照料费用以及兽医检查和治疗费用,均不属于保险人按照第1款至第3款必须偿还的费用。

### 第84条　专家程序

如果根据合同规定,保险理赔的个别要件或者损害大小应由专家确定,则在鉴定结果明显地与实际情况重大偏离的时候,鉴定结果不具有约束力。在这种情况下,相应的确定应由法院决定。这也适用于,专家无法或不愿意或拖延鉴定的情形。

如果合同约定,专家由法院指定,则由损害发生所在地的地区法院负责指定。双方当事人也可以明确约定,另一地方法院享有管辖权。对指定专家的申请进行批准的命令不可声明不服。

### 第 85 条　损害调查费用

保险人必须偿还投保人为调查或确定其应受偿的损害所支出的费用，但以这些费用在当时情况下是必要的为限。如果上述费用与其他赔偿相加超过了保险金额，保险人也必须予以偿还。

保险人没有义务偿还投保人因聘请专家或者法律顾问而产生的费用，除非投保人有合同义务或者保险人要求其这样做。

如果保险人有权减少给付，那么他也同样有权相应地减少费用的偿还。

### 第 86 条　赔偿请求权的转移

在保险人赔偿损失的范围内，投保人对第三人的赔偿请求权转移给保险人。上述转移不能以不利于投保人的方式实现。

投保人必须留意形式和期限规定，维持赔偿请求权或者维持为保障该请求权而设的权利，并且在保险人行使请求权时提供必要的协助。如果投保人故意违反这一不真正义务，则保险人在其因而无法获得第三人赔偿的范围内免于给付。如果投保人重大过失违反这一义务，则保险人有权按照投保人过错严重程度相应的比例关系减少给付；不存在重大过失的证明责任由投保人承担。

如果投保人的赔偿请求权的行使对象是在损害发生时与他生活在同一个家庭共同体内的人，则保险人不得主张第 1 款的转移，除非此人故意造成损害。

### 第 87 条　偏离约定

对本节第 74 条、第 78 条第 4 款、第 80 条、第 82 条至第 84 条第 1 款第 1 句和第 86 条的规定，合同约定不得以不利于投保人的方式予以偏离。

### 第二节　财产保险（第 88 条～第 99 条）

### 第 88 条　保险价值

如果保险标的物为物或者集合物，除非另有约定，保险价值应为投保人在保险事故发生时重新购置或者恢复被保险物的完好状态，扣减因新旧差异造成的价值减少之后的价值。

### 第 89 条　集合物保险

为集合物提供保障的保险，其保障及于该集合内的每一个物。

如果是为集合物提供保障的保险，则其保障扩张及于他人之物，前提是该他人在损害发生时与投保人在同一家庭共同体内生活，或者该他人当时与投保人有雇佣关系且在保险适用地点从事活动。在此范围内，保险被视为为他人保险。

### 第 90 条　扩张的费用偿还

如果投保人为避免即将发生的保险事故或者减少其影响而支付费用，则准用第 83 条第 1 款第 1 句、第 2 款和第 3 款的规定。

### 第 91 条　赔偿的利息

保险人应支付的赔偿金必须在保险事故告知 1 个月后按 4％ 年利率计算利息，除非出于其他法律原因可以要求更高的利息。如果投保人的过错导致无法确定损害，则中止计算利息。

### 第 92 条　保险事故发生后的终止

保险事故发生后，合同任意一方均可终止保险合同关系。

终止权只能在赔偿协议达成后的 1 个月内行使。保险人行使终止权必须附 1 个月终止期间。投保人的终止时点不得晚于当前保险周期的结束时点。

冰雹保险的保险人只能在保险事故发生的那个保险周期的结束时点终止合同。如果投保人的终止时点早于保险周期的结束时点，则保险人仍然有权获得当前保险周期的保险费。

### 第 93 条　修复条款

如果根据合同约定，只有在保险标的物被修复或者重新购置的情形，保险人才有义务支付某一部分赔偿金，那么，只有在确定会修复或者重新购置的情况下，投保人才能要求保险人支付超过保险价值的金额。如果因为投保人的过错，保险标的物未在合理期限内被修复或更换，则投保人有义务返还保险人支付的赔偿金减去该物的保险价值的差额。

### 第 94 条　支付对抵押权人的效力

在第 93 条第 1 句的情况下，如果保险人在没有确保修复或者重新购置的情况下进行了支付，则只有在保险人或投保人已经通知抵押权人，付款将在无确保的情况下进行，且自通知到达抵押权人至少已过去 1 个月的情况下，无确保的修复或者重新购置才对抵押权人发生效力。

只要赔偿金额没有根据保险条款用于修复或者重新购置，保险人只有在他或投保人已将这一意图通知抵押权人，且自通知到达起至少已过 1 个月的情况下，才能做出对抵押权人发生效力的支付。

抵押权人可以在 1 个月期间内对保险人的支付提出异议。如果完成第 1 款和第 2 款规定的通知需要支出不合理的费用，则可以不履行；在这种情况下，上述期间应从赔偿金额到期时起算。

如果抵押权人已在保险人处办理了抵押登记，则只有在抵押权人以文本形式表示同意的情况下，未确保修复或重新购置的情况下进行的付款才对抵押权人发生效力。

如果土地上设有土地债务、定期土地债务或者其他物上负担，则准用第 1 款至第 4 款规定。

### 第 95 条　保险标的物让与

在投保人出让保险标的物的情形，受让人承接投保人地位，享有投保人在其所有权存续期间基于保险关系享有的权利与义务。

出让人和受让人对受让人进入保险关系的当期保险费承担连带责任。

只有在保险人知道让与后，受让人的合同承担才对保险人发生效力。

### 第 96 条　让与后的终止

保险人有权附 1 个月终止期间地终止与保险标的物受让人的保险关系。如果保险人在知道让与情况后 1 个月内未行使权利，则终止权消灭。

受让人有权立即或者在当前保险周期结束时终止合同。如果受让人没有在让与后 1 个月内行使终止权，则终止权消灭，或者如果受让人不知道保险的存在，则终止权自其知道保险后 1 个月消灭。

如果保险关系被根据第 1 款或第 2 款终止，则出让人承担保险费的支付义务；受让人不负担支付义务。

### 第 97 条　关于让与的告知

出让人或者受让人必须不迟延地告知保险人让与的事实。如果没有告知，如果在告知本应到达保险人之日起 1 个月后才发生保险事故，且保险人本不会与受让人订立如同与出让人订立的现有合同的情形，则保险人不应承担给付义务。

如果保险人在前述告知本应到达时已经知道了让与事实，或者等到保险事故发生时，保险人终止权的除斥期间已过而他未终止合同，则偏离第 1 款第 2 句的规定，保险人承担给付义务。

### 第 98 条　对受让人的保护

保险人不得援引偏离第 95 条至第 97 条的保险合同条款来损害受让人的利益。但合同条款可以要求，受让人第 96 条第 2 款的终止和让与告知以书面或文本形式作出。

### 第 99 条　强制拍卖，用益权利的转让

如果保险标的物的所有权通过强制拍卖的方式转移，或者，如果第三人基于用益权、用益租赁或类似关系取得对被保险土地的收益的权利，则准用第 95 条至第 98 条的规定。

# 译后记 ◀

我在德国科隆攻读博士学位时，师从科隆大学保险法所的克里斯蒂安·罗尔夫斯（Christian Rolfs）教授。做此选择，是因为我尽管在国内是民商法博士研究生，但主要的学习精力放在民法上，对商法了解不多。为拓展研究领域，我来到德国后便将学习重心转向保险法。

初学时，我遇到困难：怎么学？除在罗尔夫斯教授的课堂听课，我迫切需要一本基础教科书"打底"。因为语言能力问题，我的听课效率不高——听时忘记记，记时赶不上听。于是我请罗尔夫斯教授推荐一本可靠的教科书，一本既能帮助我建立起关于整个德国保险合同法的知识体系，又不至于让初学的我晕头转向的教科书。罗尔夫斯教授当即推荐了一本保险合同法教材，他向我介绍，这是一本保险合同法的小型教材，页数不多，但内容全面、体系性强，是德国学生最常阅读的保险合同法教科书。

这本书就是摆在大家面前的，彼得·施米科斯基教授撰写的《德国保险合同法》。

结合个人阅读经验，在读者阅读这本精当的小书之前，译者有三点建议。

第一点，一定要结合《德国保险合同法》的法条来读。作为小型教科书，它通常不会对条文展开长篇分析。因此，仅凭正文猜测内容，不仅事倍功半，而且容易产生错误的联想。有鉴于此，本书附有《德国保险合同法》第1条至第99条的法条翻译，供读者配套使用。

第二点，一定要结合案例来读。总论规则难免抽象，而本书的特色在于提供了大量的司法判例帮助理解。有兴趣的读者可按案例号在数据库延伸研读。须知，规则本身不是目的，而是德国社会对生活事实的规范回应。这些判例正联结着现实生活。更值得注意的是，德国判例对法律规则的限定与发展提醒我们：理解一国法律制度，仅读法条文本远远不够，必须结合该国司法实践审慎考察。

第三点，一定要前后联系起来读。这本书比较薄，但从另一个角度来说，它并不薄，尤其将书的前后关联考虑进来的话，更是如此。在全书正文中，有大量"关联边码 XX"的标识。这一方面是因为知识是体系下的知识，它们之间必定产生关联互动；另一方面，限于小型教科书的体例安排，因此，在关联重复之处，施米科斯基教授往往只会在一处将相关内容展开，其他部分会直接使用相关概念指代。因此，读者遇到困惑时，一定不要忘记这些精心设计的"超链接"。为便于查阅，书末特别附有按照汉语拼音排序的中文术语索引。

本书能够翻译出版，承蒙中南财经政法大学李昊教授推荐、中国人民大学出版社施洋编辑鼎力相助。

本书初译由许藤负责，他先译第 5 版，后改译第 6 版，但因翻译周期漫长，最终转由我接手。我接手翻译时，正值俄乌战争初启，我有信心速战速决，毕竟在德国期间我已经通读本书数遍，并做了详细笔记，况且许藤已译出了相当内容。但随着时间的推延，我也认清了现实：从读懂到表达存在鸿沟；从"德式中文"到流畅表达需要打磨；而确保全书表述一贯、术语统一更需耐心。有幸历经这些阶段的锤炼，终得呈现此书。

在这一过程中，北京大学国际法学院（STL）的同学们给予了我宝贵的帮助，在此感谢同学们耐心审读粗疏的初稿、二稿和三稿。同样感谢编辑老师的专业审校。当然，限于译者水平，必定还有诸多的错误和疏漏，希望读者阅读时发现问题或有建议，能够与我联系（wuyifengabcd@163. com），也期待着您与我交流保险法的研究与学习心得。本书的作者施米科斯基教授欣闻著作中译出版，特地委托我将他的邮箱列出（peter. schimikowski @th—koeln. de），他期待着与来自中国的读者展开交流。

译者

2025 年 4 月于深圳—大沙河畔

北京大学国际法学院楼

**图书在版编目（CIP）数据**

德国保险合同法：第 6 版 /（德）彼得·施米科斯基
著；吴奕锋，许藤译. -- 北京：中国人民大学出版社，
2025. 7. --（外国法学精品译丛）. -- ISBN 978-7-300-
33993-1

Ⅰ. D951. 63

中国国家版本馆 CIP 数据核字第 2025U12P34 号

**外国法学精品译丛**

主　编　李　昊

**德国保险合同法　（第 6 版）**

［德］　彼得·施米科斯基（Peter Schimikowski）　著

吴奕锋　许　藤　译

Deguo Baoxian Hetongfa

| | | | | | |
|---|---|---|---|---|---|
| **出版发行** | 中国人民大学出版社 | | | | |
| **社　　址** | 北京中关村大街 31 号 | | **邮政编码** | 100080 | |
| **电　　话** | 010 - 62511242（总编室） | | 010 - 62511770（质管部） | | |
| | 010 - 82501766（邮购部） | | 010 - 62514148（门市部） | | |
| | 010 - 62511173（发行公司） | | 010 - 62515275（盗版举报） | | |
| **网　　址** | http://www. crup. com. cn | | | | |
| **经　　销** | 新华书店 | | | | |
| **印　　刷** | 涿州市星河印刷有限公司 | | | | |
| **开　　本** | 787 mm×1092 mm　1/16 | | **版　　次** | 2025 年 7 月第 1 版 | |
| **印　　张** | 20.75 插页 1 | | **印　　次** | 2025 年 8 月第 2 次印刷 | |
| **字　　数** | 440 000 | | **定　　价** | 108.00 元 | |

版权所有　侵权必究　　印装差错　负责调换